CHINA'S ECONOMY

中国经济

北京大学课堂讲录

王曙光 著

北京大学出版社
PEKING UNIVERSITY PRESS

图书在版编目（CIP）数据

中国经济：北京大学课堂讲录 / 王曙光著 . —北京：北京大学出版社，2020.7
（培文通识大讲堂）
ISBN 978-7-301-31221-6

Ⅰ . ①中… Ⅱ . ①王… Ⅲ . ①中国经济史—文集 Ⅳ . ① F129-53
中国版本图书馆 CIP 数据核字（2020）第 023214 号

书 名	中国经济：北京大学课堂讲录 ZHONGGUO JINGJI: BEIJING DAXUE KETANG JIANGLU
著作责任者	王曙光 著
责任编辑	于铁红　周彬
标准书号	ISBN 978-7-301-31221-6
出版发行	北京大学出版社
地 址	北京市海淀区成府路 205 号　100871
网 址	http://www.pup.cn　新浪微博：@ 北京大学出版社 @ 阅读培文
电子邮箱	编辑部 pkupw@pup.cn　总编室 zpup@pup.cn
电 话	邮购部 010-62752015　发行部 010-62750672 编辑部 010-62750112
印刷者	天津联城印刷有限公司
经销者	新华书店 660 毫米 ×960 毫米　16 开本　33 印张　491 千字 2020 年 7 月第 1 版　2024 年 9 月第 2 次印刷
定 价	89.00 元

未经许可，不得以任何方式复制或抄袭本书之部分或全部内容。
版权所有，侵权必究
举报电话：010-62752024　电子信箱：fd@pup.cn
图书如有印装质量问题，请与出版部联系，电话：010-62756370

目录

第一讲 引言:中国千年经济增长的长期视角分析:
体制、结构与文化 001

一、理解中国,寻找"中国逻辑":研究中国经济的方法论......001

二、"大一统"与权威主义、地方主义与乡土社会:
中华传统体制及其嬗变......006

三、天下主义、民族—国家观念与社会达尔文主义:
近代以来中国"世界"观念之转折......014

四、现代化和发展至上主义
——近代中国国家命运的历史转折......019

第二讲 社会主义计划经济体制的形成与变迁(上):
经济过渡和社会主义改造 026

一、新权威主义的塑造与计划体制选择的出发点......026

二、经济赶超和工业化的政治体制与社会结构基础......032

三、新中国的外部约束与国际经济战略选择......034

四、新中国国家治理模式的渊源与初步框架的形成......039

五、中国的过渡经济学的基本特征和方法论精髓......043

第三讲 社会主义计划经济体制的形成与变迁（下）：
计划经济的调整与反思 ………………………………… 050

　　一、如何理解社会主义与计划经济：视角与误区 ………… 050

　　二、苏联社会主义计划经济范式的主要特征……………… 058

　　三、中国社会主义计划经济的路径选择及其历史逻辑 …… 064

　　四、新中国国家计划体制初步形成………………………… 068

　　五、社会主义计划经济中的产业布局和产业发展设想 …… 074

　　六、第一代领导人对计划体制的反思和调整……………… 075

　　七、小结：中国式社会主义计划经济的特征及其未来 …… 079

第四讲 社会主义市场经济体制的探索和转型（上）：
改革开放以来的社会主义市场经济 ………………… 084

　　一、从传统计划经济体制向社会主义市场经济体制——
　　　　第一个阶段：经济思想领域的解放与计划经济
　　　　体制的初步反思…………………………………………… 084

　　二、从传统计划经济体制向社会主义市场经济体制——
　　　　第二个阶段：改革开放的正式启航……………………… 095

　　三、从传统计划经济体制向社会主义市场经济体制——
　　　　第三个阶段：经济体制改革全面推进…………………… 099

　　四、从传统计划经济体制向社会主义市场经济体制——
　　　　第四个阶段：建立社会主义市场经济体制和
　　　　扩大开放…………………………………………………… 103

　　五、从传统计划经济体制向社会主义市场经济体制——
　　　　第五个阶段：全面建设小康社会………………………… 106

　　六、全面建成小康社会之后的基本矛盾的变化和
　　　　我国社会主义市场经济未来发展的方向……………… 108

第五讲 社会主义市场经济体制的探索和转型（下）：
中国经济体制改革的经验和逻辑 ……………… 113

一、从计划经济向市场经济的顺利过渡何以可能 ………… 113

二、中国经济体制变迁的历史起点与基本条件 …………… 119

三、中国经济体制变迁的内在逻辑和传统智慧 …………… 130

四、反思和突破"华盛顿共识"，创建新时代中国特色
社会主义思想休系 …………………………………… 135

五、中国式现代化：基本特征、价值追求与方法论精髓 …… 143

第六讲 中国农村经济体制变迁（上）：
从人民公社到家庭联产承包责任制的历史反思 ……… 158

一、理解人民公社制度产生的历史渊源 …………………… 159

二、人民公社制度的演进和主要制度安排 ………………… 165

三、全面反思人民公社制度的利弊 ………………………… 178

四、家庭联产承包制形成的经济学逻辑及其历史意义 …… 182

五、中国农村体制变迁的未来趋势：
"肯定—否定—否定之否定" ……………………………… 190

第七讲 中国农村经济体制变迁（下）：
新型农村经营体制的构建与中国农业农村的现代化 …… 193

一、新时期我国农业、农村的主要问题及其体制根源 …… 194

二、新型农村经营主体的兴起：动力、功能、性质 ……… 198

三、新型农村合作组织的发展：内生发展、自组织、
异化与可行能力培育 ……………………………… 202

四、发展壮大农村集体经济的若干理论和实践问题 ……… 213

五、建设现代化农业强国 …………………………………… 218

六、我国农业和农村的现代化：展望未来三十年 ………… 222

第八讲 中国工业管理体制和国有企业制度变革（上）：传统体制的形成与演进逻辑 ······ 226

一、新中国成立至"一五"计划期间形成的传统工业管理体制和国有企业制度（1949—1957） ······ 226

二、以权限下放为特征的工业体制和国有企业制度调整（1958—1960） ······ 237

三、以权限上收为特征的工业体制和国有企业制度调整（1961—1965） ······ 244

四、调整、整顿、探索的十年（1966—1976） ······ 248

五、总结：传统工业管理体制和社会主义公有制企业的特征及其历史评价 ······ 256

第九讲 中国工业管理体制和国有企业制度变革（下）：新型体制的探索与未来前景 ······ 263

一、改革开放初期的工业管理体制探索：放权让利和承包制的历史意义与局限 ······ 263

二、股份制改革和现代企业制度的探索 ······ 275

三、从混合所有制视角梳理我国的国有企业改革历程 ······ 280

四、总结：国有企业制度、社会主义、市场经济：在扬弃中建构中国特色社会主义政治经济学 ······ 290

第十讲 中国特色工业化进程、产业结构变迁与产业政策演进 ······ 298

一、从洋务运动到20世纪40年代的中国工业化实践与工业化思想 ······ 299

二、20世纪50—70年代社会主义工业化道路的形成 ······ 305

三、改革开放后至21世纪初期的工业化模式与国家介入模式的转变 ······ 312

四、新时代产业结构与产业政策：争议与变革趋势 ………… 319

　　五、中国工业化进程中的产业结构调整：新兴产业
　　　　和传统产业的讨论 …………………………………………… 333

　　六、发展和培育新质生产力 ………………………………………… 339

第十一讲　中央—地方关系、财政体制变迁
**　　　　　与现代化国家治理模式构建** ………………………………… 347

　　一、新中国前三十年的中央—地方关系与财政体制变迁 ……… 347

　　二、改革开放之后的财政体制与中央—地方关系
　　　　（1978—1993） ……………………………………………………… 360

　　三、1994年分税制改革后的中央—地方关系 ………………… 363

　　四、现代国家治理体系建立与新型中央—地方关系 ………… 367

第十二讲　中国区域经济发展战略的演变与未来趋势 ………… 370

　　一、新中国前三十年的区域均衡发展战略 …………………… 370

　　二、改革开放以来的非均衡发展战略：梯度推移战略 ……… 380

　　三、20世纪90年代末期以来的区域发展战略调整与转型 … 382

　　四、新时代的新均衡战略：深化区域协调发展战略 ………… 384

　　五、结论：我国区域发展战略的历史轨迹与未来新趋势 …… 387

第十三讲　中国金融体制变革：
**　　　　　从传统金融体制到现代金融制度的转型** ……………… 391

　　一、中国传统金融体制：逻辑、特征与功能 ………………… 391

　　二、从金融抑制到金融深化：
　　　　中国渐进式金融制度变迁的路线图 ……………………… 401

三、中国银行体系的制度变迁⋯⋯⋯⋯⋯⋯⋯⋯⋯⋯⋯⋯ 407

四、中国资本市场的制度变迁⋯⋯⋯⋯⋯⋯⋯⋯⋯⋯⋯⋯ 412

五、人民主权金融：建立以人民为中心的金融体系⋯⋯⋯⋯ 417

六、中国金融业改革的定位、任务和趋势⋯⋯⋯⋯⋯⋯⋯⋯ 421

七、培育中国特色金融文化⋯⋯⋯⋯⋯⋯⋯⋯⋯⋯⋯⋯⋯ 426

第十四讲　中国的全球化战略和人类命运共同体构建⋯⋯⋯⋯⋯⋯429

一、引言：全球化视野中的世界秩序建构⋯⋯⋯⋯⋯⋯⋯ 429

二、近代以来中国的全球化进程：被动的全球化
（1840—1949）⋯⋯⋯⋯⋯⋯⋯⋯⋯⋯⋯⋯⋯⋯⋯⋯ 435

三、新中国的全球化进程（一）：
独立自主与避免全球化陷阱（1949—1979）⋯⋯⋯⋯⋯ 436

四、新中国的全球化进程（二）：
主动参与的全球化战略（1979—2001）⋯⋯⋯⋯⋯⋯⋯ 442

五、新中国的全球化进程（三）：
积极引领的全球化战略（2002年至今）⋯⋯⋯⋯⋯⋯⋯ 446

六、中国"走出去"战略与人类命运共同体构建⋯⋯⋯⋯⋯ 451

第十五讲　科技进步的举国体制及其转型⋯⋯⋯⋯⋯⋯⋯⋯⋯⋯⋯457

一、引言：贸易摩擦、科技进步与高端制造业发展⋯⋯⋯⋯ 457

二、新中国成立以来工业化和科技进步的路径选择⋯⋯⋯⋯ 458

三、技术进步的举国体制：开放的市场经济下的举国体制转型 463

四、技术进步背后的制度支撑：
世界典型模式的启发⋯⋯⋯⋯⋯⋯⋯⋯⋯⋯⋯⋯⋯⋯ 469

五、结语⋯⋯⋯⋯⋯⋯⋯⋯⋯⋯⋯⋯⋯⋯⋯⋯⋯⋯⋯⋯ 477

第十六讲　中国经济的未来目标：构建现代经济体系 ····················480

一、现代化经济体系的核心是市场机制的完善
　　以及处理好市场和政府的关系················481

二、现代化经济体系是一种尊重市场竞争的经济体系，
　　要鼓励竞争，尊重企业的市场竞争主体地位，防止垄断······484

三、现代化经济体系是一个产权多元化的体系，
　　要鼓励国企和民企共存共赢················487

四、现代化经济体系是一个法治经济体系，
　　要尊重企业独立地位，依法管理，尊重和保护产权········490

五、现代化经济体系是契约经济体系，
　　要强调市场伦理与市场秩序················494

六、现代化经济体系是一个开放的经济体系，
　　应以更大格局促进开放，提升中国的国际竞争力·········498

七、现代化经济体系的构建，要求建立具有中国特色
　　的现代企业制度与法人治理结构··············501

八、现代化经济体系是创新经济体系，要鼓励技术创新、
　　文化创新和制度创新···················504

九、现代化经济体系的构建，要求必须具备现代化监管
　　体系与现代化国家治理体系················508

十、现代化经济体系是一个高度复杂的经济体系，
　　要在经济发展和开放中高度重视国家安全···········510

修订版跋 ···514

第一讲
引言：中国千年经济增长的长期视角分析：体制、结构与文化

一、理解中国，寻找"中国逻辑"：研究中国经济的方法论

这是"当代中国经济发展"课程的第一讲。这门课程是我为北京大学经济学院及其他相关院系硕士和博士开设的选修课，其目的是使选课学生系统地了解当代中国经济的发展历史和现状，从政治经济学、发展经济学、制度经济学、比较经济学、经济史学以及政治学、国际关系学等不同视角，系统研究和探讨中国经济发展与经济体制的特征和未来演变趋势。从学科的角度来说，这门课程涉及很多不同的学科和领域，强调用综合性的视角而不是单一的视角来观察中国经济发展。

这门课程以经济发展的历史研究和专题研究相结合的方式，审视当代中国经济发展的内在逻辑、历史经验和教训。广泛涉及中国千年经济增长的长期视角分析、社会主义计划经济体制的形成与变迁、社会主义市场经济体制的探索和转型、工业管理体制和国有企业制度变革、农村经济体制变迁和农业发展、中国特色工业化进程与产业结构转型、

中央—地方关系沿革和财政体制变迁、区域经济发展战略的演变趋势、中国金融体制改革、中国科技进步、中国的全球化战略和人类命运共同体构建等诸多重大问题。十六讲课程，几乎涵盖中国经济发展和经济体制变迁的所有重大问题，涉猎比较广泛，题目也都比较宏大。从授课的方式来说，这门课程所讲的十五个专题，都希望从比较长的历史视角出发来讨论问题，研究这一问题在长远历史发展中的动态演变过程，因而呈现出比较强的历史纵深感；同时，这门课程所涉及的问题和相关文献，又有一定的理论探索深度和前沿性，并不是就中国经济发展的一般过程泛泛而谈，而是希望能够对当前理论界的学术探索提供一个清晰的理解脉络，并结合我自己的学术研究，将该领域的讨论上升到一定的理论高度。因此，这门课程，对于选课者提高对"问题"的敏感性，增强对现有国内外文献的把握和理解能力，以及进一步提升理论概括和提炼能力，会有一定的助益。

中国七十年来的经济发展和体制变革所取得的成就和呈现的鲜明特点，引起了全世界学术研究者的关注。不论是国内人士还是国外朋友，都迫切希望了解中国的经济发展模式和经济体制变革的经验，希望听到一个完整的"中国故事"。但是我们能不能讲好"中国故事"呢？这取决于我们"理解中国"的广度和深度。如果我们不能理解中国，不能真正把握中国的特殊脉络，而是简单地复制和抄袭别人的现成理论，那么这个"中国故事"是打动和说服不了别人的，这个"中国故事"就是一个失败的故事。因而，能够正确、客观和全面地"理解中国"，能够寻找到那个特有的"中国逻辑"，并有效地创造（而非瞎编乱造）一套话语体系来阐释和传播这套"中国逻辑"，这是讲好"中国故事"必须具备的条件。

（1）要"历史地理解中国"。在研究任何一个中国经济问题时，都要有历史的眼光。"当下"是和历史密切相关的。任何"当下"都是漫长历史的演进结果，同时也是历史演进的一部分。要"有连续性地"去理解任何历史过程，不要割裂历史；要洞察事物在一个历史过程中的内在演变路径，看到看似不同的事物之间的内在联系。我们总是把一个问题放到一个长期的大背景当中去讨论，甚至把一个当代问题置于数千年演进的大背景中去讨论；把任何问题都视为一个连续的发展的"线"，而不是从一个"点"来讨论；无论是研究中央与地方的关系还是工业化路径选择，无论是研究中国全球化战略还是农业体制演进，都是这样的思路。我认为，"理解中国"要有两个基础：一是要历史地把握中国的传统（体制渊源与文化传承以及所有的路径依赖特征），二是深刻地认知当前中国的发展逻辑，而第二个基础是基于第一个基础。"历史地理解中国"是研究当代中国经济的基本方法论，通俗一点说，就是要实现"古今融合"。必须梳理历史才能谈清楚当下，同时，必须结合当下来谈历史，从某种意义上来说，"任何历史都是当代史"。

（2）要"**内在地理解中国**"。"内在地"意味着在理解中国经济发展与体制变革的过程中，要建立中国的主体性意识，要寻找"内在原因"，而不是外生性的原因。要建立中国发展的"主体性观念"，而这种独立的、自成体系的主体性，是理解中国的基础，在西方参照物下尤其如此。只有坚持这种"内在地理解中国"的姿态，秉持这种研究中的主体性意识，才能最终找到隐藏于历史中的"中国逻辑"和对这种"中国逻辑"的最恰当表达方式。相反，如果放弃了这种"主体性意识"，不去"内在地理解中国"，就会得出完全不同的错误结论。这是本课程的方法论，也是其目的所在。所有具有西方话语特征的概念、思想和实践，如全球化、现代化、社会主义、计划经济、工业化、发展、社会达尔文主义、民族、国家等，我们都要找到其"内生于中国"的历史发展的内在逻辑。在考察新中国建立社会主义计划经济的历史根源和历史价值时,我们不仅应该向西方思想和实践(包括苏联社会主义思想和实践)寻求资源,更应该向中国传统思想和实践寻求资源,以发展"内生于"中国自身历史的一整套逻辑和根据。因此,不仅强调"东西融合"的比较经济史学应该是我们研究新中国社会主义计划经济发展演变史时应秉承的必要研究方法,"古今融合"也应成为更重要、更具理论价值的方法论。唯有如此,我们才能挖掘历史演变深处的内在逻辑,更好地理解"历史是连续的"这一基本历史学观念。[1]

(3)要"**动态地理解中国**"。天下事,无外乎"常"和"变"。"常"就是在历史中比较具有稳定性和可持续性的事物或性质,而"变"是在历史演进过程中不断发生变化的事物或性质。对于理解中国长期演变的逻辑来说,"常"和"变"应该是辩证统一的,在这两个视角中,要特别注意"变"的方面。这就要求我们动态地理解中国,在观察任何问题时,都要有前瞻眼光,不要静止地看问题。"周虽旧邦,其命维新。"中国这个国家亦旧亦新,既有历史的延续性,又有不断创新、不断吸收新事物新思想的能力,从而保持着恒久的活力。

(4)要"**清醒地理解中国**"。中国在近百年的奋斗中,发生了深刻的变化,尤其是中华人民共和国成立以来的七十多年,更是在工业化、现代化和民族复兴方面实现了伟大的历史转折,堪称中国奇迹。对这些历史成就背后的根源,我们要加以深入探讨。同时,在这个伟大的历史进程中,既有辉煌的成就、珍贵的经验,也有坎坷和失败、教训和灾难,值得我们以历史的眼光、客观的心态,加以深入反思和梳理。

---

[1] 王曙光:《经济史学方法》,载《北京大学学报(哲学社会科学版)》2017年第2期。

对于历史的认知，贵在清醒，贵在客观，不要偏执，不要什么事都"一概而论"。要对"捧杀"中国的观点采取警惕的态度，要清醒地分析中国经济发展面临的挑战和问题，不可过度或盲目自信，要始终保持清醒和冷静。

（5）要"同情地理解中国"。我们应怀着对本国史的"同情的理解"来观照中国近百年之巨变，也就是钱穆先生所强调的，要怀着一种"温情与敬意"来研究本国史。钱穆先生在《国史大纲》开篇即言明希望读者"附随一种对其本国已往历史之温情与敬意（否则只算知道了一些外国史，不得云对本国史有知识）。……所谓对其本国已往历史有一种温情与敬意者，至少不会对其本国已往历史抱一种偏激的虚无主义（即视本国已往历史为无一点有价值，亦无一处足以使彼满意），亦至少不会感到现在我们是站在已往历史最高之顶点（此乃一种浅薄狂妄的进化观），而将我们当身种种罪恶与弱点，一切诿卸于古人（此乃一种似是而非之文化自谴）"[1]。对于中国百年的跌宕起伏、经验教训，总要怀着一种温情和理解的眼光来看，不能以旁观者的厌弃甚至敌对的眼光来看。即使是对于中国历史发展过程中一些付出巨大代价，甚至灾难性代价的时代，也要怀着一种对本民族负责的态度，怀着对我们的国家珍重爱护的态度，沉痛而严肃地反思和挖掘产生问题的根源，沉静地检讨，深刻地省察，而不是抱以嘲讽或者冷眼旁观的态度。我们研究中国问题，摆正心态是很重要的，不要以为经济学研究就是冷冰冰的学问，实际上经济学研究背后是有研究者的立场、心态作为支撑的。

---

[1] 钱穆：《国史大纲》第3版，北京：商务印书馆，1996年，第1页。

二、"大一统"与权威主义、地方主义与乡土社会：中华传统体制及其嬗变

以上讨论了"理解中国"、研究中国问题的几个重要的方法论。下面我们来探讨传统体制的特征及其嬗变问题。我把中国的传统体制概括为权威主义的"大一统"与具有灵活性和弹性的地方主义与乡土社会并存的体制。"大一统"是理解中国的一个极为重要的视角。观察新中国的七十年，我们会注意到一个事实，就是在这七十年中，实际上建立起来一个比民国时期更强有力的权威主义体制。这是非常重要的一个事实，它对于我们理解社会主义计划经济和市场经济的演变发展过程非常重要。在这个强有力的权威主义体制中，一定意义上的中央集权成为中国工业化和现代化非常必要的条件。环顾全世界，很多国家就是由于难以建立起这么一个强有力的、有权威的中央集权体制，因而难以实现工业化与现代化。比如印度，它几乎与中国同时建立新的政权（1946年独立），而且印度和中国一样，是人口众多、经济落后、教育程度低下，且长期受到外国殖民压迫的文明古国，但是印度的工业化和现代化进程，比中国要滞后很多。直到今天，印度在工业化方面仍然与中国有不小的差距。原因是什么呢？很多学者进行了研究。一些观点认为，印度和中国在工业化和现代化方面有差距的原因在于，它没有建立起一套强有力的国家体制[1]。我认为这种观点是有道理的。后发赶超国家的现代化和工业化，如果没有强大的、有权威的中央集权体制作为后盾的话，就不可能成功实现。这里涉及两个非常重要的能

---

[1] 温铁军、董筱丹：《"中国经验"的"中国特色"》，收于潘维主编：《中国模式：解读人民共和国的60年》，北京：中央编译出版社，2009年。

力：一个是强大的财政汲取能力，这是实现工业化的基础；另一个能力就是迅速取得政治共识的能力。中国恰好在1949年之后，建立起一套既具有强大的财政汲取能力，又能快速凝聚政治共识的经济体制和政治体制，两个条件都具备。1949年之前中国人不是不想工业化，也不是不想赶超，民国时期中国人工业化的愿望非常强烈，然而那个时候，国家四分五裂，军阀割据，全国一盘散沙，财政汲取能力与资源配置能力太差，没有形成强有力的国家体制，同时政治上不能快速凝聚政治共识，所以工业化、现代化和赶超是不可能实现的。

中华人民共和国成立之后形成的这种新型体制，既强调"大一统"和中央权威，同时也重视调动地方的积极性。这与中国的传统体制有很大关系。在历史上，中国在中央集权的"大一统"的前提之下，有效地实现了灵活的地方主义和基层自治，中央的"大一统"跟地方主义比较完好地结合起来。

我们先看"大一统"。在中国漫长的发展过程中，"大一统"是最值得关注和令西方最难理解的思想观念之一。"大一统"是一个地理概念，但更是文化和心理概念。费正清曾经说过，"中国国家的中心神话"就是"认为中国的寰宇天生是统一（天下一统）的信念"[1]，这是令西方人最费解的地方。因为在欧洲甚至整个西方世界缺乏这样的心理期待，罗马帝国的统一只是一种短暂的、不延续的、遥远的历史记忆。"大一统"在中国人看来是再平常不过了，因为中国两千多年以来一直是一个"大一统"的国家，即使是在那些或长或短的分裂的时期（如南北朝和五代十国），中国人的主流思想和潜意识也是向往"大一统"的。中国的"大一统"概念已经深入骨髓，费正清说中国的"中心神话"就是"大一统"，甚至到了司空见惯、习以为常、根本就不理会这个事实的程度。

---

[1] [美] 费正清：《伟大的中国革命（1800—1985年）》，刘尊棋译，北京：世界知识出版社，2000年。

可是外国人看中国的"大一统"是很不得了的,他们很难理解中国人这种深层的心理积淀和心理期待。中国的国土面积跟整个欧洲或整个拉丁美洲差不多,拉丁美洲和欧洲都是几十个国家生活在一千万平方公里左右的土地上,而中国几十个民族则作为一个国家"统一"在一个将近一千万平方公里的国土上,这是令很多外国人匪夷所思的。

周朝的礼乐制度奠定了这个国家文化的基础,而秦汉帝国的统一则不仅扩大了疆域,而且建立了与管理庞大帝国相适应的制度体系。这些制度体系包括文字的统一、交通的改善、封建制向郡县制的转型、官僚体制和文官制度的建立,以及必要的思想文化上的统一。这些传统的治理国家的智慧以及制度体系,尽管代代有沿革,但是都基本上被各个朝代延续继承下来,并不断有所完善,这就使中国在两千多年的历史上基本保持了政治、经济、文化上的"大一统"局面。

尽管中国历史上真正统一的王朝只占三分之二时间,有三分之一的时间处于战乱和分裂之中,但是这种凝聚的意识、统一的愿望却代代延续,没有丝毫改变。这不仅使中国人积累了在广袤的疆域内进行有效治理的大量经验,更重要的是,它促使中国人形成了对于"大一统"的根深蒂固的心理依赖和心理期待。从两千多年前《孟子》强调天下"定于一"以来,中国历代王朝莫不以统一为号召,在分裂的时代唤起民众内心追求"大一统"的愿望,而元代之后的一千余年间,这种统一国家的形态则基本固定了。

从中国"大一统"的、期望"四海清一"的历史传统和文化心理结构出发,近代以来处在军阀割据与持久战乱中的中国人对于"统一国家"的热切愿望就不难理解了。这也是理解中华人民共和国成立后在国家治理机制、经济体制、政治制度以及文化领域中所有"大一统"努力的重要基础。

(一)现代国家治理和文官制度的建立

一个"大一统"的在疆域之广大和民族多元性方面都极其突出的国家,需要拥有一套极其复杂又极其灵活有效的国家管理体制与之相匹配。秦帝国结束了封建制度,建立了郡县制的中央集权国家,由皇帝任命地方政府官员,建立了选拔官员的系统性的制度。这套制度经过汉代的改进,再到隋唐时代科举的发明与完善,使得中国拥有了比较现代的国家治理体系,即依赖精心且公平选拔的文官体系来统治国家。

在中国长期发展过程中,科举制度是非常重要的,它是中国现代国家建立的重要标志。20世纪初废除科举之后,我们老是批判科举制度,实际上这种一味地否定并不公允,也不客观和理性。我们批得太过了,没有理解科举制度在一千多年以来中国历史发展中的重要作用,没有看到它对于中国的国家治理所形成的重大影响。科举的人才选拔是一种公平的制度,它使中国在一千多年的历史过程中,国家的阶层流动性非常强,没有出现西方国家那种阶层的固化。阶层的固化很麻烦,会导致整个国家没有活力。一个国家阶层要灵活变动,这个国家才有活力,不能贵族世代都是贵族,二十代以后还是贵族,那就麻烦了。中国保持活力的最大奥妙在这个地方,实现了阶层的流动性,实现了人力资本的纵向流动。"朝为田舍郎,暮登天子堂",这不得了,早上还在那儿锄地,一接到录取通知书,中了进士,晚上就跟天子在朝堂之上讨论国家大事,讨论边防、水利、赈灾等国家大计,这在中国是很常见的事情,可是放在国际经济史的角度去看,这件事的意义不得了。

（二）权威主义的国家治理模式的形成

中国权威主义的国家治理模式的基础和雏形在商周时代就基本奠定和形成了。从周朝的神权天授和礼乐制度，从春秋战国时期的儒、墨、道、法以及管子，到汉代《盐铁论》出现，中国已经积累了大量国家管理和宏观经济调控的经验，在土地、货币、人口、财政、农业和工商业等方面表现出早熟的管理智慧。中国传统上的国家治理强调中央的集权，从而形成了一种权威主义的国家治理结构。《周礼》记载的秩序井然而又繁复至极的官僚管理体系成为一种国家治理的理想，从而使国民天然形成对于政府（皇权）的依赖和信仰；而汉代之后的政府专营制度更是强调了政府在资源配置中的权威地位，强化了权威主义的治理模式。

（三）地方自治与乡村自治体系

但是中国很奇怪，一方面加强了中央的权威，但同时又完好地保持了地方的自治，强调地方主义。与权威主义治理并行不悖的，是建立在灵活性和弹性基础之上的地方自治和乡村自治体系，这给予中央集权国家更多的回旋空间，并大大降低了治理庞大国家的成本，而且使地方元素更具创造力。很多外国人不太清楚，中国这么大的国家，尤其在汉代之后，汉、唐、宋、明、清这些朝代，国土面积基本上在几百万至上千万平方公里以上，这么大的国土怎么治理呢？其实中国人在很早的时候就比较智慧地解决了庞大的国家治理问题，这就是发挥地方的自治，给中央集权更多的回旋余地。这种自治包括两个方面：一个是乡村基层自治，就是县以下的乡村基本上是自治状态，国家不派正式的官员，乡和村这些基层单位都是由基层宗族力量和乡绅阶层来自治的；第二个自治就是地方自治，给予一个地方（比如一个省或一个县）更多的自治权，自治权其实就是自我裁量权。当然地方的自治是有限度的，在中央集权和地方自治之间，一直在根据具体的历史情况进行调整。

权威主义和地方主义的结合，中央集权和地方灵活性的结合，这种中国传统的治理智慧，在毛泽东时期得到了更加有意识的系统的运用。毛泽东在1956年的《论十大关系》中曾就中央和地方关系做过精彩的描述，这就使中国在20世纪50年代开始实施的高度计划经济有了与苏联模式迥然不同的弹性。这篇文章直到今天仍然具有重大的影响。文章的核心就是一个，即如何处理中央与地方的关系。毛泽东在考察苏联模式的时候，就感觉到苏联最大的问题在于中央权威太大，地方不能权变，一点弹性没有，一点灵活度没有，地方没有积极性。怎么办呢？毛泽东说我们要发挥"两个积极性"，既要发挥中央权威的积极性，使我们有能力集中力量办大事，同时也要发挥地方的积极性，让地方政府不要感到无事可做，只是执行命令。实际上这背后是汲取了中国历史上地方主义和中央集权相结合的经验。

乡土社会的基层自治也是中国的一个很大的特点。在中国"大一统"的背后，是一个极为分散的、以小农为基础形成的乡土社会。这个在中国古典田园诗人的诗句中带有"桃花源"和"乌托邦"意味的乡土社会，以稳定的内在宗族结构、严格的血缘等级秩序、以"孝悌"为核心的悠久的伦理观念、保守且自我满足的农民习性为基本特征。很多人说中国是一个"超稳定社会"，两千多年以来保持了非常稳定的社会结构，奥妙在什么地方？我认为最大的奥妙是在乡土社会基层的稳定性，就是乡村的乡土结构保障了国家的稳定性和文化的稳定性，甭管什么朝代，甭管哪个皇帝，也甭管哪个族来统治，这个乡土社会几乎不变。

中国的乡土社会带有自组织和自治的基因，在中国"大一统"的传统帝国体制中，乡土社会是皇权延伸不到的领域，而由族权和绅权所填补，宗族势力和乡村士绅精英在乡村社会的自治中起到重要作用。他们通过族谱、祠堂、义庄、义田、社仓、乡约、义学、讲学等具体机制来实现乡土社会的自我管理、社会保障和可持续发展。[1] 我们现在仍然要汲取古代乡土中国的治理观念，要降低基层治理的成本，提升乡村治理的绩效。现在，原来的一套传统体系基本上不复存在了，乡村凝聚力下降，这是一个大问题。

（四）近代中国为什么成为一个"停滞的帝国"

近代以来，乡土社会的顽固性，小农的分散性、自私性和保守性，中国传统农业社会这种自然主义的生存方式，与工业化和现代化的要求明显存在着巨大的张力，这种二元的小农经济为主的经济形态逐渐成为（或至少被认为是）中国现代化和工业化的最严重障碍和阻力。

明清时期尤其是清代的人口激增和人口过剩，劳动密集型的生产技术（而不是劳动节约型的生产技术）的推广，可以为中国近世的技术创新停滞找到自洽的解释。丰富的劳动力和相对稀缺的土地资源，导致中国农民和手工业者倾向于采取劳动力密集的技术，以安排闲置的劳动力，而不关心节约劳动力的技术创新。另外一些学者认为，是乡村社会阶层的高度分化导致中国乡村社会停滞和技术创新下降。不论是人口过剩导致的技术停滞，还是乡村高度分化导致的不平等，实际上都指出了同一事实，即由人口和结构原因导致的内在因素正在把中国拖入一个停滞的裹足不前的怪圈。

---

[1] 王曙光：《中国农村：北大"燕京学堂"课堂讲录》，北京：北京大学出版社，2017年。

（五）工业化和现代化就是要打破乡土社会的自然主义发展逻辑

中国的工业化和现代化的最大使命，正是打破蕴含在中国乡土社会中的这种自然主义的发展逻辑。这也就意味着要与传统的土地制度、生产组织方式以及乡村治理模式进行彻底的决裂，要"解构"那个已经僵化的、根深蒂固的原有的"结构"。1949年之后，中国要工业化，要现代化，唯一的出路就是要打破乡土社会中自然主义的发展逻辑。清代中晚期以来，中国的乡土社会已经进入一个怪圈，什么怪圈呢？人越多，越选择替代技术的那种人力密集型的耕种方法，而越是采取那种替代技术的落后耕作方法，中国的劳动生产率就越低，农村经济就愈加衰败。所以中国工业化的目标就是要改变那种传统的分散经营的土地制度，改变那种小农的经济组织形式，改变那套传统的乡村治理方式。不如此，中国自然主义的发展逻辑就难以打破，中国就难以实现工业化和现代化。这个道理，实际上近代以来有识之士都看得很透。

如果我们从这个视角来审视中国近代以来的所有努力，这些看似没有任何逻辑关联的尝试就显得极富内在的因果关系了。现代化意味着农村社会的现代化，意味着乡土社会的改造，意味着农民由分散的小农过渡为组织化的合作体，意味着要激发农民的集体主义精神而不是继续鼓励小私有者思想，这一点，近代以来几乎所有的知识阶层和社会变革者都深刻认识到了。新中国所建立的社会主义计划经济，其目标难道不是近代以来所有努力的一个合乎逻辑的延伸吗？

20世纪50年代末期，我们很快就从"耕者有其田"的土改，过渡到人民公社体制，道理在什么地方？道理在于要尽快消灭小农，彻底打破原有的自然主义发展逻辑，为快速实现中国的工业化奠定体制基础。这是历史发展的必然。所以，中国采取的农村快速的社会化、组织化，实现小农的彻底改造、土地的集约使用，实现人民公社的"大一统"，即工农兵学商的"大一统"，是近代以来历史发展的必然逻辑结果。当然，这个过程由于实施得过于迅猛，也有很多消极的后果，这才有了1978年之后体制上的再次调整，这是后话。

三、天下主义、民族—国家观念与社会达尔文主义：近代以来中国"世界"观念之转折

民族—国家观念的形成是近代以来中国文化心理领域发生的最大、最深刻的变化之一。中国直到晚清还没有清晰的国家意识，近代国家创建之艰难、与传统社会断裂之严重、引发国家文化嬗变之剧烈，都是世界罕见的，其原因深刻地植根于中国历史悠久而又根深蒂固的"天下主义"传统中。在中国历史上的"天下—帝国"叙事模式和文化观念中，"天下"是一个理想的概念，具有高于国家的政治—文化含义。《论语》中说"四海之内，皆兄弟也"，清晰表达了"天下一家"的理念。

（一）天下主义具有世界制度哲学的建构意义

在儒家最重要的四部经典著作之一《大学》所列示的八条目中，按照"格物—致知—诚意—正心—修身—齐家—治国—平天下"的顺序，中国人完成了"止于至善"的人格理想，表达了一个儒家的内心修养与天下之间的逻辑关系。八条目的逻辑很清楚，从格物致知到治国平天下，这是一个顺序，最高目标是平天下，中国人自古就有一个天下主义的胸怀。然而中国的"天下"不是今天联合国的概念，联合国

仍然是西方意义上的民族国家相互沟通与博弈的场所和平台,而中国人所说的天下,更是一种文化认同和心理共识。"天下"意味着一种哲学、一种世界观,一种指向"四海一家"的理想或乌托邦的世界制度体系。正如赵汀阳所说,"天下"比"世界"更兼具人文(心理—伦理—政治—制度)和物理(空间—地理)两方面含义,比康德想象中的关于"人类所有民族的国家"或者"世界共和国"的概念更加具有世界制度哲学的建构意义。[1]

"天下主义"的理念和历史叙事方式导致中国在数千年历史中,虽然拥有递延的众多王朝,却始终没有一个类似于西方近代国家的"国名",中国人心目中只有朝代的更迭,而没有国家之间和民族之间的二元对立概念。中国只有"天下"概念,没有国家概念。中国历史上只有"华夷之分",没有民族概念。什么叫华夷之分?一个人接受中华的文化,就是"华",否则就是"夷",跟种族民族没有关系。中国的"华夷之辨"是不分民族的。中国人的"天下主义"的根深蒂固的传统,主要还是一种文化观,是一种心理学意义上的文化共识。沿这个逻辑走下去,中国王朝的变换与"天下"的变化没有直接的关系,这一点在明末清初启蒙思想家顾炎武关于"亡国"和"亡天下"的论述中已经清晰地体现出来了。

(二)中国接受民族国家观念之困难

近代以来,中国遭受了前所未有的民族(假如可以先入为主地使用这个外来观念的话)耻辱,"国家—民族"观念在这个过程中以西方为样板逐步建立起来,以应对逐步加深的国家和民族危机。当然这个

---

[1] 赵汀阳:《天下体系:世界制度哲学导论》,北京:中国人民大学出版社,2023年。

观念的建立，是一个非常痛苦的过程。

中国放弃天下理念而接受民族国家理念，看似是一个来自外在的冲击的偶然结果，但是从更久远的历史视角而言，这个过程也是中国接触"世界"的必然结果。这个"世界"与中国在晚清之前所习惯的"世界"有着根本的不同，这个世界以欧洲的民族国家为基础，以弱肉强食的社会达尔文主义为核心价值原则。

因此，当中国人被强制性地接受民族国家理念时，其内心深处巨大的彷徨、其行为本身所体现出来的深刻的悲剧性、其对于"世界"秩序的严重质疑和不得不接受之并认同之的纠结心态，实在是令人扼腕的。中国人接受西方的民族国家概念，过程很痛苦。为什么痛苦？是因为中国人缺乏这个文化基因。中国人以前在处理与别国的关系时，习惯于用那种"天下朝贡体系"。郑和下西洋，带着皇帝的诏书到亚非各国，宣传教化，试图构建一个庞大的"天下朝贡体系"。面对任何一个小国和弱国，这个"天下朝贡体系"都强调：我们不征服你，只是希望你的文化朝中华看齐，成为一个"天下"就好了；我不殖民你，更不会搞种族屠杀，还给你们带来礼物，来宣示中华的开明、友好和教化。这个"天下朝贡体系"其实是很高尚的，但是与近代以来西方的民族国家观念格格不入，与西方基于民族国家观念的外交思想格格不入。郑和下西洋的一整套逻辑和行为（比如到各国送礼物），西方人都难以理解。你过去送礼物干什么呢？送完礼物，宣示完大中华之教化，就回来了，你怎么不占有和剥夺那些弱小国家的宝藏呢？你费力构建这种"天下朝贡体系"有何功利主义意义？这是西方基于现代民族国家观念和社会达尔文主义观念所不能理解的行为和逻辑。我们仔细想一想，到底是这种"天下朝贡体系"在道德上优越，还是西方殖民主义和社会达尔文主义在道德上优越呢？答案显而易见。可是今天我们会觉得西方近代的那些社会达尔文主义是好理解的，他们的殖民主义逻辑是可以理解的，而中国的"天下朝贡体系"的一整套逻辑和行为方式有些匪夷所思，显得有些怪诞，因为这一个多世纪以来我们被西方观念完全占据和征服了。因此中国近代以来，实际上经历了非常痛苦的适应过程，这个过程使中国人被迫放弃了天下理念，接受了民族国家概念。当然这是中国接触世界的必然结果，这个世界跟晚清之前中国人脑子里面的那个"传统的世界"（即所谓"天下"）完全不同。这个世界是由民族国家构成的世界，而不是天下主义的世界；这个世界背后的规则是丛林规则，是社会达尔文主义，就是弱肉强食的殖民主义，你不行我就揍你，你不开放我就用炮舰来轰开，你不要觉得委屈，因为你不行，所以就要挨打。这个道理，中国人很长时间才明白；这个弱肉强食的丛林主义逻辑和社会达尔文主义逻辑，中国人用了一个世纪，终于理解了，适应了。

（三）西方价值观造就了中国人的民族主义意识

中国人深深知道，就其接受民族主义而言，相比于中国的天下主义理想，我们（以及人类世界）已经接近倒退到蛮荒时代了；然而不如此，中国的亡国灭种的国家民族危机就难以解除。正是西方激起了中国的民族主义和国家意识，引发了中国的民族耻辱感，同时也塑造了中国人特有的民族自豪感和文化优越感。同时我们也不得不指出，正是这种民族国家观念的兴起，才可能形成现实世界中抵制和平衡西方民族主义的最有效和最强有力的力量。中国的民族国家意识不就是西方在一个世纪以来不断塑造和激起来的吗？西方不断地给中国人洗脑，灌输近代的民族国家观念和社会达尔文主义观念，把中国人的天下主义思想洗没了，终于使中国人成功地构建出中国人的民族国家意识。

正是中国最优秀的知识者群体最早接受了社会达尔文主义并使之

普及到大众意识之中，进而运用到国家和民族的建构中。在这个过程中，中国人的民族自豪感、民族自信心和文化优越感被强烈的民族自省意识、深刻到过度（有时真是令西方惊叹和讶异）的民族自我批判精神所取代。中国人谦卑地向西方学习，从而在一定程度上忽略甚至贬低了本民族的伟大传统，这种心理状态的转变，给中国的近代文化与伦理建构造成深刻影响。

（四）中国近代以来民族意识的觉醒和高涨

作为对这种过度的民族自我批判和民族自卑感的反对力量，作为对西方列强加于中国的长期凌辱的必然反应，中国的民族主义思潮随着启蒙运动逐步高涨起来。中国的民族优越感和对于民族文化的信心在不断的自我反省之中得到重新加强。这一特征，不仅在社会主义革命者和文化保守主义者那里得到强烈的反映，而且在深受欧美文化影响的知识分子中间也已经显示出来。这一特征，构成中国启蒙运动以来一种特有的富于冲突和戏剧感的主题，即高涨的民族主义情绪和深刻的文化批判之间的冲突。

（五）社会主义实践与近代民族国家观念的转折是密不可分的

当毛泽东1949年9月在中国人民政治协商会议第一次全体会议上的演讲中说到"我们的民族将再也不是一个被人侮辱的民族了，我们已经站起来了"的时候，他把中国的民族主义情感推到了巅峰；而同时，毛泽东把中国人的国家意识也完整而强有力地构建起来了。在对中国社会主义实践进行探讨的过程中，近代中国民族国家观念的转折是一个不可忽视的因素。中国在引进西方社会主义思想的一个多世纪中，已经为社会主义注射进民族主义的基因，因此贯穿中国社会主义运动历史的不仅是对西方思潮的主动汲取,更渗透着极为强烈的民族自决和民族自觉精神,充满了民族自强的期待。

在研究中国社会主义运动的过程中,如果看不到这种特殊的民族主义的深刻影响,仅仅认为中国的社会主义无非是西方现代思潮的学习者、引进者和复制者的话,那就显得过于肤浅和书生气了。在社会主义计划经济全面推进的时期,这种民族主义观念和民族自觉—自决意识仍然起到极其重要的作用。在吸收和模仿苏联社会主义计划模式的同时,毛泽东极为反感那种带着膜拜心理的、不加思考和选择的、教条主义和本本主义的盲目照抄的态度;他多次以极为尖锐的语言批判"贾桂主义",高喊要"打倒贾桂",就是要去除中国人内心深处面对西方文化时的那种深深的自卑感。

在思考中国革命和中国问题的特殊性方面,在吸收西方思潮,尤其是"以俄为师"引进社会主义计划经济时保持中国的主体性方面,在将马克思主义中国化并赋予中国特色社会主义理论以鲜明的民族形式方面(即"中国作风和中国气派"),毛泽东做出了宝贵而独特的、具有开创性的历史贡献。

四、现代化和发展至上主义
——近代中国国家命运的历史转折

中国在近代以来遭受"千年未有之大变局",受到来自内部和外部的巨大挑战与冲击,国家命运及其在国际格局中的地位出现了急转直下式的历史转折。

清王朝17世纪末至19世纪初这一百多年间在人口增殖、经济发展和疆域拓展方面表现极为出色，直到鸦片战争之前的1820年，中国仍然是世界最大的经济体，占全世界GDP的近三分之一，而此时美国只占其1.8%，整个欧洲占26.6%。

然而在此后的一个世纪时间，中国经济总量占全世界的比重大幅下降，到新中国成立初期，中国仅占世界GDP的5%，而美国占到27.5%，欧洲占到29.3%。探寻这一历史性跌落的深刻根源，仍然必须首先深入中国经济社会和政治体系内部。

（一）政治控制体系和社会控制体系变得逐渐僵化

中国政治治理和社会体系呈现明显的二元特征。从政治治理而言，皇权所代表的高度中央集权凌驾于整个社会之上进行专制式的政治控制，而中国基层的宗族社会则依照宗法伦理制度对乡土社会进行自治式的社会控制，宗族社会的自治式的社会控制与中央专制集权的政治控制在千百年间形成互动与互补的关系，成为维系中国超稳定社会结构的基础。

就其政治控制体系而言，存在着地方分权和中央集权的深刻矛盾。这一矛盾，自秦以来，就纠结着历朝统治者，中央集权的实现往往是通过在地方行政系统中增加节制地方权力的层级来实现的。到了清王朝时期，地方行政等级已经达到了无以复加的复杂程度，二元的"中央—地方"结构逐渐演变为一元的绝对专制结构，中央集权达到了巅峰，从而极大地遏制了地方的自主权，使中国传统社会在政治控制这一层面缺乏主动性、创造性和独立性。

就其社会控制体系而言，传统宗族社会的自治体系在宋代之后逐步完善，对乡土社会中的人际关系、伦理道德、思想行动乃至政治与经济关系进行了严密的控制。虽然这种社会自治体系就其社会治理效率而言确实具有优越性,然而就其对于社会成员的绝对控制而言,却极大地压抑了社会组织的自我发育,抑制了社会成员的自我管理与创新行动。这一基于宗族血缘关系的社会控制方式和社会管理方式所塑造的差序格局至今仍然约束着中国的社会组织发展和商业社会契约观念的形成。

(二)中国传统治理的现代化变革是必然的

因此,无论从政治控制体系还是从社会控制体系而言,中国的传统社会治理必然存在着内在的变革的可能性与必要性,政治和社会体制的"现代化"这一内在要求就历史性地提出来了。由此,晚清以来,中国开始了外交和教育等领域的深刻变革。

从外交层面而言,中国的外交观念逐渐必须从"天朝—朝贡国"的"天下主义"的传统观念转变为依据社会达尔文主义行事的"世界"观念,学会在弱肉强食的世界中谋求自己的"国家—民族"利益。自然,这一转变给中国人带来的心理震撼和创伤是必须由时间来平复和适应的。

晚清时期,整个帝国主义世界通过连续的侵略战争强加给中国的各种不平等条约以及从中国掠夺的疆域和经济利益,以全部人类史来衡量都是罕见的、令人震惊的。这个屈辱的过程激起了中国人的强烈反抗和普遍的排外主义,引发了持久的东西方文化的冲突与碰撞。在这个过程中,日益强烈和清晰的"国家—民族"意识、逐渐被接受的国际法观念,以及从西方崛起的经验中汲取智慧的实用主义观念,都成为这个时代鲜明的社会思潮,中国人逐渐以务实的态度对待西方文化的冲击。

从教育这个层面来说,中国的教育体系在进入19世纪中期之后面临着巨大的改变。中国传统的以儒家伦理教育为核心、以科举考试为目标、以记诵古代儒家典籍为主要知识汲取方式的教育体系，在隋唐时代基本奠定其基础，到宋代这个体系达到了极为成熟的地步。南宋时期朱熹为中国古代经典所撰写的权威注释成为官方考试的标准答案，此后近千年这一传统一直被顽固地延续下来，丝毫没有被撼动。这一漫长的经典灌输传统，使得宋代以来的思想启蒙运动所倡导的革新和批判精神逐渐走向保守和僵化，它不鼓励对知识的知性探求而只强调对传统伦理观念的被动接受。

而清王朝统治者在思想上的"大一统"和钳制政策更是加剧了这种教育体系的保守性，知识分子被迫忙于技术性的文字训诂之学，而丧失了探究真理的精神和好奇心，由此带来的整个民族在知识上的狭隘和心态上的保守主义，为中国人在遭遇外来文化冲击时缺乏应对能力埋下了伏笔。然而知识界对教育变革的思潮也在酝酿和兴起。作为1898年维新运动成果的唯一遗存，京师大学堂的建立以及各地新式教育机构的兴起，使中国的教育体系和知识传播与创造体系发生了翻天覆地的变化，而传统教育模式的式微、传统伦理观念的丧失、知识界对中国国民性和文化传统的持久而广泛的批判，对中国的文化延续性和传统社会结构所造成的影响是极其深远而不可估量的。

（三）近代中国不可避免地被卷进现代化潮流

经济发展的滞后和国际经济地位的陡降、西方帝国主义的入侵和中国在外交中所遭受的不平等待遇、东西方文化的碰撞和传统教育体系的崩塌，都意味着中国必须也必然被历史性地卷进现代化的潮流。在晚清以来知识界的话语体系中，"现代化"就是"西化"，就是"向西方寻找真理"。在开发挖掘现代化的本土资源还是借用现代化的外来现成资源之间，晚清以降的中国人陷入进退维谷之中，无论民族主义和文化保守主义的倾向是多么根深蒂固，真实的历史却"历史性"地选择了后者。而这一理路，是无论日本的西周和福泽谕吉还是中国的严复和梁启超们都一致无法避免的。

（四）中国现代化在"技术—制度—文化"三个维度上次第展开

很显然，无论是从历史的角度来考察，还是从思维逻辑的角度来分析，中国现代化都呈现出"技术—制度—文化"三个维度在时间上的次第展开和循序推进的基本特征。现代化意味着中国必须接受新的技术、新的制度和新的文化观念，必须接受现代化思想以及由此带来的经济组织、社会结构和制度文化的变化。

"中学为体，西学为用"的观念在中国现代化早期作为一种折中主义的思想，既保护了中国保守派对中国文化的自尊心，又有力地以务实主义的态度引进了西方的革新技术。

当洋务运动失败之后，觉醒的知识界和启蒙学者很快将中国的革新从技术（尤其是武器）的层面拓展到引进西方的政治制度、经济制度、社会制度，并由此引发对中国传统文化观念的深入讨论和大批判。

（五）发展至上主义

而贯穿中国近代以来现代化的所有尝试的一个核心，就是"发展"，一百多年来，"发展"的思想根深蒂固。经过1840年之后的屡次惨痛教训，所有中国人都沉痛地认识到这样一个真理：中国必须发展，而且必须比别的国家更快地发展，才能彻底解决国家和民族危机，才能与别的民族一道，平等地立于"世界民族之林"。急迫的"发展至上主义"的思想和加速实现现代化的思想，是一百年来的主流思潮。

寻找一条最快速的发展路径，探索一种最有利于快速发展的经济体制、政治体制和社会结构，是中国近代史的核心主题。从经济体制上来说，就是要在资源极其短缺、资本极其匮乏的制约条件下寻找一条快速工业化尤其是重工业化的体制，因此以国家垄断资源和统一配置资源为特征的中央集权式的经济运行体制就在中华人民共和国成立后理所当然地诞生了。新的共和国在政治上和文化上寻求"大一统"的努力一方面固然受到中国传统国家管理体制的深刻影响，但同时更是回应快速工业化尤其是重工业化要求时所必需的政治体制选择和社会秩序选择，所有这些，都是近代以来"发展至上主义"这一逻辑的必然结果。

（六）"冲击和回应"理论的意义和局限性：要寻找"中国逻辑"

西方知识界在 20 世纪 60 年代以来所流行的"冲击—回应理论"，以中国对西方冲击的回应为核心，来解释近代以来中国的制度演变和制度选择过程。这一研究框架一方面有其合理性。近代以来西方的挑战确实构成了中国诸多制度变迁的约束条件之一，西方在军事、工业技术、政治制度、教育体制、国际关系和文化形态等各个领域均对中国的传统体制进行了猛烈的甚至是致命的冲击，作为对这些冲击的回应，中国逐渐接受国际丛林规则并深刻感受到自身传统的不足，从而努力做出适应性的变革和创造。

但是从另一方面来说，作为一个有着数千年伟大、深厚且独立的传统的国家，仅仅以一百多年来西方的冲击来解释其制度变迁与制度选择显然是肤浅和狭隘的。西方的挑战仅仅是提供了一种外部的（尽管这种影响本身极为重要且深刻）变革诱因和约束条件，而不能构成中国近代以来制度变迁和选择的主导性和根源性的因素。要解释近代中国制度变迁和制度选择，仍然必须遵循中国传统社会演变的特有逻辑，依然要寻求中国伟大的根深蒂固的传统的自身发展与嬗变之规律，从而以中国自身的逻辑体系刻画中国的演变路径。

（七）突破冲击回应理论的局限，反思西方中心主义

最近几十年以来，那种带有浓厚西方中心主义的自傲和自负的潜台词的"冲击—回应理论"，已经西方史学界的深刻反思并引起了学术界的警觉与清醒的抵制，对西方中心主义的自觉疏离与批判已经成为新一代史学家的基本方法论标志之一。

正如徐中约在《中国近代史》中所说："近代中国展示了一幅如此光怪陆离的纷繁景象，以致我觉得：诸如外来帝国主义、西方影响或资本主义及封建剥削等局限性的理论，都无法对之做出令人满意的解释。变化的动态表明，近代中国历史的特征并非是一种对西方的被动反应，而是一场中国人应付内外挑战的主动奋斗，他们力图更新并改造国家，使之从一个落后的儒家普世帝国，转变为一个在国际大家庭中拥有正当席位的近代民族国家。这种见解，避免了用'外因'来解释中国历史及其所暗含的中国仅仅是'作回应'的思想陷阱。"[1]

突破欧洲中心主义或西方中心主义成为世界历史学的主要趋势之一，甚至可以说，突破欧洲中心主义或西方中心主义成为当代史学进步和取得重大成就的最重要动力和方法论基础之一，沟口雄三、斯塔夫里阿诺斯、王国斌、彭慕兰等学者都表现出这一相近的方法论特征。

---

[1] [美]徐中约：《中国近代史：1600—2000》，计秋枫、朱庆葆译，北京：世界图书出版公司，2012年，第8页。

第二讲
社会主义计划经济体制的形成与变迁（上）：经济过渡和社会主义改造

一、新权威主义的塑造与计划体制选择的出发点

我们在第一讲中主要探讨了千年以来中国传统体制的特征，其中着重揭示了中国"大一统"的历史传统、中央集权的权威主义体制与基层乡土社会和地方主义的并存，强调了中国在历史上处理中央与地方关系所积累的大量传统智慧。同时，从中国天下主义传统与近代民族国家理念之间的差异出发，探讨了中国在近代以来民族国家建构中的内外挑战。实际上，自晚清以来，中国一直没有彻底实现财政、经济、市场的统一，也没有完全实现政治、军事的统一，这种国家治理层面的涣散局面到了中华人民共和国之后才得以改变。

在第二讲和第三讲中，我们主要讨论社会主义计划经济的形成过程、基本特征以及运作方式的演变调整。第二讲主要讲社会主义计划经济的形成，主要是中华人民共和国成立初期的社会主义过渡，大体上是1949年至1956年之间，探讨中国如何由一个半殖民地半封建的

社会形态向社会主义计划经济转型的过程，这是新中国的第一个过渡。我们要详尽总结社会主义过渡的基本经验，以及背后所蕴含的比较普遍意义上的经济过渡方法论精髓。第三讲大体上讨论20世纪50年代末期到1978年这二十多年之间，社会主义计划经济本身的演变与自我调整，我们与苏联的社会主义计划经济模式有何差异，以及第一代中央领导集体对于社会主义计划经济体制的艰辛探索。

社会主义计划经济的奠基是新中国历史上的重大事件，从晚清以来一百多年的长期视角来看，社会主义计划经济体制的奠基实际上是中国国家民族命运的最重要转折点，是中国工业化和现代化的重要转折点。一个四分五裂的国家，一个在政治、经济、军事上都极为涣散的国家，是怎样经过一系列的大刀阔斧的改造，而成为一个极为统一、极具凝聚力的新型国家的？这个新型国家形成的前提是什么？在这个新型国家形成的过程中，中国贡献了哪些具有经济学一般意义的中国过渡经济学智慧？这些问题，都值得我们深入探讨。而且，时间越久远，历史距离我们越远一些，我们对这些问题的理解可能会越深一些，越冷静和客观一些，历史沉淀出来的智慧也就越清晰一些。

中国社会主义计划经济的历史起点或曰历史条件是什么？我认为应该是新中国成立初期中央权威的奠定，我把它称之为新权威主义，以区别于中国古代传统体制下的中央集权。这是理解中华人民共和国初期财经统一、赶超战略和工业化战略的制定、社会主义改造以及计划经济奠基等一系列事件的内在"红线"。

（一）影响新中国体制选择的两大逻辑

新中国的政治经济体制选择和变迁是由两种力量所控制和决定的。这两种力量时而相互交叉渗透，时而相互矛盾纠结：一种力量是受到西方影响的意识和行动,如工业化、现代化、民主运动、社会主义等思潮以及由此带来的社会组织和社会结构的激烈变动;另一种力量是中国数千年以来从未中断的政治传统和经济管理经验的传承。

新中国所有的体制选择和变迁都不可能脱离这两种逻辑的影响。1949年建立的新政权正是汲取了旧体制变迁的积极层面,扬弃了旧体制变迁的消极层面而获得合法性的:在重建共和民主国家和振兴民族意识方面,在领导中国人民实现工业化和现代化方面,在努力进行社会主义国家建设的尝试方面,新兴的共和国都实现了对中国人民一个多世纪以来所有积极探索的最有效的继承。

而从旧体制变迁的消极层面而言,近代以来长期的政治力量纷争、军阀混战和政权的频繁更迭、整个社会结构虽充满弹性但严重缺乏凝聚力的局面、一盘散沙和四分五裂的高度不团结的国家形态,却从另一面呼唤着一种强大的、统一的、有信仰层面的感召力和行政管理层面的驾驭能力的力量,来实现中国在政治、经济、军事和文化上的再统一。

(二)社会主义思想的中国渊源以及东西方对社会主义的不同理解

近代以来知识界很多人倡导社会主义,社会主义成为晚清以来最流行的社会科学术语之一,不同政治理念的人都在说社会主义。社会主义理想虽然是一种舶来的思想,但是与中国古已有之的大同思想却有天然的契合之处。欧洲思想史上所诞生的乌托邦思想对理想社会的设计,以高度的社会组织性和纪律性、社会管理上高度的计划性和统一性、广泛存在的平均主义和高度的社会保障与社会福利体系为特征,而这一特征,在中国古代到近代以来的大同思想传统中得到几乎惊人的一致的呼应。中国几乎所有的读书人都背诵过"大道之行也,天下为公"那一段对于"大同世界"的精彩描述(《礼记·礼运篇》)。大同世界的理想，深刻影响了中国人的政治理念。这个大同理想一直到近代都没有断绝。康有为写了《大同书》，吸收了西方乌托邦思想，直接呼应两千五百年前的中国大同梦想。孙中山也把社会主义作为他的理想政纲。他在给民生主义下定义时说："民生主义就是社会主义，又名共产主义，即是大同主义。"这是一个"自由、平等、博爱之境域"：全部土地均归国家所有，消除私人垄断土地的现象，国有土地可以租给私人耕种或用于工矿事业；国家投资经营大型的铁路、矿山、航运等能够控制国民经济命脉的企业。在孙中山这一理想的大同主义或曰社会主义社会中，国家对整个经济社会的全面计划和干预成为突出的体制特征之一。这一理念，是存在于近代以来所有知识分子心目中的对于社会主义的普遍理解，与中国传统经济体制中国家对于整个经济的控制一脉相承。在孙中山的思想里，尤其是在他晚年思想中，社会主义、共产主义、大同主义、民生主义，这些词都是可以通用的，都指向一个政治目标。请注意，孙中山先生的社会主义思想强调了哪些东西？他强调国有化，强调国家控制经济命脉，强调消除私人垄断。这些思想，与西方的社会主义思想，有些微妙的、但是关键的差异。

中国近代知识精英头脑中的"社会主义"这四个字，跟西方思想界头脑里的"社会主义"是不太一样的。你要读西方文献，从空想社会主义到当代的社会主义文献，就会发现，西方的社会主义的潜台词是平等、公平、正义。"社会主义"这四个字到了中国的语境里面，你会发现，除了也讲平等、公平、正义之外，我们更加强调国家对整个经济和社会的统一控制，中国的社会主义体制选择的背后更强烈的一个诉求和意愿是"大一统"，是实现国家对整个经济、政治、文化的统一。

这一点费正清看得比较清楚。他说:"欧洲的社会主义者认为'社会主义'是通过扩大国家对经济的控制而去争取的东西。但是,对中国人来说,这是任何中央政府自然要去做的。中国的社会主义成就与强有力的中央政府的成就——也就是重新统一——十分相似。"[1] 所以,在中国人的语境之中,无论是在传统中华帝国体制下还是近代以来的共和体制下,社会主义理想一直是与国家的权威主义实践结合在一起的。

新中国的社会主义计划经济的基础,就是中国近代以来试图通过建立强大中央集权国家而重构国家和民族统一性的所有积极尝试所奠定起来的。这方面国民党有惨重的教训。国民党执政的几十年中,尤其是号称统一之后(即1927年大革命和东北改旗易帜之后)的二十年中,中央政令的不统一和得不到有效贯彻、执政党缺乏信仰和行动上的凝聚力、军阀割据和军事上的不统一,这些弊端的存在,被认为是其最终溃败的主要原因。这个四分五裂的国家,在国家治理层面是失败的,因此导致中国在国家汲取能力和国家政治共识达成方面都存在着巨大的缺陷。这是民国时期中国工业化难以成功的深刻内在原因。

(三)建立新权威主义

在建立中华人民共和国的前一年,毛泽东就提出"将全国一切可能和必须统一的权力统一于中央"。这一思想,不仅贯穿在军事统一和政治统一方面,而且贯穿在经济和行政上。他强烈呼吁为建立新中国的统一的政治经济体制而做好精神和组织准备,这不能不说是富有远见的。

新体制要以全新的有效率、有信仰、有纪律且经过选拔的官僚行

---

[1] [美] R. 麦克法夸尔、费正清编:《中国的再统一》,《剑桥中华人民共和国史》上卷,张书生等译,中国社会科学出版社,1992年,第15页。

政体制来维系运转，要打破传统王朝更迭之际军人拥兵自重的局面和各地方独立割据的局面，使新中国成为一个真正意义上的在政治、军事、经济和文化诸领域高度统一的国家。这一努力，直接影响到20世纪60年代之后在政治和意识形态领域的国家行动。

（四）统一财经：重建新权威主义的基础

1950年，主管财经工作的陈云提出的"统一财经"，乃是对"构建新权威主义"这一战略的一个具体表达。在1949年至1952年的两三年时间里，实现了财经统一，把财政、贸易、税收、金融、粮食、通讯、交通这些大权集中到中央政府，把国家治理体制初步理顺了。这是很不得了的一件事情，陈云居功甚伟。

"国家"，已经成为各种力量和要素的无可置疑的强有力的支配主体，一种"新权威主义"的、拥有强大财政汲取能力的"强国家"的经济政治体制已经于此初见端倪。这个"强国家"有什么标准呢？维斯和霍布森在《国家与经济发展》中提出一个重要概念，叫作"相对政治能力"，即国家有效实施由政治精英、社会团体和国际压力所提出的任务的能力。而国家的相对政治能力主要包含两个能力：第一个是在政治层面迅速凝聚共识的能力，这是衡量一个强国家相对政治能力的第一指标；第二个是汲取财政的能力，一个强国家必定能够最大限度地汲取财政力量，说白了就是有效收税，以维持这个国家治理体系的有效运转，这点非常重要。所以维斯和霍布森提出的相对政治能力，是我们解释新中国新权威主义的形成及其作用的最有力的概念。相对政治能力是国家崛起的最重要支撑要素之一。从这个角度来说，新中国成立初期新权威主义的重新塑造、国家在政治和经济领域的"大一统"建制，实际上已经为国家崛起准备了最重要的体制条件。

二、经济赶超和工业化的政治体制与社会结构基础

建立强大的、独立的民族国家,实现快速的经济赶超和工业化,是近代以来中国人所奋斗的最终目的,也代表着新中国的国家意志;而实现这一目的的前提,是实现新中国社会组织和社会结构的现代性转型,是对旧中国之社会体制弊端进行彻底的革除,并构建一种高度组织化和有凝聚力的新体制。

要实现一个高度组织化的新型社会,建立现代化的社会结构,需要哪些条件呢?我想需要三个基本的条件。

第一个条件是拥有高度的政治权威、政治合法性与内部统一性的政治领导阶层。如果没有这个条件,很难谈到国家的统一意志。这个领导阶层是什么呢?对于中国人来讲,就是在中华人民共和国初期拥有高度威望的中国共产党,在20世纪50年代,中国共产党的政治感召力和政治权威达到了历史的高度。

高度政治权威和政治合法性的获得,首先在于一个政党能否成为民众实现整个民族的政治愿望的合格的感召者、引领者和组织者。从这个角度来说,新中国成立初期的中国共产党就历史性地承担了这一使命,而且获得了极高的空前的国民信任度。就促进中国人的民族自觉意识和民族独立意识的觉醒方面,就鼓动中国人丧失近一个世纪的民族自豪感和民族自信心方面,中国共产党的确是成功的。

以巨大的无可辩驳的政治团结能力、强大的军事能力和军事成就、明确而坚定且能够感召所有中国人的政治信仰、极有效率极具行动能力且廉洁的组织结构,从而在诸多政治党派和政治力量的历史淘洗、竞争和抉择中,历史地成为中国民族解放运动的引领者和民族振兴使命

的承担者，正是中国共产党政治权威和合法性的来源。

第二个条件是要具有高度凝聚力和能够迅速达成共识的协商政治体制。维斯和霍布森在《国家与经济发展》中引用的例子是英国。英国为什么在欧洲率先实现了工业化和现代化？主要原因之一就是英国建立起比较完备的议会体制。君主立宪制下的议会体制非常有效率，能够很快达成政治共识，因此在决策层面比其他欧洲国家更快。英国的"强国家"体制正是建立在"拥有能达成共识的建制性能力"之上的。在中华人民共和国成立初期，国家战略能够迅速被推进和成功实现预期目标的重要基础，也是一种极具政治包容力、能够尽可能吸纳不同利益集团和政治话语体系、能够最大限度凝聚和达成共识的协商政治制度。这样一个协商政治制度的形成与发展，是经历了较长历史时期才逐步形成的，这是一种中国共产党和其他政党以及政治精英阶层在漫长的相互合作中逐步形成的政治体制。这种体制，需要新中国的奠基者以极其谨慎、谦虚、包容和坚定的心态来维护。直到现在，这种协商民主体制，仍然是我们国家体制的一个特点和优势。

第三个条件是对传统的基层社会力量实施有效的改造与转型。改造基层社会力量，在中国主要是改造民族资产者和小农。中国近代工业的不均衡性、脆弱性、幼稚性和依附性，造就了带有脆弱性、依附性和两面性的不成熟的民族资产者。在整个新民主主义革命和新中国经济恢复以及向社会主义过渡时期，对民族资产阶级进行渐进而非激进的、温和而非暴力的保护、赎买和改造，是中国稳步实现工业化和社会主义过渡的重要前提。

在改造基层社会中最为艰苦和棘手的是改造传统小农。大规模的工业化和快速的经济赶超战略，内在地要求必须对数以亿计的、分散的、个体的小农进行彻底的改造，使之与工业化进程相匹配，而其根本的途径即是集体化和合作化。对于这一点，毛泽东在党的七届二中全会报告中就明确地指出来了。中国农民既包含着自由主义的一面，同时更包含着自发的合作的一面。在这一基本判断之下，加以政府的积极引导与政策鼓励，即可使中国农民的生产形态在小农经济的基础上提升为规模化生产，如此一方面可以有效克服农村两极分化和避免农民破产危机，另一方面（也是更重要的一方面）则可以使合作化和集体化的农村更能适应工业化的需要。

在新中国实行经济赶超和工业化战略的过程中，彻底而渐进地改造小农、系统性地保证农民合作化和农业集体化的稳健性非常必要。这一工作，对于中国数千年小农社会结构的转型意义深远。

三、新中国的外部约束与国际经济战略选择

经济赶超和工业化作为国家战略和国家意志，并不是一个既定的"外生的"变量，而是由中国近代以来各政治经济要素的逻辑发展所内在地决定的"内生的"变量。赶超战略和工业化是解释中国社会主义计划经济体制形成的最重要出发点，而把赶超战略和工业化"内生化"也正是解释中国社会主义计划经济体制若干重要特征及其根源的基本逻辑前提。

（一）民族国家的兴起及其现代化

中华人民共和国成立之初，正值第二次世界大战之后各新兴民族国家崛起的重要历史时刻，亚洲、非洲、拉丁美洲各国纷纷摆脱殖民

统治实现民族独立，开始了经济建设和民族复兴的历史进程，从而使整个国际格局发生了深刻的颠覆式的变化。民族国家的兴起和经济重建高潮的到来，引发了国际舞台上各力量对比的变化，同时也极大地影响了国际思想界的趋势。

（二）赶超型现代化和工业化模式：大分流

战后十五年间迅速创建和解放的六十多个第三世界新兴民族国家，在经济发展路径的选择方面受到文化传统和殖民地时期经济体制的影响，从而展现出多元的面貌并表现出差异极大的经济绩效。然而，战后第三世界新兴民族国家一般都采取了赶超型现代化和工业化模式，有些国家（典型的代表是东亚新兴经济体）取得了极为惊人的经济增长奇迹从而跃升为中等发达国家，有些则因为体制和路径选择以及外部因素的影响而陷入不发达陷阱。这个"大分流"是如何发生的呢？为什么有些国家成功跃进为工业化国家，而有些国家却没有实现工业化，反而进入所谓"贫困陷阱"或"不发达陷阱"？中国显然是大分流中的前者。对于中国这样一个非常落后的国家，在20世纪50年代至70年代末期，是什么因素导致它幸运地躲过了"贫困陷阱"，从而走上较为成功的工业化道路的？这个问题值得深思。

（三）新中国面临的国际环境：冷战与封锁禁运

要考察中华人民共和国成立初期的体制选择，除了要考察中国当时所面临的内部条件、国家意志、资源禀赋特征以及一个世纪以来的国家发展逻辑，还要考察那些对中国体制选择产生了重要影响的外部约束条件。最重要的外部约束条件之一，就是在新中国成立时所面临的国际环境，即西方的封锁禁运。我们必须看到，西方资本主义国家对共产主义国家的"冷战",以及由此形成的东西方"两个阵营"的经济较量与政治斗争,构成战后国际格局的一条主线。新中国一直位于这种经济较量和政治斗争的核心。

(四)巴黎统筹委员会

西方在鸦片战争之后的一百年,一直试图全面殖民中国。新中国成立后,中国的国家性质发生了深刻变化。而西方则希望中国永久性地成为他们控制的政治上的殖民地、工业原料的来源地和工业品的倾销市场,如果不能达到这一目的,则不惜以最卑劣的手段遏制中国的崛起。而作为冷战思维的重要产物,臭名昭著的巴黎统筹委员会[1]就充当了这一不光彩角色。这个持续了近半个世纪的、各参与国都讳莫如深不愿承认的秘密组织,对社会主义中国进行封锁的时间之长、封锁禁运条件之苛刻严酷、参与的西方国家之多,都是空前的。在董志凯《应对封锁禁运》一书中,对巴黎统筹委员会对中国的封锁禁运以及新中国为应对封锁禁运而采取的政策,做了极为详细的研究。[2]"巴统"在20世纪90年代解散之后,一些原本极为保密的档案开始公布出来。从"巴统"所列的对中国的令人叹为观止的长长的禁运清单中,我们可以看出,"巴统"曾经这么"用心"地对中国进行封锁禁运,达到了丧心病狂的程度。[3]这个清单的详细程度令人咋舌,除了战略物资、军事物资、高科技之外,还包括大

---

[1] 巴黎统筹委员会1949年11月成立,成员国有美、英、法、德、意、丹、挪、荷、比、卢、葡、西、加、希、土、日和澳大利亚。起先是对苏联和东欧国家禁运战略物资,1950年又对中国和朝鲜实行禁运。1994年解散。

[2] 董志凯:《应对封锁禁运:新中国历史一幕》,北京:社会科学文献出版社,2014年。

[3] 崔丕:《美国的冷战战略与巴黎统筹委员会、中国委员会(1945—1994)》,北京:中华书局,2005年。

量的民用物资。只要他们认为比较敏感的物资和技术,只要这些物资和技术有可能对中国增强国力有帮助,就实行禁运封锁,甚至禁止泳衣出口到中国,因为他们担心泳衣中包含了一些西方的高科技新材料,怕中国人将这些新的材料技术应用在军事和国防上,令人匪夷所思。他们天真地认为,通过联合起来封锁中国,就可以扼杀新中国的经济成长,扼杀新中国的工业化和现代化。

(五)封锁禁运"倒逼"出独立自主的工业体系

不要忘记这样一个事实:中国这样一个人口规模与欧美国家总数相仿、资源丰富、疆域广阔的国家,本身就是一个巨大的、能够自我维系的市场。这个巨大的市场具有极强的自我调整能力、巨大的灵活性和弹性、广阔的回旋空间,使其即使在割断外部联系的时期也能保持很好的自我运转,对这一显而易见的事实的故意忽略,十足显示出巴黎统筹委员会俱乐部成员们的傲慢和自负。"巴统"的成员国可能还没有清晰地认识到,中国实在太大,中国自身就是一个庞大的市场,这个市场即使在封闭的环境下,也可以获得巨大的活力。在这种情况下,巴黎统筹委员会想要封锁中国,实际上是不太可能的,因为中国就是一个世界。

新中国在积极应对封锁禁运、千方百计拓展国外贸易市场的同时,更把主要精力放在开拓国内市场上面。为弥补"封锁禁运清单"上的物资进口受阻而造成的损失,新中国不得不付出极大的努力加快工业进口替代品的生产和研制,加快对本国资源的开发,尤其是战略性能源和矿产的测绘工作、地质勘探和开发利用,从而在新中国成立后的二十多年时间内,迅速增强了中国在"封锁禁运清单"所列示的领域的生产能力和供给能力,在能源工业、采矿业、机械工业、石油和石化工业等领域，获得空前的发展，这不得不说是封锁禁运所倒逼出来的一项"意外的成果"。

在西方对中国封锁禁运最严厉的几十年中，尤其是1949年至1976年间，中国基本建立了比较完整的工业体系，实现了初级工业化，在几乎所有工业制造业领域都取得了迅猛的发展，一个工业化国家完整地呈现出来了。为什么中国的工业体系必须"完整"呢？因为中国在极为严厉的巴黎统筹委员会为核心的西方世界的封锁禁运下，任何一项技术、设备、原料的进口都遭到封锁限制，因此我们的工业体系缺一样都不行，缺一个环节都不行，必须要"完整"。从能源和矿藏的勘探、开发、冶炼、加工，到整个制造业，都必须实现完全的自主、自给，所以我们的工业体系和技术体系就必须是"完整"的，这是逼出来的"完整"。缺任何一个环节，都进口不了，必须把每一环都打造好。因此，我认为中国与其他亚非拉新独立国家产生"大分流"，避免了其他国家所陷入的"贫困化陷阱"和"不发达陷阱"，彻底实现了工业化，建立了系统的、完整的工业体系，而且很多被封锁的领域在全世界居于领先地位，"归功于"或者说"得益于"巴黎统筹委员会所代表的西方国家的严厉封锁。我认为这是产生"大分流"的主要原因。巴黎统筹委员会的封锁禁运看起来是坏事，但最终变成了好事。有些人甚至说，凡是巴黎统筹委员会几十个签约国共同对中国封锁禁运的产品或领域，半个世纪之后，中国的这些产品和领域都具备了超强的国际竞争力，包括航天航空、机械制造、电子、医学、石化、计算机等领域；而凡是"巴统"没有禁运的部分，中国的竞争优势反而都不明显。

国内巨大市场的开发和挖掘，也极大地促进了新中国市场统一性的形成。封锁禁运还逼迫中国必须重视自己的技术创新，在科学教育、技术变革方面只能依赖自己的力量，这从反面促进了新中国自我技术创新能力的迅速提升。

西方的封锁禁运也避免了新中国在国家经济实力和外交实力十分薄弱的情况下受到不公平的国际经济规则和国际贸易体系的负面影响，避免了第二次世界大战之后很多亚非拉新兴民族国家在不平等的国际专业化分工体系下所形成的依附性发展和被剥夺的命运，避免了经济发展的畸形化、片面化和非自主性。西方帝国主义封锁禁运政策的最大"成果"，是迫使新中国建立起完备的、系统的、全面的、自主的工业体系，即全力构建由重工业、国防工业、轻工业组成的全产业链，这是新中国独立自主、自力更生、自给自足的工业体系和经济发展战略形成的重要根源之一。

毛泽东曾说："封锁吧，封锁十年八年，中国的一切问题都解决了。"这一充满自信的论断，今日已经成为现实。巴黎统筹委员会对新中国的封锁禁运政策，正是新中国塑造全新的工业体系、制定赶超战略并由此形成具有中国特色的国家体制的起点。

1994年"巴统"静悄悄地自行宣布解散，此时中国基本实现了工业化，建立了全面的工业体系，成为全世界制造业最发达的国家之一。

四、新中国国家治理模式的渊源与初步框架的形成

新中国成立初期的经济体制有两个基本渊源：一是解放区体制，从某种程度上来说，新中国的国家建构是延安时代以来"解放区体制"跟随新的政治形势而获得的一种合乎逻辑的发展，这是"明"的线索；二是"统制经济体制"，就是抗战以来中国为应付战争而被迫采用的

"统制经济体制",这种体制对国统区的企业运行形成深刻影响,当这些官僚资本主义的企业被新中国国有化之后,其管理体制在一定程度上被沿袭了下来,但是不是完全继承,而是有所扬弃。这一明一暗的两种力量和因素,以不同的方式左右着新中国的经济运行。

(一)解放区经济体制的"相机抉择"的特征和结构性政策

新中国成立之前,在各解放区,当时就已经建立起一整套的国民经济管理体系,其中主要是国有企业、合作制企业以及农村为数不少的合作社。这套体制到了1949年之后,有所继承和调整。什么叫解放区体制呢?解放区体制的核心或者说精髓是什么呢?我认为就是"相机抉择体制",即经济体制的选择必须根据当时的政治局势和政治任务来选择,从而有针对性、有目的、有步骤、有计划地解决当前的经济问题,为当前政治任务的解决提供基础和条件。在这种"相机抉择"式的经济体制模式选择中,所有的经济体制模式选择都不是固定地、生硬而死板地按照标准教科书或者经典社会主义作家的理论来进行的(即中国共产党经常严厉批评的"教条主义"和"本本主义"),而是要根据政治形势的要求和历史阶段的不同不断灵活调整和变动,以期符合在特定的时间和空间对经济体制的特定要求。这套解放区体制很灵活,针对不同的条件,灵活地进行调整和变动。比如说对待地主阶级和民族资产阶级,就采取了"相机抉择"式的灵活政策,这是一种克服教条主义思维的动态思维、综合思维、多元思维和辩证思维方式,避免了静态的、单面的、一元论的、形而上学的思维模式,是解放区经济体制选择的成功经验的总结,是延安时代以来的宝贵经济思想遗产。在解放区体制中,一个比较突出的特征是使用结构性政策和渐进性政策。所谓结构性政策,即在某一经济主体的体制变革中采取结构性的有区别的政策，不"一刀切"。所谓渐进性政策，即在推动某一经济主体变迁的过程中，不是采取暴风骤雨式的激进性政策，而是采取有步骤的、分阶段的行动策略，这一行动策略，贯穿于新民主主义向社会主义过渡的整个过程。毛泽东在处理地主问题和民族资产阶级问题时，总是要分结构的，不是"一刀切"的。在他的结构性政策中，一部分要坚决反对的，一部分要加以鼓励的，一部分要进行一定的限制和需要慢慢改造的。地主分很多类，要有差别地执行不同的政策。民族资产阶级也分为很多类型，也要有差别地对待。这种采取结构性政策的思维方式在新中国的社会主义改造中也被成功地运用。比如说在私营工商业社会主义改造过程中，在"三反五反"中，分几种不同的情况，进行科学的处理，而不是像苏联一样一概采取剥夺的方式。我们的方式比较灵活，有区分，有差异，是分结构的，而苏联的方式比较僵硬，比较粗暴，没有差异化。再比如，在对农业进行社会主义改造时，也针对地主、富农、中农、下中农、贫农等实施不同的政策，不是"一刀切"的。

应该说，在新民主主义时期的若干新经济政策，都受到这种解放区体制和结构性的思维方式的影响。解放区体制是一种包容性很强的体制，这种体制在产权上强调多种产权形式的共存和共同发展，公有经济、私营资本主义经济、个体手工业经济、个体农民经济、合作经济等同时存在，各自发挥作用，在国家的统一经济体制内得到各自的发展；在引导经济体制变革的路径选择上，强调结构性的区别政策和渐进性的行动模式。

（二）国民党官僚垄断资本和解放区国有经济：新中国国有经济的两大来源

新中国的工业管理体系，尤其是国有经济的管理模式，不可避免地受到原有的国家垄断资本主义经济体制的若干影响；而从旧中国的国家垄断资本主义转向新中国的社会主义国有经济，这个转变的成本自然是相对比较低的，在这样的国有经济中实行由国家统一调配资源和控制生产的计划经济体制，显然是相对比较容易的。当然，解放区业已形成的庞大的国有经济体系以及中国共产党管理国有经济的长期实践，更是新中国建设社会主义计划经济的直接的实践和思想源泉。

（三）苏联榜样作用的影响

当然，除了以上所讲的所有因素之外，决定中国共产党对新中国国家运行机制的选择的因素中，不可忽视苏联的榜样作用。很显然，苏联在前三个五年计划期间所取得的辉煌的经济建设成就，尤其是工业建设成就，使全世界对资本主义制度失望厌憎的人所衷心向往。苏联进行的大规模的社会主义计划经济的探索和试验，乃近代经济史上最引人注目的大事件，苏联创造的经济增长奇迹自然在中国的知识界和公众中产生了巨大的震撼效应和示范效应。新中国在体制上受苏联影响很大，尤其是在中华人民共和国成立初期，这是我们必须承认的。

新经济政策实施初期，苏联提出的快速建立大工业尤其是快速实现重工业化、大工业的国有化策略、建立工农之间的牢固联盟、建立国家计划委员会以制订统一的全国经济计划、提高积累度以在小农经济基础上快速积蓄工业化资金、在经济恢复时期增加对私人资本主义的容忍度等所有这些政策，对于新中国建立新民主主义经济和经济恢复无疑具有直接的借鉴作用。开国者在模仿苏联经验的同时，也谨慎地依据中国的实际对苏联模式进行了若干有价值的重要的修正，以使得新中国的经济过渡更加稳健、更加富于渐进性和包容性。

五、中国的过渡经济学的基本特征和方法论精髓

"过渡"是一种经济形态向另一种经济形态的转变，这个转变意味着一个"过程"，而不是一个瞬间发生的变化。但同时，"过渡"也意味着事物的一种"质"的变化，而不仅仅是量的变化，尽管这种质的变化有时可能经过一个较长的过程才能实现。新中国成立初期向社会主义经济体制的过渡，对于中国而言，是一个极其重要的、伟大的转折时期，是中华民族命运的重要转折期，也是国家体制的重要转折期。在这个伟大的过渡时期，中国对于过渡模式进行了深刻的探索，获得了丰富的经验。这个经验的核心，就是渐进的过渡。渐进的过渡对于现代工业尚不发达、分散的个体经济大量存在、经济和文化都极其落后的国家尤其适用。旧中国的现代工业只占国民生产总值的17%左右，其余83%左右则是落后的分散的个体手工业和个体农业。同时，旧中国的教育、文化和科学技术水平极低，文盲在全国人口中所占的比重极大。经济和文化上的严重的约束条件，决定了中国要从落后的经济形态过渡到社会主义的经济形态，客观上就必须经历一个较长的过渡时期。

渐进过渡有五个决定条件：第一，经济和文化的落后，要求有一个相当长的时期来创造为保证社会主义完全胜利所必要的经济上和文化上的前提；第二，要求有一个相当长的时期来建设社会主义的现代化大工业；第三，要求有一个相当长的时期来改造个体的农业和手工业并逐步

地提高他们的集体化程度，改造农业的技术基础，发展农业生产，最后过渡到全民所有制；第四，要求有一个相当长的时期去改造资本主义的工商业，并在这个基础上，对资产阶级和资产阶级知识分子在政治和思想方面，进行社会主义的教育和改造；第五，要求有一个相当长的时期来扫除文盲，普及教育，提高我国的科学文化水平。

（一）过渡时期体制的兼容性和灵活性

新民主主义时期实际上就是一个过渡时期。毛泽东等人所设想的新民主主义经济，就是为降低从资本主义向社会主义的经济过渡成本而做出的、仅在特定的历史阶段才发挥作用的一个"中间性"制度安排。《中国人民政治协商会议共同纲领》（以下简称《共同纲领》）所规定的国营经济、合作社经济、农民和手工业者的个体经济、私人资本主义经济和国家资本主义经济五种经济成分"在国营经济领导之下，分工合作，各得其所"的经济体制，充分显示了过渡时期经济体制的兼容性和灵活性特征。

在对待私营工商业的态度上，既反对那种"认为可以提早消灭资本主义实行社会主义"的过于激进的"左"倾思想，也要反对静止地看待私营经济，认为私营资本主义可以长期保留从而提出所谓的片面"确立新民主主义经济秩序"的"右倾"观点。

对于农业，《共同纲领》既强调保护农民的个体经济，通过土地改革实行"耕者有其田"，保护其土地所有权，同时又强调"引导农民逐步地按照自愿和互利的原则，组织各种形式的劳动互助和生产合作"，"鼓励和扶助广大劳动人民根据自愿原则，发展合作事业，在城镇中和乡村中组织供销合作社、消费合作社、信用合作社、生产合作社和运输合作社，在工厂、机关和学校中应尽先组织消费合作社"，这就把保护农民个体经济和发展具有"半社会主义"的合作社经济结合起来,以便为未来过渡到真正的社会主义经济提供条件。

(二)一化三改:过渡时期总路线的酝酿和正式提出

土地改革、抗美援朝、肃清反革命、"三反五反"和思想改造等一系列运动,从经济、政治和思想上使整个国家的社会主义因素大大增长,为新民主主义向社会主义的进一步过渡奠定了基础。在这五大运动尤其是"三反五反"运动期间,毛泽东等领导人强调在运动中注意团结多数,孤立少数,迅速形成"三反五反"的统一战线,同时注意实事求是进行甄别,提倡"三反五反"运动与生产相结合,并将"三反五反"斗争纳入法律轨道。这些策略的实施,不仅有利于新中国成立初期对资本主义工商业的合理利用、限制和改造,同时也有利于刚刚取得国家政权的中国共产党逐步获得在一个落后大国如何进行有效治理的基本经验,是一次重要的大国治国试验。

(三)1952年的转变:基本矛盾的变化

1952年,毛泽东提出工人阶级和资产阶级矛盾已经成为国内主要矛盾。这是一个重大的转变。但这个主要矛盾的提出,并不意味着就要立即消灭资产阶级,这是两件完全不同的事情。毛泽东一再强调,在新民主主义时期,《共同纲领》所规定的民族资产阶级所应有的政治和经济地位不能改变,"不允许资产阶级和小资产阶级有自己的立场和思想"的想法,是"脱离马克思主义的,是一种幼稚可笑的思想"。[1] 当时黄炎

---

[1] 这是毛泽东1952年3月27日在审阅中央统战部关于各民主党派"三反"运动结束时几项问题的处理意见的指示稿时加写的一段话,见《毛泽东年谱》第一卷,北京:中央文献出版社,2013年,第526页。

培给毛泽东写信,表示要接受无产阶级思想,毛泽东 1952 年 9 月 5 日、13 日对黄炎培一篇讲话稿的复信和批语指出,要对民族资产阶级采用渐进的手段进行社会主义改造,不要有不切实际的、超越阶段的想法。

(四)正式提出总路线

1953 年 6 月 15 日,毛泽东主持召开中共中央政治局会议,听取并讨论李维汉《关于利用、限制和改造资本主义工商业的若干问题》的报告。毛泽东在讲话中,首先对过渡时期党的总路线做了一个比较完整的表述:"从中华人民共和国成立,到社会主义改造基本完成,这是一个过渡时期。党在过渡时期的总路线和总任务,是要在十年到十五年或者更多一些时间内,基本上完成国家工业化和对农业、手工业、资本主义工商业的社会主义改造。"

"一化三改"总路线的酝酿和提出,是毛泽东新民主经济思想和过渡时期思想的一个合乎逻辑的发展,是《共同纲领》中新民主主义经济的合乎逻辑的发展,而不是一种思想和经济纲领的骤变。这是一个动态变化的、视条件而不断及时调整的过渡思想,而不是一种静止的思想。从开始酝酿到正式提出总路线,经历了一个不断调查研究、党内高层充分讨论和获得共识、再向基层逐渐传达以获得更大范围内的讨论和共识、最后以党的决议和宪法的形式固定下来这样一个审慎的民主协商过程,这个过程经历了近两年的时间。

(五)和平赎买:资本主义工商业的社会主义改造

对资本主义工商业进行社会主义改造,有激进和渐进两途。激进的政策是采取直接没收的方法,将资本主义工商业直接转变为由社会主义国家所持有的公有制经济;渐进的政策是通过比较柔和、稳健、变通、和平的方法,在一个比较长的时期内,逐步地对资本主义工商业进行改造，使之逐步由资本家所有转变为社会主义国家所有。在执行渐进政策的过程中，为了使资本主义工商业实现顺利的过渡并保障民族资产阶级在过渡时期的利益，国家可以采取和平赎买的方式，而不采取暴力剥夺的方式。

毛泽东提出："既要反对遥遥无期的思想，又要反对急躁冒进的思想。"[1] 他提出分两步进行社会主义改造：第一步，用三五年时间，将私营工商业基本上引入国家资本主义的轨道；第二步，再用几个五年计划的时间，完成社会主义改造。他还强调改造要出于资本家自愿，不能强迫。毛泽东还专门谈到国家资本主义企业的利润分配问题。他列了一个表格，其中所得税34.5%，福利费15%，公积金30%，资方红利20.5%，总计100%，这就是所谓"四马分肥"的分配比例。[2]

毛泽东在中华人民共和国成立初期实施的渐进式的过渡政策，与苏联对资本家的剥夺政策和大规模农业集体化政策是不同的。他强调这个渐进式的过渡不是"共产风"，不是一种运动式的革命，而是有秩序有步骤的渐进制度演变，以减少社会震荡和社会损失为目标。

毛泽东还说："对资本主义工商业，是采取一九四九年对官僚资本那样全部没收、一个钱不给这个办法好呢，还是拖十五年、十八年，由工人阶级替他们生产一部分利润，而把整个阶级逐步转过来这个办法好呢？这是两个办法：一个恶转，一个善转；一个强力的转，一个和平的转。我们现在采取的这个方法，是经过许多的过渡步骤，经过许多的宣传教育，并且对资本家进行安排，应当说，这样的办法比较好。"[3]

---

[1]《毛泽东年谱》第二卷，北京：中央文献出版社，2013年，第116页。
[2] 同上书，第160—161页。
[3] 中共中央文献研究室编：《毛泽东传（1949—1976）》（上），北京：中央文献出版社，2003年，第447页。

对资本主义工商业的社会主义改造，经历了加工订货和经销代销、个别公私合营、全行业公私合营几个不同的阶段。资本主义工商业改造步伐的加快，是大势所趋。这既是新中国成立头六年对资本主义工商业实行利用、限制、改造政策的必然结果，也是在当时条件下民族资产阶级唯一可能的选择。

（六）和平的经济过渡：社会主义计划经济的雏形

从1953年至1956年，一场以改造生产资料资本主义私有制为目标的、如此深刻的社会主义革命，在和平和稳定中实现了。在此期间，不仅整个国家的所有制发生了深刻的、颠覆性的变化，而且经济又有了新的发展。

在基本完成社会主义改造的1956年，工农业生产有了较大幅度的增长，1956年工业总产值比上年增长28.1%，超过了第一个五年计划中预订的1957年的水平。国营经济、合作社经济和公私合营经济所占的比重，由1952年的21.3%上升到1956年的92.9%，各个部门的经济活动都以不同的形式纳入了国家的统一计划或者受着计划的指导，一个与计划经济相匹配的社会主义公有制国家的雏形已经形成。

（七）中国的过渡经济学的基本特征和方法论精髓

新中国成立初期从旧有的、传统的、落后的制度体系过渡到这样一种能够高效率动员各种资源（包括资本、劳动力、技术和知识、土地等物质资源）的"大一统"的制度体系，需要极具智慧的模式选择。毛泽东和新中国缔造者们创造了一种可供借鉴和模仿的中国式的过渡经济学。

中国式过渡经济学的特征：从1949年至1956年新中国的经济运

行来看，这种强调经济过渡的长期性和渐进性，强调经济结构和产权结构的多元性、弹性和包容性，强调过渡模式的灵活性而摒弃单一化和理想化，强调和平赎买、学习过程和思想教育相结合的中国式过渡经济学，不仅对于中国社会主义制度的创立和工业化、现代化的实现起到关键性的作用，就其方法论的精髓与灵魂而言，也值得任何组织和实施大规模制度变迁与社会改造的行动者借鉴与学习。因此，新中国成立初期所创造的这些经济过渡经验，具有一般性的方法论意义。

而这个方法论的精髓和灵魂就是：在一个原则性的目标指引之下，选择社会震荡和制度成本最低的体制安排，以灵活而富有弹性的方式推动社会变革，把理想主义目标和折中主义战略结合起来，从而实现经济和社会的平稳过渡。在这个经济过渡过程中，既要有主动的强有力的思想引领与政治教育，又要有均衡、弹性、包容、渐进、柔和、中庸的实施策略。

当然，社会主义改造的实践是非常复杂的，即使决策者充分认识了经济过渡的基本规律，然而在具体的实施和操作环节中仍然不可避免地发生模式选择、步骤、速度等诸方面的问题，而认识本身自然也有一个根据丰富生动的社会实践不断调整、不断深化和不断发展的过程。

第三讲
社会主义计划经济体制的形成与变迁（下）：
计划经济的调整与反思

一、如何理解社会主义与计划经济：视角与误区

第二讲讨论了社会主义计划经济体制的初步形成时期，即1949年至1956年中国经济过渡的基本特征和路径选择，其中特别讲到了中华人民共和国成立初期财经统一对于建立"大一统"的计划经济所起的重要作用。到1956年，新中国第一个五年计划成功完成，这是一个非常重大的事件，对于中国计划经济的形成，对于中国工业化的启动都具有重要的意义。在中国社会主义计划经济的启动过程中，有两个因素起到了决定性的作用。第一是中央权威，也就是我在第二讲中所说的"新权威主义"。这一新权威主义，既是数千年以来中国"大一统"思想的延续，又是对晚清以来国家四分五裂、军政财权不统一的一种矫正。第二是国家意志。新中国的工业化、现代化和赶超战略的启动点是国家意志，通过国家意志（经由政治协商体制而将这种国家意志迅速上升为国民共识）把工业化、现代化和赶超战略这几个重要变量内生化，

并由此建立起一整套为赶超和工业化服务的经济体制。当然，在这个过程中，由于中央权威和国家意志，由于财经统一，新中国的国家汲取能力和迅速凝聚政治共识的能力都前所未有的强大，从而为新体制的诞生奠定了基础。

第三讲我们讨论的问题更加深入一些，就是探讨中国社会主义计划经济体制的渊源、苏联范式的影响及中国计划模式与苏联范式的自觉疏离、中国计划经济模式在20世纪六七十年代的自我反思和调整。

（一）理解不同国家社会主义计划经济路径选择的两个视角

我们先从理论渊源上来讨论社会主义与计划经济的含义和逻辑。理解这个问题，可以从两个视角展开。第一个视角是一定要追溯社会主义与计划经济的思想渊源，看看社会主义计划经济与马克思主义思想演变的内在关系，这是思想史的视角。我们要清楚经典的马克思主义作家是怎么讨论社会主义和计划经济的，这点搞不清楚，后面一整套逻辑就搞不清楚。

第二个视角，要从真实的历史进程这个层面来讨论社会主义计划经济产生的根源，看看社会主义计划经济在不同国家的不同表现，这些不同表现到底受什么影响。比如说大家经常讨论的，苏联也搞计划经济，搞社会主义，中国也在搞计划经济，搞社会主义，今天我们的邻邦朝鲜也在搞计划经济和社会主义，这些计划经济和社会主义模式之间有什么区别呢？尤其是中苏之间有什么区别呢？这是经济史的视角。我认为社会主义和计划经济，应该视为一个国家在工业化进程中的特殊的路径选择。因为每个国家，在选择工业化道路的时候，其历史条件（客观的经济、社会和政治条件与资源禀赋情况）是不一样的，因此它实现工业化的体制选择也是不同的。我们需要在一个特殊的、具体的历史情境当中才能理解这样一个历史选择与历史演变过程,要进行一种经济史视角的理解。

(二)苏联和中国都是"原发性的社会主义国家",共同点很多

苏联和中国是两个最适合拿来作比较的国家。这两个国家有很多共同点。第一,这两个国家在实现工业化之前,都是以小农经济为主导,经济都非常落后,我把20世纪50年代之前的中国和20世纪20年代之前的苏联,都称为"经济落后大国",即:他们既是以小农经济为主的落后国家,又是体量非常大的国家。大国实现工业化,与小国在体制选择方面是极其不同的。经济落后大国实现工业化跟赶超战略的历史条件与小国是不一样的,大国所遭遇的国际压力和挑战与小国也是完全不同的。第二,中国和苏联这两个经济落后大国,都先后比较成功且迅速地实现了工业化。苏联的工业化是很成功的,工业化的速度极其迅猛,从原来工业经济力量微乎其微的农业国,经过很短的时间(大约二十年),就成为一个工业化程度很高且至今仍在国际上发挥重要作用的大国,这个变化是极为深刻的。它的工业化是极其成功的,不成功就不可能出现美苏对抗这样的历史事实,因为以前它根本没有资格跟美国对抗。第三,中国与苏联都可以称之为"原发性的社会主义计划经济"国家。为什么这么讲?这两个国家的社会主义计划经济,就其实质而言,都是基于自己的历史约束条件而自主进行体制选择的结果,因而都是"原发性的",都不是照抄别人的。这个特征,与这两个国家都是大国有关,有些小国的体制选择就不太可能是原发性的。中国虽然从苏联范式中借鉴了很多东西,但是就其主体而言,仍然与苏联范式有本质的差异;而且到后来,中国对于苏联范式更是有着清醒的反思和估价,自觉地与苏联范式保持距离。独立自主进行体制选择,

就是在没有任何外来干涉的情况之下能够自主进行工业化体制的选择，这是中苏两国的共同特点。第四，中国和苏联在国家体制创建初期，都受到来自西方帝国主义的极大挑战和封锁，这都对两国的体制选择产生了重大的深刻的影响。在分析中国和苏联的体制选择的时候，外来压力，即西方的战争威胁和封锁等因素，都是很重要的影响变量。

（三）澄清关于社会主义计划经济的几个认识误区

今天讲社会主义计划经济的体制选择和调整问题，首先要澄清几个认识误区。"计划经济"这个词，直到今天，在中国的学术界，仍然基本作为一个负面词来看待，很多学者即使表面上不承认它是一个贬义词，但是内心深处仍然把计划经济跟一个"落后的体制"画等号，这是大家都心照不宣的事情。很多人认为，中国在最近四十年改革开放当中，正是基于对传统计划经济体制的一种颠覆、批判，才推进了国家的改革开放。因此，把计划经济的内涵"消极化"，这是中国理论界在最近四十年做的一项基础性的意识形态工作；因为不做这个事情，就难以证明改革开放的合法性，就难以正确地推进改革开放。从中国改革开放的真实历史进程来看，这种观点在某种程度上体现了中国理论界对计划经济的反省与检讨，正是这种学术反思推动了我们在理解社会主义和计划经济上的思想进步，从而为改革开放的推进提供了思想基础。但是从另外一个方面来说，对计划经济体制的历史作用全面否定，实际上并不是一个学术工作者应有的科学态度。从长远的改革大计来说，这种彻底的全面否定的态度，对中国未来体制的真正严肃而有益的科学探索也是没有益处的。实际上，计划经济体制作为一种体制选择，作为人类历史上很多国家曾经采取的体制选择，应该得到更加理性、客观、冷静、科学的对待，应该对其历史作用进行公正的评价。要以"历史"的眼光来考察计划经济,既要看到其历史作用,又要看到其历史局限性,从而认清它在历史长河中的演进特征和演进路径。一脚把"计划经济"踢进人类历史的"垃圾堆",不是一个科学工作者应有的态度,在实践中也是会被"历史实践"所惩罚的。

对于社会主义计划经济认识误区,包含这样几个相互关联的理解:第一,把计划经济体制等同于落后体制;第二,把计划经济当成"过去了的体制";第三,把计划经济当成给中国经济发展带来巨大困难和波折的体制。我认为这三种理解都是亟待澄清的。第一,计划经济是一个落后的体制吗?正好相反,计划经济体制实际上是一个先进的体制。当然,在一个国家的经济发展水平、经济发展机制的发育水平、国民知识水平和受教育水平、社会系统发育完善程度等客观条件还不具备的时候,进行极为严格的计划经济还缺乏基础。因此,在一个经济社会文化落后大国,越是执行极为严格的计划经济,其负面作用越是明显。这并不是否定了计划经济体制的先进性,而是恰恰证明了计划经济体制的先进性。一套过于先进的严格意义上的计划经济体制,是不可能与经济社会文化的全面落后并存的。因此,这也就说明了为什么中国的比较具有弹性的计划经济较之于苏联的比较僵硬的计划经济,更具有优越性,更有利于工业化和经济增长。从一般的意义上来断然肯定"计划经济是落后的体制",恰恰是因为研究者混淆了计划经济本身与计划经济所要求的经济社会文化条件,以为计划经济是可以不需要任何经济社会文化条件就可以实施的一套经济体制,因而这些研究者把计划经济体制在个别国家的绩效当成是反对计划经济的理由,这是不能成立的,是武断的而非科学的。第二,计划经济是一个"过去了的体制"吗?恰恰相反,我认为计划经济是属于人类未来的体制。换句话说,随着人类对经济发展规律与自身认识水平和驾驭水平达到一定阶段,计划经济体制会以另外一种形式重新进入人类的实践之中，这既取决于人类的物质生活、社会机体的发达程度，也有赖于人类认识自身的技术能力的发展程度。只不过比较远的将来的计划经济体制，与我们今天所考察的传统计划经济体制，有着重大的差异。第三，计划体制并不是给中国带来巨大困难的体制。相反，社会主义计划经济的形成是中国实现工业化、实现赶超战略的重要体制基础。没有这个体制基础，我们今天所有工业制造业的全球竞争力都是不可能存在的，我们的工业化是不可能如此迅猛地完成的。可以说新中国前三十年的计划经济体制为社会主义工业化和经济的全面赶超奠定了极其坚实的基础，为国家自主的工业技术开发奠定了体制基础，至今仍然可以说我们在享受这套体制所带来的成就。因此，我们要以史家的客观态度肯定社会主义计划经济曾经起到的历史作用，对计划经济的历史贡献要有一个比较客观的理解。至于在实行社会主义计划经济的历史时期我们在实践中遭遇的坎坷、所犯的错误、所走过的弯路，那是需要进行极为深刻的再考察和再检讨的，这就是社会主义计划经济体制需要不断进行自我调整的原因。市场经济不是也要经由这种不断调整的路径吗？

现在，中国改革开放已经走过了四十年，我们完全可以以更冷静和客观的心态，把改革开放前后的两个时代的成就结合起来分析，而不是割裂式地理解这两个时代。我们也不再需要为了证明改革开放的合法性，就彻底否定前面三十年的伟大成就。改革开放的合法性还需要证明吗？尤其是还需要以彻底否定前三十年为代价来证明吗？改革开放的巨大成就自己就可以说明问题了。因此，在今天，我们有条件也有资格对共和国的七十年进行一个贯通的理解，而不是分裂式地理解。我们在第一讲就特别强调，历史是延续的，要"历史地看待历史"。

（四）对社会主义计划经济的传统理解："四等式"

澄清了几个认识误区后，再回头探讨计划经济的思想渊源。理解计划经济是一件极为复杂的事情。学术界在理解计划经济时，往往有一个比较简单化的理解，认为计划经济不过就是这样一种体制：中央计划单位依靠行政命令下达计划指标，同时按照同样的行政命令的方法来为企业提供各种资源，国家再按照积累和消费的一定比例对企业利润进行分配。

这种理解对不对呢？可能是对的，但是过于简单了。在各国不断实践和探索的过程中，计划经济不仅是一套资源配置的体制，一套企业运行的体制，一套分配体制，而是成为国家动员一切资源的综合体制。计划体制在初期的探索中，尤其是在苏联和中国的探索中，已经超越了单纯经济的范畴，走向"全面体制"，成为集政治、经济、社会、文化为一体的全面体制。这是历史上最为系统、最综合的"大一统"体制之一。这套体制对于落后大国的工业化和经济赶超是很有帮助的，因为它能够高度动员经济资源。然而计划经济本身的"泛化"，也导致它不再承担单纯的经济功能，而与其他功能混合在一起。计划经济在这种视域中就不再是一种单纯的、与政治社会文化体制无关的经济体制。然而人们越是将更多的超出经济功能的其他功能加到计划经济身上，计划经济本身的扭曲也许就越大。

在传统理解当中，人们往往把社会主义理所当然地等同于计划经济，同时又把计划经济理所当然地等同于单一国家所有制，等同于高度统一的国家控制力。这个四等式，代表了一个时代对于计划经济的理解。传统的经典的社会主义观点往往把社会主义追求平等正义和实现人的全面解放这些政治目标与计划经济内在地联系起来，认为要实现这些目标，就必须摒弃市场经济机制而采取高度社会化的计划经济机制，而这一高度社会化的计划经济机制必须由高度统一和政治化的国家政治制度来保障。通过对"社会主义＝计划经济＝国家所有制＝国家控制力"这一特殊四等式及其演变的历史考察，就可以理解计划经济何以从一种单纯的经济体制演变为一种担负着战略和政治功能的国家经济制度、产权制度和政治制度。因此，在理论和实践中突破传统的"四等式"的认识局限，从而深刻认识计划经济和社会主义制度属性之间的本质关系，就成为传统社会主义能否走出自身理论困境而实现历史性变革的重要前提。

邓小平在1992年南方谈话中发表的著名论断，对于我们理解计划经济与社会主义意义重大。他认为，计划、市场不是判断社会主义、资本主义的标准，社会主义不等于计划经济，资本主义也不等于市场经济。换句话说，社会主义可以搞市场经济，资本主义也可以搞计划经济。这就把对于计划经济的传统理解颠覆了。无论社会主义，还是资本主义，都可以采用计划经济或者是市场经济的体制或者机制。而这句话，我认为是中国改革开放以来探索中国特色社会主义过程中最重要的一句话。社会主义跟资本主义的本质规定性的差别，不在于经济运行机制方面。

在中国长达七十多年对于社会主义经济体制的探索和创新过程中，我们已经清楚地认识到，计划经济不等于单一的国家所有制，也不完全等于绝对的国家控制力。我们不断在理论上和实践上突破这个四等式的局限，从而认识到社会主义的本质属性，为自身理论上的突破找到了一个基础。实际上，突破这个四等式的教条，恰恰是从毛泽东时代就开始了。我们将在第六节集中探讨第一代领导集体尤其是毛泽东对传统计划体制特别是苏联范式的反思。

二、苏联社会主义计划经济范式的主要特征

苏联社会主义体制在20世纪二三十年代就一直深刻地影响着国际格局（这种影响不仅局限于国际共产主义运动），40年代后半期以来更是对中国的社会主义革命和建设产生极其关键且持久的影响，而中国自50年代中后期至今持续不断地对苏联社会主义经济范式的反思，更是凸显了这种影响的持久性与深刻性。"走进"苏联模式，充分借鉴和参照苏联模式的合理内核，而又能"走出"苏联模式，深刻反思和检讨苏联模式的内在弊端，这几乎成为贯穿新中国社会主义经济发展的主线之一。

（一）苏联计划经济的开始

1918年5—6月，在第一次全俄国民经济委员会代表大会上，代表们热烈讨论的，不仅是工业生产的基本方向，还有建设计划，并拟订了冶金工业、煤矿井、棉纺厂和其他生产形式的指标和任务。这些计划，包括1920年年底的具有重要历史意义的全俄电气化计划，均应视为苏联社会主义计划经济最早的尝试，其目的是"在共产党夺取政权后立即采取变整个国家经济机构为一部统一的大机器，'一个使亿万人都遵照一个计划工作的经济机体'"（列宁语）。

（二）新经济政策以及列宁最后的反省

在苏联早期探索计划经济的过程中，有过一些反复。1921—1925年执行新经济政策期间，列宁对曾经实施的过激的"军事共产主义"以及命令式的、无视商品货币关系和经济规律的管理模式进行了深刻的

反思，而新经济政策也从列宁初期设想中的暂时的战略"退却"转变为实现社会主义的必由之路。

1923年年初，列宁在生命的最后时刻，深刻反思俄国社会主义建设的历程，从"军事共产主义"和新经济政策两方面的经验教训中看到，社会主义不可能是原来所设想的没有商品货币关系、过度集中管理的"大工厂"，从把商业作为向社会主义过渡的间接手段发展为把商品货币关系和社会主义联系在一起，从而在认识上实现了新的飞跃。

在《论合作制》一文中，列宁说，"我们不得不承认我们对社会主义的整个看法根本改变了"，"在生产资料公有制的条件下，在无产阶级对资产阶级取得了阶级胜利的条件下，文明的合作社工作者的制度就是社会主义的制度"。[1] 列宁已经把合作制及其赖以存在的商品经济关系看作是与社会主义完全一致的，他认识到社会主义存在着商品货币关系，因此社会主义自然离不开市场，社会主义与商品、货币、市场这些范畴不是相斥的，而是相容的。列宁晚年这些宝贵的思想对于国际社会主义运动的正确发展有着重要的意义。

（三）第一个五年计划

1929年4月联共（布）第十六次代表会议上通过了第一个五年计划，其基本任务是建立和发展重工业，把农业转移到大的集体经济的轨道上，建立在苏联建成社会主义的经济基础。第一个五年计划（1928—1932）的任务在四年零三个月内完成，苏联由农业国变为工业国，小农经济变为机械化的社会主义农业经济。

---

[1]《列宁全集》中文版增订版，第43卷，北京：人民出版社，2017年。

(四)第二个五年计划

1934年1—2月召开的共产党第十七次代表大会,批准了"关于发展苏联国民经济的第二个五年计划(1933—1937)"的决议,这个五年计划于1934年11月由苏联中央执行委员会和人民委员会正式通过。这个计划的基本政治任务是彻底消灭资本主义成分,基本的经济任务是完成整个国民经济的技术改造。

(五)第三、四、五个五年计划

1939年召开的共产党第十八次代表大会通过了1938—1942年的第三个五年计划。德国的入侵打断了第三个五年计划的完成,1941—1945年在苏联卫国战争中,计划经济主要是服从战争的需要。卫国战争胜利后,1946年3月苏联最高苏维埃通过1946—1950年第四个五年计划,其使命是恢复战争创伤。1952年10月共产党第十九次代表大会批准了1951—1955年第五个五年计划,规定了国民经济一切部门的新的强大高涨、人民物质福利进一步大大增长和文化水平进一步提高的任务。

(六)苏联社会主义计划经济范式的主要特征

第一个特征,是一整套保障重工业优先发展的经济体制和权力体制。优先发展重工业即优先发展生产资料的生产。将一个农业国改造为工业国,这是苏维埃政权的主要目标。早在1921年列宁就指出,"没有高度发达的大工业,那就根本谈不上社会主义,而对于一个农民国家来说更是如此","社会主义的物质基础只能是同时也能改造农业的大机器工业","正是这个工业,所谓重工业,是社会主义的主要基础"。列宁认为，不建设重工业，"我们就不可能建设任何工业，而没有工业，我们就会灭亡，而不能成为独立国家"。对于斯大林来说，工业化有特殊的含义，"不是发展任何一种工业都是工业化。工业化的中心，工业化的基础，就是发展重工业，归根到底，就是发展生产资料的生产，发展本国的机器制造业"。

苏联之所以在20世纪二三十年代确立优先发展工业尤其是重工业的战略，是与努力摆脱对外依赖实现经济独立、最大限度并以最快速度在落后的传统农业国实现工业化以及应对敌对力量的包围联系在一起的。

联共（布）第十七次全国代表会议在《编制苏联国民经济发展第二个五年计划（1933—1937）的指示》中指出："在第一个五年计划期间展开地把苏联从一个进口机器和设备的国家变为独立生产机器和设备的国家的工作将完成，并最终保证'使苏联免于变为世界资本主义的经济附庸的经济独立'。"苏联把经济独立于重工业的发展联系在一起。然而苏联也认识到"加速发展生产资料的生产（国家工业化的基础）和逐渐消除农业的极端落后应保证根本改善城乡劳动人民物质福利、原先落后民族地区的经济和文化的高涨、巩固国家的国防能力"。

第二个特征，是其高度技术性和高度组织性。苏联的计划经济模式的主要体制环节可以概括为：部长会议—中央计划机构—部—局—企业。部长会议由最高经济管理人员组成；中央计划机构包括计划委员会、物资和技术供应委员会、建筑委员会、价格委员会、劳动和社会问题委员会、科学和技术委员会以及财政部、国家银行、统计局等与计划的制订和执行有关的机构；部、局则是计划生产任务和管理经济资源的具体行政管理层次；企业是完成计划的基层单位，同时也是经济计划所需要的基本信息的来源。这样的企业包括大约41 000个国营企业、22 000个国营农场和27 000个国营建筑企业。

这一庞大的计划经济体系需要极为周密的计划、高度的组织协调能力以及各计划部门和各企业的有效率的良好配合作为保障。以计划模式管理如此庞大的国民经济需要制定极为详细繁杂的指标体系、政策体系和法律法规体系。高度的组织性和技术性，极端复杂的计划体系和细密的组织体系，导致苏联的计划经济具有强烈的技术理性特征和工具理性特征，始终强调科学理性、党的干部技术化、知识分子的作用等因素，与中国计划经济的"泛政治主义特征"形成明显的对比。

第三个特征，优先发展重工业这一战略，内在地必然同高速度和高积累结合在一起。在苏联，与国家的重工业化一起提出来的是追赶西方发达国家的强烈愿望。在斯大林"一国建成社会主义"理论中，国家重工业化和赶超战略是关系到党和国家生死存亡的问题，因此工业发展速度极为重要："我们比先进国家落后了五十年至一百年。我们应当在十年内跑完这一段距离。或者我们做到这一点，或者我们被人打倒。"苏联强调高速度的历史根源是一个古老帝国要求重新强大起来的民族主义情感，而斯大林则充分地并且成功地从旧俄历史的民族屈辱中发掘了这种高速度的政治意义。于是，高速度以及高积累就与社会主义、与重工业化捆绑起来，成为苏联计划经济的重要特征。

第四个特征，是希望在遵循基本经济规律和国民经济有计划按比例发展规律的基础上来发展社会主义经济。然而理论和实践形成了明显的反差。苏联《政治经济学》教科书第三版对"社会主义基本经济规律"的定义是：社会主义基本经济规律的特点就是在先进技术基础上使生产不断增长和不断完善，以便充分地满足全体社会成员经常增长的需要并使他们得到全面发展。国民经济有计划按比例发展的规律，就是在制订计划和实施计划的过程中，必须注意国民经济各部门之间的比例关系，科学制订计划，使重工业、轻工业和农业各部门按比例协调发展，防止不协调和不均衡的情况。《苏联大百科全书》极为强调计划经济要反映基本经济规律。应该说，在整个苏联社会主义计划经济运行的过程中，对基本经济规律和计划规律（有计划按比例发展规律）的偏离而不是遵循，成为一个显著的特征，高积累使得经济发展与满足人民日益增长的需求之间的差距逐步拉大，而产业布局之间的不均衡和不协调更是使国民经济处于一种危险状态之中。

第五个特征，是其高度的指令性。在高度指令性的计划经济中，国家的计划无微不至，企业作为微观经济主体的自由空间和回旋余地很小，市场调节的空间很小，因而这种命令式的高度指令性的计划所造成的扭曲也更加严重，不能灵活适应经济情况的变化。在苏联强调技术理性和科学理性的经济计划思想指导下，这种高度指令性的特征被大大强化了。高度指令性、命令主义且极为繁复精细的经济计划是由巨量的"经济学家"为主的计划制订者和管理者组成的大军所支撑的，这些经济计划制订者和管理者在能力和品质上的缺陷往往会导致经济计划的制订和实施的效果都大打折扣。

苏联的社会主义经济计划不具备弹性计划的特征，这导致经济结构上的扭曲往往带有自加强的特征，很难通过系统内部的调节来进行自我纠正。尽管苏联社会主义计划经济一直强调遵守价值规律和进行经济核算，但是由于对市场机制的绝对排斥导致长期将指令性原则的作用绝对化，将国家的作用绝对化，这对苏联经济的发展造成了持久的致命的消极影响。

第六个特征，是其将经济计划化与生产资料的公有制等同起来。苏联的计划经济作为一种经济运行机制，是和社会主义生产资料的公有制密切联系在一起的。把社会主义等同于计划经济，再把计划经济等同于公有制和一切领域的全面国有化,这种僵化的观念长期以来束缚着苏联大多数国家管理者的思想。

三、中国社会主义计划经济的路径选择及其历史逻辑

与资本主义不同,社会主义制度从一开始就被赋予了一种理想色彩,从道义的角度而言,追求正义、公平和平等的社会主义,对深受帝国主义、封建主义压迫剥削的中国人民来说极具吸引力,它让中国人看到了一条不同于西方,却可以让中国迅速走向独立、平等和富强的道路。这条道路可以避免西方资本主义国家对外侵略、对内压迫的发展模式,也可以摆脱社会生产的无政府状态和周期性的经济危机。俄国十月革命的成功以及新生的苏联在20世纪前半期强劲的经济发展所起到的榜样和示范作用,更加深了中国人对社会主义这种新的社会制度的向往。

(一)中国近代的社会主义思潮和统制经济思潮

继五四时期之后,中国知识界的社会主义思潮在苏联完成"一五计划"和欧美经济危机最严重的1932—1933年间又达到了一个高潮。而对经济计划化的认同乃至推崇是这一时期中国社会主义思潮的重要特征,这与同一时期西方世界的社会主义思潮和计划经济思潮的兴起互相呼应。可以说,在五四运动至新中国成立的三十年间,社会主义思潮一直是中国知识界的主流思潮之一,即使是那些持有自由主义思想的知识分子,也对社会主义抱有同情。这是一个时代的心态的反映。所

以在1949年，当中国选择了社会主义的时候，可以说得到了绝大多数国民（包括大部分知识分子）的拥护和赞同，其根源就在于这种时代思潮。

作为对自由竞争的市场经济的反思和对未来工业化道路的探索，20世纪三四十年代的中国还出现了一股统制经济思潮，从抗战前一直延续到抗战后，学者、企业家都是形成这一思潮的重要推动力量。当然，在这一思潮的形成过程中，抗战是一个非常重要的因素。战时经济形成的高度统一、国家高度介入的体制，不仅对当时的战时经济体制产生了深刻影响，也对新中国的体制架构形成了深刻影响。新中国的国有企业，很大一部分就是没收国民党官僚资本而建立的，这些国民党管理的官僚资本主义企业，实际上在管理模式上都带有统制经济的色彩。因此抛开其政治属性不说，单就其企业运行机制和国家管理体制而言，这种统制经济体制与新中国所采取的社会主义计划经济体制中的国家介入，有一定的内在相关性。

（二）社会主义计划经济是后发大国实现快速工业化和经济赶超的内生选择

鸦片战争以来，对于一个后发大国而言，选择什么样的发展路径才能快速改变贫穷落后的面貌，追赶西方工业化国家，实现民族复兴的梦想，是任何人不能回避的重要命题。要理解新中国的战略选择，要理解中国的社会主义计划经济思想的由来，就必须从"后发大国工业化战略"这个高度去认识。在近150年工业化努力的历史进程中，社会主义计划经济时代所奠定的工业化基础与资本原始积累，是我国四次工业化中最为关键的核心步骤，对中国的工业化和民族复兴具有历史性的意义。什么是中国的四次工业化？温铁军、董筱丹认为，自清代末年以来，在不断遭到列强侵略和周边地缘政治环境长期高度紧张的条件下，中国人不得不做的有世界历史意义的事，就是先后开展了四次代价极大的国家工业化建设。第一次是1860年以后清朝末年皇权衰败时出现的地方实力派主导的、以引进设备为前提的洋务运动。虽然最后归于失败，但却标志着工业化的起步。第二次是1920年之后民国初期到"二战"前短暂的民族资本主义工业化，以及政府利用"二战"机会形成的国家主义工业，这时中国有了近代工业的雏形。第三次是20世纪50年代中华人民共和国成立初期民族资本主义和苏联援助形成的国家资本主义工业化改造，以及这种投资中辍之后的全民动员体制下的自力更生的工业化。这次工业化大致完成了资本的原始积累和比较完备的工业体系的建立。第四次是20世纪80年代产业资本形成之后通过市场化改革扩展到部门和地方，并在基本建设加快形成的外资大规模进入以及货币化和资本化条件下的高速度扩张。经过一百多年的奋斗，无论朝代更迭、政党演变，中国终于成为第三世界"原住民为主"的、人口过亿的国家中唯一形成完整工业结构的国家，多数工业品产量升为世界第一。[1] 第三次工业化，是中国150年工业化进程中最为核心和关键的一段。

（三）经济独立的追求是计划经济的重要考量

像苏联和中国这样的原发型社会主义国家，其选择社会主义和计划经济体制的深层动因，植根于这样的后发大国希望摆脱为帝国主义国家的经济附庸地位、快速建立完备的工业体系（尤其是重工业体系），从而实现经济独立和经济赶超的强烈愿望。中国的工业化，跟一些小

---

[1] 温铁军、董筱丹：《"中国经验"的"中国特色"——中国工业化进程之于其他发展中国家的不可复制性》，收于潘维主编：《中国模式：解读人民共和国的60年》，北京：中央编译出版社，2009年11月，第163—180页。

的发展中国家的工业化有什么区别呢？中国的工业化是全面的工业化，我们不是在某一制造业上占据领先地位和保持独立的能力，而是在全部的工业化链条上保持独立的能力，从能源资源的勘探开发到整个制造业，再到科学技术的研发，乃至整个工业链条，中国都必须全面工业化，必须形成全面的独立的工业制造能力。这个全面工业化的根本目的是什么呢？是中国要实现经济独立，要摆脱帝国主义的经济附庸地位。这件事情，小国办不到，一般的发展中国家也办不到，它需要特殊的体制保障和强大的国家动员能力。

（四）中国模式的核心是什么

对于中国这样落后的发展中大国，把社会主义计划经济作为实现迅速工业化的体制保障，从而奠定内向型的工业化原始积累和产业扩张道路的基础，并在工业化过程中奠定政治主权和经济主权的物质基础，避免了依附于发达经济体这一一般发展中国家不得不接受的历史命运，这一特征应被视为"中国经验"或"中国模式"的核心。

（五）中国经验的描述要完整

因此，在关于"中国经验"的描述中，不仅要把改革开放以来的产业资本扩张包括在内，更应该将国民经济的社会主义改造、集中式的计划经济体制的选择、生产资料的国有化、上层建筑的构建这些在20世纪70年代中期之前形成的制度特征包含在内。正是20世纪50年代之后形成的这些制度体系，保障了中国的工业化原始积累，使中国在短时期内迅速完成了经济独立前提下的国家工业化，并为改革开放之后的产业资本扩张提供了物质基础。我们在第三次工业化进程中没有对外殖民，而且在工业化过程中很好地实现了政治主权与经济主权。我们的政治是独立的，不受任何国家干涉；我们的经济是有主权的，不被任何国家所控制。这样的体制，最大限度避免了很多国家不能避免的所谓"贫困化陷阱"，这是我们与一般发展中国家区分开来的重要前提和体制保障。

四、新中国国家计划体制初步形成

1953 年，新中国第一个五年计划在苏联的支持下启动。为了推动大规模的经济建设，政府开始全面介入物资供求、要素价格、工农业生产等社会经济的各个方面，经济的组织化和计划化逐渐加强，社会主义计划经济体制初步形成。

1953 年 5 月，中苏两国在莫斯科签订《关于苏维埃社会主义共和国联盟政府援助中华人民共和国中央人民政府发展中国国民经济的协定》，规定苏联将在 1959 年前帮助我国新建和改进 141 个建设项目，加上次年协议增加的 15 个项目，合计 156 项。

经济恢复时期的统一财经工作为社会主义计划经济体制的运行提供了重要的组织前提。统一财经实现了财政收入以及财政管理权的统一，这一举措为中央政府巨额的建设投资创造了条件。

与"一五"计划几乎同时进行的是对农业、手工业和资本主义工商业的社会主义改造。1956 年年底，社会主义改造在全国范围内基本完成。

（一）第一个五年计划

第一个五年计划的基本任务是"首先集中主要力量发展重工业，建立国家工业化和国防现代化的基础"。随着"一五"计划的实施和社会主义改造的顺利完成，1953—1957年成为新中国为了推进具有重工倾向的工业化战略而进行全方位的"制度准备"的一个时期。要在一个很低的起点上快速启动工业化，政府就必须"做出适当的制度安排，人为压低重工业发展的成本"，中国急需建立起一个高度集中的计划经济体制，以确保国家拥有强大的资源动员和配置能力，使紧缺的物资、资源能够迅速配置到政府所要优先发展的产业中去。

（二）以统购统销为核心的物资管理：计划经济的核心保障

"一五"期间的核心工程涵盖了国防工业、冶金工业、能源工业、机械工业、化学工业等各个领域，大规模的经济建设首先带来了对生活、生产资料的巨大需求，而国家的供给能力却严重不足。

随着经济的逐步恢复和大规模经济建设的开展，国家所能掌握的粮食与其必须负担的城乡粮食供应量之间却产生了越来越大的缺口，生产资料与生活资料都出现了严重短缺。

统购统销政策推行之初遇到了很多困难，"困难不单来自我们对于统购统销缺少经验，主要的是对这样众多的农户，要估计产量、分清余缺及其数量，很不容易"，如果能把农民组织起来，向农业生产合作社进行统购统销的工作，则要"容易得多，合理得多"。这是当时陈云的认识。集体——而非单个农户的组织形式，使国家可以通过行政力量完全控制农民的生产经营活动以及农业剩余的提取与使用。这是工业化的基本前提。

在执行的过程中，统购统销的对象不断增加。1953年11月，中共中央批准了中央人民政府财政经济委员会关于在全国实行计划收购油料的决定，次年9月政务院公布了《关于实行棉花计划收购的命令》。

除了粮、棉、油三种最重要的农产品之外，烤烟、黄洋麻、苎麻、大麻、甘蔗、家蚕茧、茶叶、生猪、羊毛、牛皮及其他重要皮张、土糖、土纸、瓜子、栗子、木材、部分中药材、水产品、废铜、废锡、废铅、废钢等几十种产品都被纳入统购统销的范围。

受到严格控制的不只是农副产品，为了配合第一个五年计划的实施，国家同时开始了对重要生产资料在全国范围内的统一平衡分配管理。按照不同生产资料的重要程度和产销特点，重要物资大体上被分为三类：第一类是国家统一分配物资，简称"统配物资"。这类物资全部由国家计委统一分配。第二类是中央各部门统一分配物资，简称"部管物资"。这类物资由中央各部在全国范围内统一分配。第三类物资是地方管理物资，通称"三类物资"。

作为一种带有浓厚计划经济色彩的物资管理方式，统购统销制度对中国计划经济体制的形成和演进，以及社会经济发展和社会结构变化都产生了重要的影响。从经济层面来看，统购统销制度是计划经济体制不可分割的组成部分，也堪称计划经济体制的最早尝试之一。统购统销制度所引发的要素市场价格的固化、微观主体市场自主权的限制、国家对粮食等重要物资产销的严格的宏观经济控制等，为中国的计划经济体制奠定了制度基础。

从国家战略来看，统购统销制度以及对重要物资统一分配的管理体制是中国优先发展重工业战略不可分割的一部分。正是由于这种管理方式，国家才有可能从农业部门获得大量的资源和农业剩余，实现对重要商品生产及流通过程的控制，支撑快速的工业化进程，为工业化提供巨额的资本积累和低成本原料。

（三）生产要素价格的控制：计划体制的枢纽

在对农副产品的购销和主要生产资料的分配、使用进行控制的同时，政府也开始了对价格的统一管理。在对私营商业进行社会主义改造时，采取了商业部和供销合作社分别管理城乡市场物价的方式。1955年召开的第五次全国物价工作会议，明确提出了商业部在全国物价确定与管理中的职责，以下三项是重点：（1）掌握全国物价总水平，领导和管理国内市场物价；（2）确定进销差价、地区差价、批零差价、质量差价、季节差价及商品比价的掌握原则；（3）制定和调整全国各主要产销市场关系国计民生的重要大宗标准规格商品的收购和批发销售牌价。

（四）对劳动力成本和资金的统一管理

"一五"时期我国工资制度变革的趋势是走向集中化和统一化。为了调动广大职工的生产积极性，这一时期的国家机关和国营企事业单位的职工工资有明显提升，而且重工业部门的工资标准和提升幅度都明显高于轻工业部门，这和国家的发展战略相一致。但从长期来看，工资的增速并不快。为了确保高积累率，政府一直维持着较低的工资水平。

值得一提的是，尽管收入水平不高，但不同群体、不同区域之间的分配却是非常平均的，没有显著的贫富差距和地区差异。这种分配上的高度平均主义与低收入水平的维系极大地压低了工业化的成本。

另一个必须统一管理的生产要素是资金。对于一个像中国这样在经济发展水平极低的情况下开始工业化，又选择了重工业作为优先发展对象的国家而言，资金的重要性显而易见，可这恰恰是新中国最稀缺的资源之一。统一财经工作的完成，使政府特别是中央政府掌握了巨大的财政资源,使巨额的建设投资成为可能。而新中国成立后私营银钱业很快退出了历史舞台,先是完成了公私合营,然后被纳入中国人民银行统一管理。以中国人民银行为核心的金融体系成为国家控制资金流向的重要工具。

银行的信贷计划一直与国民经济计划和国家预算密切相关,信贷资金的分配与管理充分配合国家的各项政策,比如按照收购进度对统购物资进行放款,以对不同所有制企业放款额度的控制推进社会主义改造,支持工业部门的资金需求以保证工业生产计划的完成,等等。不仅如此,资金的使用成本——利率也在调整中不断降低。

(五)工业生产及其管理方式的重构

缺乏一个强有力的具有现代化意识的中央政府以及强大的国家汲取财政能力是近代以来的中国迟迟不能发动工业化的主要原因。新中国政府改变了这一局面,通过计划管理的方式将一系列重要的资源集中到政府手中。随着工业化进程的启动,投资、建设、生产、积累几乎成为新中国经济发展过程中最核心的要素。这种重积累轻消费的理念一直持续到1978年,整个计划经济时期的积累率都偏高。

社会主义改造完成之后,单一公有制的基本实现使施行计划管理的范围扩大。在第一个五年计划期间,接受政府指令性计划管理的国营企业数量不断上升,对于国营企业的总产值、主要产品产量、新种类产品试制、重要的技术经济定额、成本降低率、成本降低额、职工总数、年底工人人数、工资总额、平均工资、劳动生产率和利润等12项内容,都由政府直接下达指令性生产指标。由国家计划委员会统一管理、直接下达计划指标的产品由1953年的115种增加到1956年的380余种。

（六）计划管理机构的建立与计划编制

为了统筹安排即将开始的大规模经济建设，1952年11月，国家计划委员会成立。1953年1—5月，国家计委在中财委计划工作的基础上，参考苏联计划机构的经验，成立了16个工作部门，主要工作就是编制计划。其间，中共中央于1953年2月下发了《关于建立计划机构的通知》，要求"中央一级各国民经济部门和文教部门，必须迅速加强计划工作，建立起基层企业和基层工作部门的计划机构。各大区行政委员会和各省、市人民政府的财经委员会应担负计划任务，其有关计划业务，应受国家计划委员会指导"。此外，"为适应计划工作的需要，在建立和健全计划机构的同时，必须建立和健全统计机构"。

到1957年，全国有28个省、市、自治区，都成立了计划委员会（西藏为计划局），全国132个省属市有126个成立了计划委员会，全国191个专署有153个成立了计划委员会，2311个县或相当于县的行政单位有1835个设置了计划委员会。

以统购统销为核心的物资管理体制的形成、政府对生产要素价格的控制、工业生产及管理方式的重构、计划管理机构的壮大以及长短期经济发展计划的编制，所有这些都标志着新中国高度集中的计划经济体制的确立。这些具有内在的逻辑一致性的政策和制度，总体上都服务于加速实现工业化和赶超战略的目标[1]。在社会主义改造重塑了新中国的微观经济主体之后，计划经济体制的形成重塑了新中国的宏观经济管理方式。由此，新中国依靠强大的国家动员力量和介入力量以及高度自我积累，支撑并启动了一个后发大国的赶超式工业化进程。

---

[1] 王丹莉：《社会主义经济制度的确立与国家工业化的启动》，收于郑有贵主编：《中华人民共和国经济史（1949—2012）》，北京：当代中国出版社，2016年。

五、社会主义计划经济中的产业布局和产业发展设想

重工业优先发展战略下重轻工业和国防工业的均衡发展设想

社会主义计划经济是一种"有计划、按比例"发展的经济形态,其中特别注重各个产业之间的比例关系,以期各个产业得到协调和均衡的发展,既有计划重点,又要实现协调和均衡。所以在中华人民共和国成立初期,毛泽东特别强调吸取苏联教训,呼吁要注意重轻工业、农业与工业、国防工业与非国防工业的比例关系。

第一个五年计划期间,中国的工业生产能力获得了突飞猛进的发展,这不仅表现在许多工业品产量的大幅增加、技术水平的明显提高,还表现在工业部门内部结构的跳跃式调整。一些行业从无到有,从薄弱到强大,为工业体系的全面发展构建了坚实的基础。1952年至1957年,重工业产值增长了210.7%,轻工业产值增长了83.3%。重工业在全部工业中的比重由1952年的37.3%上升到1957年的45%,而同期轻工业的比重由62.7%下降到55%。同时,轻重工业内部的结构也趋向合理。

"一五"计划期间,农业生产的发展和农业基础设施的提升都有了巨大的进步。可以说,在整个第一个五年计划执行期间,中国的工业制造能力得到了迅速的提高,尤其是重工业(生产资料的生产)部门获得了空前的发展。这一成就,大大提升了中国的工业化水平,也奠定了国防安全和国家竞争力的坚实基础。与几乎同期建立新政权且经济发展初始禀赋极为相似的印度相比较,中国在新政权建立初期的制度构建和工业化战略是构成两国经济发展巨大差距的主要原因。

六、第一代领导人对计划体制的反思和调整

20世纪50年代后半期和60年代初期,中央高层对高度集中的计划经济进行了系统的反思和检讨,其中毛泽东的论述和谈话比较集中地反映了这些反思的成果。代表毛泽东思想成果的论述和谈话包括以下内容:一是1956年的《论十大关系》。这篇讲话是毛泽东经过与数十个相关部委的负责人座谈研讨之后总结出来的,非常精练,也非常全面,是当时新中国领导人对社会主义建设、社会主义计划经济体制运行以及苏联范式反思的最高的思想成果。二是毛泽东《读斯大林〈苏联社会主义经济问题〉批注》。这是毛泽东1958年三次读该书做的批注,后来收入1992年出版的《建国以来毛泽东文稿》第七册中。三是毛泽东《读斯大林〈苏联社会主义经济问题〉谈话记录》。这是1958年11月9—10日在郑州会议上召集部分中央和地方领导同志进行的谈话,这个谈话对社会主义计划经济的若干重要问题做了比较充分的论述,思想价值很高。四是毛泽东《读苏联〈政治经济学教科书〉下册谈话记录稿》,这是毛泽东1959年12月10日至1960年2月9日与邓力群、胡绳、田家英一起读苏联《政治经济学教科书》(下册)的批注和谈话,邓力群是这篇文献的原始记录者。这篇文献集中体现了毛泽东对社会主义革命和建设的探索轨迹,殊为珍贵,值得重视。

从这些文献可以看出,毛泽东对社会主义建设和社会主义计划经济的理解是在不断深化的。概括来说,毛泽东在20世纪50年代末期和20世纪60年代初期对于社会主义计划经济的探索可以归结为以下几点:

第一,毛泽东强调在社会主义经济建设和经济计划实施中,要保

持平衡，不要偏。要实行轻重平衡、工农平衡、国防工业与非国防工业平衡、沿海与内地平衡的国民经济平衡发展战略。这个观点，贯穿在以上他的若干讲话和批注中。这也就是他在读斯大林的著作时总强调的"两条腿走路"，而苏联模式恰恰是没有注意这个平衡。

第二，对于经济计划，毛泽东强调要科学谨慎地编制经济发展计划，做到经济计划与自由主义的统一，也就是要在计划中留有余地。

第三，毛泽东强调经济计划的渐进性、试验性和试错性，要进行经济计划的动态调整。这就与苏联的比较技术性的、僵硬的计划区分开来。

第四，毛泽东在20世纪50年代后半期以来尤其注重探索中央集权和地方分权之间的辩证关系，注重调动地方积极性。这就与单纯强调中央权威和中央计划权威的苏联模式区分开来。毛泽东在这方面的论述很多，我们今天讨论中央和地方关系的时候，还是要充分借鉴这些成果。

（一）陈云的计划经济调节思想

其他中共高级领导人也对社会主义计划经济进行了比较深入的反思，其中主管经济工作的陈云的观点具有代表性。中共八大时，陈云提出了著名的"三个主体、三个补充"的思想："我们的社会主义经济的情况将是这样：在工商业经营方面，国家经营和集体经营是工商业的主体，但是附有一定数量的个体经营。这种个体经营是国家经营和集体经营的补充。至于生产计划方面，全国工农业产品的主要部分是按照计划生产的，但是同时有一部分产品是按照市场变化而在国家计划许可范围内自由生产的。计划生产是工农业生产的主体，按照市场变化而在国家计划许可范围内的自由生产是计划生产的补充。因此，我国的市场，绝不会是资本主义的自由市场，而是社会主义的统一市场。在社会主义的统一市场里，国家市场是它的主体，但是附有一定范围内国家领导的自由市场。这种自由市场，是在国家领导之下，作为国家市场的补充，因此它是社会主义统一市场的组成部分。""三个主体、三个补充"的思想很辩证，充满了中国式的智慧，就是不走极端，走中庸的路线，不对计划经济进行绝对化的理解。这就是中国人心目中的"弹性的计划经济"和"包容性的社会主义"。在所有制层面，在计划体制层面，在计划和市场的关系层面，都包含着一种灵活的、弹性的、富于权变的思想。

（二）李富春的弹性计划的思想

另一个财经领导人李富春的思想很值得重视。他认为计划要有一定的弹性："计划指标必须留有余地，藏一手，缩小缺口。这样，我们才能争取主动，才能真正动员大家的积极性和革命干劲。要争取主动，必须有重点地全面安排，留有余地。过去我们的缺点就是什么都满打满算，不但不留余地，而且层层加码，搞得太多太紧太散，结果陷于被动。所谓缩小缺口，第一要全面安排，综合平衡；第二要根据条件可能，基本上过得去；第三要有积极可靠的缩小缺口的措施。""编制计划，要从上而下和从下而上相结合，而且要各'口'全面结合，采取大家搞计划、全党搞计划的办法。"这些思想，实际上与毛泽东和陈云的思想是基本一致的，就是要保持计划经济的灵活性，而不是过于僵硬，过于技术主义。

（三）社会主义经济计划需具备的理想前提条件

社会主义经济计划不可能凭空产生，也不可能无条件运转。计划经济所需的理想前提条件至少包括以下几项：

一是社会主义经济的发展壮大。其中社会主义经济过渡的成功进行是必要条件。通过这一过渡，彻底改造了国民经济的微观基础，使各基层经济单位（包括农村）成为国家控制之下的经济体。在此基础上才能实行经济的计划化。抽象来说，微观经济主体的国有化改造是计划实施的必要条件。更一般地说，计划经济实施的首要前提是微观经济主体能够在宏观经济计划者的指导之下进行运作，而不论微观经济主体的所有权性质如何。

二是必须拥有强大的统计机关，可以最大限度获取比较及时、充分、全面、准确的数据和信息。没有庞大的信息和数据，制订和调整计划是不可能的。信息必须及时，不能滞后；信息必须充分，不能不完备；信息必须全面，不能是局部地区或产业的信息；信息必须准确，不能是经过人为修订和篡改的错误或扭曲的信息。

三是要具备强大的处理信息、处理大数据的能力，并具备利用大数据进行决策、规划的能力。中央和地方计划制订机关要具备极强的经济分析能力，才能对如此庞大和纷繁的数据体系进行准确的分析和加工，并在此基础上进行未来的经济计划和决策。

四是经济计划者必须对经济发展规律有客观的、宏观的、长远性的、前瞻性的深刻把握。经济计划不是静态的统计工作，经济计划者需要有前瞻性和预见性，才能制订好的未来计划，这个计划才能与经济的发展相契合。这就需要计划者是一个深谙经济发展规律的、目光开阔而远大的经济学家和科学家。

五是各地方政府、各行业和各企业的行动一致性。更抽象地说，是各个利益主体的行动一致性。各利益主体需要有共同的效用函数和偏好顺序，有共同的利益诉求和选择。如此，才有执行计划的主动性和积极性。

以上列举的理想前提条件也许只是最重要的几种,并不是全部。由此可知,社会主义计划经济所需要的条件无疑是非常苛刻的,如同资本主义自由经济所需要的条件一样苛刻。

正如资本主义经济在非阿罗—德布鲁均衡的世界中同样能够自我调节和实现动态均衡一样,社会主义计划经济也能够产生一种自我调节和动态均衡机制,来克服因理想前提条件的不具备而引发的各种问题。这就是我们下文要分析的社会主义经济计划运行过程中的"试错—自我调节"机制。

七、小结:中国式社会主义计划经济的特征及其未来

(一)社会主义计划经济的运行特征:弹性的社会主义计划经济

从总体来看,以上我们谈到的第一代领导人的这些认识,他们对社会主义计划经济的刻画,基本上是一种弹性的社会主义模型,而不是一种僵化刻板的社会主义模型。正是这种弹性的社会主义模型,为社会主义自身的调整、演化和发展提供了理论空间。社会主义计划经济的自身变革是如何发生的?如果不是从弹性的社会主义模型来考察,是找不到问题的正确答案的。概括起来,这个弹性的社会主义模型的主要特征如下:

第一,这种弹性的社会主义计划经济既要集中计划和统一,以期消除经济运行的无组织和无政府状态,又要体现一定的分散性和灵活性,使计划不是一个僵死的东西,而是一个弹性的体系。

第二,这种弹性的社会主义计划经济是中央计划的统一性和因地制宜的结合,是集权和分权的结合,在强调中央权威的前提下,也尊重地方的一定意义上的自主性和独立性。在中国这样一个大国实行计划经济,必须调动地方的积极性和主动性,而不是单纯强调集中统一。从某种意义上来说,正是地方的博弈行为使社会主义计划能够有效率地实施,且完成自我调整。

第三,这种弹性的社会主义计划经济强调"大计划"和"小自由"的结合。允许自由市场在一定程度上、一定区域内、一定产业中存在。既要有"大一统",也要对一些细小的部分留有一定的余地,使微观的细胞能够充满活力,在非关键领域实施灵活的价格政策和资源配置政策。

第四,这种弹性的社会主义计划经济是明确规定的指令性计划和不明确规定的隐含的指导性计划的结合。这个思想早就存在于第一代领导者中,现在则成为我国制订经济计划的主导性原则。

第五,这种弹性的社会主义计划经济要求国民经济有计划、按比例、协调发展,其中包括轻重工业协调发展、工农协调发展、沿海内地协调发展,这是一种需要高度平衡的艺术。

第六,这种弹性的社会主义计划经济强调经济计划的渐进性、阶段性,不能一步到位,不能急于求成。这也就意味着在经济发展的不同阶段,要根据经济发展的总量与结构状况、要素和资源的供给状况、国内外市场的状况、社会结构的状况以及未来发展方向,来实施不同性质和不同内容的经济计划,而不要盲目地推动看似完美却不现实的计划。

第七,这种弹性的社会主义计划经济强调把经济计划与价值规律结合,提倡尊重价值规律。这种计划体制其实是试图把计划和市场平衡起来，不破坏市场规律，尤其是价值规律。弹性社会主义模型中对市场规律的包容性解释，实际上为解决"计划—市场"的矛盾统一提供了理论上的可能性和现实中的可操作性。计划经济并没有否认和抛弃市场规律，因此在后来的社会主义改革中，把市场因素纳入国民经济发展之中，就是一种在理论上能够自洽而且在实践中能够操作的自然而然的选择。从这个角度来解释中国改革开放之后的成就，很多疑问就迎刃而解。

（二）社会主义计划经济运行过程中的"试错—自我调节"机制

社会主义计划经济的周期性变化和资本主义经济的周期性变化有其内在的共同性，都是计划性与人类欲望之间不能协调的产物，前者是宏观的有计划与微观主体基于个体私欲的自利行为相矛盾的产物，而后者是宏观的无计划和微观主体基于个体私欲的有计划生产行为相矛盾的产物。

因此，不论在社会主义计划经济中，还是在资本主义经济中，人类似乎始终无法避免周期性的经济波动的痛苦。减缓这种痛苦的方法，在社会主义国家，是在极端混乱之后加强计划性和国家的集中统一，在极端集中统一、缺乏自由度和效率之后反过来强调分散性、灵活性和弹性的社会主义；在资本主义国家，则是在极端自由主义的混乱局面之后加强国家的宏观干预，强调国家干预主义，而在国家干预过度、经济缺乏活力之后则又开始实施经济自由主义。

于是，在社会主义国家，会出现"一放就活，一活就乱，一乱就收，一收就死"的收、放、治、乱循环，而在资本主义国家则出现国家干预主义和经济自由主义的周期性消长。表相有异，内质并无差别。

社会主义计划经济的自我调节机制是一种试错式的自我纠错机制。

计划总是要根据人类对客观规律的认识程度和现实经济社会的发展程度来不断调整，计划中的经济发展节奏（速度）、经济和产业结构，如果与现实的需要不相吻合，就可以加以调整，这是一种动态的调整，不是一步到位的刻板计划。中央计划者和地方执政者以及企业之间，是一种长期多次博弈的关系。

在这个长期博弈过程中，中央计划者提供了博弈规则和初始战略，地方执政者和企业则通过各种方式与中央计划者博弈，尽可能在执行计划的过程中使自己的利益得到最大化，具体来说就是使自己的利润留成最大化、招收职工的权力最大化、占有资源的规模最大化、决策权最大化、个人升迁机会最大化。

因此，在地方执政者之间，在企业之间，并不是不存在竞争关系，而恰恰相反，它们之间在以上的各个方面都存在着激烈的竞争。这些竞争如同资本主义经济中企业之间和消费者之间的竞争一样，都会释放一种信号（如同价格信号一样），使经济计划者了解各种资源的稀缺程度（包括各种生产要素、物质资源、人力资源、官员的职位资源），从而为下一步制订计划和调整计划提供参考。其内在机制实际上跟资本主义经济下超脱的万能的"拍卖者"机制在原理上是完全一致的。

（三）社会主义计划经济的未来

我们系统地分析和梳理我国社会主义计划经济形成的历史及其思想的发展演变史，目的在于批判性地继承计划经济的遗产，而不是简单地抛弃。要扬弃其中的不合理成分，吸收其合理性精华。

我们要充分认识计划经济在新中国经济发展过程中的作用，并给予正确的评价。认为计划经济缺乏效率的说法是十分可笑的，不值一驳。新中国在三十年左右的时间内从一个一穷二白的国家成为一个工业基础雄厚、基本建立起完备的现代工业体系的国家，跨越了西方发达国家二三百年的发展道路，仅就这一点而言，那些认为计划经济没有效率的观点是站不住脚的。

从世界上实施计划经济的国家的历史经验也可以看出，落后国家的赶超一定强调国家的作用，从而在经济体制上一定天然地、必然地带有计划化的特征，而不论其国家政治制度如何。但是在国家赶超使命基本完成、经济发展超越一定阶段、工业体系基本构建完善的条件下，计划经济会以另外一种形式进行自我扬弃。

所以，对于计划经济，我们必须持一种历史的观点。计划经济是人类试图认识自身规律并掌握自身命运的一种尝试。这种愿望根深蒂固，亘古如斯，不会断绝，过去有，将来也必定会有。社会主义计划经济既不是人类最早的尝试，也一定不是最后的尝试。在这种意义上说，计划经济不是过去时，而是未来时。

因而我们万不要仅仅从最近几十年的短暂人类历史来考虑问题。如果把思维和得失权衡仅仅局限于最近几十年，我们会认为计划经济是一个过去的、应该被抛弃的概念。当然，从理论上来说，哈耶克与兰格的历史性的争论是有永恒的意义的，但是孰胜孰负的问题不能在短暂的时空中去进行武断的衡量和判断。

实际上，如果从更长远的人类时空来看，计划经济的尝试也许是刚刚开始。可以预见，当人类获取信息和处理信息的技术与能力进一步发达，人类对经济发展的规律有了更为深刻的认知与洞察，各经济主体的利益追求更可以用无差异曲线来刻画并不再利用政治强制来统一，计划者的计划决策和动态调整能够以一种成本更低的机制和途径来表达，经济计划和经济决策不再有意识形态来干扰的时候，计划经济也许就会以另外一种面貌重新出现在人类生活之中。

第四讲
社会主义市场经济体制的探索和转型（上）：改革开放以来的社会主义市场经济

一、从传统计划经济体制向社会主义市场经济体制——第一个阶段：经济思想领域的解放与计划经济体制的初步反思

第四讲是社会主义市场经济体制的探索与转型的上篇，探讨改革开放以来社会主义市场经济的建立过程。这一讲的主要内容是：第一，探讨从1976年至2020年的五个主要历史阶段，梳理社会主义市场经济建立的整个历史过程，分析每个历史阶段所面临的基本问题，阐释中国为应对这些问题采取的制度创新行动以及在经济思想层面所引起的激荡和碰撞。第二，从理论上来探讨由计划向市场过渡的基础与条件，尤其是要从理论上解决改革开放前三十年和改革开放以来的这四十年的关系问题。最后一部分简略地从经济史与经济思想史角度来看政府与市场的关系到底是怎样的。

1976年至今，是中国在前三十年基础上进一步崛起和腾飞的历史

时期。这一时期，我们逐步地从传统计划经济体制中走出来，不断在实践中摸索，在摸索中突破原有的体制，不断解放思想，不断完善中国特色社会主义体制。市场经济不断成熟。这个过程也是中国现代化和工业化的一个决定性时期。如果说1949年至1976年是为中国的工业化和现代化打下坚实的重要基础，基本建立了比较完备的工业体系，在现代化的道路上有了很大的进步，那么1976年至今，就是中国的工业化和现代化基本完成的历史阶段。中国人民和中国共产党百年以来的奋斗目标，不就是实现工业化、现代化吗？

十九大报告指出，从2020年至2050年又分两个阶段，即前十五年和后十五年。前十五年从2020年至2035年，是基本实现社会主义现代化的阶段。在这个阶段，中国基本建成一个现代化的国家。后十五年从2035年至2050年，中国要建立起一个富强、民主、文明、和谐、美丽的社会主义现代化强国。到2050年，中国在经济、人均收入层面应该成为一个中等发达国家，当然离最发达国家还有距离，毕竟中国人口基数太大。

下面就来梳理一下从传统社会主义计划经济体制到社会主义市场经济体制的演变和过渡过程，分析一下几个重要的历史节点。中国在七十年间，发生了两大过渡：一个过渡是从资本主义向社会主义过渡，从中华人民共和国成立初期到20世纪50年代末，用了六七年时间，建立了社会主义经济体制。第二个过渡是从传统计划经济体制向社会主义初级阶段条件下的社会主义市场经济体制的过渡。第二个过渡，经历了比较长的历史过程，经济体制逐渐从传统计划体制中走出来，主要分五个大阶段。我们先讲第一个阶段，也就是经济体制改革的初步启动时期。

第一个阶段是经济思想领域的解放和对计划经济体制的初步反思

阶段。这个阶段包含 1976 年"文化大革命"结束一直到 1978 年十一届三中全会，这是"过渡时期的过渡时期"。这个时期仍然是一个过渡阶段，不能绝对地说 1976 年中国就开始了向社会主义市场经济体制的转型，然而这个时期却为后来的真正的过渡准备了思想条件和体制条件。在这个重要的历史阶段，一方面要从理论上反思传统计划经济的弊端；另一方面在政治层面，还要逐渐消除前面的十年在指导思想和政治体制方面引起的一些负面的东西，这涉及整个国家行动重点和走向上的大转折。所以这个阶段尽管是"过渡时期的过渡时期"，但我们要认识到它是一个极其重要、极其关键的过渡时期。以前的学术研究中，学术界对 1976 年至 1978 年这段时期没有进行很深入的讨论，在某种程度上淡化了其重要性，忽略了很多对以后的经济体制变迁起到重要开启和指引作用的因素。现在我们应该以更加客观、更加全面的史家眼光来梳理这个特殊的历史阶段，并揭示这个历史阶段对我国改革开放和经济体制变革的重要意义。

这个阶段的一个核心问题就是如何确立党和国家的工作重点和核心使命。1976 年，华国锋在第二次农业学大寨会议上说，"革命就是解放生产力。努力发展社会主义经济，是无产阶级专政的基本任务之一"，"生产力是最革命的因素"。这些提法，在基本判断方面是非常准确的。也就是说，当时党的主要领导者已经明确地认识到这样一个基本的转向，这个转向就是要把工作的中心转到发展经济上来。

1977 年，全国计划会议召开。这个会议是影响到未来几十年中国改革开放进程的一个非常重要的会议。当时提出的"十个要不要"讨论非常关键，涉及对传统经济体制和政治理念的深刻反思。这"十个要不要"就是：要不要坚持党的基本路线，要不要党的领导，要不要全心全意依靠工人阶级，要不要搞好生产，要不要规章制度（抓管理），要不要社会主义积累,要不要实行各尽所能、按劳分配的原则,要不要无产阶级自己的专家(又红又专),要不要引进新技术,要不要坚持计划经济(即要不要加强国民经济计划,实行统一计划、分级管理)。这是"文化大革命"之后在思想上的一次交锋和争论,当然这次会议尚未从根本上提出改革开放的一整套新思想和新方案,但是这次交锋和争论本身,就具有极其重要的意义,为后来的改革开放的正式提出做了关键的铺垫。这"十个要不要",尤其是涉及路线问题的争论,在当时能够提出来讨论,是非常难能可贵的,说明在国家高层已经酝酿着对这些重大而敏感问题的一些重要调整。要不要搞好生产呢?对这个问题,很多人是有不同见解的。在"阶级斗争为纲"的基本路线下,很多人把生产忘掉了,忘记了此前提出的"抓革命,促生产"的口号。要不要规章制度呢?没有制度,你怎么抓管理?当时一些国有企业忽视规章制度,片面强调"抓革命",工厂管理混乱,生产受到严重影响。要不要社会主义积累呢?"文化大革命"十年的积累率偏高,大规模的工业化建设,包括从20世纪60年代开始的"三线"建设,国家基本建设投资很大,应该说老百姓的生活水平提高得并不显著,因而要不要积累,要不要改善人民群众生活的问题,当时是很尖锐的,涉及发展战略的重大转变。要不要按劳分配呢?按劳分配是毛泽东特别强调的一个社会主义分配原则,但是在"文化大革命"十年,这个原则被破坏得很厉害,追求绝对平均,激励机制出现了严重问题,所以大家的劳动积极性不高。当时对劳动价值论的争论很大,涉及社会主义条件下分配体制改革的重大问题。要不要有无产阶级自己的专家?当时提出来"又红又专"的口号。把这个问题转化成今天的说法就是"知识要不要获得价值"?专家的知识是不是很重要?要不要尊重知识?

要不要引进新技术?"文化大革命"十年,我们的技术引进应该说有所停滞，当然也不是完全没有。当时主要靠自主开发的技术来支持工业化，催生了大量的具有独立知识产权的新技术。20世纪五六十年代，在前期苏联援建的基础上，中国人开始技术上的艰苦的自主开发。当时在外国技术封锁之下，我们没有从国外获得技术的正当途径，因此中国人靠自力更生、自主开发，在二三十年中完全建立起自己的一整套工业技术，有些甚至是全球领先的技术。当然在这个时期，由于被封锁，在科学技术的国际交流方面是很有限的，在一定程度上也影响了我国的技术进步。可是到了20世纪80年代，在引进新技术之后，我们又片面强调引进西方技术，反而在自主开发方面有所停滞了，甚至在很多领域把原来我们用了二三十年做的自主开发成果抛到一边，去引进西方所谓先进技术，这就有些教条主义了，其结果是严重影响了中国的自主开发能力。当然，1977年有些人认为应该引进新技术，与西方的先进技术多交流，这是有利于我国科技进步的正确观点。

要不要坚持原来的计划经济？当时对这个问题的讨论非常激烈。有人认为计划经济就应该是雷打不动的计划，统一的计划。也有些人认为，在统一计划下要加强分级管理，要重视地方的积极性，重视企业的自主性，这方面的呼声越来越高。毛主席在反思苏联模式的时候，一直强调中国的计划经济不要复制苏联的模式，不要重蹈苏联模式的覆辙，要强调地方和企业的积极性，不要搞僵化的高度统一的计划经济，要照顾到企业之间和地方之间的差异性。所以1977年这样一个局面给整个经济层面、思想层面都带来很多新风。总体来说，全国计划会议所讨论的若干敏感问题，已经为新体制和新思想的产生打开了一个突破口，应该说是整个计划经济向市场经济转型的触发点。

1976至1978年，在经济、思想等领域，出现了若干重大变化，直接引发了十一届三中全会之后的改革开放新格局，启动了体制和思想的大转折。随着邓小平的复出并开始参与国家重大决策，以及当时最高领导人华国锋的思想的不断前进，在这个很短的历史阶段，整个决策层在经济体制层面、思想意识层面、基本路线层面对原有体制和路线的深刻反思，已经非常之深刻了。虽然这个"过渡时期的过渡时期"在某些层面还不能不带着"文化大革命"十年的一些印记，因为这个转变不可能是突然的、跳悬崖式的转变，但是已经预告了一个崭新的历史时代的开始，并已经为这个时代做了准备。这些准备主要表现在以下八个方面：

第一，为发展商品经济正名。1977年12月5日国务院《关于召开全国城乡商业学大庆学大寨会议的通知》中说，"我国现在社会主义商品生产不是多了，而是少了"，"我们要理直气壮地促进社会主义商品生产，发展社会主义商品流通"。上述《通知》的口径就比"文化大革命"那十年的口径开放很多，强调了社会主义商品生产的合法性和必要性。这个说法也为后来的"社会主义商品经济"的提法打开了一个缺口。1978年5月22日，《人民日报》发表《驳斥"四人帮"诋毁社会主义商品生产的反动谬论》，对"社会主义商品生产"这个提法进行了直接的理论支持。1978年4月21日《人民日报》发表《怎样看待正当的家庭副业？》，认为农村应该发展家庭副业，这不是资本主义尾巴，要给农民更多灵活性。

第二，重申社会主义建设事业要重视知识分子，要尊重知识，重视科技，发展教育。1977年5月24日，邓小平跟王震、邓力群谈话，强调要尊重知识，尊重人才。8月党的"十一大"提出"向科学技术的现代化进军"。1977年11月恢复高考，高等教育再度受到重视，这是一个震动全国的大事，很多年轻人重新进入大学校门，改变了自己的人生，也改变了整个国家的命运。1978年3月18—31日，全国科学大会召开,开启了新时代"科学的春天"。华国锋、邓小平在大会上发表重要讲话,强调"四个现代化"的关键是科学技术现代化。10月9日《全国科学技术发展规划纲要》颁布,为未来科学技术的发展谋划了蓝图。

第三,重新强调按劳分配原则。1977年2—11月,召开了全国性的经济理论讨论会,主要讨论按劳分配问题,争鸣空前热烈。邓小平对这个讨论给予了支持。这个讨论会搞了八九个月,都讨论了些什么呢?会议一开始主要讨论计划经济怎么搞,怎么恢复经济秩序的问题。结果讨论来讨论去,风向就变了,主要指向了按劳分配问题,指向分配制度怎么改革的问题。当时于光远认为,按劳分配是社会主义的一个基本原则,要克服平均主义,承认劳动的价值。1977年11月,华国锋发表谈话,认为"在社会主义历史阶段,按劳分配没有错";12月30日,在讨论第五届全国人大政府工作报告时,华国锋又说"总得体现按劳分配"。这就为按劳分配问题的讨论定了调:要改革分配制度,不能搞平均主义。而且,华国锋的讲话中,提出一个新的概念,叫"社会主义历史阶段",强调了当时我国社会主义所处历史阶段的特殊性,后来我们把这个阶段概括为"社会主义初级阶段"。1978年5月5日,胡乔木发表了《贯彻执行按劳分配的社会主义原则》,这篇文章非常重要,总结了全国经济理论工作会议的一些基本观点,将高层的共识理论化了。六天之后,一篇重要文章发表了,这篇文章就是《光明日报》特约评论员写的《实践是检验真理的唯一标准》。这篇文章可以说是一个崭新的时代的宣言,尊重实践、尊重我国社会主义的活生生的实践,一切以实践为检验真理的唯一的最终的标准,而不是以经典作家某一个个别的结论为标准,这在当时的思想领域是一个重大的突破。

第四,尊重经济规律的问题。1978年7月7日,华国锋在"全国财贸学大庆学大寨会议"上发表重要讲话,"在社会主义计划经济条件下,正确利用价值规律，对于促进社会主义生产的发展，十分重要""不利用价值规律，违背这个规律，我们的经济工作就不能正确有效地进行，就不能以最少的消耗取得充分的效果，就必然产生严重的浪费和亏损，破坏社会主义生产，受到客观规律的惩罚"。他还旗帜鲜明地针对一些人的错误思想进行了批评："有些同志对研究掌握和运用社会主义经济规律的重要性还缺乏应有的认识，甚至以为政治挂帅可以不顾客观规律，承认经济规律就是否定政治挂帅，这种观点是完全错误的。"这个讲话对于澄清当时的很多错误的、教条主义的认识，对于经济思想领域的拨乱反正，起到重要的作用，重新明确尊重价值规律应该是社会主义计划经济的一个必要条件。10月6日胡乔木发表了《按照经济规律办事，加快实现四个现代化》，从此尊重价值规律、尊重经济规律、按客观经济规律而不是按教条办事，就成为大家的共识。

第五，实行对外开放，引进西方的先进设备。 1978年6月30日，华国锋听取访问欧洲代表团汇报，谈到引进日本、联邦德国、法国的资金时，提出要更快实现现代化，要放手利用外资，大量引进国外先进设备。7—9月国务院务虚会上，谷牧传达了中央对开放的原则意见。会议总结三十年经验教训，研究国外的成功经验，讨论如何加快现代化速度，重点讨论技术引进、扩大外贸出口、采取灵活方式利用国外资金问题。华国锋在会上要求：十年规划要修改调整，中国有条件加快现代化进度，在引进问题上思想再解放一点，胆子再大一点，办法再多一点，步子再快一点。为了更多地放开视野了解外国情况，为更大的开放做好准备，当时的国家领导人频繁出访，并派了很多考察团先后考察日本、欧洲及中国港澳地区。据统计，1978年有12位副总理副委员长以上领导人先后20次访问51个国家，华国锋出访2次4个国家，邓小平出访4次8个国家。这些领导人出访后看到了中国和西方的差距,对于进一步开放达成了共识。1978年2月政治局讨论十年规划,邓小平提出先进技术要早点引进,加快速度谈判。华国锋要求,180亿元进口,可以一起谈。根据华国锋提议,7月谷牧主持召开出国考察人员座谈会,带来了新的对外开放的思想解放。另外,这一时期,为设立经济特区也做了最初的思想准备。1978年5月华国锋访问朝鲜,辽宁省委书记任仲夷提出将与日本关系密切的大连建成北方对外经济开放窗口。华国锋立即命其写报告,派人到辽宁考察。5月31日港澳考察团报告,提出将宝安和珠海建成特区。宝安当时比深圳大,那时是宝安县(即现在深圳的宝安区),深圳当时还是一个小渔村。华国锋在听取汇报后说:"出去考察可以解放思想,看看国外有什么好东西,汇报总的精神我赞同。看准了的东西,就要动手去干,就要抓落实。我们太落后了,净讲形势大好,都是大庆式企业了,自满得厉害。"选一个地方作为特殊区域建成对外开放的窗口,这个思想在那时已经形成了。

第六,提出不要片面地强调积累,而是要改善人民的生活福利。实际上这是对之前十年片面强调经济建设,片面强调投资,忽视人民生活水平的提升,忽视人民群众福利的增加,忽视群众消费的发展模式的一种矫正。把基本建设投资压下来,适当降低积累率,提高群众的消费水平,是改革开放后一项重要决策,这一决策涉及发展模式和发展战略的重要转变。

第七,要改革经济管理体制,突破传统思维。1978年9月9日召开国务院务虚会,就经济管理体制的改革问题达成了一定的共识。李先念的总报告和胡乔木的发言稿中,提出在经济工作中要突破墨守行政层次和行政权力而不讲经济核算、经济效果和经济责任的老框框。胡乔木提出,只有把社会主义制度的优越性和发达国家的先进科学技术和先进管理经验结合起来,才能迅速提高按照客观经济规律办事的能力。会议提出进行一系列的经济改革：推广合同制，发展专业公司，加强银行的作用，发展经济立法和经济司法。这些提法的意义何在？实际上就是要让市场来决定各要素的配置，重视市场的作用，重视经济运行中的法治的作用。比如合同制，就是关于人力资本的市场配置。招聘工人要签合同，而不是这个工人干好干坏都要在工厂待一辈子，合同制意味着你干不好就走人，一切按照合同办事，这就打破了"铁饭碗"。银行体制改革是新经济体制的核心。银行不应该是国家配置资本的代理人，而是要成为市场化的资源配置者，因此改革银行体系也就意味着国家的投资方式和经济运行机制要发生深刻变革。所以在1978年之后，工商、农业、中国、建设四个专业银行就慢慢建立起来了。李先念的总报告和胡乔木这篇重要文章，实际上是此前一段时间中央高层所有智慧的一个综合反映。务虚会之前，李先念专门向华国锋请示怎么定调的问题。会议简报指出：必须多方面地改变不适应生产力发展的生产关系，改变不适应经济基础的上层建筑，改变工农业企业的管理方式和思想方式，使之适应现代化的大经济的需要。要在政治挂帅的前提下，放手发挥经济手段和经济组织的作用，按经济规律办事。会议提出改革要采取"摸着石头过河"的试验办法，提出实行两级管理，提出工业体制改革和计划管理体制改革的设想，并提出经济战线要实现三大转变，即把注意力转移到生产和技术革命上来，从官僚主义管理制度和方法转到按经济规律办事的科学管理上来，从闭关自守状态转到积极引进外国先进技术、大胆进入国际市场上来。这些提法，为不久之后召开的十一届三中全会做了比较充分的思想上和路线上的准备，改革开放一整套新体制呼之欲出。

第八，实现党和国家的工作中心转移。1976年中央的主要工作是"抓纲治国"。到1978年2月全国五届人大会议上，华国锋宣布：就全国范围来说，清查工作基本胜利结束。这是一个极为重要的过渡阶段。11月10日华国锋在中央工作会议上宣布：要在新时期总路线和总任务的指引下，从明年（1979年）1月起，把全党工作的着重点转移到社会主义现代化建设上来。恰当地估计运动的发展状况，是我们提出转移全党工作重点的重要依据。邓小平在中央工作会议上的讲话《解放思想，实事求是，团结一致向前看》，吹响了伟大转折的号角。

以上我们讲的是社会主义市场经济体制的探索和转型的第一个阶段，就是从1976年"文化大革命"结束，一直到大概1978年年底的十一届三中全会召开之前。这个阶段为十一届三中全会改革开放这条大船的正式启航加足了油，定好了方向。其中主要的一些定调，比如尊重客观经济规律、实行按劳分配、实行对外开放和对外引进资金和技术、尊重知识和人才、改革不合理的生产制度等，这时都已经全盘提出，而不是在十一届三中全会上一下子提出来的。同时这个阶段的一个很重要的任务就是结束了十年"文化大革命"。在这个拨乱反正的关键历史关头，作为中央主要领导人的华国锋以及邓小平、陈云、叶剑英、李先念等，在整个转折时期发挥了极高的政治智慧，起到了极为关键的主导性作用。在这个阶段，不是一个人引起了整个社会的重大转折与变革，而是一个群体。当然，作为中央核心领导人，这一时期华国锋顺应了时代的需要和国家变革的吁求，及时地进行了全党的工作方针的重心转移，这个历史功绩应该被肯定，中央对此已经有了定论。

作为一个"过渡时期的过渡时期"，这一时期的很多口号和提法既要有创新性，又要有一定的承继性，要推动历史前进，就不能走激进路线，要保证政策既具有变革性和创新性，又要有延续性和渐进性。这是在转折时期的特殊政治智慧和政治策略，它保证了整个国家的安定，具有巨大的历史功绩，在具体政策方面，不应该过于苛求。如果将这个"过渡时期的过渡时期"的变革评价为一个"洋务运动式"的革命，我认为是过低地评价了当时变革的深刻性，也肤浅地理解了当时某些表面的口号跟实质的体制和思想变革之间的巨大差别。

二、从传统计划经济体制向社会主义市场经济体制——第二个阶段：改革开放的正式启航

第二个阶段是从 1978 年年底十一届三中全会召开到 1984 年。这个阶段是中国的大变革时代，革故鼎新，激浊扬清，整个中国在这一时期爆发出来的活力让世人惊叹，国家朝气蓬勃，人们的思想在解放，在不断尝试各种崭新的发展途径，在不断吸收全球的思想。

十一届三中全会是这个时代最值得关注的大事件，是一个新时代的标志性事件。十一届三中全会到底起了什么作用呢？大家注意，十一届三中全会对很多制度并没有提出重大的修改，比如人民公社制度，比如对农村的土地政策。整个人民公社体制并没有改，也并没有承认联产承包责任制的合法性。十一届三中全会的公报中强调不准单干，不准搞承包，只允许某些少数民族地区稍微有些变通的方法，整体上还是否定单干的。很多年轻的同学以为十一届三中全会就规定了可以联产承包了，事实不是这样。当时对人民公社体制还是保持延续性的提法，重申必须尊重人民公社、生产队的所有权和自主权，执行按劳分配，保留自留地、家庭副业和集贸市场，稳定"三级所有，队为基础"。强调"三级所有，队为基础"，意味着整个人民公社的核算体制和激励

体制都没有大的彻底的改变。

十一届三中全会的核心就是,第一,强调了整个国家和党的工作重心的转移,这个观点,在第一个阶段就非常明朗了,已经成为党的高层的共识。这次在十一届三中全会上进一步明确了这个基本的路线和方向,这就把"以阶级斗争为纲"的战略彻底放弃了。这是一个极为重要的关键转折。

第二,强调要调整国民经济,调整产业结构,国民经济要实现综合平衡,尤其强调要大力发展农业,要稳定人民公社"三级所有,队为基础"这样一个基本架构。其实还是回到了"文革"之前毛主席所强调的"三级所有,队为基础"。这"三级"是什么概念呢?就是人民公社是一级,生产大队是一级,生产队是一级。这个体制的核心是什么呢?就是把最终核算单位放在生产队上,下放核算单位有利于群众积极性的发挥。毛主席认为核算单位太高,不利于调动人的积极性。以生产队为核算单位比较好,一个生产队里不过就是几十户人家。另外,要缩小工农产品的差价,降低农民的粮食征用指标,使得农民能够休养生息。

第三,这次全会之后,国家强调要调整发展速度,不再单纯强调发展速度,这也是休养生息的政策。华国锋时代有一个问题大家讨论得比较少,就是在1976年至1978年这段时间经济发展指标定得相对比较高,经济史上叫它"新跃进"。他希望在那段时间再开展一次经济上的跃进,工业增长指标以及引进外国先进设备与技术的指标,相对定得过高了。他很有魄力,想做出点事情来,开启一个新的时代,可是当时在方法上有点快。这个"新跃进"战略后来得到了调整,不再单纯强调速度和指标,而是主要强调调整结构,要使整个国家的经济结构和产业结构平衡起来,尤其是工业和农业的平衡,工业内部重工业和轻工业的平衡。这也是整个计划经济时期碰到的最重要的、最棘手的问题。

第四，强调要改善人民生活。当时除了农民的生活要改善之外，城市居民的生活也要改善，尤其是几千万返城青年要就业，这是一个非常紧迫的问题，搞不好就要影响整个国家的稳定与和谐。要解决就业问题怎么办呢？就要广开门路，发展多种形式的所有制，鼓励大家自主就业，也就是现在说的"创业"，那时还没有"创业"这个词。当时的形势逼迫决策者必须在政策方面有所松动、有所调整，在城市中要允许这些待业青年卖早点，允许他们在路边卖小商品，允许他们自谋生路开展各种各样的工商贸易服务活动。这样，就慢慢地发展起大量的多种所有制的小型服务业和其他产业。当时的街道也支持这些回城青年建小工厂、办小商店、开早点铺之类的，不小心就把城市的中小企业搞起来了。这些措施，倒逼整个经济政策和体制发生改变，这些私人的中小企业的合法性得到承认，数以万计的个体工商户促进了中国经济体制的变革。

第五，提出改革开放的大政方针。要实现四个现代化，要求生产关系与上层建筑进行广泛而深刻的革命。对生产关系与上层建筑进行变革，逐渐调整原有社会主义计划经济体制中不适应经济基础的制度安排，以实事求是的态度，结合中国的国情和现阶段的发展现状，找出合适的发展道路，这是当时摆在决策者和全国人民面前的大课题。

第六，提出改革经济管理体制，核心是改革国有企业管理体制。在国企当中要解决党政不分、政企不分、以政代企的问题，要放权让利。这是改革开放起来国企改革最早的措施，就是放权让利。"放权让利"在毛泽东时代就提出来了，下放企业管理权限，在利润分成方面让企业多得一些，以提高激励；但是在"文化大革命"的十年当中，"左"倾的思想非常严重，放权让利没有完全实现。十一届三中全会重新提出这个国企改革策略。同时这次全会强调要调动中央、地方、企业、劳动者四个积极性。也就是要调整中央和地方的关系，让地方有更多的自主权；调整政府和企业的关系，让企业有更多的自主权，解决政企不分问题；要调整企业和劳动者的关系，让劳动者有更多的积极性。这涉及整个国有企业管理体制的重大转变。

第七，在十一届三中全会之后，慢慢地形成了"一个中心、两个基本点"的基本路线，就是以经济建设为中心，坚持四项基本原则，坚持改革开放。1981年，在邓小平主持下，通过了《关于建国以来若干历史问题的决议》。这个决议既是对历史问题的一次全面的反思，也是为此后几十年的方针路线定了调，是中国特色社会主义探索过程中的重要里程碑事件。在这个决议中，正式提出社会主义初级阶段思想，这一思想，成为此后几十年改革开放的主要理论指导。

第八，十一届三中全会强调要注重经济发展的速度与质量的平衡，强调要对整个经济体系进行调整、改革、整顿、提高。当时把一些质量不高的企业，亏损很厉害、管理很差的企业，高能耗的企业，果断关掉，有些企业则进行转型与升级。

第二个阶段，是我国改革开放事业正式启动的历史时期，也是我国经济体制从传统计划经济体制向社会主义市场经济体制转变的发轫时期。这一时期提出的"一个中心、两个基本点"的基本路线、社会主义初级阶段的基本理论、解放思想实事求是的基本精神，极大地推动了中国经济体制的变革和探索，奠定了一个崭新时代的基调。

三、从传统计划经济体制向社会主义市场经济体制——第三个阶段：经济体制改革全面推进

第三个阶段是经济体制改革全面推进阶段，时间是从 1984 年至 1991 年。在这个阶段，我国"三步走战略"与经济体制改革目标基本确立。1984 年中央初步提出，第一个目标是本世纪末达到小康；第二个目标是在 30～50 年内达到发达国家目标。实际上这个"三步走"战略最后定型是在 1987 年党的十三大会议上，十三大提出"三步走"：第一步，要实现经济翻两番；第二步，到 20 世纪末要实现小康，生产总值达到中等发达国家水平（现在我们把全面实现小康社会定在了 2020 年）；第三步，到 21 世纪中叶，人均收入达到中等发达国家水平，基本实现现代化。党的十九大的提法略有不同，从 2020 年至 2035 年这十五年中，叫"基本实现社会主义现代化"，而 2035 年至 2050 年要建成"社会主义现代化强国"。

这一时期提出"有计划的商品经济"，这个突破是非常关键的。尽管在 1977 年，华国锋已经提出要发展社会主义商品经济，但是在党的决议中仍然没有就体制层面做出重大的变革。1984 年党的十二届三中全会提出要建立"社会主义有计划的商品经济"。这时就不是"社会主义计划经济"，而叫"有计划的商品经济"。大家注意，"商品经济"是一个主语，而定语是"有计划的"，说明在经济体制改革目标的认识上已经前进了一大步，从而实现了几大突破：

第一个突破，是不再把计划经济与商品经济对立了，明确提出社会主义经济是公有制基础上的"有计划的商品经济"。社会主义经济是商品经济，要讲价值规律，要讲商品交换，要承认价格在经济调节中的

作用，要讲商品的公平交换，这些都是商品经济的题中应有之义。"有计划的"这个定语，是强调国家计划的作用，说明这个商品经济还要受到国家经济计划的宏观调节。

第二个突破，是承认集体经济与个体经济是公有制经济的重要组成部分和有益补充。所以十二届三中全会在所有制结构问题上打开了一个新的局面，承认了集体经济、个体私营经济的合法性。因为当时个体户发展很快，农村的集体企业发展很快，学校和其他事业单位也兴办了一些集体经济，这些经济主体，在保障就业、发展经济、提高人民生活水平、增强经济活力方面起到很大作用。事实俱在，必须承认这些经济主体的合法性，并鼓励其发展。

第三个突破，是强调贯彻"计划经济为主，市场调节为辅"的原则。这个提法虽然跟今天的提法不可同日而语，但是在当时的条件下，能够提出这个口号，已经不得了了，实际上是承认市场调节是很重要的一种宏观调节方式。当时提出来，国民经济计划只能是粗线条的和弹性的，要适当缩小指令性计划，扩大指导性计划的比重。上一讲提出的"弹性的计划经济"，道理也是如此。"计划经济为主，市场调节为辅"为社会主义市场经济的提出做了很好的铺垫。

第四个突破，是国家和企业之间关系的重新理顺。强调国有企业所有权和经营权可以分开，企业应该成为一个自负盈亏、相对独立的经济实体。

第五个突破，是企业领导体制方面推行厂长负责制。改革开放之后中国第一代企业家就是从国营工厂出来的，厂长负责制给予企业更多的自主权，给予厂长更多的管理权，国有企业的激励机制进一步完善了。

第六个突破，是分配机制方面的突破，要打破平均主义。当时提出社会主义需要实现共同富裕,但是要允许一部分人先富起来,然后先富帮后富,再一起进入一个共同富裕的阶段。这个说法当然是原则性的。打破大锅饭,就是要在收入分配方面拉开差距,承认收入差距也就是要进一步完善激励机制,这对于改变之前的绝对平均主义是有帮助的。

第七个突破,是要打破原来的各地封锁的格局,让商品充分地自由流通,条块分割的传统格局要结束,要实现经济布局的一体化。以前的诸侯割据局面必须改变,要形成国内的统一市场,从而促进商品经济的发展。

第八个突破,是提出价格体制、财政体制、金融体制改革。允许价格的浮动范围更大,要充分运用价格机制,运用价格杠杆来调控经济,同时对原有的财政收支体制、国有银行体系进行改革。这个时期,国有专业银行体系基本构建起来,财政对国有企业拨款的方式,逐步转变为国有银行对国有企业的信贷形式,这就在某种程度上加强了国有企业的预算约束,有利于国有企业效率的提高,同时也有利于提高国有银行的效率,完善国有企业的运行机制。

第九个突破,是鼓励举办三资企业,鼓励经济特区和经济开放区的发展。1984年之后,经济特区开始建立,深圳经济特区成立,珠海、深圳等14个沿海经济开放区相继成立。

在这一时期,社会主义初级阶段理论正式在1987年的党的十三大上提出。1987年批判了对于社会主义的两个错误观点,既批评机械论,又批评空想论,而主要批评空想论,这种理论认为不需要经过社会主义的初级阶段就能进入一个比较高级的阶段。十三大提出社会主义初级阶段的思想,认为我们的主要矛盾是人民群众物质文化需要与落后的社会生产之间的矛盾,因此要大力发展经济,初级阶段的主要任务是发展生产力。十三大提出确立四个指导方针，即：集中力量进行现代化建设、实行全面改革、对外开放、发展有计划的商品经济。

1988年召开十三届三中全会后，决策者认为全面发展商品经济、理顺价格、放开价格成为当务之急。于是在1988年大胆地做了一次"价格闯关"。所谓"价格闯关"就是一次性放开很多商品的价格，尤其是资源类、要素类的商品价格。虽然"价格闯关"从理论上讲并没有根本性的错误，使价格机制成为调节供求和配置资源的手段，本来是商品经济和市场经济的题中应有之义，但是放开价格的具体操作方式和执行方法却值得谨慎选择。"价格闯关"（过快地放开价格）相当于一个"大爆炸式"的计划，尤其像煤炭、电力这种基本要素价格的放开，要讲究放开的步骤和手段，要防范一次性放开价格的成本和风险。1988年的"闯关"后果是严重的，引发了高额的通货膨胀和社会的不安情绪。在当时短缺经济的情况下，价格一放开，各种要素价格暴涨，导致群众的恐慌心理和盲目抢购；同时由于当时政治经济利益格局的矛盾，导致当时出现了较大的社会动荡，国家便开始了治理整顿阶段。这种社会动荡的根源在什么地方呢？简单讲就是：我们在社会主义市场经济刚刚启动的时期，各种利益分配机制和格局还没有完全稳定，利益格局不够均衡，要打破这种格局，就必然引发不同利益主体的巨大矛盾；而"价格闯关"操之过急所引致的高额通货膨胀，导致中低收入者收入缩水，就引发了比较广泛的社会矛盾；同时包括当时国有企业质量下降和大面积亏损，导致人们收入下降，因而整个经济体制不顺和改革不到位引发的严重问题就突然暴露出来了。从1989年6月十三届四中全会起，国家开始治理整顿工作，紧缩经济，调整结构，整顿秩序，改进企业经营管理。这种急刹车式的治理整顿也带来了经济增长速度的突然滑坡，当时的紧缩银根、紧缩财政支出，导致经济增长达到中华人民共和国成立以来的最低点，1990年增长率为3.8%，是一个经济增长过冷的时期。1990年召开经济体制改革工作会议，决定要深化国有企业改革，完善国企的承包经营责任制，同时国家下大气力处置国企之间的三角债问题。朱镕基当时主持了东北地区三角债的处理工作，但是国有企业的体制弊端尚未完全消除。从国有企业发展史的角度来看，第三个阶段是国有企业发展史上的"艰难岁月"。国有企业在20世纪80年代末、90年代初出现严重的问题，普遍亏损、下岗人员增加，整个经济体制改革面临着巨大的成本和风险，因此迫切要求经济体制改革的进一步深化，以解决其困境。

四、从传统计划经济体制向社会主义市场经济体制——第四个阶段：建立社会主义市场经济体制和扩大开放

第四个阶段，包括1992年至2002年这十年。为什么以1992年为起点呢？就是以邓小平1992年南方谈话为标志，中国的改革开放进入了一个新的时期。这一时期，"社会主义市场经济"被明确提出，开放力度进一步加大，进步是非常大的。1992年邓小平南方谈话在社会上引起很大震动，因为1989年至1991这三年，无论是经济领域还是其他领域都处于比较低落的状态，因为治理整顿，很多改革措施停滞不前，有些方面反而有所退步。在这样一个关键的历史阶段，改革开放向何处去的问题，经济体制改革的目标模式问题，就成为全党全国人民关注的焦点。邓小平在这个关键的历史阶段起到了很关键的

作用,他扭转了局面,将改革开放的事业又向前推进了一步。1992年1月邓小平南方谈话之后,中国的改革开放迅猛推进,直接导致社会主义市场经济体制的确立。1992年3月,那时我在北大读大学二年级,寒假结束,刚开学的时候,突然接到通知让我们到二教一个大教室听广播,传达邓小平南方谈话的精神。邓小平当时在南方视察深圳、珠海等地时发表的很多观点,尤其是关于社会主义的本质、计划与市场等,确实是振聋发聩的,解决了理论界很多悬而未决的问题。1992年之后中国确实进入了一个崭新的阶段。在接下来的十四大上,宣布建立社会主义市场经济体制。这个概念的提出,具有革命性的意义,标志着改革开放和社会主义经济体制探索进入了一个崭新的阶段。我们原来一直讲"有计划的商品经济",1992年10月党的十四大开始明确地讲社会主义市场经济,这是一个不得了的转变。"市场经济"与"社会主义"这两个原本被认为有矛盾的概念放在一起,意味着社会主义也可以搞市场经济,社会主义与市场经济是相容的。这个观点引发的理论界和社会各界的震撼是不言而喻的,这是进一步解放思想的产物,也是中国特色社会主义探索过程中的关键一步。社会上有些人想不通,我们辛辛苦苦从1949年开始搞起来的计划经济,就这样放弃了,要搞市场经济了,这不是搞资本主义吗?邓小平讲:"计划多一点,还是市场多一点,不是社会主义和资本主义的本质区别。……资本主义也有计划……社会主义也有市场,计划和市场都是经济手段。"这一观点对于传统社会主义思想而言,是带有革命性的新观点,标志着一个时代的巨大转折。直到今天,市场经济与社会主义兼容的问题仍然是一个巨大的不容忽视的理论问题,值得我们进一步深化,进一步思考。

1993年11月十四届三中全会《中共中央关于建立社会主义市场经

济体制若干问题的决定》具有重大的历史意义，标志着 1976 年以来不断进行思想解放和理论探索的一个高峰。从那个时候就开始强调，要发挥市场对资源配置的基础性作用，要建立现代企业制度，健全宏观经济调控体系。这是第四个阶段最大的理论成果。这一时期对外开放也取得了重大成果。2001 年 12 月，中国正式加入世界贸易组织。经过 70 余轮谈判，与 140 多个国家签订了这样一个开放贸易的总协定。这个谈判经历了十五年的漫长时间，1986 年就开始谈判，到 2001 年世界各国终于承认中国的市场经济地位，这是一个非常巨大的变化，意味着中国越来越深入地融进了世界，中国的大门向世界敞开。此后的历史事实证明，中国以关贸总协定缔约国地位加入世界贸易组织，从而融入国际经济，是促进中国崛起的最重要的因素之一。中国从不断扩大的开放中，获得了越来越多的红利，奠定了大国崛起和大国开放的基本格局。加入世界贸易组织是中国主动加入的，中国利用了世界贸易组织的多边谈判的格局，使得中国的商品遍布全世界。在第四个阶段，国家还强调要改革个人收入分配和社会保障制度，不断完善社会保障体系，强调效率优先，兼顾公平。

总体来说，第四个阶段是我国传统计划经济体制向市场经济体制过渡的关键时期，是一个奠定市场经济基础的阶段，当然也是改革开放事业备受考验的阶段。走过这一时期的各种争议、各种跌宕起伏、各种严峻考验甚至重大波折，中国进入了一个相对快速发展的时期，进入了市场经济体制不断完善的时期，进入了全面建设小康社会的二十年决胜时期。

五、从传统计划经济体制向社会主义市场经济体制——第五个阶段:全面建设小康社会

第五个阶段,就是2002年至2020年,叫作全面建设小康社会时期。2021年是中国共产党成立一百周年。在一百年的时间要实现共产党1921年在浙江嘉兴那条船上提出的目标,就是建立小康社会。中国古代讲的"小康"和"大同"有什么区别?"大同之世"是"人不独亲其亲,不独子其子,使老有所终,壮有所用,幼有所长,矜寡孤独废疾者皆有所养",是"谋闭而不兴,盗窃乱贼而不作,故外户而不闭"的升平和谐之世。而"小康之世"则是"大道既隐,天下为家。各亲其亲,各子其子,货力为己,大人世及以为礼。城郭沟池以为固。礼义以为纪,以正君臣,以笃父子,以睦兄弟,以和夫妇,以设制度,以立田里,以贤勇知,以功为己"。在这个"小康之世","谋用是作,而兵由此起,禹、汤、文、武、成王、周公,由此其选也"(《礼记·礼运篇》)。《礼记·礼运篇》中讲到两个阶段,一个小康,一个大同。小康阶段是什么概念呢?它是一个比较初级的发展阶段。在小康阶段,人与人之间还是有区别的,是私有的,阶级之间是有差别、有层次的。同时在小康阶段,礼仪制度、制度约束还是很重要的。大同就不一样了。进入大同社会,人与人之间没有阶级的差别,也没有亲疏之别。"老吾老,以及人之老;幼吾幼,以及人之幼。"物质极大丰富之后,"夜不闭户,谋闭而不兴,盗窃乱贼而不作,人们不是为了自己去发展生产、夺取财富,"力恶其不出于身也,不必为己",我出力干活,不是为了我自己,而是为了全社会,这是大同。但是我们实现小康就是实现大同的第一步。大

同相当于共产主义，小康相当于一个初级发展的阶段。我们在2020年进入一个全面建成小康的决胜阶段，这对于五四运动以来奋斗了一百年的中国人而言，这个巨大使命的完成具有极为重要的历史意义，标志着中国作为一个民族国家的复兴，中华民族作为一个民族的整体崛起。

在第五个阶段，2012年召开了十八大。十八大的关键就是提出市场在资源配置当中不但起到基础性作用，而且起到决定性作用，同时强调政府在资源配置当中起到更好的作用。这个表述就更加完整和客观了。在中国的经济发展和经济运行中，既要强调市场的决定性作用，又要强调政府发挥正当的重要的作用，政府和市场的关系要理顺，要发挥各自的长处。

同时在这个发展阶段，我国的主要矛盾也在悄然发生深刻的变化。如果说从1978年至2017年，我们重点是在前三十年基础上进一步发展经济，大规模和高速度地推进工业化，努力扩大经济规模，使中国的经济体量和国民收入水平不断提升，把效率优先、兼顾公平作为指导思想，那么今天我们的发展阶段就是公平和效率并重，而且更加重视社会公平的阶段。今天，站在新的历史起点上，我们可以欣慰地讲，中国已经基本进入一个小康社会，基本消除了大面积的贫困，我国的经济总规模跻身全球前列，国民收入也达到一个较高的水平。这是改革开放四十年的伟大成就，也是中华人民共和国成立七十年的伟大成就。可是我们仍然要深刻认识今天面临的问题，深刻认识主要矛盾的变化，也就是十九大报告中提出的"人民日益增长的美好生活需要和不平衡不充分的发展之间的矛盾"问题。下面简单讨论一下主要矛盾的变化。

六、全面建成小康社会之后的基本矛盾的变化和我国社会主义市场经济未来发展的方向

十九大报告关于主要矛盾的重新阐述,是为中国现阶段乃至以后一个较长时间定了调。什么是主要矛盾?主要矛盾就是关键毛病,找到了关键的病灶才能下药,所以这次十九大对主要矛盾的重新阐述是为中国的经济、社会、政治重新把脉,然后重新来开药方子。这个重新把脉涉及两个关键问题:一个是什么叫"不平衡",另一个是什么叫"不充分"。今天就"不平衡"和"不充分"谈谈我的一孔之见。

我认为所谓"不平衡"有三个方面:

第一个不平衡是人与自然的不平衡。这么多年以来,经济得到了超常规的快速发展,在全世界经济体中一枝独秀。我们是全世界增长最快的经济体,是全世界增长的火车头。这种成绩毫无疑问是要肯定的,别人也很羡慕。另一方面,快速增长也带来了人与自然关系的高度紧张。中国消耗了全世界大概一半以上的铁矿石,一半以上的煤炭,中国的土壤和水的污染程度也是全世界罕见的。我们这一代人很幸运,从出生开始就感受到中国的高速增长,已经习惯了这种增长。可是这个"习惯"背后的代价高到不可想象。在代际之间,我们透支了中国非常大的能量,导致我们以后的数代人,要在代际传承当中忍受不公平。换句话说,我们这代人占得太多了,把子孙后代很多的东西提前透支了,造成人与自然关系的极大不平衡。中国的生态危机是非常严重的,我们的整个生态环境、粮食和食品的安全、空气和饮用水等日常生存质量要素等都令人忧虑。因此,人与自然关系的不平衡是我们追求高速度增长模式带来的,是长期以来粗放型的发展形态带来的。我们一

方面享受了这种高速的粗放型增长带来的好处，另一方面也受到了负面的影响。现在我们要转变增长方式，解决人与自然的不平衡，去过剩产能，降低能源和资源消耗。目前的农业污染（包括土壤污染、农村饮用水污染、农业生产中过量使用化肥所造成的农业污染和粮食食品安全等）、农业生态问题是人与自然关系不平衡的突出表现之一。

第二个不平衡是人与人之间的不平衡。 人与人的不平衡是改革开放以来我们这个时代的重要特征。邓小平说，允许一部分人先富起来，允许一部分地区先富起来，然后先富帮后富，最终实现共同富裕。要全面完整地理解邓小平的这句话。这两个"允许"背后隐藏的潜台词就是我们要暂时适应人与人之间的不平衡，地区之间要拉开差距，人与人之间要拉开差距，这是搞活经济、增强激励的一个必要条件。当然，付出的代价就是人与人之间的差距加大，地区之间的差距拉大。改革开放以来我们搞的是非均衡区域发展战略，也就是梯度推移战略，先发展东部，尤其是14个沿海开放城市，然后发展中部，再后是发展西部，中国的区域差距在这几十年中有所拉大。当然人与人之间的差距还包含着城乡差距。城市和乡村的二元结构一直是我国最核心的经济特征之一，城乡居民之间的收入差距和社会福利差距很大，这在一定程度上导致我国的基尼系数一直很高。要解决人与人之间的不平衡，就要着重解决城乡收入差距和城乡社会保障非均衡的问题。尤其要加大扶贫开发的力度，大力消除贫困，重点扶持那些欠发达地区和边远民族贫困地区。这几年我到中国边疆民族地区走了很多地方，这些边疆地区有以下特点：第一，人群以少数民族居多。第二，人均收入严重低于平均水平，贫困发生率非常高。第三，这些地区一般都是生态脆弱区。

第三个不平衡是人与自己的不平衡。 一个社会的平稳发展，既有赖于人与自然的平衡、人与人之间的平衡,更有赖于人与自己的平衡。人与自己的平衡是什么概念呢?就是一个人能建立非常稳定的内心秩序,他拥有一个比较完善的心灵世界,从而在事业、家庭中保持非常稳定的状态,为社会做出正面的贡献,而不扰乱这个社会秩序。中国现在出现的很多问题,既有可能是出在人与人之间的不平衡上,也有可能是出在人与自己的不平衡上。今天的中国人能不能有一个稳定的心灵世界,能不能有一个比较稳定的信仰,每个人能不能把自己的行为放在整个社会的平台上去衡量,能不能保持伦理和道德秩序,这对于中国的未来是非常重要的。但是这个方面,往往被大家所忽略。在传统的小农社会,在古代农业文明当中,一个人不管他贫贱还是富裕,都有一颗比较平和的心态。为什么呢?因为传统社会当中"仁义礼智信""温良恭俭让"这些传统和信仰导致他的心理结构比较健康。可是当今社会结构和文化的巨大变迁已经打破了这个均衡的心灵和文化结构,导致我们自我的心灵世界出现了不平衡。我们以前老说"衣食足而知荣辱",但是很多人富了反而出现更多问题,甚至出现崩溃。这就涉及信仰建设的问题,涉及整个社会的心理构建的问题。在农村,经济发展固然重要,但是伦理建设、道德建设更加重要,这是其他一切乡村建设的基础。

以上说了三个"不平衡",那么什么叫"不充分"呢?"不充分"这三个字,无论在学术界还是在政府部门讨论得都很不充分。为什么呢?因为这涉及对中国经济社会更为深刻的洞察。

第一个不充分是城乡社会福利和公共品的供给不充分。在城乡,当然尤其是乡村,公共品的供给比较不充分。所谓公共品,就是一般由国家来提供的那些东西,比如说基础教育、公共卫生、医疗、养老、文化等,这些东西都是公共品。所以我们现在看到所谓的不平衡,比如说城乡不平衡、人与人的不平衡，实际上跟公共品供给的不充分是有关系的。现在农村的公共品供给有了很大的改善，但仍然有很多乡村地区的公共品供给严重不足，一些地方没有条件很好的小学，医疗条件很差，乡镇卫生院和村卫生站的设备和人员条件不足，很多村庄的卫生条件差，垃圾处理令人揪心。这些公共品供给不充分，尤其是农村供给不充分，是影响我国城乡协调发展的大问题。

第二个不充分是我国一些地区的法治环境建设和依法治理的不充分。中国是一个法治国家，这个观念已经深入人心，而我们的法治环境和依法治理尽管有了改善，但还是不充分的，需要进一步改进和完善，尤其是农村的法治环境和依法治理更需要大力改善。其中首当其冲的就是政府要依法办事，要在营造法治环境方面带好头，做好表率，要警惕某些行政管理人员的胡乱作为。依法办事，依法治国，才能让公民有安全感、归属感。

第三个不充分是目前中国社会信任体系与社会伦理的建设还不充分。这使得人与人之间不够信任，老担心对方有道德风险；吃油条担心对方用地沟油，跟人家签合同担心对方不履约。我们在商品交换和市场交易中产生的契约问题、产品质量问题、社会治理问题等，都跟现在社会信任有关，跟道德伦理供给不充分有关。这个问题已经影响到每个人的日常生活，每个人都要为此付出大量的成本，成本高到不可想象。农村的社会信任、道德伦理问题很突出，现在一些地方村风混乱，乡村治理混乱，村庄道德水平下降，这些问题不解决，对乡村的未来发展和社会稳定影响极大。

第四个不充分是中国社会公平机制的构建尚不充分。目前公民城乡身份造成的差距还比较大。改革开放以来，经济快速发展，但是社会公平和公正的问题仍然有待解决。每个人因身份不同享有的福利待遇和权利也不同，就有不同的医疗条件、社会保障、教育水平，这些现象直接导致人与人之间的关系不平衡。不充分和不平衡是有因果关系的。当然这个不充分，在农村体现得比较突出。现在倡导城乡一体化和城乡社会保障均等化，就是出于这个原因。

第五个不充分是我国的文化建设尚不充分。我国目前已经是一个经济大国，经济规模和影响力与日俱增，但是我们的文化影响力与经济影响力还不相称。我们的文化传统挖掘得还很不够，具有竞争力和感召力的文化符号还没有被充分认知，文化软实力与发达国家比还有差距。未来一定是中国文化大发展的时期，中国的文化品格将大大彰显，这必将有助于我们经济社会的良性发展，因为文化建设本身就是社会共识不断形成的过程，就是社会凝聚力不断加强的过程，就是本民族的文化自信和文化自觉不断加强的过程。同时中国文化的大发展也有助于中国在全球政治和社会中扮演更积极的角色，有助于全球社会对中国的正确认知，有助于中国"走出去"战略。农村文化建设是我国文化建设的重要组成部分，农村和农业是中国传统文化的载体，农村文化的复兴，必将带来整个农村发展的复兴，这里面大有文章可做。

以上讲的三个"不平衡"和五个"不充分"，是发展中的问题，需要从发展的眼光来看，而不是从静止的、指责的角度去看。未来中国必将从这种不平衡和不充分，走向平衡和充分的发展，即实现三个均衡和五个充分：通过转变增长方式实现人与自然的平衡，通过协调区域发展战略和城乡一体化发展实现人与人的平衡，通过心理和信仰建设实现人与自己的平衡；要实现城乡公共品的充分供给，实现法治和安全的充分保障，实现社会信任和伦理水平的提升，实现中国的社会建设和文化建设的充分发展。这就是我们未来的大目标。

第五讲
社会主义市场经济体制的探索和转型（下）：中国经济体制改革的经验和逻辑

一、从计划经济向市场经济的顺利过渡何以可能

社会主义市场经济体制的探索与转型的下篇，主要探讨中国经济体制改革的经验与逻辑。上一讲，我们是从大的历史脉络，从1976年直到2020年这么一个长时间段的发展，进行了五个阶段的分析。这一讲试图从理论层面来分析中国四十多年的经济转型有哪些基本经验，这些经验哪些是中国独特的不能复制的，哪些是具有一般性的意义从而可以被别的国家所学习和复制的。今天探讨的主题可能是经济学目前最难的一个问题，对于这个问题，学术界的争议非常大。

本讲主要包括四个问题：第一个问题就是要讨论中国从计划经济向市场经济的顺利过渡为什么成为可能。第二个问题谈一谈中国体制变迁的历史起点是什么，同时探讨哪些条件决定了中国经济体制的顺利过渡和变迁。第三个问题是分析中国经济体制变迁里面的内在逻辑和中国改革的传统智慧。第四个问题是反思"华盛顿共识"，创建新时代中国特色社会主义思想体系。

（一）中国特色社会主义这个"大故事"要从 1949 年开始讲起

中国的社会主义经济体制改革从 1978 年算起，到现在四十多年了，此前是三十年的社会主义经济体制初创以及早期的体制探索时期。前三十年与后四十年是什么关系呢？这是一个重大的理论问题，在这个问题上难以达成共识，就有可能产生理论上的重大误区，而且容易造成改革实践上的重大偏差。1978 年改革开放以来，从理论上来讲，我们的基调一直是强调改革开放是社会主义制度的自我完善与发展，这个基调是非常重要的。可是从学术界来说，大概从 20 世纪 80 年代开始一直到现在都流行着一个观念，认为中国的社会主义市场经济的建立正是在全面抛弃与颠覆原来的经济体制的基础之上才得以顺利进行。因此照这个逻辑推论下去就是对于前三十年持基本否认的态度。把改革开放前后的历史完全割裂开来，完全对立起来，这是一段时间以来比较流行的一个思想倾向。这个思想倾向看起来似乎是在为改革开放的"合法性"寻找理论支撑，但是却恰恰有害于改革开放的顺利进行，有害于人们从理论和实践两个层面对改革开放和中国特色社会主义的历史进程进行正确的理解。在这种思潮影响之下，年青一代往往认为中国社会好像在 1978 年发生了一个悬崖式的、断裂式的变化，这对于完整理解共和国的成长史是极为有害的。

因此我觉得今天学术界有必要返回根本，来看看改革开放前三十年到底准备了什么条件，以及改革开放后又进行了哪些创新。把前三十年和后四十年结合起来、融合起来，我认为才是一个真正的恰当的历史观。因为历史永远不可能像一个苹果一样被绝对割裂开来，真实的历史像一条河流一样，是连续的，不可能拿刀断开。历史的发展既有延续性，又有时代的创新性，突变派的观点是不可取的。我倾向于融合派，要全面分析改革前后在逻辑上的相互关系。无论是前三十年，还是后四十年，中国的社会主义建设和发展一直在强调"中国特色"，强调基于中国国情的独立探索，这个强调从毛泽东时代就已经开始了，毛泽东那一代领导人对苏联计划经济模式就进行了系统的反思。现在十九大提出"新时代中国特色社会主义思想"，就是中华人民共和国成立以来七十年漫长探索的结果，而不要以为是从1979年才开始探索的。所以在十九大决议中就讲到，习近平新时代中国特色社会主义思想是对马克思列宁主义、毛泽东思想、邓小平理论、"三个代表"重要思想和科学发展观的继承与发展。因此，中国特色社会主义这个"大故事"一定要从1949年开始讲起，它是一以贯之、不断在实践中对原有的体制进行扬弃的。这个一以贯之的思想和方法论就是对任何国家的范式，不管它是苏联范式还是美国范式，或任何西方范式，从来就是采取反思、比较、汲取、扬弃的态度。用这种态度来建设中国特色社会主义，探索中国特色社会主义，在每一个阶段，都在进行探索与创新，每一个阶段对前一个阶段既有创新，又有继承。

（二）相机抉择式的"摸着石头过河"的方式

那么中国这个过渡或者说经济体制转型是怎么进行的呢？中国的整个变革从一开始就具有"摸着石头过河"的性质。什么是"摸着石头过河"？就是一切从当下的问题出发，而不是从一个理想的模型出发来构想整个改革；整个改革并没有一个预想的、完美的、静止的、无所不包的关于各领域改革的现成方案，而是根据改革实践的不断推进，根据每一个阶段出现的特殊问题和具体挑战，来提出应对的手段和解决的方案。所以邓小平的这句名言"摸着石头过河"，实际上就是一种"相机抉择"式的改革思路和制度变迁路径。就是在不断的创新、探索当中，从问题出发，灵活机动地选择解决问题的方法，找到一条适合当下的最优道路，而不是用一个理想主义的、似乎完美的未来模式和理念去套改革的现实。这就需要在思想上不断解放，不断突破原有的框架，不断以问题为导向灵活变通。我认为这种相机抉择式的"摸着石头过河"的方式，体现了中国经济体制改革的一个基本特点。在这种相机抉择式的"摸着石头过河"的理念指导之下，就比较强调尊重每个地区、每个企业的经验，尊重微观主体的差异性和各自的创新，而不是用一个"先验"的概念和模型来约束或要求所有的微观主体，从而极大地鼓励了地方创新和微观主体创新。我们在改革开放以来所取得的经济奇迹的奥秘，实际上类似于"道家哲学"，无为而治，尊重群众的自发创新。决策者对那些基层的创新，比如农业的联产承包责任制，乡下的小企业，国有企业的不同改革模式，都逐步承认其合法性，慢慢地让它们试验。邓小平在20世纪80年代跟金庸有过一次著名的会见。邓小平讲到他治国的一些思想，这些思想理念就体现出无为而治的思想。这种无为而治并不是决策者真的什么事情也不做，而是尊重微观主体的选择和创新，尊重中国各地的差异性和多元性，允许大家根据自己的约束条件和资源禀赋特点去创新、去闯。

（三）从农村开启一场成本最低的改革，为改革赢得"合法性"

中国的经济体制改革的一个很显著的特点，是我们的过渡首先是从农村变革开始的，农村联产承包责任制的改革为整个改革打开了一个突破口。农村的变革水到渠成，没有经过多少惊心动魄的斗争，也没有引起较大的社会争议（当然理论的争论还是有的），就比较顺利地开展起来了。而且农村改革的最大好处在于，在整个改革中几乎找不到利益受损者。也就是说，几乎所有人在这场改革中都获得了福利的"帕累托改进",福利都提升了,没有人出现下降的情况,所以引发的社会矛盾和社会摩擦最小。这就为整个改革提供了很好的条件,改革获得了群众的认同、老百姓的支持,从而使改革获得了"合法性"。更重要的是,农村改革搞好了,也为其他领域的改革,尤其是城市的国有企业改革提供了空间,提供了激励,甚至提供了经验。国企最早的承包制的改革,实际上从农村改革那里得到了很多灵感。农村一变革,农民生活变好了,农村的商品经济逐渐发展,经济环境突然变得宽松了,日子好过了,这就为整个改革提供了一个先决条件。

(四)渐进的、兼容的改革模式和"一分为三"的中庸思维方式

中国经济过渡还有一个显著的特点,就是它在国有企业尤其金融业改革等方面,是缓慢地分阶段进行的,没有采取东欧和苏联的快速和大规模的私有化策略来解决问题。我们也没有彻底放弃经济计划,而是在计划的方式上进行了渐进的改变,逐步将指令性较多的计划体制转变为指导性计划较多的体制,逐步扩大市场的作用范围,让市场成为配置资源的主导性方式。这个过程是非常漫长的,需要很有耐心的进展,而不是采取极快的速度调整。在经济过渡中我们特别强调计划跟市场的兼容,强调社会主义跟商品经济的兼容,我们的体制试图把原来完全不能兼容的一些概念放在一起,使其既发挥了社会主义国家集中力量办大事的优越性,又发挥了市场机制的灵活性。这有赖于我们中国人"一分为三"的思维方式,而不是二元对立。苏联和东欧一些国家,正是因为认定问题双方不能兼容,坚持二元对立的思维,不能中庸,不能折中,不能执两用中,才彻底放弃计划,放弃社会主义,从而走了另外一条过渡路径。这反映了两种不同的文化和思维方式。苏联和东欧的经济过渡,付出了比较沉重的社会代价和经济增长代价。这些国家所选择的快速自由化、市场化、私有化的休克疗法,希望一步跨到市场经济,这种方法在方法论上是有很大缺陷的。在苏联和东欧社会主义国家的制度变迁中,除了个别的国家之外,大部分国家采取了国家主导的激进模式,制度变迁的节奏很快,变革很迅猛,对社会经济的冲击也很大,从而导致社会经济在制度变迁的冲击之下,长期难以恢复正常状态,社会摩擦成本极高,付出了比较惨重的代价。究其根源,是其制度变迁的路径选择存在严重的问题。这些国家在西方经济学家的引导之下,渴望按照新古典经济学的教条,以疾风暴雨式的制度变革,迅速实现整个国家经济体制的自由化、市场化和产权私有化。所谓"休克疗法"(shock therapy),是一种大爆炸式(big bang)的跳跃性的制度变迁方式,希望在较短时间内完成大规模的整体性制度变革,也就是所谓"一步跨到市场经济"。

(五)制度变迁是一个历史过程,需要历史耐心和历史智慧

所以在传统计划经济体制向市场经济体制过渡的过程中,我们尤其要注意制度这个变量的特殊性。抛弃旧的制度,建立新的制度,是需要很长一段磨合的时间的。制度是一系列契约,旧契约废止,新契约形成,要经历契约的设计、创新、签约、履行的复杂过程,因此需要一个比较长的历史阶段才可以完成这个制度的过渡。这一过程是要付出大量的成本。这里面包括重新制定法律的成本,重新建立各种契约和保护契约所花费的成本,还有人们的学习成本。要适应这个新的制度,就要学习。比如企业制度,不是一天两天能学会的。瞬间把国有企业私有化之后,相应的新型的企业制度没有建立,怎么能保证企业有效地运转呢?所以制度变迁本身不可能是一个瞬间的、一蹴而就的、疾风暴雨式的"历史事件"。它是一个慢慢的"历史过程"。这个历

史过程包含着复杂的学习与知识更新、政府的制度建设、整个社会新理念和社会共识的建立、国家法律体系的完备、国家治理机制的转型等。这些都需要一个比较长的过程。因此，所有制度变迁，都需要在路径设计上有很强的前瞻性，同时需要极大的历史智慧，需要"历史耐心"。

二、中国经济体制变迁的历史起点与基本条件

现在很多人在理念上认为中国改革开放以来的制度变迁是一个断裂式的变迁，变迁的前提是彻底抛弃1978年之前的所有体制，是对原有体制的彻底否定。这种理解是不符合客观事实的，也是肤浅的。1978年左右开启的经济体制变迁，虽然基于对传统社会主义体制的系统反思与检视，但是这种反思与检视从总体来说，并不是对传统社会主义体制的一种颠覆式的抛弃，而在很大程度上承继了传统社会主义体制遗留下来的宝贵遗产，并加以适当的修正。这个检视、反思、承继、修正的历史过程，当然不是一个经过事先详密计划的、具有"顶层设计"意味的、自上而下的过程，而是一个在既已形成的历史条件的基础上，边修正、边探索、边试验、边创新、边试错、边学习的过程，也就是一个"摸着石头过河"的"干中学"的过程。当我们梳理这个历史过程的时候，切勿将它"断裂式"地看待，不要以为中国的经济体制改革是对原有体制的彻底抛弃和彻底否定，不要想当然地认为经济体制改革不需要任何历史条件和历史积淀就可以轻而易举地成功，也不要简单地仅仅把经济体制改革的成功归结为改革开放以来的制度变迁的自然

结果。历史是延续的，一些历史形成的制度元素和物质元素不可能不对未来的制度变迁起作用，有些看起来是后来制度变迁所造成的结果，实际上也许更多地受惠于先前已经形成的制度元素和物质元素，是这些"历史变量"的合乎逻辑的历史发展的结果。从历史的、长期的、互相联系的角度看问题，比仅仅从当下的、短期的、断裂式的角度看问题，要科学得多，客观得多，如此我们对历史变迁才会有更为全面的认识。

（1）**农村基础设施与农村改革的物质条件准备**。中国的经济体制改革是从农村开始起步的，农村经济体制改革的成功与巨大绩效，不仅为整个改革开放提供了巨大的物质资本，而且为改革开放奠定了群众舆论基础，使改革开放的效果在最初的十几年被广大农民所肯定，从而赢得了更为广泛的国民支持。农村改革之所以获得如此巨大的成功，当然与结束人民公社体制、改变农村激励机制、释放农民种粮积极性有直接关系。制度的变革使得农民获得了空前的经济自主权，其收益的分配机制也更为灵活，从而极大地激发了隐藏在农民中的创造潜能，改变了传统人民公社体制的一些弊端，但是不能简单地把农村改革视为对传统人民公社体制的抛弃和颠覆。恰恰相反，无论是从制度元素还是从物质元素上，农村改革都从传统人民公社体制中汲取了大量的"资源"。这些"资源"经过农村改革所提供的市场条件和激励机制的催化，释放出巨大的能量。从物质条件来说，农村改革受益于人民公社时期甚至更早的合作化时期所积累的大量物质要素，其中最主要的是农业基础设施的巨大改善。从20世纪50年代至70年代末，政府运用极大的政治动员能力、国家控制力，并借助合作社和人民公社的体制优势，对中国的农业基础设施进行了大规模的改造，实现了农业基础设施"改天换地"般的巨大变化。

农业机械化在20世纪50年代至70年代有了长足的进步。根据农业部提供的农业机械总动力的数据，1957年我国农业机械总动力分别为165万马力和12.1亿瓦，1978年则分别为15975万马力和1175亿瓦。1952年我国的排灌动力机械分别为12.8万马力和0.9亿瓦，1978年则分别为6557.5万马力和482.3亿瓦。[1] 农业机械使用量在计划经济时期获得了较大幅度的增长，如大中型拖拉机1952年全国共有1307台，1962年增至5.5万台，1978年达55.74万台；机动脱粒机1962年全国有1.5万台，1978年达210.6万台。[2] 在20世纪50年代至70年代整个计划经济期间，农田水利设施得到了巨大改善，广大农村地区根据各地的实际情况，充分利用了人民公社的制度优势，对大江大河和各地的区域性水利设施进行了大规模改造，平整农田，改善灌溉和防洪防旱条件，取得了辉煌的成就，这在中国数千年历史中都是极为罕见的。而这些农田水利设施的改善，无疑对于改革开放后的农业增长起到巨大的作用。农村中的机耕面积和有效灌溉面积在整个计划经济期间有了很大增长：1952年我国机耕面积为204万亩，1978年为61005万亩；有效灌溉面积1952年为29938万亩，1978年为67448万亩；1952年我国机电灌溉面积占有效灌溉面积的比重仅为1.6%，到1978年这一比重已经达到55.4%。[3] 农业技术水平和农业技术投资在这一期间也有极大的增长。本书第二讲有详尽的论述，这一讲不再赘述。总之，在整个计划经济期间，农业基础设施建设、农业机械化和现代化、农田水利改造以及技术水平的提升等，都为改革开放后的农业奇迹做出了历史性的贡献。这些贡献应该得到客观评价，其作用不容抹杀，不能被"故

---

[1] 中华人民共和国农业部计划司编：《中国农村经济统计大全（1949—1978）》，北京：农业出版社，1989年，第308—314页。
[2] 同上书，第308—315页。
[3] 同上书，第318页。

意"忽略。

（2）1949—1978年所准备的人力资本条件。人力资本对经济发展的影响甚大，而人力资本的概念，应该包含教育、健康和生育等多方面。李玲教授在她的研究中正确地指出了改革开放前中国人力资本方面的巨大改善对改革开放后创造"中国奇迹"起到的巨大作用："新中国前三十年的一条重要经验在于寻找到一条依靠劳动密集投入的路径，保障全民健康、教育，提高劳动力素质，降低人口的死亡率和生育率。用最低的成本启动人力资本内生改善的机制是中国模式的重要特征，使得中国在改革开放前人均收入水平很低的情况下就能够拥有高于其他发展中国家的人力资本禀赋，这为中国在改革开放后迅速地把握全球化的有利时机创造经济奇迹提供了内部动力。新中国成立后低成本高效率的人力资本的累积方式，不但为探索后续的经济奇迹的来源提供了重要线索，也创造了一种全新的人类发展模式。"[1] 从健康方面来说，自中华人民共和国成立以来人民健康事业取得巨大进步，很多流行性疾病如天花、霍乱、性病等得到彻底消除，而寄生虫病如血吸虫病和疟疾等得到大幅度削减。人均寿命从1949年的35岁增加到20世纪80年代早期的70岁，婴儿死亡率从1950年的约250‰减少到1981年的低于50‰。这些成就，不但在发展中国家中遥遥领先，很多指标还超过了中等发达国家，甚至接近某些发达国家水平。中国在20世纪70年代相对较低的生育率水平和社会成员的健康与教育水平联系紧密，婴儿和儿童死亡率明显低于相同经济水平和更高收入水平的发展中国家。这使得家庭减少了通过多生育子女来提高子女存活数量的激励，

---

[1] 李玲：《人力资本、经济奇迹与中国模式》，收于潘维主编：《中国模式：解读人民共和国的60年》，北京：中央编译出版社，2009年，第201页。

而妇女地位、教育水平的提高和科学避孕技术的采用是生育率下降的另一组重要原因。节育、教育、健康在伴随着妇女解放的过程中螺旋式上升，在性别和代际间不断改善人力资本的存量。[1] 从教育来看，自新中国成立以来到 20 世纪 70 年代，中国在初等和中等教育方面成效显著，农村青壮年文盲率大为降低，由新中国成立时的 80% 左右降低到 15% 左右，而改革开放初期印度的文盲率为 60%。在正规教育方面，1949 年中国小学入学率在 25% 左右，而到改革开放初期，学龄儿童入学率稳定在 90% 左右，1979 年小学净入学率高达 93%，接近工业化国家水平，其中小学生中 45% 为女生；中国拥有中等教育水平的人口显著高于其他发展中国家，甚至高于某些发达国家。[2] 1978 年之前人力资本的积累，为改革开放的成功提供了雄厚的人才基础。反观 20 世纪 80 年代之后，在人力资本的某些方面（比如农村医疗体系、人均健康水平、基础教育体系等）反而退步了，这些需要深刻的反思。

（3）人民公社体制的调整所准备的制度变革条件。 改革开放后实行了家庭联产承包责任制，人民公社体制慢慢退出历史舞台。实际上，人民公社体制在 20 世纪六七十年代也在不断调整，不断消除体制的一些弊端，其中核心的调整就是激励机制的调整。这些调整的方向实际上与改革开放后的制度变革是一致的，这就为改革开放后的制度变革提供了历史条件和基础。本书第五讲对人民公社的制度调整做了详细的研究，在此只简要回顾一下。调整主要体现在两个方面：基本核算单位的改变和建立农业生产责任制的尝试。1959 年 2 月 27 日至 3 月 5 日召开的郑州会议，提出了指导人民公社建设和整顿的具体

---

[1] 李玲：《人力资本、经济奇迹与中国模式》，收于潘维主编：《中国模式：解读人民共和国的 60 年》，北京：中央编译出版社，2009 年，第 210—215 页。

[2] 同上书，第 216—217 页。

方针："统一领导，队为基础；分级管理，权力下放；三级核算，各计盈亏；分配计划，由社决定；适当积累，合理调剂；物资劳动，等价交换；按劳分配，承认差别。"[1] 这是人民公社体制的第一次调整。1960年11月3日，中共中央《关于农村人民公社当前政策问题的紧急指示信》又强调了以下几点：1."三级所有，队为基础"，是现阶段人民公社的根本制度；2.坚决反对和彻底纠正"一平二调"的错误；3.加强生产队的基本所有制；4.坚持生产小队的小部分所有制；5.允许社员经营少量的自留地和小规模的家庭副业。[2] 经过各地调查和试点，以及1962年年初七千人大会的讨论，1962年2月13日中央正式发出《中共中央关于改变农村人民公社基本核算单位问题的指示》（以下简称《指示》），并指出，以生产队为基本核算单位，更适合于当前我国农村的生产力水平，更适合于当前农民的觉悟程度，也更适合于基层干部的管理才能，是调动广大农民集体生产积极性的一项重大措施。《指示》还指出，实行以生产队为基础的三级集体所有制将不是一项临时性的措施，而是在一个长时期内（例如至少三十年）需要稳定施行的根本制度。[3] 据此，中央对《农村人民公社工作条例（修正草案）》再次做了修改，并于9月27日由八届十中全会正式通过。此后到1978年12月中共十一届三中全会重新制定了《农村人民公社工作条例（试行草案）》之前，这个修正草案一直是对农村人民公社和整个农村工作起指导作用的文件。

与人民公社基本核算单位下调同步进行的是农业生产责任制的建立与健全。在1958年年底和1959年上半年的整顿期间，人民公社基

---

[1]《建国以来毛泽东文稿》第8册，北京：中央文献出版社，1993年，第916页。
[2]《建国以来重要文献选编》第13册，北京：中央文献出版社，1996年，第661—662页。
[3] 同上书，第15册，1997年，第176、180页。

本核算单位逐步下移到生产大队（生产队），平调的财物做了算账退赔，分配上减少了供给制的比例，劳动管理方面明确了人民公社也要建立责任制，也要包产。在这个时期，"三定一奖"（"三定"指定产、定劳力、定投资）或"三包一奖"（"三包"指包产、包工、包成本）的责任制形式得到普遍认同，类似的责任制形式在各地不断涌现。1961年6月15日公布的《农村人民公社工作条例（修正草案）》规定："生产队是直接组织生产和组织集体福利事业的单位。""生产大队对生产队必须认真实行包产、包工、包成本和超产奖励的三包一奖制。可以一年一包，有条件的地方也可以两年、三年一包。包产指标一定要经过社员充分讨论，一定要落实，一定要真正留有余地，使生产队经过努力有产可超。超产的大部或者全部，应该奖给生产队。""生产队为了便于组织生产，可以划分固定的或者临时的作业小组，划分地段，实行小段的、季节的或者常年的包工，建立严格的生产责任制。畜牧业、林业、渔业和其他副业生产，耕畜、农具和其他公共财物的管理，也都要实行责任制。有的责任到组，有的责任到人。"[1] 既然"责任制的单位较生产队有所减小，可以是'组'和'个人'，一些地方在贯彻执行'六十条'时，走向了不同形式的或者变相的'包产到户'"。[2] 这个修正草案还规定："在生产队办不办食堂，完全由社员讨论决定""社员的口粮，不论办不办食堂，都应该分配到户，由社员自己支配"。[3] 这就等于事实上宣布取消了农村公共食堂和分配上的供给制，对消减社员间的平均主义具有重要意义。"文化大革命"结束后，定额管理和各种类型的农业生产责任制陆续恢复并有新的发展，直到20世纪80年代初被土地家庭承

---

[1]《建国以来重要文献选编》第14册，北京：中央文献出版社，1997年，第385、393、399页。
[2] 贾艳敏：《农业生产责任制的演变》，镇江：江苏大学出版社，2009年，第131页。
[3]《建国以来重要文献选编》第14册，北京：中央文献出版社，1997年，第401页。

包经营所取代。从这个连续的历史过程我们可以看出，人民公社在核算单位和农业生产责任制方面的探索和调整，实际上为改革开放后的农业体制变革开辟了道路。

（4）人民公社体制下的社队企业发展与乡镇企业的崛起。乡镇企业的崛起被学术界普遍认为是中国经济改革所取得的最重要成就之一。20世纪80年代乡镇企业成为中国经济"三分天下有其一"的重要组成部分；90年代之后，乡镇企业融入了民营经济发展的大潮，中国的经济结构发生了深刻的变化。乡镇企业在80年代中后期之前被称为"社队企业"，而社队企业是50年代以来人民公社体制的重要产物。可以说，正是社队企业在50年代至70年代的大发展，才奠定了乡镇企业的发展基础，从而为改革开放的成功奠定了基础。

自1958年开始，基于毛泽东关于人民公社"工农兵学商"相结合的设想，中共中央正式提出了发展农村工业和社队企业的政策主张。1958年12月10日，中共八届六中全会通过的《关于人民公社若干问题的决议》提出："人民公社必须大办工业。公社工业的发展不但将加快国家工业化的进程，而且将在农村中促进全民所有制的实现，缩小城市和乡村的差别。"1958年后，人民公社所办的工业得到了迅猛的发展。1958年社办工业达260万个，产值达62.5亿元。20世纪六七十年代是社队企业发展比较迅猛的时期，这一时期，社队企业在全国蓬勃发展，有些地区社队企业的规模比较大，奠定了乡村工业化的基础，也为未来乡镇企业的大发展提供了技术条件、管理经验和人才条件。

在整个"文化大革命"期间，社队企业有了长足的发展。1965年至1976年，按不变价格计算，全国社办工业产值由5.3亿元增长到123.9亿元，在全国工业产值中的比重由0.4%上升到3.8%。到1976年年底，全国社队企业发展到111.5万个，工业总产值为243.5亿元，社办工业产值比1971年增长216.8%。其中江苏省农村工业发展比较好,1975年社队工业总产值达22.44亿元,比1970年的6.96亿元增长3.22倍,平均每年增长20%以上;同期社队工业在全省工业总产值中所占比重,由3.3%上升到9.3%。[1] 可以想象,如果没有这些社队企业的发展,如果没有六七十年代社队企业的管理经验的积累和技术积累,80年代以来的乡镇企业的异军突起是不可能实现的。据统计,到改革开放前的1978年,社队企业恢复发展到152万个,工业总产值达493亿元,占农村社会总产值的24.3%,[2] 这就为乡镇企业的发展奠定了坚实基础,也为我国的改革开放尤其是农村改革提供了雄厚的物质基础。

(5) **比较完备的工业体系的构建与技术、人才条件的历史准备。**20世纪50年代,随着"一五"计划的实施,新中国的社会主义工业化建设开始启动,经过二十多年的发展,到改革开放的80年代,我国已经基本建立起一个比较完备的工业体系,重工业、轻工业和国防工业都发展到一定的水平,培养了大量的技术人才和基层技术工人。从国际比较的角度来说,我国在二十多年的时间里,以极快的速度从一个一穷二白、工业基础极为薄弱的国家,发展成为一个拥有比较完备的工业体系的工业国家,实现了整个国家的初级工业化。这是一个极为伟大的前无古人的成就,在世界经济发展史上也是极为罕见、没有先例的。在第一个五年计划时期(1953—1957),工业发展总体上持续高速增长,工业总产值、工业基本建设投资、基建新增固定资产等指标增长迅猛,其中工业总产值年均增长18.36%,"一五"计划取得了极大的成功。1952年至1957年间,重工业产值增长了210.7%,轻工业产值增长了83.3%,年

---

[1] 莫远人主编:《江苏乡镇工业发展史》,南京:南京工学院出版社,1987年,第140页。
[2] 韩俊:《中国经济改革三十年:农村经济卷》,重庆:重庆大学出版社,2008年,第145页。

均增长速度，前者是 25.4%，后者是 12.9%，轻重工业都得到了快速发展。[1] 第二个五年计划时期（1958—1962）是"大跃进"和经济调整时期，在这个时期，工业生产总量指标出现波动（1961 年降至低谷），从这五年的总体增长而言，工业总产值增长率年均为 9.46%。[2] 在国民经济调整和恢复时期（1963—1965），工业生产有所恢复，工业总产值年均增长 18.16%。在此期间，工业总产值在社会总产值中的比重持续上升 2.02%，1965 年年底比重为 52.02%，我国工业化程度得到进一步提高。[3] 1966 年至 1976 年间，我国工业发展仍然保持了快速的增长，在艰难曲折中仍旧有年均 9.5% 的增长率。1966 年到改革开放的 1978 年，我国工业总产值在社会总产值中的比重不断上升，从 1965 年的 52.02% 上升到 1978 年的 61.89%。尽管经历了十年的曲折，但是我国工业化水平仍然不断提高，工业在国民经济中发挥着越来越举足轻重的作用。[4] 1966 年至 1976 年间，国家积极支持"五小"工业的发展，使得小型企业发展迅猛，1976 年全国小型企业数由 1970 年的 19.11 万个增加到 28.76 万个，1977 年小型企业数增至 31.6 万个，占全国工业企业总数的 97.97%。同一时期，集体所有制企业的增长也远远超过全民所有制企业的增长，1965 年至 1976 年间，城镇集体工业的产值由 133.1 亿元增长到 489.4 亿元，占工业总产值比重由 9.6% 上升到 15%。[5] 可以说，前三十年的工业发展为改革开放后的经济发展提供了雄厚的物质基础，其中中小企业的发展和非全民所有制的城乡集体企业的发展，为改革

---

[1] 上海财经大学课题组：《中国经济发展史（1949—2005)》（上），上海：上海财经大学出版社，2007 年，第 290—291 页。
[2] 同上书，第 302 页。
[3] 同上书，第 309 页。
[4] 同上书，第 319 页。
[5] 同上书，第 324—325 页。

开放后中小企业遍地开花以及所有制结构的调整奠定了基础。这个发展过程是一脉相承的，而不是断裂的。

（6）社会主义计划的自我调整所奠定的新型"计划—市场"关系。毛泽东、刘少奇、陈云、李富春等第一代领导者在新中国成立初期，经过一段时间的摸索与试验，已经对计划经济运行的规律有了比较深刻的认识。他们都一致强调，社会主义计划不是一种刻板的计划，而是要考虑到一定的自由度，考虑到区域的差异性，考虑到企业的自主权，考虑到计划本身的弹性和可调节性。这些认识对社会主义计划经济的刻画是一种弹性的，而不是僵化的社会主义模型。本书第六讲对此有详尽的探讨，在此只做提纲式的论述。这种弹性的社会主义计划经济既要集中计划和统一，以期消除经济运行的无组织和无政府状态，又要体现一定的分散性和灵活性，使计划不是一个僵死的东西，而是一个弹性的体系。这种弹性的社会主义计划经济是中央计划的统一性和因地制宜的结合，是集权和分权的结合，在强调中央权威的前提下，也尊重地方的一定意义上的自主性和独立性。在中国这样一个大国实行计划经济，必须调动地方的积极性和主动性，而不是单纯强调集中统一。从某种意义上来说，正是地方的博弈行为使社会主义计划能够有效率地实施，且能够完成自我调整。这种弹性的社会主义计划经济强调"大计划"和"小自由"的结合，允许自由市场在一定程度上、一定区域内、一定产业中存在。既要有"大一统"，也要对一些细小的部分留有一定的余地，使微观的细胞能够充满活力，在非关键领域实施灵活的价格政策和资源配置政策。这种弹性的社会主义计划经济是明确规定的指令性计划和不明确规定的隐含的指导性计划的结合。这个思想早就存在于第一代领导者，现在则成为我国制订经济计划的主导性的原则。这种弹性的社会主义计划经济强调把经济计划与价值规律结合，提倡尊重价值规律。这种计划体制其实是试图把计划和市场平衡起来，不破坏市场规律，尤其是价值规律。弹性社会主义模型中对市场规律的包容性解释，实际上为改革开放后解决"计划—市场"的矛盾统一提供了理论上的可能性和现实中的可操作性。改革开放后，我国的经济运行机制发生了深刻的变化，但是对社会主义计划的系统性反思和调整，实际上在此之前几十年就在进行了。

从以上的讨论可以看出，共和国前三十年的发展与变革，与改革开放以来的发展与变革，具有内在的延续性、承继性，不能割裂两个时代。从这个融合论的角度来看改革开放前后的两段历史，就可以看到，改革开放可以说是"其来有自"，它不是半空里蹦出来的，而是有源头的，是几十年来我国探索具有中国特色的社会主义体制的一个合乎逻辑的发展。

三、中国经济体制变迁的内在逻辑和传统智慧

1978年以来，以邓小平为主的领导人，以巨大的理论魄力和实践家的气魄，对传统体制进行了大刀阔斧的改革。这个改革蕴含着大量富有创造性的中国式的智慧，为全球发展中国家和转型经济国家提供了生动而有价值的参照系，同时也为经济学家探讨经济发展和转型理论提供了丰富的视角。可以毫不夸张地说，中国经济改革中所包含的一整套思维形态、理论框架和行动模式，必将成为全球经济发展的最重要成果，同时也必将引发经济学内部的一场深刻的反省与革新。

从这个意义上说，对中国改革开放模式的总结无疑将具有全球意

义，中国的经验为那些处于发展中的转型国家提供了大量值得借鉴的行动框架与制度安排，这些行动框架和制度安排无疑都烙上了独特的中国智慧的印记。然而我们还是可以从中国范式中抽象出一些更为一般的规律或者原则；这些一般原则尽管不可能在另一种文化或制度框架中被完全复制，但是其借鉴价值却值得珍视。

第一，中国的经济改革具有强制性变迁与诱致性变迁相融合的特征。

其突出的表现是，在很多领域的改革中，初级行为团体在制度选择和制度变革中起到引人注目的关键作用。如农民在影响深远的农村制度变革中就不是作为单纯的"制度接受者"，而是在某种程度上参与和开启了制度选择和制度变革，最后再由政府将这些制度选择和制度变革形式向更大的范围推广，并以国家法律的形式对初级行为团体的制度选择和制度变革加以确认和合法化。从这个角度来看，在中国以国家为制度主体的强制性制度变迁中，又包含着若干的诱致性制度变迁的因素和特征，这构成中国经济转型的一个重要特色。

第二，中国的经济改革具有渐进性变迁和激进性变迁相融合的特征。

中国的经济改革总体上无疑是渐进式的，具有试错的"摸着石头过河"的特征。边际化改革有效降低了改革的摩擦成本，减少了社会震荡，但在每一具体改革举措的推行和新制度安排的实施方面，又具有激进的特征，很多具体的改革机制实际上是在很短的时间内完成的。国有企业的股份制改革、国有商业银行的股权结构和内部治理结构的变革、资本市场的股权分置改革等，实施周期都非常短。这显示出中国改革于总体稳健渐进的条件下在具体改革实施层面的果断性以及对于制度变革时机的准确把握。

值得强调的是，渐进性改革虽然在制度变迁的长期路径上体现出渐进性特征，但是在制度变迁的每一个具体阶段和具体步骤上，又应该具有改革的实质性和果断性。也就是说,改革的每一个具体阶段和具体步骤都应该触及实质性的经济关系,都应该为最终的市场化目标奠定基石。渐进性制度变迁的使命是尽快建立完善的市场经济机制,结束经济体制长期扭曲和双轨运行的局面,避免经济过渡时期内传统体制的复归和经济矛盾长期累积而发生经济体系的全面危机。

第三,中国的经济改革具有增量改革的特征。

中国改革采取边际性的增量改革的方式,整体改革过程不是按照一个理想的模式和预定的时间表来进行的;新的资源配置方式和激励机制不是同时在所有经济领域发挥作用,而是在率先进行改革的部门和改革后新成长的部门首先发挥作用。国有企业的改革就是这种增量改革模式的典型表现。早期的承包制在不触动国有企业根本产权制度的前提下利用利润留成产生了新的增量使用,取得了在国有企业改革的特定时期改善激励机制和提高效率的成果。

乡镇企业的发展壮大是增量改革的另一个典型案例。乡镇企业在未触动传统经济部门和不对原有资产存量进行再配置的前提下,创造了国民经济中新的市场作用的领域,在资产增量的配置中逐渐引入了越来越多的市场机制,从而大大增加了经济的活力。当然,增量改革在不触及原有经济格局、维持社会经济稳定和利益格局均衡的同时,也对资源配置效率产生了某些消极影响。新体制和传统体制的双轨并行产生了大量的租金机会,企业和居民等经济主体倾向于通过寻租而不是公平的市场竞争来获得收益,容易造成大量生产性资源的浪费。

第四,中国的经济改革具有典型的局部性"试验—推广"的特征。

政府先在某些经济领域或某些地区进行尝试性的改革,然后将成熟的经验和运作方式向其他经济领域或地区进行推广。这种"试验—推广"的局部性改革方式尽管在某种程度上降低了改革风险,保证了整个改革过程的可控制性和稳健性，但是局部性改革本身的推广依赖于国家对不同领域和不同地区的强制性与行政性的隔离与割裂，容易导致不同经济领域和不同地区的发展与改革的不均衡性。

但从总体来说，局部性的"试验—推广"的积极效应远远大于其消极层面。局部的尝试性改革激发了创新精神，同时也是整个国民对新体制和新模式的不断学习、适应和鉴别的过程，这对于降低改革的实施成本产生积极作用。这种模式对全球其他转型国家无疑也有借鉴意义。

第五，中国经济改革具有建立在有效利益补偿机制基础上的"帕累托改进"性质。

改革说到底是一个利益格局的变化过程。在这个过程中，如何建立有效的利益补偿机制，使得改革中每一个人的福利均能获得"帕累托改进"而不是"非帕累托改变"，是经济改革的核心问题。在中国整个改革过程中，中央决策者都能够在改革推进的关键时点对改革的受损者进行及时的补偿，使得改革的实施成本和摩擦成本降到最低限度，避免了社会格局的断裂。尤其是近年来，中央提出"城市反哺农村、工业反哺农业"，农业税的取消、农村合作医疗的推行、农村公共设施财政支付力度的加大、农村教育经费的倾斜等，都是这种利益补偿机制的有机组成。

第六，中国经济改革的成功推行有赖于有效的财政分权体制以及由此激发的地方政府创新精神。

在中国的渐进式的转型中，地方创新行为总是充当相当重要的角色。地方政府以及其他微观经济主体共同形成了地方性的创新主体，有力地推动了中央计划者的改革行动；而中央计划者总是在总结地方创新主体的创新经验之后将其适当合法化，从而形成整个国家的集体行动。很多经济学家认为，转型中的地方政府之所以会有发展经济的行为，是来源于边际激励很强的财政分权体制的作用。财政分权体制对中国转型中的地方政府形成了很强的发展经济的激励。

地方政府在财政分权体制下有足够的动力和内在激励去发展地方经济，并给地方民营经济创造良好的发展条件。地方政府与民营企业的互动促进了民营经济的发展，而地方政府官员与地方经济发展在利益上的一致性是地方政府能够选择促进民营经济发展的重要原因。

第七，在整体性的制度安排尚未做出系统性改革的条件下对某些微观主体的创新行为采取默许式激励方式。

农村的家庭联产承包责任制的推行，并不是在全国一刀切式地进行推广的。在家庭联产承包责任制试验的初期，农民和地方政府表现出强烈的创新意识，但是对于微观主体的自主创新，中央采取了务实的宽容态度，允许农民的自发试验。

第八，在经济改革进程中，中国在保持国家控制力和意识形态稳定性的前提下，建立了有效的不同利益集团的制衡机制与利益表达机制，使中国获得共识的能力大为增强。

国内外很多文献指出，中国持续稳定的经济增长和顺利的转型，依赖于强大的国家控制力和政治格局的相对稳定，同时中国在持续的法治化努力下建立了新的制度框架和法律框架，不同利益集团的利益均衡和利益表达有着比较畅通的渠道，这为解决经济改革中利益主体不均衡问题提供了制度基础和有效途径。这是值得发展中国家和转型国家借鉴的一条基本政治经济学智慧。

以上总结了八条"中国传统智慧"。我们应该在中国丰富的改革实践基础之上，提炼出具有中国特色的经济学思想。这点非常重要。中国改革开放模式的总结无疑具有全球意义。无论你承不承认，都是如此。一些学者曾经说，中国所有的改革模式都在西方的经济学教科书上写好了,中国所有改革都没有走出西方经济学教科书所写的范围。这个论调,我是不太赞同的。中国有中国的模式,有中国的特色,我们要好好挖掘,不要妄自菲薄。当然这些原则能不能被其他的经济体复制,那要看情况。中国也不可能强求任何国家复制我们的经验和模式,要不要复制,能不能复制,要靠各国的历史实践去说话。

四、反思和突破"华盛顿共识",创建新时代中国特色社会主义思想体系

"华盛顿共识"是在拉丁美洲发展中国家、苏联和东欧国家向市场经济转型过程中一致接受的政策模式。这种共识认为,迅速的贸易与金融自由化以及经济私有化措施的有机结合,将克服不发达国家和转型国家的经济停滞状态并将引发经济的持续增长,实际上是一套以世界银行和国际货币基金组织为主体,以西方经济学家的转型理论为基础形成的关于计划经济向市场经济过渡的经济学思想体系。对这些所谓"共识",很多经济学家提出了尖锐的批评意见,因此并不存在严格意义上的所谓"共识"。斯蒂格利茨的批评最为深刻而犀利。他认为,"华盛顿共识"中所支持的以"休克疗法"为代表的转型理论,其深层根源是冷战遗留下来的"道德热情"和对冷战"胜利"的陶醉,他们试图一劳永逸地建立起一个"新的、干净的、纯粹的私人所有制市场经济",这种思想是雅各宾式的狂风骤雨式的社会变革模式的翻版。他呼吁要打破对"华盛顿共识"的迷信。"华盛顿共识"告诉这些转型经济国家只要将大规模国有企业私有化并维持相应的金融指标和宏观经济指标,经济

增长就会启动而且不断持续下去。这种建立在新古典经济学信条基础之上的过于乐观主义的共识，在整个转型过程中遭到越来越多的否定和抨击。事实上，不管在学术界、国际金融组织还是各国决策者中间，这样的"共识"并非一种实际存在。这些教条体系并没有统一的标准的定义，而且即使赞成这些教条的不同实践者也往往以各自的理解强调其中某一个侧面或重点；因此尽管某些学者将这些教条体系归纳为所谓"华盛顿共识"，但是对这些政策合宜性的共识从来就不曾存在过。

由计划经济向市场经济过渡需要什么条件呢？威廉姆森（Williamson）曾经（1990）将所谓"华盛顿共识"归结为十个要素。这十个要素得到有影响的国际金融组织、政治团体以及专业经济学者的一致认同，大致包括：

（1）财政纪律。预算赤字应该被严格控制，以至于国家不必用征收通货膨胀税的方式来弥补财政赤字。

（2）公共支出优先性的转变。支出应该从那些政治敏感领域撤出，重新配置到那些经济收益较高且潜在地有助于改善收入分配的领域。

（3）税收改革。税收改革包括扩大税基和降低边际税率，其目的是增强激励，在不降低可实现的经济繁荣程度的前提下提高收入水平的平等性。

（4）金融自由化。金融自由化的最终目标是利率由市场来决定，但是实践表明，在市场缺乏信心的情况下，市场决定的利率可能往往过高，以至于对生产性企业和政府的财务偿还能力产生威胁。

（5）汇率。各国需要统一（至少是以贸易交易为目的）的汇率体系，汇率应该维持在有足够竞争力的水平之上，以此刺激非传统部门的迅速增长，并保证这些出口部门在将来维持竞争能力。

（6）贸易自由化。数量性贸易限制应该被迅速取消，而代之以关税。

同时关税应该逐渐降低,直至统一的低关税水平 10%(或至多达到 20%)。

(7)外国直接投资。阻碍外国公司进入本国市场的各种壁垒应该被取消,外国公司和本国公司应该被允许在同等条件下进行竞争。

(8)私有化。国有企业部门应该实现私有化。

(9)放松管制。政府应该取消那些阻碍新企业进入或限制竞争的各种管制措施,并保证所有管制措施都以安全性、环境保护和金融机构的审慎监管为标准进行重新审视。

(10)产权。法律体系应该在不导致过高成本的前提下提供安全有效的产权保护,并在非正式部门提供同样的产权保护。

这十个方面的"华盛顿共识",强调财政纪律和公共部门资源配置方式的改革,主张金融部门和贸易部门的自由化,主张对汇率、利率和外国投资放松政府管制,并强调国有企业的私有化和保护私人产权,其要旨仍在于自由化、私有化和市场化,是一种典型的经济自由主义共识。

20 世纪 90 年代前期,拉丁美洲发展中国家、东欧以及苏联转轨国家基本按照"华盛顿共识"进行了广泛的经济改革和经济转轨,其中包括金融和贸易的自由化以及国有企业的大规模私有化运动。经济学家以这些成败参半的改革与转轨实践来重新审视"华盛顿共识",发现了原有共识的许多未尽完善之处,因此在"华盛顿共识"的基础上又增添了新的十条内容:

(1)除其他方式外,通过维持财政纪律来提高储蓄水平。

(2)将公共支出转化为方向明确的社会支出。

(3)除其他方式之外,通过引进经济上敏感的土地税来改革税收体系。

(4)加强银行的监管。

（5）维持竞争性汇率，使得汇率在保持浮动的同时作为名义锚（货币政策制定者用来锁定物价水平的名义变量）发挥作用。

（6）实施区域内贸易自由化。

（7）除其他方式外，通过私有化和放松管制（包括劳动力市场）来建立竞争性市场经济体系。

（8）为所有经济主体明确界定产权。

（9）建立关键性的制度，诸如独立的中央银行、强大的预算部门、独立而廉洁的司法部门，以及担负生产性使命的企业代理人制度。

（10）提高教育支出，将教育支出倾斜到初级和中等教育。

新的十条共识与原有的"华盛顿共识"相比较，在基本原则和政策趋向上并没有明显区别，但是新的共识正确地强调了制度建设在经济改革和经济转轨中的重要性，注意到了建立关键性的组织和制度以及提高制度质量在整个制度变迁过程中的巨大作用。综合新旧共识，我们发现"华盛顿共识"仍然未能关注转轨经济的独特制度特征，未能揭示经济转轨过程中的路径选择和路径依赖特征，对经济转轨国家的指导作用是非常有限的。

国际货币基金组织做了一个总结，他们认为这个过渡包含以下四要素（IMF，2000）：

（1）自由化（liberalization）：允许大部分价格由自由市场决定，降低那些使得本国与全球市场经济价格结构相隔离的贸易壁垒。

（2）宏观经济稳定（macroeconomic stabilization）：将通货膨胀控制在一定范围之内，避免在自由化之后爆发恶性通货膨胀，缓解过度需求局面，严格控制政府预算规模，控制货币和信贷的增长，强调货币和财政政策纪律，维持国际收支的可持续性和基本平衡。

（3）重构和私有化（restructuring and privatization）：创造强有力的

金融部门,改革企业制度,逐步将企业所有权转移到私人手中。

(4)法律和制度改革(legal and institutional reforms):重新定位政府在经济中的作用,建立市场经济法律规则,引入适当竞争政策。

国际货币基金组织认为,在经济转轨的四个要素中,自由化和宏观经济稳定可以以较快的速度实施,小规模企业的私有化也可以在较短的时间内实现,但是大型企业的私有化和法律制度改革则应该在经济转轨过程的稍晚阶段进行,并应花费较长时间。[1]

这个总结的核心就是"三个化":自由化、稳定化、私有化。"稳定化"好理解,即不能出现大规模通货膨胀和大规模的财政赤字,同时保持国际收支平衡。这是一个基础条件。关键是这"两个化",一个自由化,一个私有化。自由化就是快速放开价格,包括利率、汇率、商品价格。私有化就是建立以私人所有为主的企业制度,把国有企业私有化。这套方法看起来与西方经济学教科书上的描述没有什么根本的区别,是一套"标准答案",但是这套标准答案的实施效果如何呢?苏联和东欧国家二十多年的转型实践证明,以"华盛顿共识"为标准来实施向市场经济的过渡,其代价是惨重的,教训是深刻的。

这套共识的核心是"三化",而"三化"的核心是私有化。但社会主义计划经济向市场经济的过渡,是不是简单地进行私有化就可以解决了?事实证明并非如此。新古典经济学的信条认为:只要将产权从政府手中转移到私人手中,实现产权的私有化,同时资源配置方式由政府中央计划转向自由市场配置,就可以促进国民储蓄和资本形成,提高资源配置的效率,从而实现经济的可持续增长;而以激进方式实现

---

[1] 关于"华盛顿共识",参见王曙光:《论转轨经济的"华盛顿共识"与"后华盛顿共识"》,载《现代化研究》2004年第3期。

产权的私有化和资源配置的市场化,则可以最大限度地降低制度变迁的成本。公共部门私有化进程是学界争议的焦点,激进派和渐进派都提出自己的政策主张和理论依据。迅速私有化的支持者呼吁彻底取消国家所有权,主张将国有资产一次性分配给公民,赋予公民以购买国有企业的权利;而另一派则主张采取较为渐进的方式,逐步地改革国有企业,使国有企业逐渐转变为经济中的新兴部门,他们更加强调实现企业的"硬预算约束"(hard budget constraints),这样盈利性较差的企业就会被淘汰,经营较好的企业则会吸引较多投资者。

在苏联和东欧一些国家中,匈牙利采取了较为渐进的私有化方式,其改革绩效证明对于企业的真正重构非常有益,而大部分国家则采取了迅猛的私有化模式。例如,在捷克斯洛伐克共和国,在迅速私有化初期,国有资产被转让给千百万普通公民,而后这些资产又被接受者出售,最后集中在投资基金手中。在整个私有化过程中,采取激进私有化模式的国家并未实现真正的企业重构(restructuring of enterprises)。在俄罗斯,迅速私有化的经济绩效似乎更糟。在1992年至1994年的大规模私有化运动中,15000个企业的所有权被转移到私人手中,但是与预期的结果相反,内部私有化并没有实现国有企业的自我重构。苏联和东欧一些国家经济转轨的实践表明,单纯的私有化是难以实现经济的顺利转型的。现实中的私有化进程有赖于许多制度条件的支撑,这些制度条件包括企业实现硬预算约束,建立良好的市场竞争机制,改善公司治理的激励和约束机制,建立有效而完善的法律体系和产权结构体系,以及在大规模私有化过程中对政府功能的重新定位。纯粹的私有化从理论和实践上都是错误的。更值得关注的是,苏联和东欧的私有化策略,最终使得本国的战略性领域尤其是金融领域大多被国际垄断资本所把控,其国家安全受到重大影响,这个教训是惨重的。

中国所采取的经济体制改革策略，跟所谓的"华盛顿共识"不同。

第一，中国基本采取了渐进的市场化策略，在放开商品价格、利率和汇率方面，采取了比较稳健的渐进的分步走策略，而没有试图一步到位。以过渡的实际效果来看，中国的经济过渡保证了经济的平稳发展，由于所有价格都是逐步放开的，因而在这个较长的过程中保证了市场制度的逐步完善，适应了人们对新的规则和制度的学习过程，也降低了大规模放开价格的巨大市场风险。中国逐步建立了一个竞争性的市场体系，固而这个过程的社会摩擦和社会震荡是非常小的。在改革的初期，双轨制等富有智慧的过渡性制度安排保证了改革的稳健进行，使利益格局逐渐变化，而不是突变。这种渐进制度变迁模式是符合制度主义的基本观点的。从制度主义的观点来看，向市场经济转轨应该是一个包含不同层面经济行为的长期过程，在这个过程中，新的制度安排（institutional arrangement）是成功转型的关键要素。市场经济不仅要求政府管制的自由化和产权的私有化，而且要求足够的制度架构来支撑其正常运行。从这个意义上来说，经济转轨就必须以一种渐进的方式来进行，因为制度建设（institutional building）是一个长期的渐进过程，新的组织的创建、新的法律规则的制定以及不同经济主体的行为变迁，都需要花费较长的时间。

第二，中国在计划经济向市场经济转型过程中并没有采取大规模私有化策略，而是在国有企业改革的过程中，一方面不断营造竞争性的市场体系，以便为国有企业和私有部门提供公平的竞争环境；另一方面不断改革国有企业的运行机制和内部治理结构，使其不断适应竞争性的市场环境。国有企业的改制使得国有企业的效率不断提升，其控制的领域也从一般性的竞争领域退出，而保证关系国计民生的战略性领域能够被其所控制，从而保证了整个国家的经济稳定和经济安全。

国有企业的股份制改革完善了其内部治理结构和运行机制，逐步建立了现代企业制度。混合所有制改革使国有企业的产权结构逐步多元化，使国有和私有你中有我、我中有你，实现了优势互补和双赢。这是苏联和东欧的过渡模式所没有的，也是"华盛顿共识"所缺乏的，是中国独有的创新性的改革，体现了中国特有的智慧。现在，国有企业不但没有通过私有化而消失，反而经过产权改革、现代企业制度建立、内部法人治理结构建设、行业的并购重组，使其不断做大做强，从而保证了中国作为一个经济大国的国际竞争力和国家安全。这是中国模式中更值得关注的特点。

第三，中国在社会主义计划经济向市场经济过渡的过程中，一直强调经济体制改革是社会主义制度的自我完善与发展，因此在整个过渡过程中，一直强调保证政治架构的稳定性，强调执政党凝聚全国共识的重要性，从而使中国的社会意识形态和国家政治格局保持了高度的稳定性；而获得社会共识的能力，是保障社会主义市场经济体制顺利构建的重要政治前提之一。

所以今天反思"华盛顿共识"，目的是要建立我们自己的社会主义计划经济向市场经济过渡的一整套理论。代表着早期新古典主义过渡经济学的"华盛顿共识"，实际上是一种新自由主义的政策框架。主张金融和贸易的自由化以及国有部门的私有化，这些包含着强烈的经济自由主义价值倾向的政策主张，长期被发展中国家和转轨经济国家奉为经济发展和经济转轨的圭臬。"华盛顿共识"的基本理念已经成为受雇于国际货币基金或世界银行的巨大经济学家群体心目中的"正统经济学"（orthodox economics）。而中国的经济改革模式和经验实际上是对这些新古典教条的突破和颠覆。

五、中国式现代化：基本特征、价值追求与方法论精髓

（一）中国式现代化的基本特征与价值追求

1840年鸦片战争以来，中国遭遇"三千年未有之大变局"，中华民族面临亡国灭种之危机。从鸦片战争开始，一直到1949年新中国成立，中国人民在内忧外患的大背景下，对民族独立和国家富强之路进行了艰苦卓绝的百年探索，这一百年，可以视为中国式现代化的"前史"。百年探索的基本经验教训是：要实现中国的现代化，就必须在一个具有高度政治权威、感召力、执行力的领导集团的引领下才能有效完成，就必须拥有一整套具有前瞻性的、持久的、一以贯之的经济社会变革的指导思想，就必须具备能够最大限度动员资源要素并合理配置资源要素的有效国家体制。因此，可以这么说，只有到1949年新中国成立之后，中华民族才具备了这些现代化的重要条件，才开始了真正意义上的国家现代化和工业化进程。自新中国成立以来七十多年的实践，证明了中国式现代化的道路选择是正确的。早在1993年，邓小平同志就说："我们搞的现代化，是中国式的现代化。我们建设的社会主义，是有中国特色的社会主义。"[1]习近平在中共十九届五中全会第二次全体会议上，提出"坚定不移推进中国式现代化"，并明确指出，世界上既不存在定于一尊的现代化模式，也不存在放之四海而皆准的现代化标准，这一界定极为关键。中国共产党第二十次全国代表大会报告对党领导下的中国式现代化进行了高度概括，对中国式现代化的基本特征和价值追求进行了深刻总结。

---

[1]《邓小平文选》第三卷，北京：人民出版社，1993年，第29页。

（1）中国式现代化是人口规模巨大的现代化。 新中国的现代化和工业化，面临着极为严酷的经济社会约束条件，这些约束条件不仅造成了我国现代化和工业化的巨大阻力，也深刻影响了我国现代化和工业化的路径选择。新中国成立初期，巨量的人口（其中绝大多数又是极为贫困而分散的小农）以及总体水平极为低下的人力资本（绝大多数国民是文盲或半文盲，识字率极低），是我们不得不面对的基本国情。在一个拥有数亿人口的、经济产业结构极为落后（工业化水平很低且分布极不均衡）、社会组织形态仍处于前工业化状态（社会的组织化程度极低）的国情下，我国进行社会主义现代化建设的艰巨性和复杂性是不言而喻的，这就决定了新中国在经济社会发展和工业化进程中必须根据自己面临的特殊约束条件而选择具有中国特色的发展道路。正如二十大报告所说："我们始终从国情出发想问题、作决策、办事情，既不好高骛远，也不因循守旧，保持历史耐心，坚持稳中求进、循序渐进、持续推进。"在推进中国式现代化和工业化的进程中，"历史耐心"是极为重要的，"历史耐心"也就意味着要正视中国的人口规模巨大、国情复杂多元这一特殊而重要的现实约束，一切政策措施和顶层制度设计都要从这个基本现实约束和前提出发，在制度创新和稳健发展两者之间保持一种微妙的平衡，既要对旧的、不合理的制度进行变革和调整，又要在经济社会变革的过程中注重系统动态平衡[1]，使中国式现代化保持一种可持续性，保持系统稳定条件下的制度创新与社会进步。"中国式现代化是人口规模巨大的现代化"这一判断，还意味着我们必须特别重视中国是一个多民族国家且民族地区发展不平衡状况相对严重这一基本国情。基于这一基本国情，中央特别强调"必须从中华民族伟大复

---

[1] 王曙光：《中国论衡：系统动态平衡发展理论与新十大关系》，北京：北京大学出版社，2018年，第1—6页。

兴战略高度把握新时代党的民族工作的历史方位,以实现中华民族伟大复兴为出发点和落脚点,统筹谋划和推进新时代党的民族工作","必须把推动各民族为全面建设社会主义现代化国家共同奋斗作为新时代党的民族工作的重要任务,促进各民族紧跟时代步伐,共同团结奋斗,共同繁荣发展"。[1]

(2)中国式现代化是全体人民共同富裕的现代化。新中国建立社会主义制度,其核心追求目标乃是通过社会主义现代化和工业化构建一个崭新的公平、正义、平等的社会,这是社会主义的题中应有之义,也是中国共产党百年追求的根本目标。这一目标通俗来说就是"共同富裕"。共同富裕是社会主义的价值追求和长远目标,但共同富裕又是一个动态的发展的过程,也就是二十大报告所特别强调的"长期的历史过程",这一判断极为重要。也就是说,必须把共同富裕看作一个历史的、动态的、长期的、发展的过程,必须把共同富裕视为一个中国式现代化的根本价值追求,而不应把共同富裕教条主义地、僵化地理解为"同时富裕"和"同等富裕",要注意这一历史过程的复杂性,在共同富裕的总目标和长期目标下注重政策制定和顶层设计的灵活性和适应性,要吸取历史教训,避免犯不顾现实条件的急躁冒进的错误。二十大报告着重指出,我们坚持把实现人民对美好生活的向往作为现代化建设的出发点和落脚点,着力维护和促进社会公平正义,着力促进全体人民共同富裕,坚决防止两极分化。在共同富裕这一基本目标指导下,我国进行了长期的艰苦卓绝的扶贫工作,扶贫事业取得了举世瞩目的伟大成就。2021年2月25日,在全国脱贫攻坚总结表彰大会上,习近平宣布我国脱贫攻坚战取得了全面胜利,"现行标准下9899万农村贫

---

[1]《习近平谈治国理政》第四卷,北京:外文出版社,2022年,第244页。

困人口全部脱贫，832个贫困县全部摘帽，12.8万个贫困村全部出列，区域性整体贫困得到解决，完成了消除绝对贫困的艰巨任务，创造了又一个彪炳史册的人间奇迹"[1]。中国通过七十年持续不懈的减贫实践和制度变革，创造了农村减贫和发展的中国模式，创造了贫困治理的中国样本，为其他国家解决贫困问题提供了可借鉴的样本和范式，中国的扶贫实践与理论创新具有世界意义。[2] 改革开放以来，按照现行标准计算，我国7.7亿农村贫困人口摆脱贫困，我国减贫人口占同期全球减贫人口70%以上，提前十年实现联合国《2030年可持续发展议程》减贫目标，"这个成绩属于中国，也属于世界，为推动构建人类命运共同体贡献了中国力量"[3]。二十大报告指出，我们经过接续奋斗，实现了小康这个中华民族的千年梦想，打赢了人类历史上规模最大的脱贫攻坚战，历史性地解决了绝对贫困问题，为全球减贫事业做出了重大贡献。脱贫攻坚靠的是中国社会主义的制度优势，在党中央的统筹布局和坚强领导下，最大限度、最大规模地动员全国各种要素，为打赢这场脱贫攻坚战奠定了体制基础。2013年至2021年，全国累计选派25.5万多个驻村工作队、300多万名第一书记和驻村干部，同200多万名乡镇干部和数百万村干部投入了这场脱贫攻坚战[4]，如此大规模的人力资本动员和组织协调，如果离开中国的社会主义制度和党中央的统一领导，是难以想象的。

（3）中国式现代化是物质文明和精神文明相协调的现代化。这是一个基于对现代化进程的深刻反思而做出的重要结论。人类从18世纪60

---

[1]《习近平谈治国理政》第四卷，北京：外文出版社，2022年，第125页。
[2] 王曙光：《中国扶贫：制度创新与理论演变》，商务印书馆，2020年，第1—3页。
[3]《习近平谈治国理政》第四卷，北京：外文出版社，2022年，第130页。
[4] 同上书，第133页。

年代开启了现代化历程,两个半世纪以来的现代化历程,对人类的政治经济社会形态形成了深远的影响。现代化进程中伴随着人类物质生活的提升,出现了人的精神的异化、文化的断裂和伦理的危机,人在精神方面的空虚和价值观层面的错乱使得人类个体在物质富有的同时难以安顿自己的精神世界,从而造就了人类在精神层面的深刻危机。现代化造就了复杂的工业体系和城市体系,然而也造成了人和人之间的疏远,造成了个体的越来越深刻的孤独和无助,个体在精神上的空无感、无力感更强烈。《比较现代化》一书指出,即使在最先进、最现代化的社会中,人际关系仍然比农业社会中淡漠,亲切感和聚合力不强,个人具有一种难以衡量和估计的孤独感。[1] 现代化进程表面上看起来增加了人类的自由,但也增加了人类精神上和人格上的不自由、不安定,正如布莱克所说,"现代化对人格的稳定与同一性的影响是巨大的……同传统社会相比,现代社会的个体更少受到环境的制约。在这个意义上他是自由的,但同时他也缺少了确定的目标,……这就是经受高速变迁社会中个体认同危机的含义。现代环境趋向于使社会原子化,它剥夺了社会成员的集体感和归属感,而没有这些,个人也难以取得良好的成就。许多人把不安和焦虑看成是现代的人格特征,这可以直接追溯至伴随现代化进程的深刻的社会解体"[2]。这是现代化进程中十分值得警惕和反思的现象。基于这一反思,我们在推进中国式现代化的过程中,就一定要精神文明和物质文明两手抓,既要抓经济发展,推进物质层面的进步,推进工业化和城市化,同时还要兼顾国民在精神层面、

---

[1] [美]C. E. 布莱克编:《比较现代化》,杨豫、陈祖洲译,上海:上海译文出版社,1996年,第10页。

[2] [美]C. E. 布莱克:《现代化的动力——一个比较史的研究》,景跃进、张静译,杭州:浙江人民出版社,1989年,第26—27页。

信仰层面、道德伦理层面、心理健康层面的发展，要把物质的发展和人的全面发展尤其是人的精神层面的健康结合起来。二十大报告指出，物质富足、精神富有是社会主义现代化的根本要求。物质贫困不是社会主义，精神贫乏也不是社会主义。我们不断厚植现代化的物质基础，不断夯实人民幸福生活的物质条件，同时大力发展社会主义先进文化，加强理想信念教育，增强文化自信和文化自觉[1]，传承中华文明，促进物的全面丰富和人的全面发展。为此，我们必须加强国民的伦理道德建设，推动我国的文化建设，增强我国的文化软实力和国民的文化认同感，尤其是要注重传统文化的发扬，注重中华文明的再诠释和再挖掘，使五千年文明古国形成的优秀文化传统能够有机融入中国式现代化之中，在中国式现代化进程中实现人的现代化，重构中国人的精神世界，再造中国人的灵魂家园。

（4）**中国式现代化是人与自然和谐共生的现代化**。人类的现代化进程既极大地提高了人类的生产力水平和生活质量，同时也制造了人类历史上最大规模、最为迅猛的生态破坏，造成了空前的生态危机。人类在漫长的历史发展中，与自然结成生命和命运的共同体，中华文明中"天人合一"的理念强调人和自然的和谐共生，这是在中国式现代化进程中必须坚持的基本理念。二十大报告在科学发展观基础上，强调坚持可持续发展，坚持节约优先、保护优先、自然恢复为主的方针，像保护眼睛一样保护自然和生态环境，坚定不移走生产发展、生活富裕、生态良好的文明发展道路，实现中华民族永续发展。"我们要建设的现代化是人与自然和谐共生的现代化，既要创造出更多物质财富和精神财富以满足人民日益增长的美好生活需要，也要提供更多优质生

---

[1] 王曙光：《文化中国：文化自觉与文化产业发展》，北京：中国出版集团研究出版社，2022年，第2—12页。

态产品以满足人民日益增长的优美生态环境需要,……形成节约资源和保护环境的空间格局、产业结构、生产方式、生活方式,还自然以宁静、和谐、美丽。"[1] 当前我国正在积极实施碳中和战略,进一步调整产业结构,建立绿色低碳循环发展的经济体系,推进能源革命和消费革命,在环境整治和生态保护恢复方面做了大量工作,中国特色的生态文明观正在形成,中国式现代化进程中的人与自然和谐共生的图景正在呈现,建设美丽中国的目标正在逐步实现,这是中华民族伟大复兴的一个重要组成部分。

(5)中国式现代化是走和平发展道路的现代化。 现代化进程中人类遭遇了历史上最大的世界战争和空前残酷的奴隶制和种族灭绝,先进国对落后国的殖民掠夺极为残酷,全球不平等、不平衡格局加剧。这是现代化的悖论,也是各国现代化过程中必须给予高度警惕和深刻反思的。中国式现代化是基于独立自主、自力更生的现代化,是一种依靠自我积累的现代化,是一种内源式的现代化,这与西方早期工业化国家通过战争、殖民、掠夺等方式实现工业化和现代化的道路完全不同。二十大报告指出,我们坚定站在历史正确的一边、站在人类文明进步的一边,高举和平、发展、合作、共赢旗帜,在坚定维护世界和平与发展中谋求自身发展,又以自身发展更好维护世界和平与发展。2013年,中央提出"人类命运共同体"的重要理念,这是中国式现代化中的一个具有里程碑意义的理念。2012年11月,十八大报告提出要倡导"人类命运共同体意识,在追求本国利益时兼顾他国合理关切,在谋求本国发展中促进各国共同发展,建立更加平等均衡的新型全球发展伙

---

[1] 习近平:《论把握新发展阶段、贯彻新发展理念、构建新发展格局》,北京:中央文献出版社,2021年,第204页。

伴关系，同舟共济，权责共担，增进人类共同利益"[1]。这是"人类命运共同体"理念首次载入中国共产党的重要文件，并进而成为新时期中国与世界如何相处的重要指导思想。当今世界，全球化和一体化加深，各国相互联系、相互依存的程度空前加深，人类生活在同一个地球村里，越来越成为你中有我、我中有你的命运共同体，"人类命运共同体"理念将成为未来一个长时期的全球化战略的指导原则和战略目标。2017年2月10日，"人类命运共同体"理念首次被写入联合国决议；3月17日，首次被写入联合国安理会决议；3月23日，首次被载入人权理事会决议。"人类命运共同体"理念作为一份思考人类未来的"中国方略"，获得了广泛的国际认同。当前世界纷争与战争不断，从来都不安定，各国、各经济体、各文明体的矛盾空前激化，欧美国家和新兴国家的政治经济地位正在发生深刻的变化，全球的政治经济命运复杂多变。是坚持狭隘的国家主义和民族主义，还是坚持各国互通互融的天下主义？是采取以邻为壑的贸易保护主义和单边主义，还是进一步扩大开放和自由贸易的多边主义，从而构建一个共赢的国际贸易和经济秩序？人类各个文明体是走向亨廷顿所说的"文明的冲突"，还是走向各文明体之间的对话，实现不同文明之间的交往理性，构建一个同舟共济的命运共同体？这考验着全球各国、各文明体的智慧。中国根据自己对国际局势的判断，基于自己的历史积淀和文化传统，从世界长远的发展和繁荣出发，提出了具有中国智慧的中国方案。"人类命运共同体"理念的提出，既是中国传统历史文化基因在当代的传承，在当代的新的提炼和升华，也是中国七十年来国际交往实践经验的概括，体现了新时代中国经济地位、政治地位、文化地位的变化。

---

[1]《十八大以来重要文献选编》（上），北京：中央文献出版社，2014年，第37页。

（二）中国式现代化的方法论精髓

（1）时代化和中国化的马克思主义是最重要的方法论。中国式现代化是新中国成立之后在中国共产党的领导下中国人民通过艰苦卓绝的实践而形成的中国特色现代化，是中国人民在长期社会主义革命和社会主义建设中不断丰富、发展和创新马克思主义而形成的中国特色现代化，是在将马克思主义的基本原理和中国具体实际相结合、同中华优秀文化传统相结合而形成的中国化时代化马克思主义指导下形成的中国特色现代化。二十大报告指出："实践告诉我们，中国共产党为什么能，中国特色社会主义为什么好，归根到底是马克思主义行，是中国化时代化的马克思主义行。"[1]中国人民之所以能够走出一条具有中国特色的中国式现代化道路，其根本原因在于我们能够与时俱进，直面中国社会主义革命和社会主义建设中所出现的各种问题，不以教条主义的态度对待既有的马克思主义经典理论，而是在实践中不断总结新的经验和模式，尊重事实，尊重实践，尊重人民的首创精神，不断将中国人民的丰富实践和创新提升到理论高度，从而不断丰富和发展马克思主义；同时，中国人又能海纳百川，汲取人类一切智慧和文明成果，谦虚学习国外的经验并加以鉴别、辨析、扬弃，并以悠久中华文明之深厚底蕴，对所有外来文化进行融汇综合，以我为主，为我所用。改革开放四十多年来，我们始终对发展时代化和中国化的马克思主义的重要性有着清醒的认识，从而不僵化、不保守、不教条；我们始终认识到，"发展二十一世纪马克思主义、当代中国马克思主义，是当代

---

[1] 习近平：《高举中国特色社会主义伟大旗帜，为全面建设社会主义现代化国家而团结奋斗——在中国共产党第二十次全国代表大会上的报告》（2022年10月16日），北京：人民出版社，2022年，第16页。

中国共产党人责无旁贷的历史责任。我们要强化问题意识、时代意识、战略意识，用深邃的历史眼光、宽广的国际视野把握事物发展的本质和内在联系，紧密跟踪亿万人民的创造性实践，借鉴吸收人类一切优秀成果，不断回答时代和实践给我们提出的新的重大课题，让当代中国马克思主义放射出更加灿烂的真理光芒"[1]。什么是问题意识？问题意识就是始终直面中国人民在社会主义革命和建设中所遇到的挑战和困难，要善于从直面问题中发现原有模式和思想的局限性和条件性，而勇于在新的历史条件下对原有模式和理论进行深刻反思和大胆扬弃。没有问题意识，回避问题，就绝不会产生理论和模式的创新，就会固守教条而盲目抄袭原有经验，就会犯严重的历史错误。什么是时代意识？时代意识就是要深刻认识到任何理论和思想都是在一定历史条件下产生的，都是为呼应当时的历史命题和时代挑战而出现的，因而必然具有时间和空间上的局限性和条件性，而每一个崭新的时代都应该从自己时代所面临的特殊挑战出发，从自己时代的崭新时间出发来探索新的理论和思想，这就是中国文化传统中与时偕行、日新其德、革故鼎新的基本方法论。什么是战略意识？战略意识就是要站在战略的高度，以历史的眼光、以高瞻远瞩的姿态、从长远的战略考量，来思考中国的改革和发展，任何思想和模式的创新都要着眼于长远，着眼于中华民族的根本战略利益，要始终盯紧中华民族伟大复兴的长远战略目标而进行各种制度设计和制度变革，任何战略性的偏移都会导致系统性的风险。战略意识意味着我们的政策制定和顶层制度设计都要有长远性、稳定性、系统性，战略目标必须是清晰而确定的，这就要求我们

---

[1] 习近平：《改革开放四十年积累的宝贵经验》（2018年12月28日），收于习近平：《论把握新发展阶段、贯彻新发展理念、构建新发展格局》，北京：中央文献出版社，2021年，第292页。

面对一切目前的暂时的挑战和困难都要秉持战略定力,不动摇,不犹疑,不退缩,不走回头路。

(2)什么是"时代化"。 在中国式现代化的模式选择和社会主义市场经济的体制探索中,时代化、中国化的马克思主义是最重要、最核心的方法论。所谓时代化,就是要与时俱进,以富有弹性的、灵活的而不是教条的、僵硬的方式来不断适应新的形势,不断对原有的模式进行调整,不断以创新性的实践回应时代问题。任何伟大理论的产生,都是回应当时历史命题和时代问题的结果,因此任何伟大理论都既具有一般性的、超越时代的普适性和原则性,同时也必然带有时代的烙印,有一定的适用条件和历史局限。中国共产党从毛泽东时代开始,就一直反对本本主义,倡导马克思主义普遍真理与中国的具体情况相结合,如果简单地、盲目地将一百五十年前的理论硬套在中国人民 21 世纪的社会主义改革和发展实践中,僵化保守,固守教条,我们就不可能解决崭新的时代问题,从而也就不能创造和发展 21 世纪马克思主义、当代中国马克思主义。因此我们既要掌握马克思主义的普遍原理,但又不能简单盲目地套用和无条件地搬用,而是以中国人民的"创造性实践"来"创造性地发展"马克思主义。

(3)什么是"中国化"。

所谓中国化,包含着四个层次的意蕴:

第一,马克思主义的普遍原理必须与中国的社会主义革命和建设的具体实践结合起来,必须与中国的具体国情结合起来,必须尊重中国的历史条件和现实条件,必须在总结中国人民自己的生动丰富的实践中形成中国化的马克思主义。

第二,中国式现代化必须创造自己的理论,不能亦步亦趋任何现有的理论和模式。中国人民建立在独立自主基础上的社会主义现代化实践，是我们创造和发展自己的现代化理论的实践基础，任何西化和苏化的思想与模式都必须加以摒弃，我们可以借鉴和学习西方模式，我们在新中国成立初期也借鉴和学习了苏联模式，但是我们必须结合自己的国情和实践，创造自己的中国式现代化理论，而不能简单抄袭西方模式或苏联模式。借鉴国外经验必须秉承以我为主、为我所用的原则，必须以中国的国情和实践为准绳，这是当代中国马克思主义在方法论上的重要原则和一贯传统。毛泽东倡导在学习苏联模式的过程中保持清醒，要批判"贾桂主义"[1]，破除迷信苏联模式的思想。我们今天的中国式现代化也不是全盘西化，也要破除迷信西方模式的思想。我们要在中国式现代化中特别注意对于国外经验的汲取和反思，要以我为主，借鉴而不照抄，保持反省和批判的能力。

第三，要创造当代中国马克思主义，就必须与中国悠久的文化传统相结合，要以坚定的文化自信为底蕴和基础。"文化自信，是更基础、更广泛、更深厚的自信，是更基本、更深沉、更持久的力量"，"中

---

[1] 毛泽东不止一次地批评"贾桂主义"：1956年4月20日，毛泽东听取李富春关于第二个五年计划的汇报，毛泽东批评了一种说法"如果没有苏联的援助，中国的建设是不可能的"，毛泽东说："这种思想是不对的。当奴隶当惯了，总有点奴隶气，好像《法门寺》戏里的贾桂一样，叫他坐，他说站惯了。"（《毛泽东年谱》第二卷，北京，中央文献出版社，2013年，第563页）同月，毛泽东发表了著名的《论十大关系》，在论述中国和外国的关系时，毛泽东说："我国过去是殖民地、半殖民地，不是帝国主义，历来受人欺负。工农业不发达，科学技术水平低，除了地大物博，人口众多，历史悠久，以及在文学上有部《红楼梦》等等以外，很多地方不如人家，骄傲不起来。但是，有些人做奴隶做久了，感觉事事不如人，在外国人面前伸不直腰，像《法门寺》里的贾桂一样，人家让他坐，他说站惯了，不想坐。在这方面要鼓点劲，要把民族自信心提高起来，把抗美援朝中提倡的'藐视美帝国主义'的精神发展起来。"（《建国以来毛泽东文稿》第六册，北京：中央文献出版社，1992年，第104页）1958年5月，中共八大二次会议印发第二机械工业部党组关于同苏联专家关系的报告，毛泽东在关于这一报告的批语中说："就共产主义者队伍说来，四海之内皆兄弟，一定要把苏联同志，看作自己人。……尊重苏联同志，刻苦虚心学习。但又一定要破除迷信，打倒贾桂！贾桂（即奴才）是谁也看不起的。"（《建国以来毛泽东文稿》第七册，北京：中央文献出版社，1992年，第231页）

国有坚定的道路自信、理论自信、制度自信，其本质是建立在五千多年文明传承基础上的文化自信"[1]。中国化的马克思主义是建立在中华民族悠久而持续不绝的文化传统之上的，中华民族所创造的灿烂文明，是人类文明中唯一的贯穿古今而始终未曾中断的文明，中华民族伟大文明自身内核的强大稳定性和同样强大的对外来文化与文明的同化、融化、转化、化用能力，是中华文明绵延不绝而能"其命维新"（《诗经·大雅·文王》）的重要根源。中国式现代化、中国特色社会主义道路、当代中国马克思主义，就是建立在这一深厚的文化和文明基础之上的，其根深，故其干固，其叶茂，其实丰，这就是马克思主义中国化的根基和底蕴所在。"我们走中国特色社会主义道路，一定要推进马克思主义中国化。如果没有中华五千年文明，哪里有什么中国特色？如果不是中国特色，哪有我们今天这么成功的中国特色社会主义道路？我们要特别重视挖掘中华五千年文明中的精华，把弘扬优秀传统文化同马克思主义立场观点方法结合起来，坚定不移走中国特色社会主义道路"[2]。在中国式现代化的探索中，在发展和创造中国当代马克思主义的过程中，文化自信极为重要，文化自信既是一种文化心态，也是一种重要的核心的方法论。在中国式现代化的历史进程中，我们"吸吮着中华民族漫长奋斗积累的文化养分，拥有十三亿中国人民聚合的磅礴之力，我们走自己的路，具有无比广阔的舞台，具有无比深厚的历史底蕴，具有无比强大的前进定力"[3]。

第四，"中国化"还意味着21世纪马克思主义、当代中国马克思主义要以中国的话语模式来表达，要体现中国气派、中国风格，要创建中

---

[1]《习近平谈治国理政》第四卷，北京：外文出版社，2022年，第312页。

[2] 同上书，第315页。

[3]《十八大以来重要文献选编》（中），北京：中央文献出版社，2016年，第6页。

国人自己的一整套话语体系，加强话语体系建设。这就对我国的哲学社会科学的学科创新和理论创新提出了很高的要求。"在解读中国实践、构建中国理论上，我们应该最有发言权……要善于提炼标识性概念，打造易于为国际社会所理解和接受的新概念、新范畴、新表述……这项工作要从学科建设做起，每个学科都要构建成体系的学科理论和概念"[1]，唯有如此，我们才能以鲜明的中国气派和中国风格、以系统的中国话语体系和话语模式，来正确和全面解读中国模式，叙说中国故事，从而使中国化的当代马克思主义大放异彩。

（4）以人民为中心的发展是中国式现代化方法论的核心精髓。在中国式现代化道路选择和社会主义市场经济体制探索中，我们必须以时代化和中国化的马克思主义为指导，时代化和中国化的马克思主义，其灵魂和精髓乃是以人民为中心的思想，而中国式现代化说到底，其目标乃是实现以人民为中心的发展。在中国式现代化的历史进程中，"必须坚持以人民为中心，不断实现人民对美好生活的向往。改革开放四十年的实践启示我们：为中国人民谋幸福，为中华民族谋复兴，是中国共产党人的初心和使命，也是改革开放的初心和使命。我们党来自人民、扎根人民、造福人民，全心全意为人民服务是党的根本宗旨，必须以最广大人民根本利益为我们一切工作的根本出发点和落脚点，坚持把人民拥护不拥护、赞成不赞成、高兴不高兴作为制定政策的依据，顺应民心、尊重民意、关注民情、致力民生，既通过提出并贯彻正确的理论和路线方针政策带领人民前进，又从人民实践创造和发展要求中获得前进动力，让人民共享改革开放成果，激励人民更加自觉地投

---

[1]《习近平谈治国理政》第二卷，北京：外文出版社，2022年，第346页。

身改革开放和社会主义现代化建设事业"[1]。以人民为中心,意味着所有制度变革和顶层设计都要符合人民利益,要以人民满意作为根本目标;意味着人民应该全过程参与政策制定与制度创新,要发挥全过程人民民主和协商民主的优势,充分发挥人民的主观能动性,尊重人民的伟大创造;意味着我们的体系运行要受到人民监督,要在尊重民意的基础上不断优化相关制度和政策,不断满足人民对美好生活的追求。以人民为中心这一核心方法论精髓,其绩效已经被中国式现代化的伟大实践所证明,在未来的现代化进程中,我们也要一如既往地遵循这一方法论精髓。

---

[1] 习近平:《改革开放四十年积累的宝贵经验》(2018年12月28日),收于习近平:《论把握新发展阶段、贯彻新发展理念、构建新发展格局》,北京:中央文献出版社,2021年,第290—291页。

第六讲
中国农村经济体制变迁（上）：
从人民公社到家庭联产承包责任制的历史反思

第六讲和第七讲我们讨论中国农村经济体制变迁的历史进程及其经验，其中第六讲讨论从人民公社到家庭联产承包责任制的历史反思，第七讲讨论最近几年的新型农村经营体制的构建与中国农业农村的现代化。

第六讲主要讲五个方面：第一个方面，就是要理解人民公社产生的历史渊源，包括中国的渊源与西方的渊源。第二个方面，仔细梳理和分析人民公社制度，看看这个制度本身的内容及其演变的过程。第三个方面，全面探讨人民公社体制的利弊所在，以今天的眼光来分析人民公社有哪些制度优势是我们应该继承和发扬的，哪些弊端是需要我们反省和抛弃的。第四个方面，探讨家庭联产承包责任制形成的经济学逻辑和它的历史意义。第五个方面，简单讨论一下未来中国农村农业的发展趋势。

第六讲　中国农村经济体制变迁（上）：从人民公社到家庭联产承包责任制的历史反思　159

一、理解人民公社制度产生的历史渊源

"人民公社"这四个字，在研究当代中国的时候是最最关键的核心词，如果不理解"人民公社"的话，根本难以打开当代中国这本大书。现在年轻的同学对"人民公社"这四个字很陌生，离那个时代非常远，会感觉有隔膜，因此有必要对人民公社的来龙去脉做一番功课，仔细探究一下人民公社为什么会产生，它与当代中国经济社会发展到底有什么样的契合点？同时，还要深入人民公社内部的整个架构，看看这套制度到底是怎么安排的，其目的是什么。要深切反思这套制度，到底利在什么地方、弊在什么地方，对中国当代经济社会的影响到底有多大，对于我们选择未来的发展道路会造成哪些影响。人民公社的历史太丰厚、太沉重了，它不会随着历史很快消散，它至今还在产生着影响；不要把它作为一个过时的、陈旧的东西而简单抛弃和遗忘，而是要真正深刻反思它的根源和利弊。

人民公社体制有着深刻的历史根源。无论中国还是西方，都有着源远流长的大同思想和乌托邦思想。中国古代大同思想有着悠久的传统，儒家最早提出了大同的概念，《礼记·礼运篇》中对大同世界的描述十分经典，是每一个中国人都应该会背的经典。这段话非常漂亮，非常精到，可以说一字不可易。"大道之行也，天下为公，选贤与能，讲信修睦。故人不独亲其亲，不独子其子，使老有所终，壮有所用，幼有所长，矜寡孤独废疾者皆有所养，男有分，女有归。货恶其弃于地也，不必藏于己；力恶其不出于身也，不必为己。是故谋闭而不兴，盗窃乱贼而不作，故外户而不闭，是谓大同。"这个大同世界的主要特点就四个字："天下为公"。这四个字的力量很大，后来被近代革

命者孙中山作为他施政的纲领。这里面既包含着政治的追求，如"选贤与能"，它不是世袭制，而是民主制，即选举贤能之士来治理国家；还有社会理想，即"讲信修睦"，社会道德非常高尚，伦理秩序非常和谐。每个人都有高度的社会担当和道德意识，互敬互爱，其社会保障制度也十分完善，"不独亲其亲，不独子其子，使老有所终，壮有所用，幼有所长，矜寡孤独废疾者皆有所养"。男的有劳动的职业，女的都有所归属，都有一个好家庭。"货恶其弃于地也，不必藏于己。"世界上的财货，不要到处抛弃，但是也不必私有，应该是大家共同享有。"力恶其不出于身也，不必为己。"每个人为社会做贡献，但是不必为了自己，而是为了公共利益。最后达到什么目的呢？"谋闭而不兴，盗窃乱贼而不作，故外户而不闭。"这个社会没有那样的暴乱、盗窃等不良行为，各种阴谋、坏现象不会有产生的土壤，大家夜不闭户，安乐和谐，这就是大同世界的理想。这个理想很有感召力，令人鼓舞，中国知识分子很少有人能抵御这种道德上的感召和诱惑。

古代各派思想家都提出了他们对理想社会的构想。比如说农家，提倡"并耕而食"的理想，人人劳动，没有剥削，社会生产基本上以自给自足的农业为主，但存在若干独立的手工业，并进行农业和手工业产品之间的交换，交换按等价原则进行，没有商业欺诈；不存在脑力劳动和体力劳动之间的分工，不存在专业的脑力劳动者，连君主也和人民"并耕而食"。但是农家的理想，尤其是自给自足的小农思想和反对脑力劳动者"不劳而食"的思想，孟子就很不赞同。《孟子》有一段就讲到孟子跟农家的辩论。那个人说，我们农家主张一切都是自给自足，就连皇帝、官员都要自己织布，自己生产。孟子非常明确地提出社会需要分工。为什么脑力劳动者应该得到一份收入呢？是因为他在社会当中扮演了一定的社会分工角色，所以脑力劳动者可以"不劳而获"，实际上脑力劳动者也是劳动的。那个农家学派的人不太理解，凭什么皇帝和官员可以不劳而获呢？孟子讲，社会是有分工的，劳心者和劳力者同时都是社会分工的一部分，都付出了劳动，因此没必要所有人都要付出有形的生产劳动。

道家的理想社会是小国寡民的社会，"鸡犬之声相闻，民至老死，不相往来"，这是老子的《道德经》中讲到的。所谓小国寡民，就是人类不追求集体劳作的大同世界，而是把人类分成很多互相隔绝的小区域，人民在这些小区域中维持自己的生存。大量的人类文明都存而不用，比如说废弃文字，不使用工具，不使用车，有兵器也不用，有文字也不用，达到"抱朴守真"的境界，"复归于婴儿"，这是老子的理想。回到朴实的社会，守住人们的纯真，复归于像婴儿一样真诚的天然的世界。这是道家的理想社会。

秦汉之后，大同思想有所发展。农家类型的，以东汉张鲁的五斗米教最典型。五斗米教相当于一种宗教组织，内部有极其严格的分工，有非常严密的社会组织结构。这个人《三国志》里面有记载，他在汉中这个地方废除了当时正规制度中的一些官吏设置，设"祭酒"分管部众，各祭酒的辖区设义舍，放置义米、义肉，供行人无偿取用。对部众的管理强调用说服教育方式，对犯法的人也首先教育，宽恕三次不改而后处罚，小错罚以修路百步。五斗米教是政治、军事、宗教、民事管理的综合性统一管理的体系，史称"政教合一"。五斗米教最后把政治、军事、宗教和民事管理综合为一。实际上人民公社也是把政治功能、军事功能、教育功能、社会功能合在一起了。五斗米教对中国人的影响太大了，它建立了一个比较具有共产主义性质的社会，财务的分配是很平均的，同时它特别强调诚信，强调发展生产，对于婚丧嫁娶以及日常生活开销采取供给制。而五斗米教也有严格的清规戒律，以维系它的组织架构和运转效率。

道家学派大同思想发展的代表是陶渊明的名篇《桃花源记》中描述的大同世界。魏晋时期，陶渊明写了这篇千古传诵的名文。这篇文章是纯文学的想象，可是它对中国人影响甚大，1500年以来，中国人被桃花源弄得神魂颠倒。桃花源就是一片人间乐土，隔绝人世，在桃花源里，人们对于外界的治乱兴废完全无知，"不知有汉，无论魏晋"，过着一种非常和平、宁静的田园生活，非常美。我们现在讲田园梦，或者叫小农的最高理想，我认为就是以桃花源为标准。当然，桃花源是假想的，没有真正实现过，这反映了魏晋时代老百姓渴望安定，渴望宁静生活，不希望战乱的一种理想。

农家类型和道家类型的大同理想在清代以及近代以来仍有所表现，太平天国的《天朝田亩制度》和章太炎（1869—1936）的《五无论》分别是二者的典型。但是，在中国近代的大同理想中占主要地位的却是儒家的大同类型，它被许多资产阶级代表人物用来表达自己的社会理想，其中最为著名的是康有为和孙中山的两种大同理想。康有为写了《大同书》，设想未来的大同社会是一种以生产资料公有制为基础、没有剥削的社会；生产力高度发达，物质文化生活水平很高；国界消灭，全世界统一于一个"公政府"之下，没有战争；政治上实行资产阶级民主共和国制度，没有贵贱等级；男女完全平等，家庭已消灭，不存在父权、夫权压迫。康有为提出要去国界，世界大同；去家界，婚姻完全自由。《大同书》对近代资产阶级革命有很大的影响。孙中山热烈地向往大同理想，提倡"天下大公"。他在给民生主义下定义时说："民生主义就是社会主义，又名共产主义，即是大同主义。"他认为这几个概念都是差不多的。孙中山把通过"平均地权""节制资本"所建立的社会叫作"大同"社会，是因为他自信在中国革命后建立起来的民国是一个只有"文明善果"而无"文明恶果"的理想社会。这是一个"自由、平等、博爱之境域"：全部土地均归国家所有，消除私人垄断土地的现象，国有土地可以租给私人耕种或用于工矿事业；国家投资经营大型的铁路、矿山、航运等能够控制国民经济命脉的企业。孙中山的这些理想都是中国人自古以来就有的思想，不是由西方启发才产生的思想。我们这个大同世界的思想传统没有断过，两千多年以来，大同思想一直是中国人的一个理想，成为中国人追求的一种梦想。

西方的乌托邦思想也是源远流长。乌托邦（Utopia）本义为"没有的地方"或者"好地方"。"乌"是没有，"托"是寄托，"邦"是国家，"乌托邦"三个字合起来的意思即为"空想的国家"。这个翻译真是绝妙。柏拉图最早谈到过乌托邦的架构，他认为乌托邦从上到下有三个阶层：护国者、卫国者、劳动人民。护国者是受过严格哲学教育的统治阶层，卫国者是保卫国家的武士阶层，乌托邦内还存在劳动人民即奴隶，但是奴隶不属于任何一个阶级。乌托邦的领导为哲学王，属于护国者阶层。乌托邦里，阶层是世袭的。在乌托邦社会里，不存在个人幸福，社会无限地强调城邦整体。从柏拉图描述的乌托邦的组织和运作来看，其境界比中国《礼记》中记载的大同世界差得好远，完全不在一个层次上。

最早的空想社会主义者托马斯·莫尔写了一篇名作叫《乌托邦》。乌托邦实际上就是柏拉图讲到的理想国，说的是一个人航海到一个奇乡异国"乌托邦"的旅行见闻。在乌托邦，财产是公有的，人民是平等的，实行着按需分配的原则，大家穿统一的工作服，在公共餐厅就餐，官吏由秘密投票产生。他认为，私有制是万恶之源，必须消灭。另一本关于乌托邦的名著是《太阳城》，它是早期空想共产主义者意大利人康帕内拉的重要代表作。作者抨击了由私有制产生的各种弊病和罪恶，主张废除私有制。同时，他描绘了一个理想的社会制度，在那里，人人必须劳动，而且一切生产和分配活动都由社会来组织。康帕内拉在《太阳城》中提出的空想共产主义的体系，是其后很多空想社会主义体系的雏形。后来，傅里叶、圣西门、欧文三大空想社会主义者构想了一个十分庞大但又十分诱人的社会制度，马克思、恩格斯对他们有极高的评价，认为这三个人提出了天才的设想，这些设想又基于人类灵魂最深处的精神需求。

大家不要以为空想社会主义或中国古代大同思想，是一种没有任何现实性的空想，是一些"疯子"或者"痴人"不切实际的突发奇想。实际上并非如此。我觉得不分古今，不分中外，每个人内心深处都有这种大同理想或曰乌托邦梦想。古往今来，这种内心深处的追求和向往是共同的，这种理想当然也会激励一批人在某个历史阶段产生想要实践这个理想的冲动。在人类的漫长历史上，这种冲动屡见不鲜。人类除了经济需求以外，还有内心深处的一种更高的追求，就是人与人互相联合、人与人相爱、人与人共同构建一个平等的大同世界的强烈需求。这个心理需求，甚至超越了人们对物质的需求。所以，我们讲人民公社，要追溯这种理想在中国乃至西方的思想渊源，看到这种理想是一种人类亘古就有的崇高理想。1949年之后，毛泽东要在中国建立一个大同世界，这是一场前无古人的伟大试验。这个试验既有其辉煌、伟大、天才的创造性的一面，同时为此也付出了沉甸甸的代价。因此对这个历史过程的系统梳理和反思，极为必要。

二、人民公社制度的演进和主要制度安排

人民公社化运动，并不是一场突如其来的运动，大家不要以为它是毛主席突然心血来潮、鼓舞农民一步跨入共产主义而发动的一场运动。人民公社化运动实际上是20世纪初中国农民合作试验的一个合乎逻辑的发展。同时，我们也要认识到，人民公社也是新中国赶超战略、工业化和现代化的国家目标得以实现的一个制度基础。1949年之前，共产党进行了大量农民合作的试验，取得了丰富的经验。1943年11月，毛泽东在陕甘宁边区劳动英雄大会上，发表了题为《组织起来》的演讲。这篇演讲实际上可以视为对未来中国农民合作和人民公社的一个遥远的设想和展望："在农民群众方面，几千年来都是个体经济，一家一户就是一个生产单位，这种分散的个体生产，就是封建统治的经济基础，而使农民自己陷于永远的穷苦。克服这种状况的唯一办法，就是逐渐地集体化；而达到集体化的唯一道路，依据列宁所说，就是经过合作社。"[1]

新中国成立前后，东北和华北等地区较早开始了大规模的农民合作试点，到了20世纪50年代末期，各地的合作社试验都有了相当的规模。当然这个过程是充满波折、争议和挑战的。农民的小农意识根深蒂固，要在短期之内改变是很难的。20世纪50年代末期的"大跃进"运动，以暴风骤雨般的气势，将合作化运动推向一个高潮。在这个巅峰时期，毛泽东认为，一些合作社有条件进入一个更为高级的合作形态。有一次他到天津、河北去考察，听到有些村的合作社叫"公社"，

---

[1]《毛泽东选集》第三卷，北京：人民出版社，1991年，第931页。

这让他大为兴奋。后来毛泽东就写了一个"人民公社好"的题词，于是这个崭新的名字就传遍了大江南北。不能不说，人民公社化运动在执行层面有过激的倾向，到1958年年底，全国的人民公社达到2.3万多个，有1.28亿农户、5.6亿农民进入了人民公社，占全国农户总数的99%。从初级社、高级社到人民公社，这个过程比较短，有三四年时间，全国农民就全部进入人民公社。

为什么1958年年底要加快人民公社的进度呢？1959年正好是中华人民共和国诞生十周年，毛主席心里可能有个想法，希望在新中国成立十周年的时候，能达到农村完全的合作化。1958年5月，中共召开了八届二次会议，提出了"大跃进"，当时的口号叫"鼓足干劲，力争上游，多快好省地建设社会主义"，这就是总路线。当时喊得最多的口号是"总路线万岁，大跃进万岁，人民公社万岁"。这些激动人心的口号喊遍了中国每个角落，代表着那个时代的全体中国人的一种普遍渴求。

中共八届二次会议认为，中国完全有条件发展到极高的合作形态，同时，中国的工业也有可能在短时间内迅速赶超英国和美国。当时大家提出了"超英赶美"的目标。我经常强调，要理解中国当代历史，尤其是农村史，有几个关键词应作为一切理解的前提，其中最重要的一个关键词是"赶超战略"。几乎所有的问题，所有的成就、失败、经验、教训都出在赶超上。为了迅速赶超西方发达国家，就要创造一整套体系和制度，于是合作化、人民公社化、粮食统购统销制度、高度计划经济体制等，都与赶超有关。在20世纪50年代中华人民共和国肇始，中国连一辆自行车都造不出来，赶超英美岂不是一个极其脱离实际的痴人说梦？但是，经过三十年的奋斗，中国已经建立起比较完备的工业体系；经过六十年的奋斗，中国的工业经济和整个经济实力已经在全球占据重要的地位，中国成为世界第二大经济体，中国的工业化和现代化已经取得了值得世界瞩目的成就。在"大跃进"时期,农业方面提出了"以粮为纲"的口号,制定了很高的粮食指标,工业方面提出"以钢为纲"的口号,提出全年钢产量达到1070万吨。为了完成钢铁指标,全国都在大炼钢铁,农村的小高炉到处都是,农民把自己家门上的铁环都拿出来炼了铁。当时所定的很多指标都超越了中国农业和工业生产力的实际,同时文化、教育、卫生各个行业都在搞跃进。

"大跃进"的出现,有深刻的社会和经济根源,既有它的合理性,也有它不现实的一面。当时毛泽东提出:农村在小的合作社当中,人少、地少、资金少,不能进行大规模的经营,不能使用机械;小的合作社仍然束缚了生产力的发展,不能停留太久,应当逐步合并;有些地方可以一乡为一个社,少数地方可以几个乡为一个社。这个问题提得对不对呢?一部分是真理。如果合作社很小的话,确实规模收益受到制约,农业生产的机械化很难实施。但是,这个思想也不全对。因为这个判断忽视了中国的小农经济有多么根深蒂固,农民的意识和生产组织的改变都不是一蹴而就的,要有很长的时间来适应。"大跃进"时期政策制定者过高地估计了农民的接受能力,对中国农村的复杂性、农民知识的缺陷、农村组织化的难度缺乏足够的认识,有些头脑过热。

"大跃进"运动的一个积极的遗产是农田水利建设的大规模推进。随着农业合作的迅猛推进,随着人民公社化的深入,生产组织的规模更大了,中国农村大规模的水利建设和农田改造就提上了日程。20世纪五六十年代,修堤坝、修水库的场景在全国每个农村都在上演。从密云水库、十三陵水库这些巨型的水利工程,到村里的小型水利建设和农田改造,其推进速度真是前无古人,我们现在还极大地受惠于那个时代遗留下来的水利工程。今天到农村去看,所有的农田水利设施几乎都是毛泽东时代留下的遗产,这些水利工程修建的成本极低,都是千百万农民义务劳动所建成的。大规模的农田水利建设使得农田的可灌溉面积得到大幅度提升，这对于中国的农业发展和工业化非常重要。

并社高潮出现在1958年5月左右。辽宁9600个社合并为1461个大社，平均每社2000户，万户以上的社9个，最大的18 000户。河南在1958年五六月份之后，把原来的4万多个社合并成3万多个。安徽省1958年开始并大社，最大的社达到8600户。1958年8月29日，中共中央发出了《关于在农村建立人民公社问题的决议》（简称《决议》）。《决议》指出："在目前形势下，建立农林牧副渔全面发展、工农商学兵互相结合的人民公社，是指导农民加速社会主义建设，提前建成社会主义并逐步过渡到共产主义所必须采取的基本方针。"这里提出十个字："农林牧副渔，工农商学兵"。农林牧副渔是产业结构，在一个人民公社中，产业应该是多元化的，不是单一农业产业，还有林业、副业各方面产业。工农商学兵是内部的社会结构，这里面有工人，有工人就要有工业，即乡村工业（也就是后来改革开放之后乡镇企业的前身）；商就是乡村的商业，包括供销合作社和信用合作社；学就是教育，人民公社要提供教育，要提供从幼儿园到大学的全方位教育；兵就是人民公社要具有军事功能。刚才讲到政教合一，其实人民公社就是一个把政治、军事、教育、文化、社会统一起来的无所不包的社会机构。它代替了政府的功能，既是政府管理部门，又是一个生产组织单位；既提供公共品，又要负责协调生产。多种功能集于一身，人民公社几乎无所不包，其目标函数过于复杂，这是导致后来人民公社运转失灵的主要原因之一。

（一）以土地集中为标志的"合作"：人民公社的制度安排

人民公社和原来的高级社有什么区别呢？首先，从规模而言，人民公社比高级社大得多，规模都在2000户以上；到了1958年，人民公社的规模达到万户，甚至几万户以上。我小时候所在的山东掖县梁郭人民公社，大概十几个村子一个公社，以每个村几百上千户计算，就是一万户左右，在这样大的一个公社共同组织生产，可见难度应该是很大的。

其次，高级社有退出权，但是人民公社基本没有退出权。退出权是非常重要的，它是保障合作社和任何俱乐部有效率的基本要素。如果一个俱乐部或者合作社不能保障成员的退出权，那么就会有很多人搭便车，整个俱乐部或者合作社就不会有效率。退出权是保障合作社效率的一种可信威胁。到1962年，《农村人民公社修正条例（草案）》当中就没有退出权的规定了。农民一旦加入人民公社，就没有退出的权利，你的土地、财物等都不能拿走，这是人民公社体制中一个极其重要的制度设计。为什么没有退出权？就是为了维持人民公社的稳定性。其实这又回到刚才讲的柏拉图的理想国的价值观，即个人幸福是不重要的，整个理想国的幸福才最重要。

最后，在高级社当中，虽然土地和主要生产资料归合作社集体所有，没有土地报酬了，但是社员还有私有的生活资料，以及零星的畜牧、家禽、家畜、农具等，这些都归社员私有。但是人民公社时期，土地全部归生产队所有，所有土地包括自留地、自留山、宅基地等一律不准出租、买卖，实现了财产更大规模的公有制。这确实超越了当时农村生产力的发展水平，同时也超越了农民的认识水平，农民不认同把自己家里的生产资料全部归人民公社所有。当然，这些制度安排，在人民公社后期，也做了若干调整。

土地私有权一旦被取消，农民作为微观经济主体的自主选择权就没有了。农民丧失了土地，只好参加集体的劳动，接受集体的一切分配方法，所以农民不能决定自己种什么、种多少，也不能有农业剩余的分配。土地收益归集体所有，使得本来零散的农业生产，各家各户的分散决策，都成为社会主义制度下高度集中的计划经济体制的一个组成部分。人民公社制度，就是把每一个农民个体，都捆绑在社会主义这个大轮子上，你必须跟着滚，必须跟着这个大车往前跑，每一个人都被这个大车轮裹挟着前进，这件事意义重大。从弊的一端来看，农民的自由度很小了，这对农民个体的幸福一定会产生负面作用，个体的权利、自由会受到很大影响，财产权和自由选择权的被剥夺甚至给农民造成灾难性的影响。但是从利的一端来看，农民被迫加入了中国工业化和现代化的历史洪流中，他再也不能置身事外了，哪怕是一个边远的少数民族山村的农民，都被迫加入这个洪流，这样就把中国传统的农村社会一下敲碎了，极大地促进了农民的组织化、农业生产的规模化、农业经营的现代化。把传统农村社会敲碎之后，又把乡土社会重新以高度的政治意识形态连接成为一个高度统一的整体。所以毛泽东很厉害，一方面颠覆了传统乡土社会的一切结构，另一方面把所有农民纳入了人民公社的系统，使农民加入了整个国家工业化的潮流之中，成为工业化的一部分，他们的国家意识、集体意识也空前增强了。看待人民公社，必须从利弊两方面综合看，不要感情用事，而要客观全面。

人民公社时期农业生产绩效怎么样呢？1960年前后，中国发生了大规模的饥荒，粮食产量急剧下降，但是全国粮食总产量除了这个短时间的波动之外，在新中国成立后到改革开放之前的大部分时间是稳步上升的。这期间，粮食播种面积没有太大的变化，甚至有些时间还下降了，但是粮食总产量从1960年开始，一直在平稳增长。农业合作化到人民公社时期虽然存在着微观经济主体激励不足、农业生产效率不高这样的问题，但是确实在中国工业化过程中保证了粮食的供给和大量剩余的及时供应。我们也要看到，人民公社体制极大地提高了中国农业的现代化水平。土地收归公有之后，现代农业生产经营和技术推广才具备了基本条件；同时，农民空前地被组织起来，大量投入到农业的基础设施建设中。人民公社时期，中国的农业现代化有了质的变化。这也是必须承认的一点。

近代以来，农业现代化一直是中国人的一个梦想。可是在1949年之前，它只是一个梦想而已，根本难以实现。但是在20世纪50年代末期至60年代，农业现代化突飞猛进，成为一个现实。1958年中国的机耕面积仅仅是351万公顷，占耕地面积3.3%，1978年机耕面积达到4067万公顷，占耕地面积将近40%，20年间上升了近40个百分点。同期，灌溉面积占耕地面积的比重由30%上升到45.2%，这表明农业基础设施建设和农田水利建设取得了显著的成效。大力兴修水利，建立各种水力发电站，同时兴建各种工厂，带动了中国的乡村工业化，带动了中国大量社队企业的发展。1978年之后的乡镇企业为什么突飞猛进？其基础是人民公社时期的社队企业。在人民公社时期，农村机电灌溉面积变化非常大，1952年是1.6%，1978年是55.4%，说明由电力推动的灌溉增加了，这是农业现代化的基本标志。1952年中国有98个农村小型水电站，农村用电量仅仅是0.5亿度；到1978年，发展到82387个水电站，用电量达到253.1亿度，这个变化是很大的。这些变化都得益于人民公社的体制优势，这一点我们也要认识到。

自留地问题是人民公社体制中一直存在争议的问题。说到底，自留地问题，涉及农民拥有多少自由的问题，即有多少自由可以决定自己种什么、怎么种，以及有多少自由可以决定收益和剩余的分配。1956年召开的中共八大上，陈云在发言中就曾指出："许多副业生产，应该由社员分散经营。不加区别地一切归（农业生产合作）社经营的现象必须改变。……在每个社员平均占地比较多的地方,只要无碍于合作社的主要农产品的生产,应该考虑让社员多有一些自留地。"

在人民公社化初期,自留地一度被取消。虽然1958年中央《关于在农村建立人民公社问题的决议》中只是要求"一般说,自留地可能在并社中变为集体经营",但地方上的落实却更为激进。如《嵖岈山卫星人民公社试行简章(草案)》中规定:"在已经基本上实现了生产资料公有化的基础上,社员转入公社,应该交出全部自留地。"而嵖岈山的做法又为许多地方所效仿。所以在人民公社的运行过程中,中央的政策框架是一回事,地方上的实践和落实又是另一回事,地方往往比中央更激进,而且每一级政府都层层加码,使政策在执行层面越来越"左"。这是计划经济体制和威权体制下的一个常见的现象。

自留地的收归公有使农民的生产积极性受到了很大影响。为此,1959年五月至六月间,中共中央先后发布了《关于农业的五条紧急指示》《关于分配私人自留地以利发展猪鸡鹅鸭问题的指示》《关于社员私养家禽、家畜、自留地等四个问题的指示》等文件,多次提到要恢复自留地制度,指出:自留地数量应按原来高级社章程规定,以不超过也不少于每人占有土地的5%为原则,自留地的生产经营和所得产品,都由社员自己决定和支配;同时,自留地长期归社员自由使用,不征公粮,不派统购任务,只是不准出卖、出租和转让。为什么1959年要发这个指示?就是刚刚发生饥荒的时候,发现原来过激的政策不对了,老百姓连自留地都没有,想自己吃点东西都没有,想养点猪和鸡都没有地方,这种过激的政策必须纠正,还给农民一些自主权。

1960年11月,《关于农村人民公社当前政策问题的紧急指示信》要求:"凡是已经把自留地全部收回的,应该拨出适当的土地分给社员,作为自留地。今后不得将社员的自留地收归公有,也不得随意调换社员的自留地。"1962 年通过的《农村人民公社工作条例（修正草案）》则对自留地给出了更为宽松的规定：归社员家庭使用、长期不变的自留地可以占生产队耕地面积的 5%～7%。

除此而外，生产队还可以根据自身情况，经社员讨论后拨给他们适当数量的饲料地，以及在统一规划下，允许社员开垦零星荒地。社员的自留地、饲料地和开荒地合计可占生产队耕地面积的 5%～10%，最多不超过 15%。时断时续的"自留地"成为农村集体经济组织下的"边缘地带"，为促进人民公社时期家庭副业的发展和农民生活的改善提供了条件。整个人民公社时期，自留地就成为一个具有一定弹性的制度框架，有时候收上来，有时候放下去，一收一放之间，保留了一定的灵活空间。

人民公社体制的剩余收益分配机制是怎样的呢？我们看看统计数据。从 1958 年至 1978 年，在农村征购的粮食一般占粮食总产量的 20% 以上，最多的年份可达 39.7%（1959），但大部分年份未超过 30%。如果剔除返销农村的粮食，净征购量占总产量的比重一般在 20%以下（1958 年、1959 年、1960 年三个年份超过了 20%），从 20 世纪70 年代中后期开始低于 15%。1959 年至 1961 年的严重困难，与征过头粮有一定关系。

从国家税收与农村人民公社基本核算单位纯收入的对比情况来看，20 世纪 50 年代末至 80 年代初，国家从农村人民公社提取的税收规模基本上没有太大的改变，一直维持在 30 多亿元。但随着人民公社基本核算单位纯收入规模的不断增长（特别是 70 年代以后纯收入规模迅速攀升），国家税收占人民公社基本核算单位纯收入的比重经历了一个不断下降的过程，从最初的 13% 左右下降到不足 5%。

人民公社内部的分配制度是如何安排的？1958 年，中央在《关于在农村建立人民公社问题的决议》中提出了人民公社内部收益分配的基本原则，指出："人民公社虽然所有制仍然是集体所有的，分配制度无论工资制或者按劳动日计酬，也还都是'按劳取酬'，并不是'各取所需'。"但这一原则性的规定在人民公社化的初期并没有得到很好的贯彻，很多地方在执行中追求平均主义，试图一步走进共产主义。

嵖岈山卫星人民公社的章程中规定，"公社在收入稳定、资金充足、社员能够自觉地巩固劳动纪律的情况下，实现工资制"，而"在粮食生产高度发展、全体社员一致同意的条件下，实行粮食供给制"。全体社员，不论家中劳动力多少，都可以按照国家规定的粮食供应标准，按家庭人口得到免费的粮食供应。

大锅饭、大食堂在"大跃进"期间遍布全国，对人民公社的农业生产、收益分配和激励机制建设产生了很大的影响。大食堂为什么在中国农村迅速推开？这与中国农民的观念有着极为密切的关系。中国的小农一方面私有观念很重，但同时又有一种冲动，即村社共产主义的冲动、农业社会主义的冲动，就是追求一种绝对平等。毛泽东在1948年4月晋绥干部会议上发表讲话，认为那种追求"绝对的平均主义"的农业社会主义思想是一种错误的思想，应该批判。但是在十年之后，即1958年左右，这种主张绝对平均的农业社会主义和村社共产主义思想，却在大江南北盛行。很多地方，1958年开始出现了大锅饭，场面很壮观，有时候几百人、上千人在一块儿吃饭。直到1962年、1963年左右，公共食堂才慢慢取消，在这四五年中，农村经历了一个经济严重衰退的过程。当时农民几乎把能吃的全吃掉了，在大食堂浪费是普遍现象。所以说，中国农民要进入共产主义，首先应该改变的并不是物质生产条件，而是人的意识，小农意识是难以支撑共产主义理想的。总体来说，人民公社时期，国家和农民之间的收益分配关系、人民公社内部的收益分配制度、土地制度等，都有很多值得检讨的地方，形成了一些较为扭曲的激励机制，导致了农业生产的激励不足。这些问题，当时的决策者已经认识到了，并进行了一定的反思和调整。

（二）人民公社时期的制度调整

1960年前后发生大饥荒之后，中共高层认为，人民公社体制要有所调整，这个体制原来有理想化的成分，对农民有过高的要求，限制太死，应该加强各方面的激励，给农民更多的自由。基于这样一种反省，人民公社体制在后期做了若干重要的调整，主要的目的是加强激励，提高效率。

集体经济规模变动与基本核算单位调整。人民公社一开始是一切生产资料归公社所有，生产计划、劳动、物资、资金、社员生活全部由公社统一管理。这就出现了两个问题：一是信息不对称很严重。公社的领导者怎么会知道下面每一个村庄、每一个生产队、每一个生产小组、每个农民的情况呢？不了解这些微观的情况，其生产计划和生产组织就必定是盲目的。二是由于信息严重不对称，导致管理成本极端高昂。农民合作社最大的成本就是监督成本。现在若要办个农场，假定这个农场一千亩，你怎么监督农民呢？农民在那边是聊天还是劳动，你是搞不清楚的。在这种监督成本极高、信息严重不对称的情况下，农民搭便车和偷懒的现象比较普遍，农民一下地劳动就开始放松了，因为没有人监督。所以核算单位太大、公社权力太大、生产资料全归公社所有、公社领导机关统一支配一切的方法其实是错误的。1959年2月，郑州会议上提出人民公社整顿的方针是："统一领导，队为基础；分级管理，权力下放；三级核算，各计盈亏；分配计划，由社决定；适当积累，合理调剂；物资劳动，等价交换；按劳分配，承认差别。"这个思想是比较客观实际的。首先要把核算单位变小，以生产队为基础，不要那么大的核算单位；要适当积累，不要过高积累，积累太高之后，农民自己没有粮食，会饿死人的；强调等价交换，比如说公社要去村里要什么东西，要通过交换，拿钱来交换，不能随意征用人家的东西。人民公社时期，在很多激进的地方，"一平二调"的现象很严重，随便动用人家的财产，破坏合法财产权，连最基本的私有产权都保证不了，农民还有什么生产积极性呢？

1959年3月17日，毛泽东在致各省、市、自治区党委第一书记的信中，进一步提出研究生产小队（生产小组或作业组）的部分所有制问题。生产队下面还要搞生产小队或者是生产小组，不要太大，要小一点。1960年11月3日，中共中央《关于农村人民公社当前政策问题的紧急指示信》又强调了以下几点：（1）三级所有，队为基础，是现阶段人民公社的根本制度；（2）坚决反对和彻底纠正"一平二调"的错误；（3）加强生产队的基本所有制；（4）坚持生产小队的小部分所有制；（5）允许社员经营少量的自留地和小规模的家庭副业。1962年2月13日正式发出《中共中央关于改变农村人民公社基本核算单位问题的指示》，并指出，以生产队为基本核算单位，更适合于当前我国农村的生产力水平，更适合于当前农民的觉悟程度，也更适合于基层干部的管理才能，是调动广大农民集体生产积极性的一项重大措施。这些都是由血的代价换来的教训。

同时，人民公社时期，也在集体所有制下尝试实行了农业生产责任制。很多人以为，1978年之后才实行了农业生产责任制，实际上，在1959年至1961年的严重困难之后，很多地方就在慢慢推广责任制，因为意识到原来的体制激励不够。1961年《农村人民公社工作条例（修正草案）》当中谈道："生产队是直接组织生产和组织集体福利事业的单位。""生产大队对生产队必须认真实行包产、包工、包成本和超产奖励的三包一奖制。可以一年一包，有条件的地方也可以两年、三年一包。包产指标一定要经过社员充分讨论，一定要落实，一定要真正留有余地，使生产队经过努力有产可超。超产的大部或者全部，应该奖给生产队。"这跟农村联产承包责任制很像。当时中央规定，生产队为了便于组织生产，可以划分固定的或者临时的作业小组，划分地段，实行小段的、季节的或者常年的包工，建立严格的生产责任制。畜牧业、林业、渔业和其他副业生产，耕畜、农具和其他公共财物的管理，也都要实行责任制。有的责任到组，有的责任到人。

"有的地方是有领导地自上而下地执行'包产到户'；有的地方在实行田间管理责任制中，把下种以后、收割以前的占全年农活50%以上的田间农活包工到户，叫作'田间管理包到户'或'田间管理责任制'；还有的干脆就实行'包产到户'或'部分产量包到户'。"一些地方甚至"分田到户"进行单干。这个时期的包工包产到户试行的面广，影响大。"当时全国搞各种形式包产到户的，安徽全省达80%，甘肃临夏地区达74%，浙江新昌县、四川江北县（今属重庆）达70%，广西龙胜县达42.3%，福建连城县达42%，贵州全省达40%，广东、湖南、河北和东北三省也都出现了这种形式。"[1]

所以，我们看到，20世纪60年代初期、后期，人民公社体制也在反思中不断调整，从生产单位和核算单位的缩小，到自留地的调整、责任制和包产的推行，都说明这个体制自身也在不断地自我修正之中。

---

[1] 薄一波：《若干重大决策与事件的回顾（下）》，北京：中共中央党校出版社，1991年，第1078页。

三、全面反思人民公社制度的利弊

人民公社是中国工业化和赶超战略的产物。新中国从1949年致力于国家的工业化和现代化，到现在近七十年，基本完成了工业化。这么迅猛的工业化在全世界没有先例。在这个进程中，农民的组织化、农村的合作化，包括人民公社，都做出了极其重大的历史贡献，也付出了极大的代价。

人民公社三十年的时间，为中国工业化提供了大量的农业剩余，也为1978年之后的改革开放提供了大量的人力资本。对于这一历史事实，也要给予相当的尊重。在人民公社时期，农村公共品的供给达到了历史高度，而农村教育普及、农村合作医疗、农村社会保障、农业基础设施建设、农田水利的兴修等，都得益于人民公社体制。以农村合作医疗为例。在20世纪70年代，世卫组织提出，中国农村的赤脚医生制度与合作医疗是全世界农村卫生工作的样板。毛泽东说，把医疗卫生工作的重点放到农村去。这一时期，农村乃至全国的健康水平提高很快。农村消除了大规模的传染病和流行病，儿童死亡率达到全世界最低，这些都是得益于中国农村实行的农村合作医疗制度。对于这一点，我小时候是有切身感受的，村里的赤脚医生随叫随到，村民看病几乎不收费。这个体制优势，在改革开放之后反而丧失了，导致在农村教育、农村医疗、农村社会保障、农田水利和基础设施建设方面，出现大面积的倒退，到现在还在补课。

邓小平1978年之后讲到"两个飞跃"的问题。他说中国农村在改革开放之后，必须经过"两个飞跃"：第一个飞跃是由人民公社到农村联产承包责任制的飞跃。这个飞跃解决的是激励问题，分配制度改变导致农民生产积极性提高。第二个飞跃是由一家一户的小农经济向规模化经营的现代化农业飞跃。从邓小平这个讲话来看，人民公社退出历史舞台实际上是一个策略性的变革。从上面的探讨来看，人民公社体制并不是一个落后的、倒退的、腐朽的制度；从它的原理和出发点来看，人民公社制度是中国农业现代化的必由之路，它是一个总的方向。人民公社制度是一个极为先进的制度，可是，正因为它极为先进，大大超越了当时农村的生产力水平，超越了当时老百姓的认知水平，所以它自身必然存在深刻的问题，这些问题导致人民公社体制本身必须进行调整。

从20世纪60年代发生严重困难到1978年，人民公社体制在不断调整，这个调整是一个连续的过程，不要以为人民公社一夜之间突然就发展到农村联产承包责任制了。人民公社过渡到联产承包责任制是一个平稳的自然的过程。在人民公社的实践过程中，就埋下了很多变革的种子，比如说自留地的变化、社队企业的发展、激励制度和分配制度的变化、包产到户的实践等，为改革开放之后的农业变革奠定了基础。

因此，1978年之后和1978年之前这两个时期，有其内在的关联，不是断裂的。人民公社为改革开放的启动留下了大量的历史遗产。人民公社时期培养出来的人力资本，支撑了中国的工业化和现代化，也支撑了1978年以来的改革开放。不应该割裂地看待两个时期，特别是不要把前三十年说得一塌糊涂，这不是一种科学的态度。

改革开放以来，农民的产权得到更多的尊重和保护，农民自由选择的权利得到尊重。随着经济社会发展，这些方面都有了深刻的变化，这是时代的进步，也是时代发展的必然。回望人民公社的历程，实际上很多体制因素都是我们今天在农业经营体制变革和农村发展方面需要进一步汲取和借鉴的；这就需要我们对人民公社这一历史遗产有一种客观的扬弃的态度，把"发扬"和"丢弃"结合起来，而不能简单化地一概否定。

关于人民公社体制的七个假说

以上我们讨论了人民公社制度的演变过程和主要制度安排，也简要地讨论了人民公社制度的利弊。人民公社制度为什么会在20世纪80年代全面瓦解？其内在根源到底是什么？我们可以提出几个假说，这些假说要经过很严密的论证，今天不展开讲，只是提出一些初步的想法。

第一个假说是"激励不足假说"。即人民公社内部没有适当的激励机制，收益分配机制有问题，导致农民不愿意投入劳动，而是采取偷懒的搭便车的方法。实际上，后来人民公社体制的一个主要调整就在收益分配机制上，比如自留地的调整。

第二个假说可以叫作"生产力水平或经济发展水平约束假说"。人民公社制度是一套比较理想的体制，这套体制其实是很先进的，但是却严重脱离了当时农村的经济发展水平，也就是生产关系的发展严重脱离了当时生产力发展的水平，政策制定者过于理想化了，对于小农经济的顽固性和农民小农意识的顽固性没有充分的估计。这就导致人民公社体制与当时的农村生产力水平、农业技术水平、农民组织水平不相匹配。

第三个假说可以称为"监督缺陷假说"。人民公社是一个几万人左右的庞大的合作社，农业生产的监督问题一直是一个棘手的问题。有些人说在人民公社中农民的幸福指数很高，为什么呢？因为存在着监督困难，很难监督农民的行为。监督有缺陷，信息不足，农民的约束机制就不行，最后导致合作社失效，因为搭便车的太多了。

第四个假说可以称为"退出权假说"。在人民公社中农民退出的权利被剥夺，这对一个俱乐部或者合作社来说是致命的。没有了退出权，合作社成员就必然理性地选择搭便车，合作社就丧失了提高效率的动力，因为缺乏成员"退出"的威胁。

第五个假说可以称为"规模边界假说"。合作社的管理成本、监督成本、信息对称的程度、内部治理的效率，与合作社的规模密切相关。如果合作社规模比较合适，则其信息比较充分，管理成本能够得到控制，这个合作社就是有效的；相反，如果突破了规模的边界，合作社的规模太大，则这个合作社一定会面临崩溃，因为会存在大量的信息不对称，会出现大量的监督问题和激励问题。一个人民公社少则两三万人，多则五六万人，监督成本、组织成本之高不可想象，信息不对称很严重，组织生产、调配资源的复杂性极高，这就不得不动用强大的政治力量和意识形态来支配资源、监督劳动、动员农民的积极性，但这些都是不能持久的。

第六个假说可以称为"契约假说"。一个农民加入一个合作社，其前提是出于自愿，他根据自己的资源禀赋情况，来计算他的成本收益，最后决定是否加入。在这种自愿的情况下，他和合作社之间就有一个基于平等和自由选择的契约。在合作社运动的早期阶段，也就是初级社和高级社阶段，农民加入合作社基本上是基于自愿的，强制性的因素比较少（但也不能说绝对没有）；而到了人民公社化阶段，在很短的时间就完成了这种跳跃，几乎在几个月之间全国农民都加入了人民公社。这背后的动力是什么？是农民的自发自愿行为吗？很显然，政治压力和意识形态压力是非常重要的因素。所谓"成也萧何，败也萧何"，当运用政治意识形态鼓舞甚至强迫农民加入公社的时候，人民公社发展当然非常之迅猛，但是其崩溃得也快，因为没有了农民的自愿自发行为,这个合作社就失去了稳固的基础。要持续维系一个合作社的效率,必须经过合作者之间长时间的相互博弈、相互妥协、信息沟通,还要设计完好的机制;但是,人民公社基本上不是一个渐进的自发的过程,而是一个非常激进的过程,这个激进的过程破坏了农民与合作社之间的平等契约关系,而成为强迫性的。

第七个假说可以称为"产权缺失假说"。在人民公社体制下,农民的土地所有权、收益权和处置权,包括其他财产权,基本上都是缺失的,这就扭曲了激励。

以上提出了七个假说,用这些假说来阐释人民公社体制为什么消失。深刻理解了人民公社体制消失的原因,才能理解家庭联产承包责任制的出现的道理,但这个道理千万不要归结为人民公社体制落后。

四、家庭联产承包制形成的经济学逻辑及其历史意义

下面我们来探讨农村家庭联产承包责任制问题。首先梳理一下这个体制变迁的过程,然后探讨农村家庭联产承包责任制的历史意义到底在什么地方,局限在什么地方。最后,还要探讨农村未来的经营体制应该怎样变革,理解农村体制的"否定之否定"的历史规律。

家庭联产承包责任制的探索与推行

家庭联产承包责任制,也就是承包制、包干制这些事物,其实并不是什么新名词。20世纪50年代末期人民公社推行之后,在各个地方就不断出现承包制、包干制、责任制等各种试验和探索,1978年之后的家

庭联产承包责任制，实际上是这些试验和探索的一种合乎逻辑的延伸。

我们首先探讨中国农村土地制度从20世纪50年代初期到改革开放之后的变化。第一个阶段，是中华人民共和国成立初期的土地制度改革，其目标就是实现"耕者有其田"。土地改革激发了劳动人民的积极性，解放了农业生产力，农业生产突飞猛进。到1952年年底，全国广大解放区的土地改革已全部完成，土地由剥削阶级所有转为归农民所有，实现了"耕者有其田"的目标。土地改革之后每个农民获得了几亩土地，千百年来第一次成为土地的主人，确实激发了农民的劳动热情。如果读一读那时反映土地改革的一些小说，会真切感受到劳动人民得到土地之后对共产党的感情是多么深。土地改革之后，很多知识分子到农村去学习，北京大学很多教授都被派到各个农村去参观，当时北京大学经济系老教授、五四运动的发起人之一周炳琳先生深受触动，清楚了为什么共产党会夺得天下。

可是土地改革之后没多久，就开始了第二个阶段，即农业合作化运动和人民公社化运动阶段。当时著名的农业经济学家董时进给毛主席写了一封信，坚决反对土地改革分地之后再把土地收上来，认为这必将带来消极的后果。可是据说这封信毛主席根本都没有看到。合作化运动开始后，大概分以下两个小阶段：一是初级农业合作化阶段。先是建立农业生产互助组，在土地和其他生产资料私有制和分散经营的基础上实行劳动互助；进而建立农业初级合作社，农民通过土地入股、集中经营、统一分配的方式联合生产，其实就是把土地的农民私有制转变为农民私有、集体统一经营使用的土地制度。在这个阶段，土地改革之后形成的土地农民私有制就逐渐发生了变化。此时土地和生产资料表面上还是私有制的，土地可以入股，但是要集中经营，统一分配，进行联合生产。二是高级合作社和人民公社化阶段。1955年推广高级合作社，取消了按土地和农具入社分红的制度，开始把农民的土地所有制改变成了合作社性质的劳动群众集体所有。1956年高级社达到54万个，1957年全国有74万个高级社，1958年又合并成2.6万个人民公社。高级社的产生和人民公社化运动，跟当时中国农村的经济情况是不匹配的，导致农民积极性受到了打击，激励制度解决不了，平均主义盛行，高度集中的劳动方式老百姓又不太接受，所以从这个角度来讲，农业经济的发展受到一定的约束。但是另一方面，规模化的农业生产和农业基础设施的大规模改善，也促进了农业的现代化。这两方面我们都要看到。

第三个阶段就是家庭联产承包责任制阶段。20世纪80年代初期，中国开启了农村改革，这是一个非常重要的历史转折点，从而形成中国农村的基本经济制度。农村改革的标志为"包产到户（分田到户）"，即后来所称的"家庭联产承包责任制"（俗称"大包干"）。家庭联产承包责任制是一种农户以家庭为单位，向集体组织承包土地等生产资料和生产任务的农业生产责任制形式。它实际上是在不改变土地所有制的前提下，对土地产权进行重构，即在坚持集体土地所有制的前提下，改变了以往人民公社的集体经营体制，改变了农村土地集体使用、统一经营、集中劳动的方式，建立起土地集体所有，家庭承包经营，统分结合、双层经营的农村土地制度。

在家庭联产承包责任制当中，农村集体组织跟农民签订一个协议，定好到时候交国家的公粮是多少、集体提留多少，其余的都归农民，相当于古代的分成租佃制。农民在分田到户之后，就说了一句顺口溜："交足国家的，留足集体的，剩下的都是自己的。"在家庭联产承包责任制下，土地归集体所有，没有分给农民，不像1952年那样都分给个人了。

大家注意,"双层经营"在这个地方说得还不是特别准确。"双层经营"有一部分是集体经营,那才叫双层,但是人民公社消失、承包制推行之后,"双层经营"变成了"单层经营",集体经济在绝大多数农村都消失了,实际上中国又回到了小农经济。承包制的好处是暂时解决了激励问题,农民在分到承包地之后,劳动热情大大提高了。承包制推行之后,国家一再将承包权的期限加长,从最初承诺三十年不变,到五十年、七十年不变。实际上,在农民心目中,三代人以上稳定的承包权就是一个永久的经营权。表面上看土地归集体所有,但实际上农民自己拥有这片土地,他就是这片土地的主人,这就与我国古代的永佃制有一定的相似之处。土地所有者把土地租佃给佃户经营耕种,这种租佃是没有期限限制的,租佃权永久属于耕种者,历代都可以种;而且这种租佃权成为一种独立的权利,与土地所有权一样,租佃权也可以继承、转让和交易。所以中国古代的永佃制中,土地的产权分割为两个独立的权利:一个是所谓田骨权,即土地的所有权;另一个是田皮权,即土地的经营耕种权。田骨和田皮都可以继承和转让。在永佃制下,农民认为他就是土地的主人,世代租种,而无所谓所有权,他就会以主人的姿态好好地侍弄这块土地,在土地上投入人力资本,维护土地的肥力不下降,这对土地生产力的保持是有很大益处的。最近几年,国家出于鼓励规模经营的需要,鼓励农民将经营权转让,也就是现在常说的土地流转,这个流转还是经营权的流转。我国目前的这个土地制度,相当于土地集体所有制(实际上是国家所有制)下的永佃制。

现在年轻的同学在学习中国当代改革史的时候,容易产生一个错觉,认为农村变革似乎是一夜之间发生的,农村联产承包责任制是在国家号令之下,自上而下一夜之间推行的。这是一个严重的误解。实际上，农村变革，是一场酝酿时间很久、绵延时间很久的变革，经历了曲折的过程。1956年就有浙江温州、四川（今重庆）江津等很多地区开始试验包产到户，但一直未获得中央的肯定。在20世纪70年代末期和80年代初期，安徽、广东、内蒙古、河南等地的地方政府和农民都冒着巨大的政治压力尝试包产到户，中央虽有激烈的争议，但基本还是采取了宽容和鼓励的态度。1980年5月31日邓小平明确指出："农村政策放宽后，一些适宜搞包产到户的地方搞了包产到户，效果很好。"对包产到户给予了明确的支持。[1]

1978年年底的十一届三中全会尽管提出发展农业生产的一系列主张，但其中明确规定"不许包产到户"（见《中共中央关于加快农业发展若干问题的决定》）。1979年4月，中央批转国家农委召开的七省三县座谈会《纪要》，提出"深山、偏僻地区的孤门独户，实行包产到户，也应当允许"，并指出其他地区搞了的，"如果一时说不服，也不要勉强纠正，更不能搞批判斗争"。1979年9月，中共十一届四中全会通过了《关于加快农业发展若干问题的决定》，提出除某些副业生产的需要和边远山区、交通不便的单家独户外，"也不要包产到户"。1980年9月，中共中央召开省市自治区第一书记会议专门研究农业生产责任制，会议意见分歧很大，多次修改后的文件指出，现行体制"可以使群众满意的，就不要搞包产到户"，对边远山区和贫困地区，"群众对集体丧失信心，因而要求包产到户的，应当支持群众要求，可以包产到户，也可以包干到户"。直到1981年冬起草、1982年下发的中共中央"一号文件"（也就是第一个"一号文件"），在全国包产到户实践突破了按发达、边远落后地区划线的政策限制之后，才明确肯定了包括包产到户在内

---

[1]《邓小平文选》第二卷，北京：人民日报出版社，1983年，第315—316页。

的"家庭联产承包责任制"的普遍合法性，并针对农民怕变的担心，宣布责任制"长期不变"。从1982年至1986年，中共中央连续发出五个"一号文件"，一再肯定包产到户政策长期不变，并审时度势地把体制改革推向农村的各个方面。

一项涉及农村最根本产权制度的变革，最终经历了五年而终于完全被国家合法化。但是这项制度最终以法律形式固定下来，实际已经到了2002年，也就是改革开放实行近二十五年之后。2002年，全国人大通过了《中华人民共和国农村土地承包法》，确立了农户家庭承包责任制的法律地位。按照这部法律，全部农地的使用权、收益权和转让权，都长期承包给了农户；"集体"仍是农地在法律上的所有者，但其全部经济职能就是到期把所有农地发包给农民。农民在这个过程中获得了一系列的权利，这些清晰界定且长期具有法律效力的产权是给农民一种长久的激励，使他们愿意在土地上长久投入各种生产要素。

从1979年至1985年，由于改变了农业生产的方式，缩小了农业经营单位，农民获得了空前的土地承包经营权和土地收益权，农民生产积极性和农业生产力被空前释放，农业经济出现了很大的增长，1984年粮食总产量达到历史高峰，解决了农村的温饱问题。应该说，家庭联产承包责任制开启了中国1949年以来第二个黄金时代。家庭联产承包责任制适应了农民作为一个小生产者的心理需求，释放了农民的能量，也适应了当时农村生产力的发展水平，这个调整是非常必要的。我经常跟大家分享老子说过的一句话："大曰逝，逝曰远，远曰反。""大曰逝"，像人民公社越搞越大；"逝曰远"，很多政策越走越远，这个"远"可以理解为政策的偏离越来越大；"远曰反"，一个事物发展到一定程度，物极必反，太远了就要回来。老子这九个字可以概括农民合作社和人民公社的发展规律，当然也可以概括分田单干这项改革的基本规律。

承包制改革,自有它的必然性和合理性。为什么一开始农民的土地承包制度激起农民这么大的激情?其根本原因在于这个制度激发了农民作为小生产者和小私有者内心深处最大的欲望,就是拥有自己的土地。对于农民分地和分割集体资产之后的兴奋,我还有些印象。我家在山东胶东地区,那时候我十一二岁,农村开始实行包产到户。当时最大的问题是如何处理那些人民公社时期留下的集体资产。耕种的牛马、农业机械(如拖拉机、收割机、发电机)、集体的房屋等,全都卖掉了,甚至被拆开卖掉,价格都低得难以想象。农民每天都处于兴奋当中,因为每天都有"叫行"(拍卖)。早上起来村里大喇叭就开始广播"叫行了",听到这个声音,农民连饭都来不及吃完,把碗一扔就跑出去了。我当时深切感受到一个小生产者和小私有者的这种狂热性。这种狂热确实深深地烙在中国每一个老百姓的心中。这个小农的文化传统,要充分地重视,也要给予充分的尊重。不尊重这一历史文化传统与农民心理积淀,就会犯过激的错误。这是农村改革之所以在一定历史阶段迅速取得成功的原因。

但是分田单干也有它的局限性。集体资产被分割,对于农业的规模经营是一个致命性的打击。开始春耕了,需要统一调配这些牛、马、机械、发电机,但是在分地分资产之后,都没法统一调配了,因为这些资产都分散在每个人手里,农业生产的统一规模经营就没有办法实施了。1978年之后,中国农业生产的机械化程度反而下降了。当然,人民公社崩溃之后,其他农村集体经济下的所有福利,包括农村教育、合作医疗、养老保障等,都一起烟消云散。同时,基于农业集体生产的一切大规模农业活动,包括大规模的农田水利建设、改造农田、改造土壤、修水渠、修水库、平整农村道路等,也根本没有办法推行了。

但是这些损失，在承包制推行的短时期内，农民、社会公众以及政策制定者是不容易察觉和体会到的；所以在农村改革初期，大家只看到农民在分地之后的生产积极性上涨，而没有看到农业规模经营的下降，也没有看到农村公共品供给的中断。但是时间越长，这方面的缺陷就体现得越充分，小农经济的弊端就暴露出来了。

1978年以来的农村变革从总体上来讲是成功的，农村改革的成功推进不仅使农业领域迅速改变了面貌，开启了中国的整个改革，同时也为我国整个经济改革奠定了基础。如果没有农村改革的成功，就没有整个经济改革的成功。

农村改革从制度经济学角度来看，是一系列的制度变迁过程。改革初期，经营了二十年的人民公社制度以及依附于这个制度的财政制度、分配制度一夜之间烟消云散。农民在自己的土地上（严格来说是在拥有承包权的土地上）焕发出与在公社土地上劳作时完全不同的工作热情，磨洋工的人不见了，农业的生产效率大幅提高，土地仿佛一夜之间被唤醒。我清楚地记得，1980年之后，我们饭桌上的食品有了变化，冬天有棉鞋了，村里开始有人买电视机了……

人还是那些人，劳动资料还是那些劳动资料，土地还是那片土地，只是由于产权制度结构的调整，只是由于农民与国家之间的契约关系的变化，就使土地和人焕发出如此惊人的活力。反之，正是由于不合理的产权制度，由于农民和国家之间不合理的契约关系，才使农业劳动生产力的提升遭到了阻碍。通过四十多年的改革，我们似乎上了一堂最为生动、最有说服力，但同时也是代价最为高昂的一课。通过这一课，我们才明白：制度是重要的，而制度的设计更是要适合经济社会发展的状况，要尊重微观主体的意愿。

五、中国农村体制变迁的未来趋势："肯定—否定—否定之否定"

以上我们梳理了人民公社和家庭联产承包责任制的演变过程。人民公社体制为中国的工业化和经济赶超战略做出了历史性的贡献。人民公社体制的产生和演变，有着深刻的历史根源和社会根源，我们要辩证地看待这一历史遗产。人民公社体制对于农业现代化、机械化，对于农田水利设施的大规模改善，对于我国农村公共品供给的大规模改善都做出了历史性贡献，在这一体制下农村教育和健康水平的大规模提高也为改革之后的经济高速增长奠定了人力资本基础。但是到20世纪70年代末期，人民公社体制由于深受当时政治体制和意识形态的影响而逐步变得僵硬和单一化。在这种僵硬单一的农村政策体系下，农民的积极性下降，激励机制出了问题，从而孕育着内部变革的可能性。以安徽凤阳小岗村为代表的草根力量，终于在一瞬间以一种戏剧性的方式颠覆和否定了原有的"大一统"的土地制度、乡村行政管理制度和治理体系，实行分田单干，揭开了中国农村改革的序幕。这一次对传统农村土地制度和管理制度的否定，获得了务实的中央决策者默许式的激励，在一定程度上使各类农业生产要素的支配权重新回归到农民手中。农民有了土地的支配权，有了自己劳动力的支配权，有了对自己生产资料的支配权，从而使农村经济焕发了前所未有的活力与生机，农业生产在短暂的几年内就超越了历史水平。农村改革的成功为整个改革的顺利推进打开了突破口，降低了改革的成本，成为中国经济体制改革成功推进的重要前提条件。

然而，在这场"否定"之后四十年，农村又面临着新的挑战。乡村治理问题突出、农业生产效率和市场适应性低下，使原有的农村生产关系又孕育着新的变革和"否定之否定"。站在21世纪的门槛上，人们突然发现，分田单干也许只能解决温饱问题，但解决不了农民的致富问题，也解决不了农村进一步发展和农村公共品的问题。进入新世纪以来，很多地方的农民再次"组织起来"，对分田单干的体制进行了"否定之否定"，很多地方的合作社和集体经济开始重新焕发生机。合作社和集体经济将一切生产要素加以重新整合，农民通过生产要素的整合提高了农业生产效率，使分散的小农经济转变为农业的集约化和规模化经营。

分散的小农与现代化农业产业之间的矛盾，封闭的乡土社会构造与现代社会运行体系之间的矛盾，是农村发展面临的主要矛盾之一。现代农业已经产业化，农业生产的各个系统需要高度组织化的体系与之相匹配，分散的小农在信息获取、签订契约、生产质量保证、市场开拓等环节难以适应农业产业化的需要。同时，封闭的乡土社会在人际交往方式、基层组织方面的劣势也非常明显，已经很难适应现代社会交往机制的需要。乡土社会以宗族、亲缘凝结起来的交往网络在现代社会中已失去往日的优势，而农村现在又难以形成新的组织架构来代替原有的宗族与亲缘关系网络。因此，从农村基层治理的角度看来，与现代产业化的农业生产制度的内在要求相适应，农村迫切需要有新的组织化载体，来应对现代农业产业化带来的挑战。

这就涉及农民自组织能力的提升问题。改革开放四十多年来，我国农村的大部分基层组织体系的效率与凝聚力问题一直是学术界关心的焦点。联产承包责任制被视为我国农村改革最伟大的制度成就，这个制度也确实释放了农村的生产力，为我国改革开放的成功推进奠定了基础。但是凡事有一利必有一弊。联产承包责任制的推行，在另一方面也使得农民的组织化程度倒退到小农经济时代。我国有漫长的小农经济的历史，在这个长达几千年的过程中，造就了我国民众浓厚的小农意识。而农村"大包干"之后，小农经济又成为主导的经济形态。当"大包干"带来的制度变迁的能量释放殆尽之后，小农经济内在的弊端就逐渐暴露出来。从某种意义上来说，农村改革四十多年后，又面临着一次新的变革。这次变革的核心是提高农民的自组织能力，重新塑造农民的组织载体，以与农业产业化和农村现代化的内在要求相对接。

"统分结合，双层经营"是适合中国情况的，既实现了土地所有制的稳定性（土地归农村集体所有），又实现了土地承包权与经营权的重构和流动性。现在讲"三权分置"，第一个是所有权，第二个是承包权，第三个是经营权。经营权可以流转给别人，它是一个可以流动的权利，而所有权是不能动的，是归集体所有。在坚持集体所有土地的情况下，农村经营体制开始发生深刻的变化。新型的农民合作社和农村集体经济所代表的新型农村经营体制，应该说是人民公社体制的一个合理的扬弃，既有"扬"的部分，又有"弃"的部分。弃的部分就是旧的激励制度，采用新的激励制度，有效提高农民的积极性，农民对自己的生产要素有决定权。"扬"的部分是什么呢？就是继承了人民公社时期的集体土地所有制，没有简单地走土地私有化道路。中国农村未来的大趋势，一定是再次实现农村土地的规模化经营和农民的组织化，从而使中国农村和农业出现邓小平所说的"第二个飞跃"。

第七讲
中国农村经济体制变迁（下）：
新型农村经营体制的构建与中国农业农村的现代化

第七讲是中国农村经济体制变迁的下篇，主要讲最近十几年新型农村经营主体的发展并展望中国农业农村的现代化问题。主要讲五个问题：第一个问题是探讨新时期我国农业、农村的主要问题及其体制根源。第二个问题是讨论近十年来新型农村经营主体兴起的动力、功能与性质。第三个问题是讨论新型农村合作组织的发展，尤其是对一些学术界争议比较大的问题，如合作社的异化与公司领办型合作社的问题，进行理论上的探索。第四个问题是讲一下发展壮大农村集体经济的若干理论和实践问题，这也是近两年学术界和决策层争议比较大的问题。第五个问题是简单展望未来三十年农业、农村的现代化。

一、新时期我国农业、农村的主要问题及其体制根源

第六讲探讨了从人民公社体制一直到家庭联产承包责任制这样一个历史性的变化。这个变化实际上贯穿着新中国农业和农村发展的一个主线，这个主线就是对于农民组织化的看法。新中国成立以来，我们以"组织起来"为宗旨，大力倡导农村的合作化与农民的组织化。20世纪50年代末全面建设了人民公社制度，为我国农业生产的现代化，整个国家的工业化做出了巨大的贡献。但是，由于人民公社存在着若干体制上的缺陷，尤其是存在着激励不足、监督不力、产权结构不合理等问题，从而导致50年代末期直到70年代末期我国农业生产面临巨大困难，付出了比较大的历史代价。对人民公社体制正反两方面经验的反思贯穿于改革开放后几十年农村发展历程。

早在20世纪80年代初，邓小平同志就提出"两个飞跃"的重要思想，即从人民公社体制向联产承包责任制是第一个飞跃，这个飞跃解决的主要是激励问题，农民的生产积极性大幅提高。然而这还不够，还要实现第二个飞跃，即从农村个体经济向农村集体经济之飞跃，从而使中国农业与农村真正走向现代化。邓小平同志的这一思想非常具有战略智慧，既要从"旧体制"的僵化教条中摆脱出来，从而使农村焕发活力，又要不满足于"新体制"的既有成就，促使农村经营体制不断走上新的高度。也就是要汲取"旧体制"中合理的成分，实现"统分结合，双层经营"。

然而，一个时期以来，我们在农村经营体制方面，对"分"的强调比较多，对"统"的强调不够。这种认识上的片面所造成的后果，在"分"的能量释放到一定程度之后，在进入21世纪农村发展面临巨大瓶

颈之后，我们看得更清楚了。20世纪90年代末至新世纪初，随着农村经济社会结构的深刻变化，我国农村集体经济发展明显出现滞后，从而严重影响了农村集体自我发展和自我保障的能力，严重影响了农业现代化、产业化、集体化水平的提高，严重影响了社会的公平平等，严重影响了乡村治理的有效性。

小农经济是不可能与现代农业对接的。当然我也同意很多同行的观点，中国小农经济很重要，中国小农经济身上承载着很多中国传统文化和文明的要素，小农经济在中国是不可能短时期"消失"或者"被消灭"的，小农经济有着顽强的生命力。这种观点在某种程度上也是符合事实的，我基本认同。但是，从长远的大趋势出发，要对接农业和农村的现代化，小农是有局限性的，尤其是在农业全球化竞争的态势越来越清晰的今天。因此，对于小农经济，我们恐怕要持这样一种态度：既要承认在我国现阶段小农经济的必要性和顽强生命力，认同小农经济对我国农业文明和传统文化的重要意义，同时还要从中国的农业现代化和农村现代化出发，看到小农经济内在的弊端和局限性，以及它未来的趋势。农业必须现代化，农村治理必须现代化，小农在农业的现代化和规模化、在农村公共品供给和农村现代治理方面，存在着天然的局限性，这一点也要承认。所以我提出来一句话：既要从"传统体制"（指人民公社体制）的僵化教条中摆脱出来，又要不满足于"新体制"的既有成就，要对传统体制的好的一面有深刻的再认识，而对新体制的局限性也要有深刻的再认识。"传统体制"我打了引号，实际上人民公社所代表的体制不是"旧体制"，可能是未来我们要追求的新体制，只不过我们未来所追求的那个新体制与人民公社体制有着重要的内在区别，是在扬弃人民公社体制的基础之上构建的新体制，它使农村的经营体制发生深刻的重构。我在改革开放以来的"新体制"上也打了引号,就是因为这套体制并不完全是新东西。我们既要承认这套体制在1978年之后给中国农业和农村带来的巨变,也要看到这种体制的局限性和弊端。要促使农业经营体制不断走向新的高度和台阶,要汲取"旧体制"(人民公社体制)当中合理的成分,实现"统分结合,双层经营",这是十八届三中全会之后,尤其是十九大以后中央提出来的新目标,这个新目标是符合中国农业和农村发展趋势的。

新时期我国农业农村面临的主要问题

当前我国农业农村面临着很多问题,主要有以下几个方面:

第一,小农生产方式下农业生产经营效率低下,小农经济难以与农业现代化、机械化相适应。现代农业已经产业化,农业生产的各个系统需要高度组织化的体系与之相匹配,分散的小农在信息获取、签订契约、生产质量保证、市场开拓等环节难以适应农业产业化的需要。

第二,在农业全球化市场竞争的今天,在封闭的国内市场中生存的小农经济难以适应国际市场的竞争,面临收入降低甚至破产的境地。小农经济的抗风险能力低下,不能对抗市场风险。有一次我去山西考察,那里的苹果极好,甜度很高,可是出口很难。问题在什么地方呢?这些种植规模很小的苹果,标准化程度不够,农药乱用,检测不合格,同时颜值不够高,不像美国的苹果,个儿一样大,颜色也很好看。咱们的苹果因为颜值不行,就是卖不出去。这里的果农几次想通过县政府的推广来促进出口,都未奏效,就是因为这些种植规模很小的果农的苹果质量很难统一。小农的抗风险能力也差,这几年经常报道什么地方某种水果或者蔬菜丰收了,结果农民反而破产了,更极端的还出现种植户自杀的惨剧。小农经济的风险就是如此,因为他们很难预测价格,很难适应市场的波动,单独经营,很容易一窝蜂去种一种东西,结果反而导致需求端出问题，最后收入锐减。

第三，小农经济下的乡村治理逐渐凋敝，乡村秩序混乱和道德伦理文化的滑坡十分严重。农民组织化程度低、集体观点薄弱、乡村社会凝聚力差，与现代化乡村治理不适应。这是需要我们特别关注的大问题。

第四，人口流动导致农村空心化。农村人口大量减少，土地撂荒严重，农业生产面临巨大困难，这也是2017年第一次出现粮食播种面积降低、粮食产量负增长的主要原因。这就迫切要求改变土地制度，改变小农经营的体制。

第五，小农经济形态下，彻底消除贫困面临着困难。同时，农村公共品的供给（教育、文化、垃圾处理、健康、医疗、养老等），也是小农经济难以支撑的。

第六，小农经济与生态经济之间的矛盾。大量使用化肥和农药带来的生态灾难日益严重。新的生态技术的使用要求新的经营体制。有一段时期，我们把草原、森林等都承包给个人了，就出现了大面积砍伐自己承包的森林、过度使用承包的草地的问题。我在福建沙县考察，就听到当地干部谈到这个问题。现在沙县搞林权改革，林权确权到户，但是由集体来经营，以前乱砍树的情况就消失了。我在呼伦贝尔考察，当地的牧民讲，由于草地承包，各家各户只能固定在一个草场放羊，不能像传统牧民一样去转场游牧，结果几十年下来导致草原退化很厉害，生态危机很严重。现代农业迫切要求牧民转换经营机制，重新走集体化的道路。

第七，农民的分化严重，农民之间的贫富分化与社会主义初衷相背离。要实现共同致富，不能依赖小农经济，而只能依靠集体经济的发展。

因此，分散的小农与现代化农业产业之间的矛盾，封闭的小农乡土社会构造与现代农村社会运行体系之间的矛盾，是农村发展面临的主要矛盾。由小农到大农，由个体分散农民到组织化农民的变化，是未来的大趋势。乡村振兴战略的核心，是让农民再次组织起来，再次回应七十多年前毛泽东在延安提出的口号"组织起来"。

从农村基层治理的角度来看，与现代产业化的农业生产制度的内在要求相适应，农村迫切需要有新的组织化载体，来应对现代农业产业化带来的挑战。这就涉及农民自组织能力的提升问题。不容讳言，改革开放以来，我国部分农村的基层组织体系已经基本处于涣散的状态。联产承包责任制被视为我国农村改革最伟大的制度成就，而另一方面也使得农民的组织化程度倒退。

从某种意义上来说，农村改革四十年后，又面临着一次新的变革。这次变革的核心是提高农民的自组织能力，重新塑造农民的组织载体，以与农业产业化和乡村治理现代化的内在要求相对接、相适应。这是一次新的农村微观组织形态和农村经济运行模式的重大变革。

二、新型农村经营主体的兴起：动力、功能、性质

20世纪90年代以来，我国农村新型经营主体在农民的自发要求下不断涌现，但在立法、制度建设、政府支持等方面存在严重滞后，使我们丧失了发展农村新型主体的历史机遇。2007年《农民专业合作社法》的实施具有重要历史意义，对于我国农民的组织化、农业的规模化经营、中国的乡村治理的变革，都具有十分重要的作用。最近十几年，

新型农村经营主体不断兴起，形式多样，发展迅猛。新型农村经营主体主要包括以下几种：一是农民专业合作组织；二是龙头企业；三是家庭农场；四是种养殖大户。家庭农场、龙头企业、种养殖大户，都是靠私人来发展的，当然这里涉及了农村土地的集约化经营问题，但是基本没有涉及农民的组织化问题。只有新型农村合作组织，是靠组织化农民来实现的。

新型农村经营主体的大量涌现和迅猛发展，主要是出于农民以及其他农业经营者渴望实现农业的规模化和集约化经营、渴望通过规模化经营提升边际收益并大力降低农业经营风险的内在动力和内在需求。这种强烈的内在动力和需求，推动着中国农业经营的转型和升级，迫切地要求改变1978年以来农村联产承包责任制改革所固化的小农生产方式，扬弃小农生产，从而使中国农业生产出现"第二次飞跃"。这个动力是内生的、不可阻挡的，要求我们在农地政策方面必须做出大的调整。因此，在新型经营主体不断涌现之后，农村的土地政策也开始被"倒逼"改革，土地的流转、土地的确权、土地交易所的成立，就是题中应有之义了。可以说，新型农村经营主体的出现，引发了中国农业和农村制度的又一轮大规模创新。这是中国农业和农村走向现代化的重要一步，也是中国农业参与国际竞争的重要一步。

新型经营主体的出现，带来我国农业生产方式的巨大变化。现在有两种最主要的生产方式：一种是"龙头企业＋基地＋农户"的方式。龙头企业自己搞种养殖基地，流转农民的土地，同时雇人进行专业化、集约化生产。比如三元牛奶，将农民的土地进行大规模流转，种植自己的高标准草场。同时建设国际标准的养牛场，进行规范生产，雇用大量农业工人来进行现代化的种养殖。这些农户原本是小农生产，现在他们的土地被流转，他们就有可能进入三元牛奶的种植业或养殖业的基地去工作,按照企业的产业化标准来进行种养殖工作。同样道理,在最近的十几年,"合作社+基地+农户"的新型生产模式也在不断涌现,这是一种更为普遍的形式。合作社将社员的土地集中起来,进行统一标准的基地化生产,然而他们的劳动形式仍然有可能采取农户的形式,只不过这些农户都是社员,他们可以按照农民专业合作社的标准化要求来生产。比如昌平的果树专业合作社,可以把周边的村民吸收为社员,这些果农就按照合作社的统一要求来进行苹果的种植、施肥、打药、修剪等一系列工作;合作社对农民社员进行统一的培训,在生产环节采用统一的标准以保障质量。有些合作社还实行果树的"代管"工作,统一由合作社的专业工作者来完成生产环节,这就更加解放了劳动力,之后再由合作社以统一品牌来销售。这两种集约化经营方式,使新型农业经营主体实现了几个大功能:第一,实现农业产业化和集约化经营,农业经营的规模大了,规模效应就显现出来了;第二,实现了农业现代化,可以在较大的规模上使用现代农业技术和农业机械,这是原来在小农经济条件下不可能实现的;第三,大大增强了农业的抗风险能力,包括抵御市场风险和自然风险的能力;第四,实现了农民的组织化,农民不再是分散的个体,而是组织起来实现了联合,这种联合不仅具有经济上的效益,而且还有社会效益,可以大大改善乡村治理工作;第五,促进了生态农业的发展,加强了粮食安全。

那么,新型农村经营主体(尤其是新型农民合作组织和新型农村集体经济)跟原来的人民公社体制相比,有哪些基本的区别呢?我想主要有四个核心区别。

第一个区别,体现在契约方面。我认为新型农业经营主体的产生,都是基于自主和平等的契约关系,农民和新型经营主体之间的关系不再是强迫的。契约关系的不平等是人民公社体制的主要弊端之一,农民不是自主加入人民公社的。新型农村经营主体中农民和合作社等新型主体之间的契约关系是平等的，农民可以选择加入，也可以选择不加入，这个契约就是一个自愿、自主和平等的契约。这是一个重大区别。

第二个区别，体现在产权关系方面。在新型农村经营主体当中，农民有被尊重和严格保护的产权。合作社等新型经营主体，不能侵犯农民的私人产权，农民的各种要素进入合作社，要经过农民自己的同意，而且合作社要支付农民加入合作社的生产要素一定的回报。农民把自己的生产要素投入到合作社中来，他的产权是受保护的，而当他退出合作社的时候，他投入的生产要素必须完整地退回。比如农民拿两亩地加入土地股份合作社，他的产权有保护，他退出这个土地股份合作社的时候，合作社要把人家的土地原封不动地退回，不能占用。这就跟人民公社有了重大的区别。

第三个区别，体现在成员资格方面。农民在一个新型农业经营主体当中，他的成员资格是有保障的。在法律框架下，他既可以依法保留成员资格，又可以依法放弃成员资格（成员权）。新型农业经营主体对成员的权利和义务有明确的规定，对成员的加入和退出也有明确的法律规定。

第四个区别，体现在退出权方面。上面几个区别，就决定了农民在新型农村经营主体中享有完全的退出机制保护。他想退出合作社或者农村集体经济是可以的，他的退出权受到法律的严格保护；而且他退出的时候，其产权受到尊重和保护。退出权是合作社和农村集体经济的重要机制设计，有没有真正地受到法律保护的退出权，是人民公社和新型经营主体的重要区别。

从以上四个区别来看，新型经营主体（尤其是新型农民合作组织和新型农村集体经济）既继承了人民公社体制中农业规模化经营和农民组织化的优势，又克服了其内在机制设计中的一些弊端，进行了合理的扬弃，尊重了农民的成员权、退出权、产权和自由平等的契约权，从而使得新型经营主体有了全新的内涵。

三、新型农村合作组织的发展：内生发展、自组织、异化与可行能力培育

（一）新型农民合作组织的意义和作用

2007年之后新型农民合作组织获得了空前快速的发展，十年来由十几万家飞速发展到200多万家。农民合作社是农民群众的伟大创造和自愿选择，是继家庭承包、乡镇企业、农村税费改革之后，农村改革中的又一重大制度创新。农民合作社的发展，是坚持走中国特色农业现代化道路的必然要求，是稳定完善农村基本经营制度的有效途径，是市场经济条件下党和政府领导农业农村工作的重要抓手，也是深入推进扶贫开发、促进城乡统筹发展的有效手段。应该说，农民合作社的大发展，深刻改变了我国农村的经济和社会面貌，对我国农业和农村变革发挥了关键性的重要作用。

新型农民合作组织从以下几个方面改善了农民的处境：第一，新型农民合作组织提高了小农抗击农业风险的能力，提高了农民作为弱势群体的自助自救能力，避免了农民的破产危机；第二，新型农民合作组织增加了农业生产的边际收益，阻遏了农业部门边际收益递减效应；第三，新型农民合作组织提升了农业生产的规模效应和农产品的市场竞争力；第四，新型农民合作组织促进了农业的适度产业化发展，

使农民更能适应农业开放之后农业产业化的发展趋势；第五，新型农民合作组织加速了农村各种生产要素的流动与整合，提高了农业生产要素配置的效率。

具体而言，新型农民合作组织有以下作用：（1）促进农业标准化生产，增强市场竞争能力；（2）带动农业结构调整，推动形成"一村一品"产业格局；（3）提高农民谈判地位，有效增加农民收入；（4）拓宽农业社会化服务渠道，推动基层农业技术推广体系改革；（5）提高农民素质，培养新型农民；（6）完善乡村治理结构，推动基层民主管理；（7）改变乡风习俗，促进农民之间的和谐互助；（8）以合作社为载体，促进农产品的销售；（9）创出一批名牌合作社，促进农产品品牌建设，有利于农产品的推广；（10）培养合作社的优秀经营管理者，促进这些优秀管理者广泛参与社会事务，扩大社会影响；（11）合作社是推进扶贫开发的有效手段和载体。

（二）新型农村合作组织的性质

从契约—产权视角来看，新型农民合作组织与20世纪50年代至70年代的农民合作组织有了很大的差异。

第一，从发起人结构和产权结构来看，政府主导或准政府部门兴办、公司领办型合作社与农村能人和种养殖大户发起的合作社同时得到发展，民间农业产业资本在合作社中的作用越来越凸显。

第二，从契约视角来看，新型农民合作社重新回到合作社成员之间较为对等的契约关系中，这为真正实施退出权提供了制度基础和保障。新型农民合作社成员之间存在明显的异质性，但是这并不能成为影响对等契约关系的因素。相反，异质性再强的合作社，也必须尊重成员的完全退出权（当然可以为退出权设置某些成本，或对成员准入设置一定的门槛,以保持成员的稳定性)。

第三,从成员之间的所有权关系来看,新型农民合作社是成员之间的要素合作,但是要素的所有权关系不变,特别是当土地作为一种要素进入合作社时,土地的所有权仍旧属于合作社成员所有。因此,新型的合作社并没有改变农民家庭承包经营制度等农村基本产权制度,而只是改变了其生产方式与要素组合形式,包括土地在内的所有要素仍旧有非常明晰的产权归属。

第四,与农业产业转型相匹配的是,新型农民合作社涉及的产业和服务领域逐步多元化,能够为农业产业化提供全方位的服务。同时为适应农业产业化和集约化的趋势,新型合作社在自主品牌建设和专业化方面也有了迅速的发展。

第五,新型农民合作社逐步趋向一种"全要素合作"的发展模式,劳动力、技术、信息、土地、资金、企业家才能等要素均进入合作社,出现了生产合作、供销合作、消费合作、技术合作、土地合作、信用合作互相交融、多元综合的合作趋势。

(三)农民合作组织弱内生性和公司领办型合作社的经济学解释

在近年农民合作组织发展过程中,有一个非常值得重视的现象,就是在目前存在的约200万家合作社中,真正由农户创建的合作社比例较低。很多表面看起来是由农民发起登记的合作社,实际上背后起核心主导作用的往往是涉农企业、供销社、农业技术推广人员或者政府相关部门,纯粹由农民创建的合作社很少。

为什么会出现这种现象呢?首先,这与我国当前农村的市民社会基础的薄弱性有关。欧洲经典合作社的诞生与发展,是与欧洲的市民社会的兴起分不开的;市民社会的兴起,使得人们的民主意识、自我意识、合作意识等大为增强，这才有了经典合作社产生的基础。我国农村普遍缺乏市民社会基础，农民的民主意识、自我意识、合作意识不强，在一个组织中很难通过民主管理和民主决策来实现自己的目标，也不懂得如何通过民主程序、讨价还价和妥协来维护自己的利益。

其次，这可能与我国当前农村市场发育基础和农民市场意识的薄弱性有关。经典合作社的出现是与一定的市场发育基础联系在一起的。当前我国的农村市场发育不完善，农民的市场意识比较薄弱，这就导致由农民自发产生组建合作社的想法的概率大大降低。

再次，这可能与我国农民合作意识基础的薄弱有关。这是与市民社会基础的薄弱联系在一起的。同时，我国农民合作意识的薄弱，还与我国合作社发展的特殊历史过程有关系。20世纪50年代至70年代，政府运用政治力量大力推动合作社发展，结果导致农民丧失独立的自主权，出现"一大二公"式的超前的人民公社，使农民的利益受到极大的影响。所以，农民对于合作社有很多误解，根本不了解真正的合作社是什么样的，对合作社发展心存疑虑，这也导致其合作意识薄弱。

最后，这可能也与农村竞争环境的剧烈化有关。现在，随着农业产业化的逐步推进，资本对农业产业的渗透和控制逐步加深，这就导致农村中竞争环境的恶化，单纯由农民组建的合作社在资本规模、生产规模、技术层次、人才竞争力方面很难与大型资本相竞争。可以说，我国当前的农村竞争环境，是不利于纯粹的农民合作社发育和发展的，他们在市场上根本不可能占有一定的地位。

从以上四个方面来看，我国现阶段单纯由农民发起和组建的合作社之所以很少，关键是这类合作社的生存缺乏市民社会基础、市场发育基础、合作精神基础和竞争环境基础。所以，公司领办型的合作社在中国的普遍存在，也许是一个必然的现象。

(四)公司领办型合作社中农民和公司的利益对接

在公司领办型合作社的发展中,农民和公司形成了较好的利益对接:农民拥有劳动力、土地和生产优势,而企业则拥有多方面的其他优势,可以弥补农民在社会经济转型中的很多天然劣势。这样一个利益对接格局的出现,是公司领办型合作社目前为广大农民所接受的一个根本原因。农民在公司领办型的合作社中,实现了单个小农所没有的收益,其福利具有帕累托改进的性质。

比起单纯由农民组建的合作社,公司领办型合作社确实有多方面的优势,有利于农民福利的增进。龙头企业有哪些优势呢?分析起来,龙头企业的优势主要有以下几点:第一是品牌累积的声誉优势。龙头企业大都拥有自己的自主品牌,而一个品牌的声誉要经过多年的累积,才会有一定的市场知名度和市场竞争力。公司领办型合作社可以直接利用这种品牌声誉优势来开拓市场。而农民自己如果要累积这样的品牌声誉,需要很长的时间成本和其他成本。第二是企业家精神优势。龙头企业的领导人必须具有较强的企业家精神,才可以办成龙头企业,这种企业家精神包括熊彼特所说的创新精神、敬业精神以及企业家所独有的开拓能力。而一个农民要具备企业家精神,也需要长时间的磨炼和市场经验,不是一朝一夕就能具备的。第三是市场敏感性优势。龙头企业的市场敏感度更强,更能捕捉市场机会,对市场信号更能迅速地做出反应。与龙头企业相比,农民对市场的敏感性相对较低,捕捉市场信息的能力较差,对市场获利机会的回应也比较缓慢。第四是市场网络与营销优势。龙头企业经过多年的市场开拓已经形成一个比较完备的市场网络,而一个市场网络的形成需要付出很高的时间成本、物质成本和人力成本。这些市场网络可以直接为合作社服务,不必再花费成本构建营销网络。第五是管理优势。龙头企业具有较多的高素质管理人才,相对来说,农民的管理技能要经过多年的培育才能适应市场竞争和合作社运转的需要。第六是市场谈判能力和订约优势。龙头企业有较强的市场谈判能力,这一方面取决于市场谈判经验,另一方面取决于企业的实力。另外,龙头企业对外签订契约的能力也较强。很多银行根本不跟合作社这样的组织签订贷款契约,原因在于合作社是一个有限责任为零的组织,其抵押担保机制难以建立,而龙头企业则很容易与银行签订契约。因此,龙头企业与农民比较起来,具有多方面的优势,这也就是现阶段很多农民加入合作社的一个动机:他们可以利用龙头企业的这些优势,使合作社及其产品在市场中更具有竞争力,这样合作社的盈利能力就会增强,就可以为农民社员带来更多的实惠和福利增进;而为了这些福利的增进,农民社员在组建合作社和合作社运作的过程中,都愿意自动让渡一部分权利,来凸显龙头企业的作用,使资本在合作社治理中占据更多的话语权。

但是,公司领办型合作社也有其弊端,主要有三个:

第一,公司领办型合作社容易造成合作社内部治理的变形和无效。由于龙头企业在合作社中的话语权很大,又主导整个合作社的外部市场开拓和内部管理,因此,导致合作社的内部治理结构极为不规范,出现龙头企业单边控制的局面。这样很容易导致一般农民社员的利益受到损害,合作社的民主决策、民主管理的机制往往失效。

第二,利润分配方面有可能造成不公平。有些专家认为,公司领办型合作社容易造成龙头企业剥削农民社员的现象。龙头企业在利润分配中有可能制订有利于自己的分配方案,从而侵蚀农民社员的利益。特别是在内部治理结构十分不规范的情况下,这种情况尤其严重。

第三,容易造成政府支农资金被龙头企业侵占的现象。有些龙头企业之所以积极参与合作社构建,除了降低生产成本的动机之外,还出于套取政府支农资金的动机,这是不可否认的事实。

(五)异化及其规范:核心在于自由退出权

有人说,公司领办型合作社是一种异化的合作社。如何理解这种异化呢?

第一,异化是有其社会经济基础的。公司领办型合作社的出现,归根结底是因为中国农村还不具备经典合作社产生和发育的社会经济土壤,而龙头企业在多方面确实具备很多优势,从而形成龙头企业和农民社员的利益对接。第二,异化是一个全球现象,不是一个孤立的现象。第三,我们需要做的,是寻找异化的原因,而不是简单地指责这种异化。公司领办型合作社实际上是农业产业资本与兼业小农之间博弈的结果。他们之间形成一个共生的利益共同体,即曼瑟尔·奥尔森所说的相容性的共同体而不是排他性的共同体;根据奥尔森的集体行动理论,相容性的集团有可能实现集体的共同利益。

要确保公司领办型合作社健康发展,需要具备三个条件:第一,这种发展是一种可持续的发展。也就是要使得合作社能够在内部管理、对外的市场竞争力、盈利能力等方面实现合作社可持续发展。第二,这种发展是保障农民利益的发展。公司领办型合作社的发展,不能以剥夺农民利益为代价,而应该保障农民的利益,增进农民的福利。第三,这种发展应该是提升农民能力的发展。公司领办型合作社的最终目的,是提升农民的可行能力,拓展农民的自由,赋予农民更多的权利,使其各种素质得以全面发展。

按照这三条标准,我认为,要使得公司领办型合作社有一个健康的发展,还需要从以下四个方面着手:首先,要完善公司领办型合作社的内部治理结构。完善的治理结构是一个合作社的灵魂所在。理事会、监事会和社员大会都要有切实的权利和义务，在合作社运行中要赋予社员切实的权利，不能流于形式。与分配模式、社员同质性等指标相比，内部治理结构更为重要。其次，要实现公司领办型合作社的民主管理和民主决策。这要基于一个完善的内部治理结构。合作社的内部治理最终要实现民主管理和民主决策。这样，就可以在很大程度上平衡龙头企业的权利，使农民社员的权益得到保障。再次，利润分配制度要完善，既要保护资本的利益，更要保护社员的利益。如果在利润分配中不保护社员的利益，而是偏向资本所有者，那么合作社就没有举办的意义了。最后，农民必须有自由退出权。自由退出权是保证一个合作社内部治理和制衡结构有效的必要条件。一个合作社，不管它是由农民发起的，还是公司领办型的，只要农民有自由退出权，就可以对内部治理造成一种压力；如果合作社严重侵害社员的利益，社员就可以实施自由退出权，最终使这样的合作社归于解体。

在这些措施里面，一个最重要的核心就是社员的自由退出权。合作社是马克思所说的"自由人的自由联合"。合作社社员在加入合作社和运营合作社的过程中，始终是以一个自由人的身份存在的，他可以自由选择加入还是不加入；而在加入之后，也可以自由选择继续参与合作社还是退出。强调"自由人的自由联合"，就意味着合作社是一个自由人的联合体，合作社的每一个决策必须经过这些自由人的充分协商和平等约定，这就是所谓的"用手投票"；这也意味着合作社的社员可以拥有自由退出的权利，以表示自己对于合作社的消极评价，这就是所谓的"用脚投票"。

我国合作社在20世纪50年代至70年代的曲折发展过程中，一个最大的教训就是农民丧失了自由退出权。农民自由退出权的丧失，使合作社内部出现了普遍的搭便车的现象,导致合作社无效率;而更重要的是,农民社员自由退出权的丧失,导致合作社发展最终脱离了正常的轨道,成为集中式计划体制的一部分,失去了办社的意义,使合作社根本不是"自由人的自由联合"。

在公司领办型合作社中,自由退出权意味着对龙头企业行为的一种制约,当社员退出合作社,实现"用脚投票"的时候,龙头企业不得不修正和调整自己的行为方式,以使得合作社继续运转下去。这是对龙头企业的一种制衡机制。自由退出权也意味着农民话语权和谈判能力的提高,只要农民社员拥有退出权,就可以在很大程度上制约龙头企业的决策,使农民在内部治理中获得一定的谈判地位。

虽然,农民社员在公司领办型合作社中让渡了一部分权利,但是在这个过程中,农民也获得了很多收益。第一,农民在这个过程中虽支付了一些学习成本,但是获得了市场谈判的经验。农民学习到很多关于市场的知识,营销、市场开拓、信息处理等方面的能力大为提高。第二,在农民与龙头企业的博弈中,农民学到了很多内部讨价还价、争取权益和妥协的知识。与此同时,龙头企业的行为也会慢慢趋于规范,从而使合作社的内部治理趋于完善。第三,农民在这个过程中还学习了大量的有关民主管理和民主决策的知识,他们在与龙头企业和合作社内部其他成员的长期合作中,明白了自己的权利该如何维护,明白了决策的民主程序,明白了如何制定相应的制度来保护自己的利益。因此,合作社是一所伟大的学校,是农民学习民主、体验民主的大学校。

关键的问题在于教育。一要加强对农民合作意识的教育,旨在提升农民的合作意识和合作精神,确立合作的价值观,使他们理解合作社的运作机制和基本内涵。二要加强对农民的合作社经营管理技能的培训教育。这里面涉及很多操作层面的东西,如市场营销、内部治理、人力资源管理和财务管理等。三要加强对合作社领导者的知识教育。四要加强对政府的合作社教育。大家普遍忽视的是对政府相关部门的官员的合作社教育。我认为，合作社发展的外部动力很大程度上在于地方政府的积极推动，这些地方政府的官员懂得合作社，理解合作社的功能和作用，明白合作社的运作机制，因此这些地方的合作社在政府的积极推动与制度激励下实现了快速的成长。同时，合作社发展的外部阻力大部分来自地方政府设置的不必要的障碍。这些地方政府的官员对合作社了解甚少，甚至处于无知状态，不仅不鼓励合作社的发展，还设置各种障碍阻挠其发展。

（六）大力推动农民全要素合作和全过程合作

新型农民合作组织要实现对传统农村经营模式的扬弃，必须实现全过程合作和全要素合作。全过程合作意味着农民在整个生产过程中实现全方位的合作，合作贯穿农业生产的全部程序。全过程合作包括：第一，农业生产上游环节的合作，即各种投入品和消费品的合作，包括化肥、种子、生产工具和机械、农药、信贷等合作。第二，农业生产中游环节的合作，包括生产过程、技术培训、灌溉、农作物管理等领域的合作。第三，农业生产下游环节的合作，即农产品加工、品牌建设、营销等领域的合作。要鼓励新型农民合作组织的全要素合作，就是使农民实现各种要素的共享与互助。这些要素包括劳动力、土地、资金、技术、管理、信息等各个方面。农民进行全要素合作意义重大，只有实现全要素合作，才能实现各种农业生产要素的合理有效配置，实现农民在农业生产各个环节的有效配合，实现在更高程度的规模经济和范围经济，才能使农民合作社成为真正具有市场竞争力的特殊企业，而单一的合作极大地限制了农民合作社的竞争力。

政府支持和规范合作社发展,应注意以下三点:其一,要尊重农民和农民合作社的意志。合作社是农民自愿组建的互助性的民间组织,其精髓是"合作、自愿、互助、民主"。其二,政府对合作社的支持手段应多元化。目前政府大部分采取直接拨款补助合作社的方法,导致很多资金支持效率较低。其三,在合作社的组建过程中,某些地方政府直接以政府的名义组建各种合作社,对合作社的组织形式和内部治理结构进行严格的控制,使合作社实际上成为政府的一个派出机构,对合作社发展十分不利。

(七)结论:从"分散化小农"到"组织化大农"

自改革开放到 2007 年《农民专业合作社法》正式实施的近三十年,农民合作组织的发展缺乏法律保障和规范性,农业产业资本在市场竞争中的占优地位又对农民合作组织形成了明显的挤出效应,因此农民合作组织的发展面临着较为严格的约束条件。随着农业产业转型和农业市场的开放化,农民合作社面临的困境将越来越明显。由于外部约束条件和自身禀赋的缺失,农民合作组织要想实现可持续发展是非常困难的,政府必须对农民合作社进行制度补贴。所谓制度补贴,就是政府运用各种政策和法律手段,降低农民加入和运营合作社的成本,提升农民加入和运营合作社的收益,从而增强其自生能力,使合作社获得较为宽松的政策空间和市场空间。政府要为合作社降低四大成本:一是降低农民合作社的准入成本(在合作社注册中予以免费并降低合作社准入门槛和简化注册手续);二是降低农民合作社的企业家搜寻成本和培育成本(对合作社骨干成员进行系统培训以提升其企业家才能);三是降低农民合作社的信息成本和市场准入成本(政府帮助农民合作社提供市场信息和建立信息网络,扶持农民合作社产品进入超市等市场网络);四是降低农民合作社的运营成本(严格按照法律规定进行税收减免和财政补贴),使农民合作社在市场竞争中增强其比较优势。

现在,农民合作组织面临着新的发展机遇,农民合作组织的崛起也意味着农村微观经营组织结构正在发生着"第二次飞跃",即由分散的小农模式转向集约化、规模化、产业化的合作社生产模式。但是,历史教训告诉我们,合作社必须在充分尊重农民的意愿、充分尊重农民的首创精神、充分尊重并严格保护农民的平等契约权利、充分尊重并完整保障农民的财产权利和退出权的情况下,才能获得健康的发展。同时,政府应该加强对农民合作组织的制度补贴,加强农民的合作社教育、企业家才能培育和合作社内部治理规范化,同时为农民合作社创造一个公平而有效的市场环境。

四、发展壮大农村集体经济的若干理论和实践问题

(一)新型农村集体经济的意义和性质

2017年北京大学团队对浙江和福建的农村集体经济进行了调研,感受很深。发展集体经济,是中国农业和农村现代化的必由之路。20世纪90年代末至新世纪初,随着农村经济社会结构的深刻变化,我国农村集体经济发展出现明显滞后,从而严重影响了农村集体经济自我发展和自我保障的能力,严重影响了农业现代化、产业化、集体化水平的提高,严重影响了社会的公平平等,严重影响了乡村治理的有效性。中央审时度势,在十八大之后扭转了这一局面,采取综合措施,从顶层设计的高度,大力扶持农村集体经济发展。通过强有力的财政支持与市场机制建设的有效结合,极大地促

进了我国农村集体经济的发展，对于城乡同步实现小康，农村实现共同富裕，乡村公共服务能力提升与乡村治理机制的完善都具有极其重要的意义。大力发展集体经济是十八大之后一个主要的战略指向，我相信高层看到了农村目前存在的深层体制弊端，因此特别强调要发展新型农村集体经济。

新型农村集体经济的性质有四点：一是农村集体经济产权边界是很清晰的，每个人占有多少股份可以说得清楚。二是农村集体经济不是一个单纯的企业，它的目标不是简单的利润最大化，农村集体经济具有一定的成员之间互助合作的性质。三是农村集体经济还带有一定的社会保障性，它是为了让社会集体成员获得更多的社会保障而经营运作的，不光是要利润最大化。四是农村集体经济可以为集体成员提供大量公共品。比如说村庄的垃圾处理、健康、医疗、教育、文化等公共品的供给状况，都可以经由集体经济发展壮大而得到改善。

根据我们对浙江、福建15个县的考察，我感觉农村集体经济对农村的稳定发展、农村社会保障体系的完善以及乡村治理效率的提升，都具有十分重要的意义。农村集体经济实现了"三共"，即共有、共治、共享。所谓"共有"，即村集体成员或部分村集体成员在产权意义上共同所有；所谓"共治"，即村集体成员或部分村集体成员以一定的民主形式，根据相应的法律要求，实现对农村集体经济的共同治理、共同管理；所谓"共享"，是指村集体成员或部分村集体成员根据法律规定的分配形式，对农村集体经济的收益实现共同分享。"共有"强调的是产权形式，"共治"强调的是民主治理，"共享"强调的是公平分配，而"所有村集体组织成员"和"部分村集体成员"所举办的农村集体经济组织体现的是不同层次的共有、共治、共享。

(二)新型农村集体经济的两个层级和三个类型

新型农村集体经济主要有两个层级,第一个层级是由"村级集体"所举办的集体经济组织。这里既包括"村级集体"举办的企业实体,也包括"村级集体"利用本村集体资源兴办的具有集体性质的各类产业,还包括村集体领办的土地股份合作社以及其他类型的合作经济形式。这一类的关键特征是由"村级集体"举办或领办,因此在层级上是一种比较高级别的农村集体经济形式。我国财政部在2015年10月12日印发的《扶持村级集体经济发展试点的指导意见》就是强调这一层级的农村集体经济。而只有这一层级的农村集体经济才关乎整个村庄的治理、共同富裕问题,才关乎社会主义公有制经济在农村基层的载体问题,才关乎巩固党在农村的执政基础的问题。第二个层级的农村集体经济是具有集体合作性质的其他合作经济组织。这类农村集体经济主要是指农民自愿兴办、领办的各类农民产业合作社。第一个层级的村级农村集体经济的所有者涵盖了"所有村集体组织成员",而第二个层级农村集体经济的所有者则是"部分村集体成员"(按我国目前农民专业合作社法,一些非村集体成员也可参与农民专业合作社),这是两者最重要的区别。

目前各地的农村集体经济大约可分为三个类型:第一类是经营性农村集体经济,指的是以村集体为主体,建立经营实体(村办企业或农业生产经营性合作社),从事生产经营与相关农业服务;第二类是资源性农村集体经济,指村集体利用本村自然生态资源和其他集体资源(如村集体闲置的不动产),开发旅游、文化、物业服务等产业,增加本村集体经济收入;第三类是公益性的农村集体经济,如养老院、托儿所、图书馆等,此类农村集体经济以公益而非营利为目的。

从我们在浙江、福建调研的情况来看，经营性农村集体经济比重较低，村集体兴办的村级企业比较少。在浙江虽然有很多村股份经济合作社，但是虚体较多，开展实际的生产经营或农业服务的较少。现实中，资源性农业集体经济所占比重较大，比如利用本村山水生态优势搞休闲农业和乡村旅游，或者利用本村闲置的房产、集体建设用地出租搞物业，获得比较稳定的租金收入。浙江的村级物业经济比较发达，农贸市场、专业化市场（如台州方林村的汽车市场）、仓储物流业等发展很快，为村集体经济带来丰厚收入。浙江桐庐县富春江镇芦茨村，那里的风景好极了，村里通过对芦茨老街区36户28幢房回收改建，由村集体统一建设集购物、休闲、民宿为一体的地方特色街区，既改善了农村环境，又为村级集体经济带来很好的收益。由于第一类实体企业的经营困难较大，因此目前较有可操作性的是第二类资源性农村集体经济模式，其发展空间较大，经营管理难度相对也较低。我们在调研中，很少看到经营成功的农村集体企业，这就说明集体企业的经营管理确实面临着很大的困难。实践中也不宜在多数村提倡，尤其不宜一窝蜂地搞集体企业，要循序渐进，在有条件的村庄逐步发展。从我们调研的情况看，在农村发展集体经济的挑战特别大。我们一路15个县看下来，真正谈得上有比较像样的集体经济的村庄比较少，大部分村没有集体经济，或者集体经济十分薄弱。大部分村没有任何集体资产，一无土地，二无房屋，三无资源，当年单干分集体资产分得很彻底，这样在村里办公共事业，办图书馆、养老院等，就会捉襟见肘，所以发展集体经济实在是任重道远。

（三）农村集体经济发展所面临的挑战

总体而言，农村集体经济发展还仅是处于启动和初步发展阶段，距离大发展的差距还很大。各地农民对农村集体经济发展有不同程度的理解误区和疑虑，一些能够支撑农村集体经济发展的市场要素、体制要素、观念要素等还远未具备，农村集体经济发展面对的困难和阻力很大，在一些地方甚至是乱象丛生。总结起来，挑战主要有以下几个：

第一，村集体经济组织负责人与村干部在人事上是重叠的，村干部发展农村集体经济的动力与激励普遍不足。

第二，约束不足。即在发展农村集体经济过程中，对集体资产处置等的自由裁量权较大，缺乏严格的约束与规范化监督。

第三，受村干部任期影响，村级集体经济组织在运营中往往出现短期化现象，集体经济组织负责人的机会主义行为比较显著。

第四，村级集体经济组织在经营管理上专业化程度不足，人力资本缺乏，没有形成完善的农村集体经济经理人市场。

第五，由于现代村庄人口流动性的增强，村级集体经济组织在集体经济收益的分配方面往往存在很多问题，对成员权界定的困难也影响了农村集体经济收益分配的公平性。

第六，农村集体经济组织的经营往往受到村集体其他事务的干扰，承担了很多不该承担的村庄运行成本，影响了农村集体经济组织的运行效率。

第七，农村集体成员的集体观念淡薄，导致农村集体经济在发展时往往遭遇思想上的阻力，增加了运行成本。

第八，当前的财政政策、土地流转与土地股份合作的相关政策与法律制度还不完备，阻碍了农村集体经济的发展壮大。这些实践中存在的问题与挑战，要在农村集体经济的动态发展中逐一加以解决。

五、建设现代化农业强国

2022年年末中央农村工作会议提出"全面推进乡村振兴、加快建设农业强国"的战略目标，指出"强国必先强农，农强方能国强。没有农业强国，就没有整个现代化强国；没有农业农村现代化，社会主义现代化就是不全面的"。2023年中央"一号文件"又在中央农村工作会议的基础上，进一步强调指出："举全党全社会之力全面推进乡村振兴，加快农业农村现代化。强国必先强农，农强方能国强。要立足国情农情，体现中国特色，建设供给保障强、科技装备强、经营体系强、产业韧性强、竞争能力强的农业强国。"其中"供给保障强、科技装备强、经营体系强、产业韧性强、竞争能力强"的定位，为我国建设现代化农业强国指出了根本方向。2023年的中央"一号文件"聚焦于建设农业强国，提出了很多有针对性的、具体的应对措施，涉及粮食和重要农产品稳产保供、加强耕地保护和高标准农田建设、加强水利基础设施建设、推动农业关键核心技术攻关、深入实施种业振兴行动和加快先进农机研发推广等很多方面，系统擘画了未来建设现代化农业强国的战略路径。当前我国正处于一个极为关键的发展时期，全球经济政治的不确定性增大，因此建设现代化农业强国既有着长远的战略上的必要性，同时也对应对当前的国际挑战有重要的意义，对我国在高度不确定的国际局势下保障国家安全、获得发展主动有重要的意义。历史规律告诉我们，越是处于战略竞争前沿的国家，越是需要实现国家农业安全和粮食自给。同时，中国已经深度介入国际农业市场，而历史规律告诉我们，越是深度介入全球农业市场竞争越是深度依赖全球粮食市场，越是要倍加注重提升本国农业在世界农业产业链和价值链中的竞争能力。

当今世界现代化农业强国皆为发达国家或地区，包括美国、加拿大、欧盟、日本、澳大利亚、以色列等，都高度重视农业发展，这些国家或因大规模现代化农业而占领国际农产品市场，或因精细化现代农业而具备全球竞争能力，各自发挥自己的资源禀赋特点而在全球农业竞争中占据竞争优势。现代化农业强国的重要标志，就是要在全球农业市场竞争中具备较高的产品竞争力，要有较高的农业劳动生产率和较高的农业科技水平，要有农产品各产业链上的全面自主竞争能力（比如各农业大国在种业上都有较强的自主能力）。同时，还要具备保障本国农业安全的能力，要有对国际农业市场波动尤其是粮食价格波动的应对能力，也就是要有比较强的国际农业市场的定价权和话语权。

中国是全球农产品产量最高的国家，同时也是全球农产品进口额最高的国家，是全球农产品逆差额最大的国家。2021年中国生产了6.83亿吨粮食、8990万吨肉类以及6464万吨水产品，分别占全球总量的25%、28%以及36%左右。中国还生产了7.7亿吨蔬菜、2.99亿吨水果，分别占全球生产总量的1/2和1/3以上。2021年中国农产品进出口额达3042亿美元，农产品贸易逆差达1354亿美元，是全球最大农产品贸易逆差国。近年来，我国的主粮进口大幅增加，大豆进口每年都在1亿吨左右，对全球农产品市场的依赖性明显增大，对我国农业安全形成了较大的影响。尽管中国粮食产量连年增加，但是我们的农产品结构性问题、农业"大而不强"的特点仍然很突出，农业科技水平相对较低，同时中国对全球农业市场的依赖性（尤其是进口依赖性）仍然过大，我们在全球农产品市场波动的应对能力和大宗农产品的定价权上仍然微弱，与我国农业对全球农产品进出口市场的参与度与影响力极不相称。

建设农业强国、促进农业高质量发展的核心是提高农业科技进步在农业发展中的贡献率,彻底改变我国传统的建立在小农经济基础上的农业生产方式。我国农业生产方式总体比较落后,农业生产的机械化、智能化、标准化程度较低,现代农业技术应用的广度(覆盖面)和深度(对各类农业经营主体的渗透程度和在农业全产业链上的渗透程度)较低,这就导致我国的农业产业大而不强。我国农业土地的集约化利用的程度还非常低,这就导致我国农业生产极端细碎化、分散化、效率低下、单产较低,难以实现农业经营的集约化、规模化和标准化。因此,我国建设农业强国和农业高质量发展的着力点,一方面是提高农业科技创新水平和农业科技推广效率,另一方面更重要的是在农业经营体制创新和农地制度创新方面进行深刻变革,从而为农业科技进步奠定体制基础。

2023年"一号文件"高度重视农业科技创新,提出要坚持产业需求导向,构建梯次分明、分工协作、适度竞争的农业科技创新体系,加快前沿技术突破;支持农业领域国家实验室、全国重点实验室、制造业创新中心等平台建设,加强农业基础性长期性观测实验站(点)建设,同时强调完善农业科技领域基础研究稳定支持机制。我认为,要实现中央一直强调的"藏粮于技",就要从顶层设计层面加大农业的科技引领力度,加大农业技术进步的资金投入和对技术创新人员的激励。农业技术进步往往具有高投入的特点,需要比较长时间的持续的巨额投资,如果没有顶层设计者从战略高度对农业科技进步重要性的深刻认识,是不可能在农业技术进步方面有所作为的。比如在农机领域,我国农业的现代化和机械化是大势所趋,农业生产加工的各产业链对农机的需求非常旺盛,2023年的"一号文件"也提出要加快先进农机研发推广,加紧研发大型智能农机装备、丘陵山区适用小型机械和园艺机械。但是如果没有长期的持续资金投入,如果没有长期的农机领域的科技创新，要想在农机领域占据优势竞争地位是不可能的。我们还要建立有利于科技进步和技术创新的激励机制，以更市场化的体制机制支撑和鼓励农业科技人员的技术创新。要从完善和改革技术管理体制和技术人员收入分配制度入手，使技术人员能够获得更大的内在激励从事农业技术革新。要建立多元主体参与的新型科技创新体系，以利益联结为纽带、以科技创新优势互补为导向，构建农业科技进步共同体，将农业科技管理部门、高等院校、国家级科研单位、农业企业技术创新机构等的科研力量进行整合，通过科研资源的整合提高农业科技进步的效率。同时，农业科技推广体系的建立和完善是非常重要的一环，要建立功能综合性、系统网络化、职责明确化、服务信息化、组织体系多元化（包括农业生产经营组织、农业科研教学单位、群众性科技组织等在内的）农业技术推广体系。

建设农业强国，要重视覆盖一、二、三产业的全产业链现代化农业体系构建。从良种的研发到生产环节的生物技术的采用、从化肥农药的研发与供应到整个农资体系的生产和供给体系的完善、从新型农业生产设施的研发到农业机械创新、从农业组织体系的升级到农业社会化服务体系的完善和农业管理体制的创新，在整个农业产业链上，都要注重产业的融合和整合。要通过一、二、三产业融合发展，构建新型的农业业态，调整农业产业结构。在互联网支持下，农业电子商务、农业旅游文化、农业体验式营销和推广等新型业态会不断出现，一些基于互联网和物联网的农业平台将颠覆以往农业产业的传统形态。要通过引进社会资本和混合所有制改革整合产业链上下游的企业，实现优势互补，从而在全产业链上打造一个现代化农业产业集团，每个环节既突出产业优势，又兼顾上下游产业之间的衔接和优势互补，从而实现强强联合和产业融合。

建设现代化农业强国，还要特别重视生态农业建设，从而实现中国农业的可持续发展。在农业现代化的指导思想和顶层设计层面，要把保障粮食供给安全与保障生态安全置于同样的高度，要在顶层设计层面把促进人和自然的和谐发展摆在优先的位置，把构建生态农业和可持续农业作为最高的指导思想。2023年中央"一号文件"指出，要加快农业投入品减量增效技术推广应用，推进水肥一体化，建立健全秸秆、农膜、农药包装废弃物、畜禽粪污等农业废弃物收集利用处理体系，同时要健全耕地休耕轮作制度，加强农用地土壤镉等重金属污染源头防治，强化受污染耕地安全利用和风险管控。当前耕地污染问题严重，我们要注重借鉴我国古代土地用养结合的经验，注重用有机的生态的模式加强土壤的养护和改良，这是保证农业可持续发展的重要前提。要大力发掘中国古代传统农业文化遗产，借鉴中国古代循环农业、立体农业的智慧，从而在提高土地的综合利用效率的同时，有效保护整个农业生态环境。

六、我国农业和农村的现代化：展望未来三十年

未来三十年，也就是到2050年左右，中国将成为一个现代化强国，其中农业和农村的现代化将成为这个"现代化"最重要的组成部分，也将是最亮丽的部分。三十年后的中国农业和农村是什么样子？中国的农业和农村在此期间将会发生哪些变化？我们不妨来一番浪漫的、但又合乎逻辑的畅想。

三十年后的中国农业产值在总产值中的比重将比现在还要低，估

计三十年后，中国农业产值的比重将在5%左右，接近中等发达国家甚至某些发达国家的水平。农业产值占总产值比重的下降，意味着纯农业部门在国民经济增长中的贡献已经比较小了，意味着这个国家已经彻底实现了现代化和工业化。但是农业产值占总产值比重的下降，并不意味着农业的重要性下降，这是两个概念。像日本和欧美等发达国家，他们的农业产值比重虽然已经很低很低，但是这些国家都极为重视农业，农业的重要性提得很高。为什么？因为农业部门的贡献已经不主要体现在产值方面，而体现在一个国家的农业安全方面，尤其是中等以上的人口大国，没有农业的基本自给，就会时刻面临国家安全问题。这个问题必须提出来，不要以为农业产值的比重下降，就可以不重视农业了，日本和欧美等国的经验恰好相反，是更加重视农业。

未来三十年，农业和农村人口在总人口中所占比例必将继续大量降低。我们目前的户籍城镇化率，官方统计数据是在50%左右，大概47%的样子。名义城镇化率是65%。我认为未来三十年，中国的城镇化率将要达到韩国和日本的水平，就是70%～80%的城镇化率，比现在的户籍城镇化率还要提高大约25个百分点。到那时，我们还要转移出去3亿多农村人口，大约每年有1000万农民转为城镇人口。这个转移会撬动大量的需求，会使整个国家的经济结构、社会结构等发生重大变化。我们未来三十年的增长，也将基本上依赖于这3亿人的身份转换。换句话说，中国未来增长的潜力就在这种迅猛的城镇化当中，因为要转移这么多人口，而这些人口要大量消费，而且是升级的消费，因此中国未来三十年的增长，应该说不会慢。城镇化率的提高带来的大量人口转移，这个力量大到不可估量。

随着农业产值占总产值比重的下降，农业产业的形态也将发生深刻的变化。未来三十年，农业的产业化和规模化程度大为提高，中国农业产业的国际竞争力也将大为提高,一批优秀的、在全球占据重要地位的国际化农业企业将在中国崛起。与此同时,我国农业的形态将转变为高效农业、高附加值农业,与环境友好的生态农业将得到普及。这种农业对水和土壤的损耗及占用将降低到最低限度,因而中国的土壤污染、水污染将大为改观甚至消失,中国的生态环境将得到极大的改善。中国五千年的农耕文明三十年后将在更高的层次上受到重视,得到应用、继承和发展。到时候,我们的大面积的草原、稻田、麦田以及其他农业设施,将成为观光农业的主要载体,成为广义的文化产业的一部分,这里面蕴含的农业文明的元素将会异常丰富,使我们未来的几代人更加珍惜中国的传统农耕文化,更加懂得在现代农业的发展中,利用传统农耕文化的要素来获得更高的回报。

随着农村和农业人口的大幅度降低,我国农村在未来三十年必将呈现更加崭新的面貌,农村的社会和文化形态将发生深刻变化。农村不再是传统意义上的农村,而是田园化的农村、更加文明的农村,农村将是市民们向往的居住地、旅游地、休闲地、修身养性之地。三十年后,我国城市和乡村的居民在社会保障和社会福利层面的区别将大为缩小,城乡差距尽管不可能彻底消失,但是在中国大面积地区,城市和乡村居民的收入水平、社会福利水平将基本趋同,城乡居民身份的差异以及各种权利的不平等将基本消失,基本实现城乡一体化。到那时,农村的集体化、农民组织化的程度将更加升级,农村乡村治理将与现代协商民主治理体制对接。这就意味着农村的社会治理体系和组织结构将发生深刻的变化;而随着农村的民主化和组织化逐渐增强,我国社会主义民主政治建设也将呈现新的面貌。三十年后的新一代农民将成为知识素养更好、市民意识和社会参与意识更强的农民。职业化农民将与今天的农民有本质区别，他们是现代化的、拥有较高教育水平的、在身份和社会地位上与市民没有任何差别的新型农民。

以上是我们的"畅想"。然而要实现这些愿景，我们在三十年间必须进行极为艰苦的奋斗，必须在农村的制度创新和农业的技术上下很多功夫，甚至还会遇到很大的阻力。城乡一体化的背后，是深刻的制度变革，要有改革的魄力和勇气，才能破除农村发展的很多桎梏。上一讲我们讲到未来发展的"三大平衡"和"五大充分"，这其中最核心的就是乡村的发展，所以乡村振兴战略是未来中国经济增长和社会发展的"牛鼻子"。乡村是所有这些问题的纠结之地，乡村是矛盾的总焦点，无论是三个"不平衡"还是五个"不充分"，在农村都表现得比较突出。2015年，中央农村工作会议，习近平强调："重农固本，是安民之基。"我在2010年创办《农本》杂志，倡导"新重农主义"，也是这个意思。未来三十年的粮食安全问题、城镇化和农民工问题、城乡一体化和农村社会保障问题、农村社会重建问题（以解决目前的留守儿童与老人以及乡村治理真空问题）、农业生态问题、农村反贫困（包括农村彻底消除绝对贫困之后的降低相对贫困人口）等，都是非常棘手的、严峻的问题，需要我们拿出智慧和勇气，来实现真正的乡村振兴。我们现在仍旧要极其重视农业和农村，"乡村振兴战略"就是要从农业产业化和粮食安全、农民组织化、乡村治理、乡村生态环境、农村扶贫开发、乡村文化建设和伦理建设等方面，全方位地构建一个新的乡村，如此我们的国家才有希望。

第八讲
中国工业管理体制和国有企业制度变革（上）：传统体制的形成与演进逻辑

一、新中国成立至"一五"计划期间形成的传统工业管理体制和国有企业制度（1949—1957）

第八、九两讲的主题是关于中国工业管理体制和国有企业制度变革。这一讲，讨论1949年至1976年的传统社会主义工业管理体制和国有企业制度的形成与演进逻辑，第九讲讨论改革开放之后的中国工业体制的变迁。

第八讲分以下五个部分：第一部分探讨1949年至1957年中国传统工业管理体制和国有企业制度的基本特点，尤其重点探讨在此期间当时的决策者对于社会主义计划经济和工业管理体制的反思。第二部分探讨1958年至1960年，以管理权限下放为特点的工业体制和国有企业体制的调整。第三部分讨论1961年至1965年以权限上收为特征的工业体制调整。第四部分是讲"文化大革命"十年的调整、整顿、探索，探讨这十年的得与失、利与弊。第五部分做一个理论上的总结，全面分析传统工业管理体制与社会主义公有制企业的制度特征和历史意义。

我们国家的工业管理体制跟国有企业制度，经历了几个不同的阶段，改革开放前经历了四个阶段：1949年至1957年是第一个阶段，1958年至1960年是第二个阶段，1961年至1965年是第三个阶段，1966年至1976年是第四个阶段。改革开放之后，经历了放权让利阶段、承包制阶段、股份制与现代企业制度阶段、混合所有制阶段，当然这些阶段，也不是那么绝对分开的。20世纪80年代至90年代，一些学者对传统社会主义计划经济模式和工业管理模式进行了比较系统的、深入的反思，应该说对于我们认识传统计划经济体制和工业管理体制是有帮助的，对当时的经济体制改革的深入开展也起到很好的作用。这些反思的时代背景，是八九十年代改革开放刚刚开始的十几年，社会主义市场经济还在探索当中，人们着力于对传统体制的弊端进行检讨、反思、批判，以证明改革的合法性。但是，经过改革开放四十年的探索，正反两方面经验都比较多了，我们今天反思传统体制，也包括反思改革开放以来的经济体制变革，我们的语境又不太一样了，因为我们观察的历史维度毕竟更长了一些，所看到的东西更加全面一些，对两种体制的优劣利弊的感触也许更深更客观一些，观察的视角可能比以前更开阔一些。而且我们还有90年代以来对苏联和东欧剧变的观察，对亚洲金融危机的观察，对欧洲经济变迁的观察，以及对美国金融危机以来的全球经济变局的观察。有了这些参照物，我们今天的检讨和反思可能要更全面和理性。我认为对于国有企业的特征和演进路径要有一个长时间段的考察，对于我国工业管理体制和经济发展模式有一个全球化视角的观察，这样才能得到一个正确的结论。要把中国公有制经济的演变放在中国工业化与赶超战略以及社会主义现代化的高度来考量，这样才能得到一些比较全面的结论，也才能看得出将来我们的道路和趋势。

1949年至1956年是我国社会主义计划经济体制和工业管理体制的初创时期，如果把这个时期跟国民政府1927年至1937年相比较的话，就会发现很多有趣的现象。1927年大革命之后，国民政府从形式上统一了全国，1928年东北改旗易帜，全国统一，直到1931年，尤其是1937年日本人侵入中国，这十年间，实际上国民政府是想做工业化这件事的。尤其是在苏联的感召之下，当时的国民政府也希望建立这么一个比较"大一统"的工业化体制，来推动中国迅速工业化。这个阶段的工业化虽然有了一些成绩，但是并没有成功。1949年至1956年的社会主义工业管理体制跟1927年至1937年国民政府时期的工业化体制有什么关键性的不同呢？我认为关键的不同就是我们这个"大一统"的国家工业体制，是建立在中国共产党的极高的政治动员能力和资源动员能力基础之上的，同时也是建立在中国共产党对中国基层社会高度的重构基础之上的。新中国成立后，国家动员能力空前增强，国家对基层社会的重构以及整个国家政治共识的增强，都使得1949年至1956年的这个体制，比国民政府时期更有力量完成中国工业化的历史使命。而国民政府的弱项正在于此，它对基层社会的动员和改造能力相对弱，国民党的组织相对涣散，政治共识达成的能力比较差，因此没有完成中国工业化的使命。当然还有一个外在原因，就是日本人的入侵打断了国民政府的工业化进程。

新中国成立初期，之所以能够迅速建立起一个高度集中的社会主义工业体制和计划经济体制，是跟三大"统一"的实践分不开的。这三大实践就是统一全国的财政收支、统一全国的物资调控、统一全国的现金管理，把全国的生产要素都统一起来，从而把整个中国打造成铁板一块的高度组织化的体系；而中央获得了高度的权威，可以统一调配全国的物力和财力，这样就为大规模工业化提供了体制基础。

"一五"期间，中国的公有制经济占据了主导地位，"一五"计划首要的任务就是以苏联援建的156项重点项目为核心，加强重工业为主的工业建设，从而优先发展重工业。可以这么说，苏联援建的156项重点项目，彻底改变了中国原来的工业布局。中国原来的工业倚重于沿海，大部分工业是放在上海这些沿海大城市。但是，156个项目的分布，几乎分散在全国各地，包括之前工业布局比较薄弱的西北和西南地区，从而建立起比较完整的基础工业和国防工业的框架，奠定了中国工业化的初步基础。"一五"计划期间，随着重工业建设，还要相应地建设纺织工业和其他轻工业，建设为农业服务的中小型工业企业，要发展运输业和邮电业等。要推动农业和手工业的合作化以初步改造小农经济，为社会主义服务。要对资本主义工商业进行社会主义改造，将其纳入各种国家资本主义之中，以适应大规模工业化和计划经济的需要。

"一五"期间的工业布局发生了很大的变化。当时针对新中国成立之前的工业布局的弊端，中央提出，既要建立一批规模巨大、技术先进的工业部门，又要利用先进技术扩大和改造原有的工业部门。旧中国留下的那些传统工业，包括东北地区的、上海地区的，要进行改造，合理利用和改建原有的沿海工业基础，同时在内地新建一批工业基地，改善工业布局的不合理情况。内地投资占全国投资的比重，由1952年的39.3%上升到1957年的49.7%；内地工业产值占全国工业产值的比重，由1952年的29.2%上升到32.1%。这些数据说明我国的工业布局已经悄然发生了变化。

"一五"计划的成就是巨大的，"一五"是新中国成立后的前三十年中比较辉煌的时期。在这个时期，国有工业占据了主要地位，工业基本建设规模是很大的，工业制造能力和生产能力大幅度提高，工业布局和工业结构比以前更加合理。但是，那段时期，我认为最大的成就是奠定了集中式的工业管理体制与国有企业制度的基础。这个集中，就是高度上收权力，地方的权力和企业的权利几乎全部上收了，中央是"大一统"。1950年3月3日的《关于统一国家财政经济工作的决定》中说，在企业资产管理方面，公营企业的利润和折旧金的一部分要上缴国库，全国国营企业的资金物资等的运用和调拨权限集中于中央人民政府贸易部。以集中统一为特征的工业管理体制主要包括以下两个层次：第一个层次，中央政府和地方政府在国营企业管理权限划分方面，实行统一领导、分级管理的基本原则。1950年政务院把凡属国家所有的工厂企业，分为三种办法管理：一是属于中央各部直接管理；二是属于中央所有，暂时委托地方管理；三是划归地方管理。适当扩大地方政府在发展地方工业方面的权力和责任，促进地方工业的发展。中央和地方的关系，是理解中国的核心之一。中国到现在也还在探索一种新型的中央和地方关系。实际上中国古代社会两千多年以来都在纠结这个问题。从先秦时代建立起以周天子为核心、以各诸侯国相对独立的类似邦联制的国家，到秦朝"大一统"之后，建立郡县制这种新型的中央—地方模式，中央和地方的关系一直是国家治理的核心。毛泽东也非常重视这个问题，所以在1949年中华人民共和国成立之后，通过前几年的经济恢复和社会主义改造，逐步建立起一个集中统一的工业管理体制。这个体制的核心是要把中央和地方关系处理好，强调既要保障中央的权威，又要扩大地方工业管理的权力，促进地方工业的发展，但主要还是集中统一为主流。

第二个层次，在国家和国营企业的关系上实行以统收统支为主要特征的集中统一的管理体制。在财政方面实行统收统支，国营企业需要的资金按照所属关系由各级人民政府预算拨款，超定额的流动资金由人民银行贷款，国营企业除缴纳税金之外还需把大部分利润上缴政府。在物资供应和产品销售方面开始实行以计划调拨为主的物资供应和产品收购体制。在劳动方面着手建立集中管理体制，各国营企业人员均由各级编制委员会统一管理。在计划方面开始对国营企业进行直接计划即指令性计划管理。

以上两个层次，构成了传统工业管理体制和国有企业体制的主要内容。

（一）高度计划的工业管理体制的历史意义和局限

高度计划的社会主义体制是以国民经济中居于主导地位的社会主义国家所有制工业为基础的，这是符合工业水平低和工业结构简单的历史情况的体制选择。这种工业管理体制和国有企业制度对社会主义工业化的迅猛推进、对中华人民共和国成立初期市场的稳定和经济的恢复发展、对迅速赶超工业化国家，起到历史性作用。但这种体制下存在的国营企业经营自主权的缺失和激励体系的缺失，是其主要的体制缺陷。国有企业成为国家计划的附属物和执行国家计划的工具，成为国家执行赶超战略的工具。

"一五"计划执行的结果是强化了集中统一的"大一统"的计划经济制度，由中央直接管理的国有企业不断增多，中央政府对于固定资产投资实行统一管理，对财政资金管理实行统收统支集中管理，中央收入占财政收入的大概80%，中央支出占整个支出的75%，地方的财力很小，地方的支出也很少了。主要的生产资料由中央政府统一分配，这是"一五"计划时期形成的单一公有制经济的基本特点。

社会主义改造完成之后，单一公有制的基本实现使施行计划管理的范围扩大。"一五"期间，接受政府指令性计划管理的国营企业数量不断上升，国营企业的总产值、主要产品产量、新种类产品试制、重要的技术经济定额、成本降低率、成本降低额、职工总数、年底工人人数、工资总额、平均工资、劳动生产率和利润等12项内容，都由政府直接下达指令性指标。由国家计划委员会统一管理、直接下达计划指标的产品由1953年的115种增加到1956年的380余种。而"计划一经批准，一般不予修改"，以免整个国民经济的平衡因此受到影响。

除了生产环节的全程控制，国营企业的财务也受到政府的严格管理。虽然时有调整，但基本上实行高度集中的统收统支的管理体制。国营企业日常生产经营中所需的各项资金，多由各级财政支付。1953年10月，财政部下发《关于编制国营企业1954年财务收支计划草案各项问题的规定》，明确规定燃料、重工业、一机、二机、纺织、轻工业、交通、铁道、民航等各个部门所属的国营企业"基本建设支出，技术组织措施费，新产品试制费，零星固定资产购置及各项事业费，均属经济拨款之范围，应悉数列入财务收支计划'预算拨款'的有关项目内"。在具体实践中，1951年至1954年，国营企业的定额流动资金由财政和银行分别供应，1955年至1957年则实行国营企业自有流动资金计划定额全部由财政拨款的制度。国营企业的原料供应、要素价格、生产过程、财务制度等方方面面都受到了政府的严格控制。可以看出，我们的集中统一计划在第一个五年计划时期比较严密，比较细，在一定程度上沿袭了苏联的模式，过于强调中央的统一。

但是，在那个时期，由于中央政府集中统一的力量太强，带来的弊端很快就出现了。比如说，各地和各企业的信息很难收集，所以制订的计划就不一定太合理；由于作为微观主体的国有企业的积极性、主动性受到一定抑制，所以生产效率就不高。而且管理队伍太庞大，政府的行政成本不断提升，所以机构臃肿的问题一直得不到解决。中华人民共和国成立初期,高度集中的计划经济体制的一些弊端已经引起了毛泽东等领导人的思考和关注,他们也在不断反思苏联模式,力图改进。

(二)对苏联模式和传统社会主义体制的反省

对苏联模式的早期反省包含几个方面:

第一个反省,就是关于社会主义经济成分的多样性与单一公有制的关系。当时的领导人经过比较和反思,都认为单一公有制是影响效率的,因此,有必要保持社会主义经济成分的多样性,在所有制方面不要太单一,不要太绝对化。从毛泽东、刘少奇、陈云等人的论述中,都可以看出领导者对于单一公有制可能造成的低效以及对微观经济主体激励不足的觉察。

第二个反省,就是关于计划经济实行的方法以及计划和市场的关系。国家计委强调,指令性指标跟调整性的指标、参考性的指标分开,这三类指标不一样。中共八大召开以前,1956年5月《国家计划委员会关于计划分级管理问题的初步意见(草稿)》中提出,"国务院批准下达的计划,分为指令性的指标、可以调整性的指标和参考性的指标。指令性的指标必须保证完成。可以调整性的指标,可以在保证完成指令性指标的前提下,由各部、各省市进行必要的调整","参考性的指标只供各部、各省市执行计划时参考,不作为检查计划执行情况的依据"。国家计划委员会希望以此对单一的指令性计划管理方式进行调整。

而关于计划与市场的关系,比较具有代表性的反思,是陈云提出的"主体"与"补充"的思想,即"我们的社会主义经济的情况将是这样:……计划生产是工农业生产的主体,按照市场变化而在国家计划许可范围内的自由生产是计划生产的补充"。这一时期，第一代中央领导集体意识到，社会主义经济既应当有计划性，又应当有多样性和灵活性；尤其是中共八大，对这个问题也有比较清醒的看法。当然，这个问题一直没有得到很好的解决，主体跟补充的关系一直在纠结，成为计划经济的主要问题之一。

第三个反省，就是中央集权和地方分权的关系。毛主席《论十大关系》就集中谈到这个问题。毛泽东指出，"应当在巩固中央统一领导的前提下，扩大一点地方的权力"，"我们不能像苏联那样，把什么都集中到中央，把地方卡得死死的，一点机动权也没有"。这几乎是当时全党的共识。在"一五"计划实施的最后一年即1957年，陈云在毛泽东的这个观点指导下，为国务院起草了《关于改进工业管理体制的规定》《关于改进商业管理体制的规定》《关于改进财政管理体制的规定》等三个文件。这三个文件的主要内容可以概括为两点：其一，适当扩大企业主管人员对企业内部的管理权限。在计划管理方面减少指令性的指标，对企业的利润，由国家和企业实行全额分成；其二，适当扩大地方在工业、商业、财政管理方面的权限。除了将一些原本由中央直接管理的企业下放给地方领导外，增加了地方政府在物资分配、商品定价、财政收入支配、人事管理等许多方面的权利。三个文件的核心是什么呢？就是考虑放权。中央不要掌握那么多权力，指导思想就是要克服过度集中的弊病，要通过放权来调动地方政府和企业的积极性。实际上在中国的整个计划经济时期，甚至一直到20世纪90年代，我们的问题就是"收"和"放"的矛盾。我们一直纠结于这对矛盾，一放就乱，一乱就收，一收就死，一死就放，循环往复，找不到解决的方法。这个问题现在稍好一些，因为市场经济体制不断建立之后，宏观调控的方法发生了变化，微观主体的主体性和独立性得到增强；但是传统体制之下,这个"收"和"放"的矛盾很难解决,中央集权和地方分权的矛盾很难解决。

第四个反省,就是关于产业结构。当时看到了产业结构太偏重重工业不行,要更多考虑到轻工业和农业的需要。同时,积累太多不行,还要考虑到人民的生活,别把积累率搞得太高,老百姓生活得不到改善,这也不是社会主义。"一五"时期重工业是太重了,就环比增速来说,1953 年,农、轻、重的比例关系是 1∶8.61∶11.77,重工业是农业投资的将近 12 倍。实际上这个比例后来也在不断调整,大概在 20 世纪 60 年代毛泽东就讲,应该以农业为基础,以工业为重点,又把农业的基础地位提高上来了,农轻重的比例关系有所调整,1957 年这一比例关系为 1∶1.6∶5.26。毛泽东 1956 年在《论十大关系》中,最先谈及的就是重工业与轻工业和农业的关系,指出"要适当地调整重工业和农业、轻工业的投资比例",以重工业为投资重点,但也要加重农业和轻工业的投资比例,这样既可以"更好地供给人民生活的需要",也可以"更快地增加资金的积累"。因为从长远来看,更多发展农业、轻工业才能使重工业的发展有更加稳固的基础。

(三)"一五"计划之后的体制调整

以上对计划经济体制的反省,开启了"一五"计划完成前后一系列比较重要的工业管理体制改革。1957 年 9—10 月,八届三中全会通过陈云主持起草的《关于改进工业管理体制的规定(草案)》,指出工业管理体制的主要问题是:第一,地方对于工业管理的职权太小;第二,企业主管人员对企业的管理权限太小。因此放权是主导性的思路,要实现地方放权和企业放权。改革措施包括以下方面:第一,在计划管理方面减少指令性指标,扩大企业主管部门对计划管理的权限。指令性计划指标由12个减少到4个。第二，国家只规定年度计划，季度和月度计划都由各主管部门根据具体情况做出规定。第三，简化计划编制程序，坚决精简表报。第四，国家和企业实行利润分成，改进企业的财务管理制度。第五，改进企业的人事管理制度，给企业更多自主权。

代表这一时期对计划经济体制和苏联模式反思的最高成就的，就是毛泽东的《论十大关系》，它集中了当时党中央的高度智慧。毛泽东调查了五十几个部门，亲自与五十几个部门的负责人座谈，最后总结出一些规律性的东西。在新中国工业管理体制形成和变革的第一阶段，其目标就是要建立中国工业化的基础；然而要在一个很低的起点上快速启动大规模经济建设，推进重工业优先的工业化，并非易事。社会主义计划经济体制的建立，顺应了作为工业化后发国而与工业化先行国有着较大差距这一特定历史条件的要求，国家因此而拥有了强大的资源动员和配置能力，使紧缺的物资、资源能够配置到优先发展的产业中去，这正是中国能够突破贫困的恶性循环——"贫困陷阱"的重要经验。同时，高度集中的计划经济体制在运行过程中出现的一些问题，引起了新中国第一代领导集体对于计划经济体制的反思，借此也开始了对社会主义经济发展道路的独立探索。

第一阶段是一个工业化的启动时期，高度集中的计划经济和工业管理体制是这个时期的主要特征。我认为这种高度集中的体制反映了当时经济发展的一种必然性。新中国成立后，中国走上了一条比较顺畅的工业化道路，不管这个工业化道路成本有多高，总之开始了起步，我们要高度肯定传统工业管理体制和计划经济的巨大历史作用。但是这种"大一统"的高度集中的体制，其弊端也引起了当时决策者的反思，从而开启了中国人对中国特色社会主义经济道路的独立探索。

二、以权限下放为特征的工业体制和国有企业制度调整（1958—1960）

紧接着第二个阶段就是1958年至1960年的权力下放。在1956年、1957年的反思之后，1958年开始对工业体制和国有企业制度进行调整。这种调整是必要的、正确的，当时大量的中央所属企业都下放到地方，中央管理权限也大量下放给地方。这一时期积极探索企业利润留成制度和"两参一改三结合"的企业管理制度，国有企业获得了一定的经营自主权，国有资产运营效率有所提高。但是当时办事太急，过度下放权力，导致经济生活出现混乱局面，加上地方政府管理一个大企业的经验能力不足，导致很多制度落实不下去，一些企业管理比较混乱，企业生产效率低下，而中央对国民经济管理的控制力也在下降，因此后来又逼使中央再次上收管理权限。

（一）社会主义建设总路线的提出和意义

1958年5月，中共八大二次会议认为中国正处在"一天等于二十年"的伟大时刻，号召"破除迷信、解放思想"，争取实现在十五年或者更短的时间内，钢铁和其他主要工业产品的产量赶上和超过英国的目标。会议通过了"鼓足干劲、力争上游、多快好省地建设社会主义"的社会主义建设总路线。刘少奇在工作报告中对这条总路线的基本点做了集中阐述：调动一切积极因素，正确处理人民内部矛盾；巩固和发展社会主义的全民所有制和集体所有制，巩固无产阶级专政和无产阶级的国际团结；在继续完成经济战线、政治战线和思想战线上的社会主义革命的同时，逐步实现技术革命和文化革命；在重工业优先发展的条件下，工业和农业同时并举；在集中领导、全面规划、分工协作的条件下，中央工业和地方工业同时并举，大型企业和中小型企业同时并举；通过这些，尽快地把我国建成为一个具有现代工业、现代农业和现代科学文化的伟大的社会主义国家。

应当说，从理论的角度来考察，这个重工农并举、中央和地方工业并举、大中小并举的思想，是比较适合中国的经济发展和工业化的一种模式选择。但是在实践过程中，"大跃进"出现了过快过急的毛病，地方的层层加码，导致很多地方的经济发展违背了客观条件，经济发展的效率受到影响，而且这种通过群众运动来加快工业化和经济增长的方式，也被历史证明是有一定缺陷的。这些缺陷，最终导致了这一时期国民经济的严重比例失调，经济出现严重问题。

当时薄一波出了一个主意，叫作"两本账"。因为他看到地方上经济发展的热情很高，往往突破了中央的计划，他当时主管经委的经济计划工作，认为经委编的年度计划草案很难满足地方同志的要求，于是向毛泽东建议搞两本账，中央一本账，地方一本账。毛泽东在《工作方法六十条》中提出要建立生产计划三本账。中央两本账：一本是必成的计划，这一本公布；第二本是期成的计划，这一本不公布。地方也有两本账。地方的第一本就是中央的第二本，这在地方是必成的，第二本在地方是期成的。评比以中央的第二本账为标准。于是在"大跃进"的浪潮中，国家计划部门逐步提高计划指标，从中央到地方普遍推行"三本账"制度，导致各地区、各部门在制订计划时层层加码，追求高指标。薄一波向中央建议的两本账以及后来毛泽东提出的三本账，本是为了在完成国家计划之外，充分发挥地方的积极性，保证计划按时完成和超额完成，但两本账或三本账制度也导致了计划的层层加码。地方不顾自己的客观条件，任意提高指标，而且中央通过这个制度设计又鼓励了地方加码,最后导致很大的消极后果。薄一波后来写了本书《若干重大决策与事件的回顾》(人民出版社,1993年)对这段历史进行了反思和检讨。总体来说,"大跃进"运动是在当时国际共产主义运动赶超浪潮下,试图通过群众运动来实现工业化和经济高增长的一种探索,这个方法现在看来是有问题的,违反了客观规律。工业化和经济增长既要追求一定的速度,又不能急于求成。老子讲过一句话:"企者不立,跨者不行。"跷着脚够东西肯定是立不住的,跨大步也是没有办法跑快的,这是很有道理的。

(二)权限下放

1957年11月,针对"一五"时期权力过分集中暴露出的弊端所制定的三个国务院文件,即《关于改进工业管理体制的规定》《关于改进商业管理体制的规定》《关于改进财政管理体制的规定》,自1958年起施行,由此中央给了地方更多的权力。随着"大跃进"运动的开展,中央又陆续下放了计划管理、基本建设审批、招工及文教等方面的权力。

(三)下放计划管理权

实行"以地区综合平衡为基础的、专业部门和地区相结合的计划管理制度"。1958年9月24日,国务院发布《关于改进计划管理体制的规定》,总的指导精神是要求统一计划、分级管理、加强协作、共同负责,强调扩大地方的管理权限,以充分发挥地方的积极性。

(四)下放基本建设项目审批权和物资财务管理权力

1958年3月成都会议通过的《中共中央关于改进物资分配体制问题的意见》规定,各省、市、自治区在保证完成中央国营工厂生产任务的条件下,对国家经济委员会按计划统一分配给各中央国营工厂的物资,有权调剂其多余部分,以便平衡生产。7月,中央提出对地方基本建设投资实行包干制度。9月,中央规定,对于限额以上基本建设项目设计任务书采取中央和地方分工负责审批的办法。

(五)下放财权、税收权和商业管理权

1958年起实施的《国务院关于改进财政管理体制的规定》,明确划定地方财政的收支范围,适当地扩大地方管理财政的权限,并且在保证国家重点建设的前提下增加地方的机动财力。5月,国务院颁发《关于实行企业利润留成的几项规定》。

(六)将大部分中央所属的企业交给地方管理

1958年4月11日,中共中央和国务院通过了《关于工业企业下放的几项决定》,要求国务院各主管工业部门,除一些主要的、特殊的以及"试验田"性质的企业仍归中央继续管理外,其余企业原则上一律下放。6月2日,中共中央颁布《关于企业、事业单位和技术力量下放的规定》,轻工业部门所属单位除四个特殊纸厂和一个铜网厂外全部下放;重工业部门所属单位大部下放,下放单位约占全部的60%至70%;各工业部门下放的单位和产值占全部的80%左右。6月6日,中央正式批转了冶金、第一机械、化学、煤炭、水利电力、石油、建筑、纺织各工业部门关于企业下放问题的报告,要求6月15日以前完成全部下放企业的交接手续。到1958年6月15日,上述部门陆续下放了885个单位,中央各工业部所属企事业单位80%左右交给了地方管理。中央直属企业工业总产值占整个工业总产值的比重由1957年的39.7%降为1958年的13.8%。同时,中共中央于6月29日同意劳动部的报告,将招收新职工的权限下放到省、市、自治区。权限下放,有利于调动地方政府和企业的积极性,但是这些中央企业一窝蜂式地下放给地方,给地方造成了巨大的管理压力,地方根本不具备管理这些大企业的能力。

总体来说,这一时期的权限下放,对于调动地方和企业积极性意义重大,突破了传统计划经济下"大一统"的思维模式,使僵化的苏联计划经济模式有所调整和创新,开启了中国特色社会主义计划经济模式自主探索的先河,具有重要的实践意义和思想意义。其局限性在于并没有对企业经营自主权、社会主义计划经济的运行机制和单一所有制进行充分的深刻的反思,仅仅从调动积极性角度来进行调整,而且在"大跃进"和赶超的氛围下进行调整,其结果反而大打折扣,最终造成各地建设自成体系、投资规模膨胀、地方的管理能力跟不上、企业生产效率低下。企业在生产经营中表现出极大的盲目性和无政府主义,地方层层加码,企业利润留成用于"大而全"和"小而全"的建设;人事权下放导致企业人浮于事,管理权下放导致企业乱象丛生。1958年之前,那个时期的主要弊端是管得太死,给地方上的权力一点都没有,是"条条"的毛病。1958年至1960年权限下放,地方猛烈投资,扩大投资规模,人员也扩张太多,企业出现了盲目性投资,大而全、小而全等,"块块"出毛病了,削弱了当时中央各部委的权力。条条和块块的矛盾,也是我国计划经济时期的主要矛盾之一。

(七)建立经济协作区的尝试及其意义

当时还有一个尝试,就是建立七大协作区。原来中华人民共和国成立初期有东北局、中南局、西南局这些地方性的行政建制,后来一度被毛主席取消,从而加强了中央政府的集权,这对新中国初期的政治体制格局和经济发展格局都是很必要的。1958年之后，又开始尝试建经济协作区，实际上又恢复了几个大区的建制。1958年6月1日，中共中央发出《关于加强协作区工作的决定》，正式把全国划分为东北、华北、华东、华中、华南、西南、西北七个协作区，要求各协作区尽快建立大型的工业骨干企业和经济中心，形成若干个具有比较完整的工业体系的经济区域。8月，北戴河会议通过了《中央关于经济协作的几项具体规定》，对国家计划的完成，各地区、各部门间的协作做了规定。建立协作区的最初动机是什么呢？就是想让地方的积极性更充分发挥，改变权力更多集中于中央的体制，有利于地方大办工业。但是，经济协作区最后反而起到了反作用，为什么呢？因为经济协作区管理比较乱，很多管理都是失控的；而且很多地方一搞经济协作区，就要搞一个独立的经济区域，极端的时候，每个省都要建立独立的产业体系。比如每个地区都要有自己的煤炭产业、电力产业、冶金产业、勘探力量等，各自为政，妨碍了经济发展的整体性和各地的协作互补性，诸侯割据，搞"大而全、小而全"，每个省份都要搞完整的产业结构，这个弊端很大。

（八）改革国有企业管理制度的有益尝试：鞍钢宪法

当时在国有企业管理制度方面进行了一次很有理论价值的尝试，这个尝试就是《鞍钢宪法》的"两参一改三结合"。《鞍钢宪法》实际上是针对苏联企业管理模式进行的反思。苏联当时弄了一个《马钢宪法》，其核心是厂长负责制。1960年3月11日，鞍山市委向中央提交《关于工业战线上的技术革新和技术革命运动开展情况的报告》，报告鞍钢经验。毛泽东看到鞍山钢铁厂实行企业管理创新和技术革命的报告，很兴奋，认为鞍钢的报告，可以说在远东地区创造了我们自己的经验，可以叫《鞍钢宪法》。毛泽东一心想搞一套中国的东西，跟苏联模式有所区别。鞍钢的经验，第一是要思想革命，政治挂帅，要破除迷信，解放思想。第二是发动群众，一切要经过群众的实验再来推广。第三是全面规划，狠抓生产关键环节。第四是自力更生和大协作相结合，要讲究企业跟企业之间的协作、企业和院校之间的协作。第五是大搞技术革命，开展技术革命和大搞技术表演赛相结合。

毛泽东看完这个报告之后，写了一个很长的批语，他把鞍钢的经验加以改造和提升，概括为《鞍钢宪法》，并总结为这么一句话，叫"两参一改三结合"。原来苏联管理国营企业是采取厂长负责制，什么事都是厂长说了算，党委不起作用，工人不起作用。苏联的《马钢宪法》的激励机制很简单，就是用奖金来激励大家进行技术创新。"两参一改三结合"是中国人自己创造的一套管理体系，其主要贡献者当然是鞍钢的管理者和工人，另外毛泽东也起了很大的作用，他的抽象与提炼能力太强了。"两参"是干部参加劳动，工人参加管理。工人直接参加编制生产、劳动等计划，参加合理化建议活动、产品质量分析、新产品研究发展，参加经济核算，设立工人管理的"八大员"制度。干部深入一线参加劳动，及时发现解决生产过程中的问题，密切了干群关系。"一改"是改革不合理的规章制度，包括劳动组织、企业管理、操作规程等制度。"三结合"是把技术人员、工人和干部结合起来，共同来解决生产技术难题和企业管理问题。这个"三结合"非常重要，后来又加以拓展，包含了企业与院校、科研部门、设计部门的结合，就是鼓励企业创新与大学创新结合，与科研部门创新结合。"两参一改三结合"是一项具有普遍意义的经验，是在计划经济体制下具有中国特色的新型企业管理制度，是党的群众路线在企业管理上的创造性运用和发展。"两参一改三结合"是世界管理学上的一场革命，国际学术界对"两参一改三结合"的《鞍钢宪法》评价很高,其在欧美国家和日本等国都产生了很大的影响。国际学术界普遍认为《鞍钢宪法》是对西方管理模式和苏联管理模式的一种革命性的革新,至今仍具有巨大的实践意义和现实意义。

三、以权限上收为特征的工业体制和国有企业制度调整（1961—1965）

（一）"大跃进"的严重后果

"大跃进"造成了国民经济出现结构严重失衡,财政出现赤字,投资太大,积累率太高。1958年至1960年,国家财政收入分别为379.62亿元、487.12亿元、572.29亿元,财政总支出分别为400.36亿元、543.17亿元、643.68亿元,财政赤字分别为20.74亿元、56.05亿元、71.39亿元,三年赤字共计148.18亿元。同期,基本建设投资逐年加大,投资总额达886.17亿元,比"一五"时期的总和506.44亿元还多57%。三年间的积累率分别高达33.9%、43.9%、39.6%,超出了当时的国力。农业和轻工业生产大幅度下降。粮食极度缺乏,出现了寅吃卯粮的情况。1959年核实的粮食产量只有16 968万吨,比1958年实际产量19 765万吨减少2797万吨。1960年,粮食产量14 384.5万吨,比1959年减少2583.5万吨,下降15.2%。1959年经核实的棉花产量为170.9万吨,1960年棉花产量为106.3万吨,比1959年减少64.6万吨,下降37.8%。油料产量194.1万吨,减少216.3万吨,下降52.7%。粮、棉的产量降到1951年的水平,油料产量甚至比1949年还低。商品奇缺,通货膨胀,人民消费水平大幅度下降。1960年,居民消费水平比1959年下降了13.6%：粮食消费量由373斤降到327斤,下降了12.3%；食油消费量由4.5斤下降到 3.7 斤，下降了 18%；猪肉消费量由 6 斤下降到 3.1 斤，下降了 48%。粮食等食物短缺问题日趋严重，严重影响了人民群众的健康，城乡普遍发生浮肿病，患肝炎和妇女病人数较多，出现大量的人口非正常死亡现象，人口呈现出低出生率、高死亡率态势。

（二）"八字方针"的提出

1960 年之后，中央看到了"大跃进"的严重后果，认为应该对政策进行大幅度调整，毛泽东讲"要退，而且要退够"。1960 年 6 月上海会议上毛泽东在《十年总结》中强调实事求是原则，指出今后要强调质量、规格、品种，把数量放在第二位。1960 年 7—8 月北戴河会议，李富春提出整顿、巩固、提高。1960 年 9 月中央批转了国家计委《关于 1961 年国民经济计划控制数字的报告》，首次提出调整、巩固、充实、提高的八字方针。1961 年 1 月八届九中全会提出，缩小基本建设规模、调整发展速度。"八字方针"后来成为主导性的政策，1965 年之前一直以这个方针为指导进行经济政策调整。

（三）国营企业管理权限的重新上收

在"八字方针"的指引下，中央决定对工业管理体制进行调整，强调全国要上下一盘棋，实行高度的集中统一，以克服"大跃进"时期国有企业生产的分散无序局面。1961 年八届九中全会《关于调整管理体制的若干暂行规定》，提出把经济管理权力集中到中央、中央局（恢复六大区）和省三级，并提出在近两年至三年内更多地集中到中央和中央局一级。同年 9 月 15 日，中央下发《关于当前工业问题的指示》，强调要改变过去一段时间内权力下放过多、分得过散的现象，要把权力更多地集中到中央，对全国人力、财力和物力进行统一安排。实际上，整个经济管理体制就又回到了中央高度计划和高度集中的"大一统"体制。

权限上收的主要体现为：一是集中统一上收一批下放不当的企业。二是计划管理权限再度集中统一，改变"大跃进"期间"两本账"的做法，克服计划失控现象，高度集中的计划体制又回来了。三是集中统一上收基本建设管理权限，压缩基本建设规模，上收基本建设审批权，收回投资计划管理权限，严格基本建设程序，加强对基本建设拨款的监督。四是取消企业利润留成制度，上收财政信贷管理权，保障中央财力。五是统一上收物资管理权限。随着"八字方针"的提出，中共中央面对经济管理权下放造成的经济领域混乱局面，提出了"全国一盘棋"思想，逐步强化集中统一管理，收回下放过头的经济管理权。中共中央将地方权力上收是从国有企业和政府部门的权力转移开始的。在国有企业，中央强化企业党委领导下的厂长负责制，在坚持政治挂帅的原则下，强化党对各方面工作的统一领导，将企业生产经营的大权完全收归党委。这次调整，似乎是一个体制的复归，又回到了传统的高度统一和集中的计划经济模式。这个调整，主要是解决地方过度分权的问题和企业自主权太大的问题。地方过度分权，会导致力量分散，难以集中力量完成工业化，所以要上收权限。强调工业管理要改变下放过多、分得过散的现象，要实行高度集中统一的领导，集中力量解决关键问题。总体来说，1961年后中央重新上收了1958年下放到各级地方手中的权力，通过对地方经济计划权、财政管理权、基本建设审批权、物资管理权、招工权等的上收，有效遏制了"大跃进"以来全国经济发展过程中的严重混乱局面，重新构建高度集中的中央管理体制。同时降低了计划指标，包括钢铁产量、粮食产量的指标，都大幅度降低了。当时国家计委对中共八届九中全会所订的计划指标做了较大调整，将1961年的钢产量由1900万吨降至850万吨，粮食由4100亿斤降至 2700 亿斤。同时，汲取三年困难时期的教训，要发展更多的轻工业、日用产品，农业也要大发展，要照顾民生，不能过于强调赶超和积累，不能把农民和工人搞得太苦。

（四）在工业管理体制上试办托拉斯

这一时期在工业管理体制方面的一个亮点，就是试办托拉斯。这是刘少奇最先提出来的。当时大家觉得国营企业的管理体系太散，而中央各部委直接下去管各个地方的工业生产，由"条条"来管"块块"，效率很低，会引发部委与省的矛盾。所以毛泽东和刘少奇都提出来，要不要试行在资本主义国家比较常见的托拉斯方法。所谓托拉斯就是一些大型企业集团，用办企业的方法把国营企业的管理体制拢起来。最早搞的是中国烟草的托拉斯。原来烟草归轻工业部管，但是轻工业部管 30 个省份的烟草生产，这是很麻烦的。托拉斯的经验很快就被中央认可，当时认为应该试办托拉斯，改革工业管理体制。第一批创办了 12 个托拉斯，全国性的托拉斯有 9 个、地域性的有 3 个，主要是烟草、医药等。这种整合产生了两个后果：一个是打破了当时地方管理工业的格局，烟草全国统一了，茶叶全国统一了，医药全国统一了，地方上对于烟草等行业的管理权下降；另外还有一个好处，就是改变了当时小的工矿企业独立核算、分散经营的方法，变为集中经营，把整个行业集中起来。这样的话，等于是把原来分散的体系变为一个更有规模更有力量的集中体系，这对于提升整个行业的效率以及统一管理贸易等，都是有好处的。

托拉斯的实验，有利于按照全国战略布局和分工协作的要求，对全行业进行调整，有利于在全行业中调动人力、物力、财力，有利于集中技术力量进行技术攻关，有利于集中管理和提高效率，行业的产销之间的结合比过去更加密切。

1959年年底至1960年年初，毛泽东在《读苏联〈政治经济学教科书〉的谈话》中对我们的经验教训和苏联模式等进行了一系列思考。他在那段时间集中精力与几个人共同阅读苏联的《政治经济学教科书》，发表了一系列谈话，对这本书进行了大量的批注。后来他的谈话和批注被编辑为两册，中国经济史学会刊印了这两本书，但没有公开出版。这些谈话和批注强调不要迷信苏联模式，强调建设速度要稍微慢一些，要提高经济效益；强调要搞好综合平衡，包括消费跟积累的平衡，重、轻、农的平衡等；同时还强调以农业为基础，以工业为先导，汲取了当时大饥荒时期的教训。毛泽东指出："我们的提法是在优先发展重工业的条件下，发展工业和发展农业同时并举。所谓并举，并不否认重工业优先增长，不否认工业发展快于农业；同时，并举也并不是要平均使用力量。"这就对"并举"思想做了比较全面的解释，澄清对"农、轻、重"提法的误解。[1]"大跃进"和三年困难时期的教训，使我们党对社会主义经济建设和计划经济有了更深的理解。

四、调整、整顿、探索的十年（1966—1976）

（一）"抓革命、促生产"

第四个阶段是"文化大革命"十年。这个时期的经济和政治情况比较复杂，学术界进行了大量的研究，《关于建国以来党的若干历史问题的决议》也对这段历史进行了全面的反思。我国工业管理体制和计划经济体制在这一时期进行了若干探索，工业布局在此期间发生了一

---

[1]《毛泽东文集》第八卷，北京：人民出版社，1999年，第123页。

些重大的变化，工业领域和技术领域的创新也有了一定的进展，有些还取得了历史性的成就。"文化大革命"初期，基调还是抓革命、促生产，也就是要把文化领域的革命与促进经济建设结合起来，"文化革命"和生产两不误。1966年5月16日，中共中央政治局扩大会议通过的《中国共产党中央委员会通知》（简称"五一六通知"），号召全党"高举无产阶级文化大革命的大旗"，夺取在这些文化领域中的领导权。为了保障工业生产，1966年6月30日，刘少奇、邓小平将《中共中央国务院关于工业交通企业和基本建设单位如何开展文化大革命运动的通知》（以下简称《通知》）呈报毛泽东。毛泽东于7月2日同意下发该《通知》。《通知》指出：全国工业交通和基本建设战线，同其他战线一样，无产阶级文化大革命正在轰轰烈烈地展开；这个大好的革命形势，必将深刻地改变人们的精神面貌，有力地促进生产建设高潮的发展；一切工业交通和基本建设部门，必须坚决地把无产阶级文化大革命进行到底；各级党委必须抓革命、促生产，做到革命和生产建设双胜利。8月1日至12日，在毛泽东主持下召开的中共八届十一中全会，通过《中国共产党中央委员会关于无产阶级文化大革命的决定》，其主要内容是开展"文化大革命"的动员令。其中第14条还专门谈到抓革命、促生产的问题，指出："无产阶级文化大革命，就是为的要使人的思想革命化，因而使各项工作做得更多、更快、更好、更省。只要充分发动群众，妥善安排，就能够保证文化革命和生产两不误，保证各项工作的高质量。""文化大革命是使中国社会生产力发展的一个强大的推动力。把文化大革命同发展生产对立起来，这种看法是不对的。"9月7日，《人民日报》发表题为《抓革命，促生产》的社论，指出：一定要以"文化大革命"为纲，一手抓革命，一手抓生产，保证"文化革命"和生产两不误。

(二)"三五"计划的重点考虑到国际局势的变化和备战的要求

1966年是执行"三五"计划的第一年。"一五""二五"之后并没有直接执行"三五"计划,因为中间由于三年的经济困难时期,中断了几年,那几年就没有做计划。"三五"计划是从1966年开始搞的,到1970年结束。"文化大革命"期间,强调要把革命干劲用到工农业生产和科学实验斗争当中去,使工农业生产出现新的面貌,力争经济出现更新的繁荣,这是一个总要求。同时大家注意,在20世纪60年代,国际形势发生了巨大的变化,美苏军备竞赛,尤其是美国对中国的侵扰造成了很大的影响,印度也在不断地挑起冲突,苏联在中国边境设重兵,美国侵略越南的战争不断升级,危机靠近中国本土,台湾海峡也出现了紧张局势,等等。国际局势对中国的"三五"和"四五"计划影响很大,所以"三五"和"四五"计划牵扯到备战,要加强国防工业。因此,我们看到,应对战争威胁实际上一直是我们制订"三五"和"四五"计划的主要考虑。在这种情况下,把国民经济全部纳入备战的体系,"以战备为纲"的经济指导方针在"三五"和"四五"计划的制订过程中表现得很明显。

"三五"计划的基本任务是什么呢?1964年4月下旬,国家计划委员会提出了《第三个五年计划(1966—1970)的初步设想(汇报提纲)》,其中规定"三五"时期的基本任务是:(1)大力发展农业,基本上解决人民的吃穿用问题。(2)适当加强国防建设,努力突破尖端技术。(3)与支援农业和加强国防相适应,加强基础工业,继续提高产品质量,增加产品品种,增加产量,使国民经济建设进一步建立在自力更生的基础上;相应地发展交通运输业、商业、文化、教育、科学研究事业,使国民经济有重点、按比例地向前发展。这与以发展重工业为中心任务的"一五"和"二五"计划相比发生了重大转变。从上面的计划任务可以看出,"三五"计划的核心是经济调整,着重强调经济发展的质量,强调按比例发展,同时强调国防和尖端技术的发展。

(三)三线建设与中国工业布局的深刻变化

在这一时期,毛主席开始力主三线建设,强调立足于大打、早打、积极备战,把国防建设放在第一位。因此要改变工业布局,要把工业建设到比较隐蔽的西南、西北这些三线当中去,要有目标、有目的地发展新技术,努力赶超世界先进水平。20世纪60年代初期的国际局势显示出战争的现实性。1964年8月2日夜,在北部湾,美国驱逐舰"马克多斯"号与越南海军鱼雷艇发生激战。8月4日,美国派出第七舰队大规模轰炸越南北方。越南战争的战火燃到了中国的南部边界。1964年8月17日、20日,毛泽东在中共中央书记处会议上两次指出,要准备帝国主义可能发动侵略战争,现在工厂都集中在大城市和沿海地区,不利于备战,各省都要建立自己的战略后方。1965年4月12日,针对美国侵越战争升级的趋势,中共中央发出《关于加强备战工作的指示》。9月14日,国家计划委员会向中共中央和毛泽东报送《关于第三个五年计划安排情况的汇报提纲(草稿)》。9月18日至10月12日,中共中央工作会议在北京召开,讨论这个《汇报提纲》。那时中央高层很清楚,一旦打起仗来,我们不可能用西方的技术,所以一定要有自己的技术。因此在三线建设时期,国家自主的技术创新受到空前的重视,国防工业的技术达到相当高的水平。

当时的三线建设,应该说从战备的需要出发,有它的历史意义,但是三线建设更大的意义在于改变了中国工业布局。当时西北和西南的工业布局,在第一个五年计划时期就有一定的基础,但是还没有达到一定的高度，后来通过三线建设，彻底改变了中国的工业布局。西北、西南的工业在这一时期有了长足的发展，建立起一批工业基地，这些工业基地到今天仍然具有重要的经济意义、区域发展意义以及战略意义。所以今天的攀枝花、绵阳、兰州、重庆、昆明、成都、柳州、贵阳这些地方，它的工业基础实际上是在20世纪60年代左右奠定的，三线建设彻底改变了倚重沿海的工业布局，这个意义是极其重大的。

当然三线建设也有弊端。就是当时由于建设三线的前提是备战，因此三线建设实际上不太强调效率，大量的人力物力进入那些偏远的地区，包括当时大量的高级知识分子进了深山，造成了一定的浪费，损失了一定的效率。改革开放之后，由于国家的军工订单下降，这批远在西南和西北边陲的军工企业，一时间面临严重困难。这些企业本来是国家重点企业，是具有国家战略目标的企业，包括核基地的建设，投入很大，不是一两个亿的问题。但是到了20世纪80年代之后，都遭遇生存危机，有些垮掉了，有些被迫转产，原来造高级仪表的被迫转产电风扇，原来做核潜艇电子元件的被迫转产电视机。我参观了柳州工业博物馆，里面展示了柳州在三线建设时期的重要成就，也展示了80年代之后军工企业被迫转产的艰难岁月。当时做大量军工的企业，科技水平十分先进，后来80年代转产民用物品，搞电风扇、电冰箱了。三线建设奠定了这些地区的工业基础，培养了大批技术工人和技术专家，这种工业转型不在话下。所以今天柳州的工业发展，实际上都得益于当时的三线建设，其他三线地区也是如此。三线建设过去半个世纪了，这个问题我们就看得比较清楚了。

（四）"四五"计划和"文化大革命"后期"四个现代化"的重新提出

"四五"计划中，强调"狠抓备战"。1970年2月15日至3月21日，全国计划会议召开。《"四五"纲要（草案）》提出国民经济发展的任务是：狠抓备战，集中力量建设大三线强大的战略后方，改善布局；大力发展农业、加速农业机械化的进程；狠抓钢铁、军工、基础工业和交通运输的建设；加强协作，大搞综合利用，积极发展轻纺工业；建立经济协作区和各有特点、不同水平的经济体系，做到各自为战、大力协同；大力发展新技术，赶超世界先进水平；初步建成中国独立的、比较完善的工业体系和国民经济体系，促进国民经济新飞跃。20世纪70年代，我们的技术创新取得了世界瞩目的成就，在很多领域取得了世界领先的科技成果，体现了当时的体制优势。"四五"计划提出的初步"建成中国独立的、比较完善的工业体系和国民经济体系"的目标有没有实现？应该说在一定程度上胜利实现了。中国到今天为止，已经建立起一个比较独立完整的工业体系，中国为这个工业体系的建立付出了很大的代价，但是终究建成了，这也是决定我国今天的国家竞争力比印度等国强的重要原因。

"文化大革命"后期，强调要把国民经济搞上去。1975年1月13日，第四届全国人民代表大会第一次会议在北京举行。周恩来在大会上代表国务院做政府工作报告，重申了1964年12月三届全国人大政府工作报告中提出的把中国建设成为社会主义的现代化强国的宏伟目标和"两步设想"的蓝图：第一步，用十五年时间，即在1980年以前，建成一个独立的比较完整的工业体系和国民经济体系；第二步，在20世纪内，全面实现农业、工业、国防和科学技术现代化，使中国国民经济走在世界前列。

（五）"文化大革命"期间工业管理体制的变化：再度下放企业

"文化大革命"前期，即1969年以前，经济体制受到一定的冲击和破坏。到1970年，又开始了一场以向地方下放权力为中心内容的经济体制的大变动。这次经济体制的变动受到两方面因素的影响：一是在战备中，强调各地方都要建立独立完整的国防工业体系。二是经济建设中急于求成，盲目追求高指标、高速度的思想再度抬头。

20世纪70年代初期再度下放企业的力度是很大的。1970年3月5日，根据《"四五"纲要（草案）》精神，拟订了《关于国务院工业交通各部直属企业下放地方管理的通知（草案）》（以下简称《通知》）。该《通知》要求国务院工交各部的直属企业、事业单位绝大部分下放给地方管理，少数由中央部和地方双重领导，以地方为主；极少数的大型或骨干企业，由中央部和地方双重领导，以中央部为主。正在施工的各直属基本建设项目也按上述精神分别下放地方管理。随后，一场企业大下放的运动全面展开。大庆油田、长春汽车厂、开滦煤矿、吉林化学工业公司等关系国计民生的大型骨干企业在内的2600多个中央直属企业、事业和建设单位，下放给各省、市、自治区管理，有的又层层下放到专区、市、县。冶金工业部原有的70个直属钢铁企业，除两个独立矿山外，包括鞍山、本溪、包头、太原、武汉、马鞍山等大型钢铁厂在内，全部下放给地方或实行以地方为主的双重领导。煤炭工业部原有的72个直属矿务局，1968年下放22个，其余50个在1970年内也全部下放给地方。部直属的设计院、科研机构，除保留个别单位外，一律下放。

《"四五"纲要（草案）》在确定下放企业的同时，相应地提出了实行财政、物资和基本建设投资的"大包干"，以扩大地方的财权、物权和投资权。国家在拟订《"四五"纲要（草案）》的同时，为了支持地方发展"五小"企业，实现自给自足、自成体系，提出要"试行基本建设投资大包干"，即按照国家规定的建设任务，由地方负责包干建设。投资、设备、材料由地方统筹安排，调剂使用，结余归地方。这一时期的亮点是大力发展地方"五小"企业，中国小企业的基础就是在"文化大革命"期间慢慢形成的，中小企业，包括农村的社队企业，在那段时间得到迅猛的发展。但是总体来说，"文化大革命"时期经济管理权力的下放，仍然走了1958—1960年权限下放的老路子，局限于中央和地方权限划分的变动，国家和企业之间的关系问题没有得到深入解决，企业缺乏经营管理自主权的状况并没有得到改变。这个问题实际上一直到80年代都没有得到彻底解决。

（六）"文化大革命"期间经济体制的两次调整

"文化大革命"后期有两次经济体制的调整值得重视。1971年至1973年，在周恩来主持的整顿工作中对经济体制进行了调整。1971年12月5日，周恩来在听取国家计划委员会汇报时明确指出，企业乱得很，要整顿。1972年年初，全国计划会议在周恩来指示下形成一个会议纪要稿，制定出一系列重要措施，包括加强国家计划、整顿企业管理、落实各项政策、反对无政府主义等。在企业管理方面，明确规定要恢复和健全岗位责任制、经济核算制、考勤制度、技术操作规程、质量管理制度、设备管理维修制度和安全生产制度等七项规章制度；要狠抓产量、品种、质量、原材料和燃料动力消耗、劳动生产率和利润等七项经济技术指标。1975年，在邓小平主持的整顿工作中对经济体制进行了调整。1975年2月15日至3月8日，中共中央召开全国主管工业党委书记会议，着重解决铁路运输问题。邓小平在会上讲话指出：

只敢抓革命，不敢抓生产，是大错特错的。解决铁路问题的办法是要加强集中统一，建立必要的规章制度，增强组织性和纪律性。后来又整顿了钢铁工业和农业。这两次整顿，都试图加强企业管理秩序，落实企业管理制度，提高经济发展的质量，避免出现企业管理上的无政府主义。这些整顿对于矫正"文化大革命"期间的极"左"干扰，是有重要意义的。

总体来说，"文化大革命"这十年，包括"三五"和"四五"这一段，以三线建设为代表的工业布局的调整、经济管理权限的下放和经济管理体制的探索、国家产业结构的调整以及国家科技实力的提升等，都具有重大的历史意义，这对于改变中国的工业布局，推进石油、电子、煤炭等基础工业的发展，发展"五小"企业，推进中国的农田水利建设和农业机械化等，都起到了重要的作用。但是"文化大革命"期间由于"左"的倾向的严重干扰，使得经济发展的质量和企业管理的效率受到很大的损失，值得深刻反思。

五、总结：传统工业管理体制和社会主义公有制企业的特征及其历史评价

（一）历史地、动态地观照传统体制

以上对1949—1976年工业管理体制和国有企业制度的变迁进行了一个概览，最后一节我们做一个简短的总结，系统探讨传统工业体制和社会主义公有制企业的特征。在做这样一个探讨之前，我们恐怕先得确定一个基本的立场和方法论前提。我们对中华人民共和国成立以来

的社会主义体制的探索，要持一个基本的立场：我们不仅仅要看到传统工业管理体制和社会主义公有制企业身上存在的缺点，更要在历史眼光的观照下，通过国际比较的视角，看到这种传统体制在中国工业化进程中的历史价值和体制优势。我们要历史地看问题，而不是厚今薄古。我们的研究，要给年青一代一个"历史"的观念。不仅要历史地看问题，还要动态地看问题，把问题置于历史动态发展的过程当中去看待，才能既看到它的客观历史渊源与历史必然性，又看到它的发展和演变的趋势。从这个角度来讲，我认为"传统体制"是一个必然要经历的阶段，但不是一个永久的阶段，而是一个必须被超越的阶段。这样讲就全面了。第一，它是必然要经历的阶段；第二，它是必须被超越的阶段。超越这个历史阶段的前提是什么呢？就是中国工业化的初级阶段或者是启动阶段已经过去，在工业化的加速、高潮和接近完成的阶段，国家与市场的关系、国家与企业的关系、中央与地方的关系等必须也必然发生深刻的变化，这是历史的要求。所以我经常讲，到了20世纪70年代末期和80年代初期，传统体制的变革是必然会发生的，因为我们看到了1949年至1976年，这个变革和探索在不断发生着，沿着这个逻辑下去，在工业化阶段发生历史的变化之后，传统体制也必然发生变化。

（二）传统体制面临的目标函数和约束条件

传统体制的目标函数是快速实现国家工业化，实现对发达国家的赶超，但是它也面临着特殊的约束条件，就是在中华人民共和国成立初期，我国的工业基础比较薄弱，资源短缺，资金匮乏，人力资本虽然规模大但平均素质低下，产业布局偏于沿海局部地区，这些约束条件很重要。针对这种约束条件和目标函数，最优解只有一个，就是要创造一种能够最大限度动员一切资源，突破贫困陷阱，集中一切力量来实现工业化的"超级国家工业体制"。这个超级国家要有巨大的超常的资源动员能力和国家控制力，可以迅速地整合和动员一切资源（包括人力资源），如此才能实现迅速工业化和赶超的目标。

（三）传统"超级国家工业体制"的核心特征

这个传统的"超级国家工业体制"的特征非常明显：

第一，国家对一切资源（主要是原材料[包括农业和矿产资源]、人力资本[包括技术资源和劳动力资源]）实行严格的国家控制和统一调配，导致资源配置的超级国家化。

第二，国家对一切价格（原材料价格、人力资本价格和产品价格）进行严格的控制。

第三，工业生产计划和企业行为受到国家的强大的支配，指令性计划和非指令性计划的适用范围，根据宏观经济发展状况和资源稀缺程度以及行业性质而定。指令性计划不是不可以变的，而是要根据宏观经济增长的实际情况，以及各个行业的资源稀缺程度来定。所以我们看到，1949年至1976年的计划在不断地调整，在变革。

第四，在中央和地方的关系方面，中央在工业化启动时期和社会主义计划经济时期起到主导性作用，中央是计划的主要制订者，资源的主要配置者，也是宏观调控的主要实施者。中央和地方之间关系的演变，体现为"收"和"放"的循环，这一循环的周期，取决于工业化的阶段、宏观经济增长状况、财政状况、行业的性质以及国家的工业布局。

计划经济下工业管理体制的形成和演变的背后是地方和中央的博弈行为。地方总是在向中央争取更多的政治资源和经济资源，争取更多的财政金融支持，争取更多的计划指标（原材料、企业建立和企业用工），从而导致扩张冲动。中央允许地方的博弈和谈判行为的道理在于，地方博弈实际上是计划经济下传递市场信息的一种手段，地方通过博弈行为向中央传达了大量关于地方经济发展供求的信息，从而有利于中央做出正确的计划决策。这是传统工业体制下工业布局调整的基本依据。

地方和中央之间的矛盾，往往体现为"条条"（中央各部委）和"块块"（地方）的矛盾。工业生产中的跨行业产业链和供应链，要求各个"条条"必须有畅通的信息，随时根据价格调整计划；然而"条条"之间的信息是不通畅的，往往存在着信息障碍，这就阻碍了跨行业产业链和供应链的顺畅运作，从而导致企业作为微观主体难以实现产出的最大化，也导致地方的工业生产难以实现地区产出的最大化。打破"条条"之间和"块块"之间的割据是实现经济顺利发展和工业化顺利推进的核心，但在传统体制下，"条条"之间的割据和"块块"之间的割据是难以破除的。"条条"和"块块"在资源分配和计划实施上产生了大量的矛盾，于是传统体制的变革总是在强化"块块"的权力、削弱"条条"的权力，还是强化"条条"的权力、削弱"块块"的权力之间徘徊。

第五，预算软约束是传统体制下主要的体制特征。在预算软约束下，地方总是有扩大投资的冲动，以实现更多的政治目标和经济目标。地方的投资饥渴症在传统体制下具有两面性作用：就积极的一面而言，有利于各个地区的比学赶超和地区之间的竞争体制的形成，从而有利于实现工业化中的竞争体制；就消极的一面而言，地方投资饥渴症导致地方投资规模的盲目扩张和投资效率的低下，是传统体制下经济周期波动的主要根源。

预算软约束在企业层面体现为企业的投资冲动和投资饥渴症，企业在扩张过程中总是要向主管部门争取更多的资源以满足内在的扩张冲动,而不关心企业的效率。因此,在传统体制下,企业在技术创新层面虽然有时具有较高的效率,产生了较多的技术创新成果,但总体而言,其劳动生产率却难以大规模提高。预算软约束和投资饥渴症,导致企业关注规模扩张甚于关注技术进步和效率提升。但我们也不能否认在传统体制下技术创新的优势,这种体制的优势在于可以通过大协作的方式来实现技术的大规模赶超,这种大协作可以打破地区、学科的界限,打破人事管理的各种障碍,实现人力资本最大限度的整合,这正是资本主义体制难以比拟的优势。

第六,传统体制下国有企业成为实现国家战略的重要载体和工具。企业不再具有独立的目标函数。在工业化启动时期,企业注重规模扩张是必然的,也是有利于快速工业化的;然而在工业化的启动时期结束、进入深度进展阶段和腾飞阶段时,效率的提升和技术进步成为比规模扩张更重要的目标函数。此时企业就需要更多考虑提升劳动生产率,而提高生产率意味着企业必须具有追求利润的内在动机,这也就内在地要求在工业化的深度阶段需要市场机制。因为只有在市场机制下,可以内在地产生一种压力,使企业在竞争压力下追求更高的生产率,从而在市场上获得超额利润;而没有市场机制,则不会产生这种竞争压力,也就不会产生企业追求高生产率的动机。

因此,要产生这种利润动机,企业必须在一个较为完善的市场竞争环境下运作,且必须具备独立的运营主体资格,自主经营、自负盈亏、自我发展、独立运作。然而在传统体制下,这是很难实现的统体制下企业不完全具备独立微观主体的资格,不能自负盈亏、自主经营。这是传统体制最深层的问题所在。在工业化启动时期这些方面的消极后果体现得不够明显,然而到工业化加速时期,消极后果就更加明显了。

传统体制下既然难以产生这种利润动机，激励机制就会缺失。传统体制下的主要激励机制就是政治动员，也就是毛泽东提出的政治挂帅。政治挂帅的前提是提高每个劳动者和企业经营者的政治觉悟，因此思想境界的提升和思想的统一在传统体制下极为重要。抓革命和促生产是统一的关系。

群众运动在早期工业化启动时期具有特殊重要意义。"大跃进"时期所动员的巨大劳动力和劳动热情，是工业化启动的前提条件。这与中国特殊的人力资本禀赋结构和特征有关。技术创新也得益于群众运动，企业的技术革命往往是全员的技术创新，尤其是动员了普通工人的力量，这与最现代的企业创新机制不谋而合。"两参一改三结合"既是一种政治表达，更是一种企业管理革新手段。

第七，传统体制下必然出现了"收—放—收"的治乱循环模式，"一收就死，一死就放，一放就乱，一乱就收"。其根源在于传统体制下国家主导型资源配置模式、行政性宏观调节模式，以及公有制企业作为微观主体缺乏独立性。打破这种治乱循环，不能在计划经济体系内部解决，只能靠市场化来解决。然而市场化的出现，并不是人的主观意识的产物，而是一定历史阶段经济发展的产物。因此我们可以看到，20世纪50年代末期至80年代的整个历史时期，都不断上演着这种收放治乱循环的场景，工业管理体制和国有企业制度也不断在"收"和"放"之间调整。但这些调整仅仅具有"相机抉择"的性质，属于"头痛医头，脚痛医脚"的对症式治疗，而没有根本解决治乱循环问题。

（四）后发大国工业化阶段相关假说

以上我们从不同角度系统总结和概括了传统社会主义工业管理体制的七大核心特征。那么，这些体制特征的产生和演变是由什么决定的？我提出了一个"后发大国工业化阶段相关假说",来对整个工业化过程中的中国工业管理体制的演变做出一个系统的逻辑一致的解释。这个假说简单来说就是：后发大国的工业化进程和历史发展阶段,决定着整个国家的资源配置模式、宏观调节模式和微观主体独立性三个变量。换句话说,不同的发展模式和经济运行模式,是与后发大国工业化的阶段相关的。后发大国工业化意味着：第一,赶超；第二,快速工业化；第三,重工业化。没有别的答案。工业化启动时期、加速时期、基本完成时期,这三个不同的历史阶段决定着不同的经济发展模式和动力机制,决定着国家要选择什么样的资源配置模式和宏观调节模式,同时也决定着微观主体独立性到底到什么程度。在工业化的不同历史阶段,都要针对这个历史阶段的要求和目标,对体制进行适时的调整与变革,与时俱进是必然的结果,但不能简单化地否定前一个阶段的模式选择。这一方法论和立场前提,应该贯穿于整个共和国经济史的研究,直到今天仍旧如此。

第九讲
中国工业管理体制和国有企业制度变革（下）：新型体制的探索与未来前景

一、改革开放初期的工业管理体制探索：放权让利和承包制的历史意义与局限

第九讲是中国工业管理体制和国有企业制度变革的下篇，主要探讨改革开放以来新型体制的探索与未来前景。上一讲，我们把社会主义工业管理的传统体制讲得比较清楚了，探讨了传统体制的历史贡献、体制优势以及存在的若干弊端。第九讲主要探讨四个方面内容：第一个是改革开放初期的工业体制探索，这里主要是两个问题，一个是放权让利，另一个是承包制改革。这是国企在改革开放初期也就是20世纪80年代的两大改革。第二个是探讨从90年代初期开始的股份制改革与现代企业制度的探索。第三个是讲一讲最近十年左右，国有企业混合所有制改革的探索历程。最后，总结一下国有企业制度的历史意义以及未来发展趋势，并谈谈如何在新时代，在扬弃中创建中国特色社会主义政治经济学的问题。

（一）国有企业的激励不足和预算软约束导致亏损严重

中国的企业改革起源于十一届三中全会。当时中国的国企面临效率不高、大面积亏损、激励不足等严重问题，亟待解决。计划经济下最容易产生的一个问题是科尔奈讲过的预算软约束。中国国有企业永远处于一种饥渴状态，它的预算永远是不够的。国有企业在投资效益方面是很少考虑的，所有国有企业都是在争夺资金，但是不讲效益，导致企业每况愈下，亏损严重。这反映了计划经济体制下国有企业的一些深层问题。

国有企业内部激励不足是一个比较根本的缺陷。国有企业的厂长认为自己就是一个执行国家经济计划任务的中介，只要完成任务就可以了，并没有太多动力赚取更多的利润和提高企业的效率，也缺乏技术创新的动力。当然，计划经济体制也在不断地激励大家创新、提高效益、争取更多的利润，但是靠什么激励呢？主要靠政治激励。一是预算软约束，二是激励不足，三是内部机制僵化，这些因素导致国有企业效率低下，亏损严重。虽然在毛泽东时代已经意识到这些问题，也试图建立激励机制，但是效果不明显。到20世纪80年代，国企的问题就凸显出来了。

（二）第一步放权让利：扩大企业自主权

怎么改呢？20世纪80年代初期国企改革的出发点是放权让利，这个思路还是老思路。放权让利的改革思路在"文化大革命"期间就用过了，下放企业管理权，把更多的企业管理权归地方，归企业，允许企业有一部分的利润留成，以提高激励。这是六七十年代就尝试过的老办法。所以，放权让利这个在改革开放的"新时代"采取的"老思路"，在制度上没有多少创新。

扩大企业自主权改革，是从1978年10月国务院批准四川省重庆钢铁公司、成都无缝钢管厂、宁江机床厂等六家地方国营工业企业进行试点开始的。改革内容是，核定企业的利润指标，规定增产增收目标，允许完成计划后提留少量利润，作为企业的基金，给职工发放少量奖金。这些改革的主要目的是提高激励，让企业有赚取更多利润的动力，给职工更多激励。

1979年5月，国家经济委员会、财政部等在北京、天津、上海选择首都钢铁公司、天津自行车厂、上海柴油机厂等八个企业，进行扩大自主权的试点。改革内容是：改企业基金制为利润留成制；企业在产品生产、销售、试制和资金使用、人事安排、职工奖惩等方面，拥有部分权力；企业实行党委领导下的厂长负责制，建立职工代表大会制度。7月，国务院发布了扩大国营工业企业经营管理自主权、实行利润留成、开征固定资产税、提高折旧率和改进折旧费使用办法、实行流动资金全额信贷五个文件。

1980年试点企业扩展到6600个，约占全国预算内工业企业数的16%，产值的60%，利润的70%。通过扩权，试点企业拥有了部分计划权，在完成国家计划的前提下，多余的生产能力可根据市场需要自行安排生产；企业拥有了部分销售权，完成国家计划收购任务后，多余产品可自行销售；企业拥有了部分资金使用权，可按一定的比例实行利润留成，用于发展生产、改善集体福利、奖励职工；企业拥有了部分干部任免权；等等。

（三）拨改贷和利改税的尝试

在放权让利的改革过程中，有两个配套措施是极其重要的，对后面的国有企业发展产生了深刻的影响，这就是拨改贷和利改税。在信贷方面，进行了"拨改贷"改革，即国家对基本建设投资拨款改为贷款。1979年"拨改贷"首先在北京、上海、广东三个省市及纺织、轻工、旅游等行业试点。1980年国家又扩大范围，规定凡是实行独立核算、有还贷能力的建设项目，都要进行"拨改贷"改革。1985年1月起，"拨改贷"在全国各行业全面推行。拨改贷对国有企业运行机制的变革起到重要的作用，财政部不再自上而下拨款了，也不再存在各个地区到财政部争取更多地方投资拨款的问题，"块块"跟"条条"的矛盾似乎得到一定的缓解。另外，预算软约束问题慢慢开始缓解。原来的国有企业都有投机饥渴症，各地政府都到国家计委来哭穷，争取更多资金和人员指标，可是改成贷款之后，就不能到银行去哭穷，因为银行是给你贷款，贷款是得收回的。当然这还没有完全解决预算软约束的问题，但是总算有了一些缓解。

从1983年起实行利改税改革。自扩大企业自主权试点以来，国家与企业的分配关系采取了三种类型：利润留成，盈亏包干，以纳税代替上缴利润。其中税代利的好处有：一是采取税收形式固定下来，可以避免实行利润留成、盈利包干办法时存在的争基数、比例的现象；二是企业实现利润后以税收形式作为第一笔扣除上缴国家，可以保证国家财政收入的稳定增长；三是减少部门、地区对企业不必要的行政干预，企业在照章纳税后能够更加自主地安排生产经营活动；四是国家根据宏观经济的需要，可以采取调整税率、减免税收负担等措施，调节生产和分配，促进国民经济的协调发展。

（四）十二届三中全会"有计划的商品经济"的提出

随着拨改贷、利改税的实行，中国在国有企业管理和工业管理体制方面慢慢开始市场化的进程。1984年10月召开了中共十二届三中全会。十二届三中全会总结了新中国成立以来特别是十一届三中全会以来经济体制改革的成功经验，比较系统地提出和阐明了经济体制改革中的重大理论和实践问题。全会认为，社会主义经济是在公有制基础上的有计划的商品经济。实行计划经济同运用价值规律、发展商品经济，不是相互排斥的，而是统一的。全会通过了《中共中央关于经济体制改革的决定》。

十二届三中全会实现了几个突破：

一是关于社会主义经济的本质属性。第一次在中共中央的文件上突破了把计划经济同商品经济对立起来的老框框，明确提出社会主义经济是"在公有制基础上的有计划的商品经济"，强调只有充分发展商品经济，才能把经济真正搞活，促使各个企业提高效率，灵活经营，灵敏地适应复杂多变的社会需求，而这是单纯依靠行政手段和指令性计划所不能做到的。承认商品经济的存在，承认社会主义计划经济和商品经济可以共存，而不再是不共戴天的对立关系，应该说是非常重要的一次思想解放。我们终于把计划经济跟商品经济这两个概念融合到一起了，这个转变意义重大，但是这个思想转变的难度是非常大的。

二是关于所有制结构。明确肯定集体经济是"社会主义经济的重要组成部分"，个体经济是"社会主义经济必要的有益的补充"，突破了"一大二公"、公有制程度越高越好的传统观念。

三是关于经济调节机制。突破了中共十二大提出的经济体制改革要"正确贯彻计划经济为主、市场调节为辅的原则"，明确指出国民经济计划就总体来说只能是粗线条的和有弹性的，只能通过计划的综合平衡和经济手段的调节，做到大的方面管住管好、小的方面放开放活，保证重大比例关系比较适当；要有步骤地适当缩小指令性计划的范围，适当扩大指导性计划的范围。

四是关于国家和企业的关系。明确提出"所有权同经营权是可以适当分开的","要使企业真正成为相对独立的经济实体,成为自主经营、自负盈亏的社会主义商品生产者和经营者,具有自我改造和自我发展的能力,成为具有一定权利和义务的法人"。要按照政企职责分开、简政放权的原则进行改革,各级政府部门原则上不再直接经营管理企业,突破了全民所有与国家机构直接经营企业混为一谈的传统观念及政府对企业实行集中统一、包揽一切的做法。

国有企业的所有权和经营权分开,这个命题对中国国有企业的改革意义重大。在此之前,我们的改革思路一直是放权、放权,放权其实主要还是调整国家与地方的关系,所以我们不断下放管理权,其实是增大地方对于国有企业的管理权,但是政府与企业之间的关系,并没有得到完全的解决。十二届三中全会主张要把所有权跟经营权分开,使企业真正成为独立的经济实体,使其自主经营、自负盈亏,具有自我改造和自我发展的能力,成为具有一定权利和义务的法人,这个提法就彻底改变了国家跟企业的关系。国有企业不再依附于国家,成为一个独立的法人。所有权和经营权分开,这个问题的提出可不像西方的两权分离那么简单。西方企业的所有权和经营权分离是一种历史发展过程中企业制度演变的必然结果,但是中国提出来所有权和经营权分开,目标是解决计划经济下企业与国家的关系,解决国家既是所有权人,同时又干预企业经营这样一个政企不分的矛盾。

谈到所有权和经营权分离,就必须谈到北京大学经济学院萧灼基教授的贡献。萧灼基教授于1981年撰写并发表的《关于改革经济管理体制的若干设想》(《北京大学学报》1981年第5期)指出,中国传统经济体制改革的思路囿于集权(收)与分权(放)的调整这一长期固化范式，使整个国民经济管理模式陷于"统则死，死则放，放则乱，乱则统"的循环怪圈。"这种管理模式，强调生产资料所有权与使用权的直接结合，强调行政机关对经济组织的直接干预，强调集中统一的国家计划对企业经济活动的直接支配，实质上不承认社会主义社会仍是一个社会化商品经济的社会，不承认等价交换、资金借贷、市场竞争等商品经济原则对社会生产和流通的调节作用，不承认物质利益原则是社会主义经济的一个强大推动力。"因此，社会主义经济体制改革只有深刻触及所有制问题，才能将改革真正推向实质层面，改革才会获得真正的突破。在这篇文章中，萧灼基教授提出了三个带有根本性、实质性的改革建议。第一，是把国家与企业的关系改为资金借贷关系，从而将生产资料所有权与使用权相分离，使国家与企业之间不再是计划经济下的行政隶属关系。这一重大关系的调整与变化，"既维护了国家所有制和国家对国民经济的集中统一管理，又发挥了企业的主动性和灵活性"。由于国家不再直接使用生产资料，因而就不再直接干预企业的经济活动，从"根本上解决了以政代企的问题"，"国家与企业是平等的商品交换者，具有平等的地位"，从而兼顾了国家利益和企业利益；"企业平均利润分割为利息和企业收入"，"在利息率已定的条件下，企业经营管理越好，利润率越高，企业收入也越多，这就从物质利益上调动了企业的积极性"。20世纪80年代初期实行的拨改贷，正是按照这个思路进行的，从而深刻地重构了国家与企业之间的关系，为政企分开、所有权与经营权分离创造了前提。第二，在这篇文章中，萧灼基明确提出"给企业以自负盈亏的独立的商品经营者地位"，认为自负盈亏是"商品经济的必然需求"，是"扩大再生产的客观需求"，而"企业具有独立自主的经营权，是实行自负盈亏的前提和保证"。塑造具有独立法人地位的微观经济主体，使之避免国家的直接干预，这是商品经济和市场经济的题中应有之义，也是国有企业改革必须解决的理论难题。第三，萧灼基教授提出"按商品经济原则处理企业之间的关系"，而这一关系的确立，实质上是市场经济下平等契约关系构建的基础，与后来中国社会主义市场经济理论的提出具有理论上一脉相承的逻辑关系。萧灼基强调企业之间（尤指国有企业之间）是一种受到法律保护与约束的平等的合同（契约）关系，每个企业都需要"严格执行合同，承担合同规定的经济责任，才能维护社会经济秩序，为各个企业的自负盈亏提供条件"。而这种平等的契约（合同）关系内在地要求社会主义企业之间进行公平、平等的市场竞争，并且在市场平等竞争中实现优胜劣汰，这也就天然地要求社会主义商品经济要"坚定不移地保护竞争"，而保护竞争，"就是保护先进，保护商品生产者的平等权利，保护企业的独立自主的经营权"。概括而言，在这篇文章中，萧灼基提出了具有内在因果关系的三位一体的命题，即通过重塑国家与企业之间的关系，实现生产资料所有权与使用权相分离，重塑企业作为独立商品经营者地位的微观经济主体、重塑社会主义市场竞争体系和企业间平等契约关系，从而比较系统完整地提出了自己的社会主义经济体制改革思想。

五是关于企业领导体制。十二届三中全会明确规定，企业要实行厂长（经理）负责制，企业中的党组织要积极支持厂长行使统一指挥生产经营活动的职权。20世纪80年代，我国涌现出一批有魄力、有能力、敢于创新的优秀企业厂长，这些厂长也是中国最早一批具有企业家精神的现代意义上的"企业家"。

六是关于经济利益分配。十二届三中全会明确指出，要允许和鼓励一部分地区、一部分企业和一部分人依靠勤奋劳动先富起来，从而带动越来越多的人一浪接一浪地走向富裕；强调在企业内部，要实行工资奖金同经济利益挂钩，扩大工资差距，拉开档次，以充分体现奖勤罚懒、奖优罚劣，突破了"社会主义就是要平均""共同富裕就是完全平均和同步富裕"的传统观念和忽视企业、劳动者个人利益的做法。

（五）第二步是尝试国有企业的承包制改革

承包制的灵感是从农村联产承包责任制汲取过来的。农村可以搞承包，没有私有化，但是释放了活力，城市的国有企业为什么不能尝试这条道路呢？农民在形容承包制时编了一个顺口溜："交足国家的，留足集体的，剩下都是自己的。"这三句话就把中国农村承包的所有诀窍都说出来了，这就是利润分成，也就是中国古代的分佃制。租金分成三份，第一份交足国家的税金，第二份留给集体积累，第三份留给自己。前两部分是固定的，生产得越多，后面这部分就越大，所以农民有激励、有干劲。

国企能不能照搬这个方法呢？当时大家认为是可以的。在1984年，就大规模实行了企业承包制。如果完成国家的上缴利润，其他部分就是你的，可以发奖金，这意味着每个国有企业工人获得的收入，不光包含着国家固定工资这一部分，还有可以变动的奖金部分。所以承包制试行了几年，不同企业的利润差别很大，激励机制建立起来了。中国的国有企业改革进入了第二个阶段，承包制阶段。

在承包制改革之后，国家不断出台搞活国有企业的各种政策，承包制在20世纪80年代中期开始不断推广。1985年9月，国务院批转的国家经济委员会、国家经济体制改革委员会《关于增强大中型国营工业企业活力若干问题的暂行规定》，做出了14条规定：提高经营管理水平和职工队伍素质；制定经营发展战略；企业内部要实行分级分权管理；搞好全面质量管理；降低消耗，降低成本；企业要综合利用能源、资源；鼓励企业开展一业为主，多种经营；发展企业之间的横向联系；

改进物资供应和产品销售的办法；适当缩小指令性计划；调减调节税，增强企业自我改造能力；给部分大型企业直接对外经营权；清理、整顿公司；部门和城市都要实行政企职责分开、简政放权。

1986年12月5日，国务院发布《关于深化企业改革增强企业活力的若干规定》，要求认真落实搞活企业的有关政策规定，推行多种形式的经营承包责任制，给经营者以充分的经营自主权。同时，对国营企业的利税政策进行调整。全民所有制企业以向国家缴纳所得税替代上缴利润的一种利润分配办法继续实行，逐步过渡到完全以税代利。从1984年10月1日起，在计算缴纳所得税和调节税后，税后利润全部留给企业。1987年大中型企业普遍推行企业承包经营责任制后，采用不同方式承包上缴利润数。

（六）国有企业承包制改革的局限

承包制部分解决了企业严重亏损、经营不善、激励不足的问题。改革开放之初的中国企业家，得到了巨大的激励，当时一批企业家都成长起来了。中国第一代企业家，实际上是在承包制下成长起来的。但是，承包制这个方法应该说是折中的、过渡性的、不彻底的方法，这个方法解决了一点激励问题，但是没有彻底解决。为什么呢？因为在这个激励制度当中，企业的治理结构和企业家的激励结构仍然是不完善的，企业独立决策权仍然是非常有限的，计划经济体制还没有被打破，企业还没有成为独立的法人实体。换句话说，中国经济还处于厉以宁先生所讲的第二类非均衡当中，这里就需要提到厉以宁先生在20世纪80年代的名著《非均衡的中国经济》。[1]

---

[1] 厉以宁：《非均衡的中国经济》，北京：经济日报出版社，1990年。

厉先生这本书中说到，世界上的经济总是非均衡的，可是西方的非均衡跟中国的非均衡是两种不同性质的非均衡。第一类非均衡，前提是企业是独立的法人实体，市场有比较完善的竞争体系，价格是由市场决定的，根据市场供求波动。在这种情况下，西方国家出现的供求失衡是第一类不均衡。这时政府就要用到凯恩斯主义的方法，用财政和货币政策来进行调控。

厉先生讲到，中国处于第二类非均衡。这是什么概念呢？我们的企业并不是独立的法人企业，不能自负盈亏、自主经营、自担风险。所有的企业都在政府的掌控之下，所以企业根本就不管到底是盈还是亏。计划经济下企业也没有决策能力，没有独立性。第二类非均衡怎么解决呢？首先要把企业变成独立的商品生产者和经营者。企业首先要独立决策、自负盈亏、自主经营、自担风险。当时提出第二类非均衡的现实意义极为重大，这个理论的矛头直接指向企业的独立性，要解放企业，使企业成为真正的法人实体，成为真正的独立的市场经营者。

这就与那种折中的、迁就的、不彻底的放权让利改革和承包制改革划清了界限。承包制给了企业家和员工更多的激励，但并未彻底改变中国企业的现状。厉先生认为，如果要彻底改变现状，必须改变中国的第二类非均衡现状，使中国由第二类非均衡进入第一类非均衡，然后才可以用货币政策、财政政策来解决。因此，不对企业做根本性的改革是不行的。

1984年5月4日，厉先生就在北京大学电教报告厅（这是当时北大最豪华的阶梯教室），在那天举行的"五四科学报告会"上，发表了一次演讲。这个演讲改变了中国企业的命运，拉开了所有制改革的序幕。他讲到，中国要彻底改革的话，一定要改革企业所有制，改革的核心是企业所有制改革，不改革企业所有制，中国改革就推行不下去。

因为当时有一批人说必须要先进行价格改革,要放开价格,进行价格闯关,建立了市场环境,中国的经济自然就好了。这派经济学家以吴敬琏先生为代表。换句话说,就是如果给企业一个好的市场环境,价格可以自由波动,由供求来决定,不由政府操控,企业会按照这个价格的指向去进行生产和经营,自然可以转向完全竞争的市场经济。

而厉先生认为,在中国的企业还没有成为独立自主的企业法人的时候,外面的市场价格信号是很难遵循的,企业只看政府的指挥棒,因此,核心是改革所有制,而不是首先进行价格闯关。厉先生那天讲了极其有名的一句话,他说"中国未来的改革绝不会因价格改革的成功而成功,但有可能因价格改革的失败而失败",这句话很有哲理。结果四五年之后的状况不幸被他言中,中国的价格闯关引起了巨大的通货膨胀,并接连引发社会经济与政治的动荡。

价格闯关今天看来是非常冒失的行为,因为一次性放开价格,其风险是很大的,对社会经济的冲击极大。当时在中国企业面临预算软约束的情况下,价格一放开,企业定价能力不强,市场竞争机制又没有形成,再加上当时中国本来就是短缺经济,于是价格猛涨。价格的猛涨导致中国的居民福利极度下降,隐藏在中国老百姓心目中的不平等感就爆发出来。当时政治动荡的根源在于中国改革操之过急,政治社会动荡就是这个风险的总暴露。因为中国的政治体制改革当时还没有提上议事日程,可是经济暴露的风险已经很大,市场价格顿然放开,老百姓不堪重负。我们为改革付出了沉重的代价。

我们终于认识到,不对企业所有制进行彻底改革,而期待通过价格的放开来建立一套市场经济,是不可行的,是具有极大风险的。历史证明了厉以宁的非均衡理论的正确性。厉先生认为,必须经过所有制的彻底改革才能使中国的国有企业走向独立,而不依附于政府。当企业所有制改革完成之后，企业就成为独立的法人实体，它才能够根据价格信号，适应市场的竞争，成为市场经济中一个真正的竞争者，中国也才能建立一个真正的市场经济体制，这是他的逻辑。这方面的讨论可以参照我撰写的《经济非均衡、市场主体与转型发展——厉以宁经济思想述评》一文[1]。在价格闯关遇到挫折之后，我国国有企业改革和经济体制变革进入了一个调整和整顿时期，20 世纪 90 年代初期就进入了国企改革的第三个阶段，即股份制改革和现代企业制度构建阶段。

二、股份制改革和现代企业制度的探索

（一）双轨制的实行

双轨制实际上在十二届三中全会之前一个月召开的莫干山会议上就有人提出来了。当时中国一批年轻的经济学家在著名的莫干山会议上提出双轨制，即让老的体制跟新的体制并行一段时间，在增量上进行改革，逐步地分阶段地放开市场价格，使市场机制调节的领域越来越多，而传统计划机制调节的地盘自然越来越少，最终双轨制转为一轨制。

根据 1984 年 5 月国务院发布的《关于进一步扩大国营工业企业自主权的暂行规定》，国营企业生产分成计划内和计划外两部分，所需的物资供应也分为两个来源，即中央统一分配的部分和自由采购的部分。与此相适应，计划内的产品实行国家核定的价格，计划外的产品

---

[1] 王曙光：《经济非均衡、市场主体和转型发展——厉以宁经济思想述评》，载《北京大学学报（哲学社会科学版）》，2023 年第 3 期。

则由市场供求决定价格。从1985年起，在对自销产品的定价完全放开后，国务院开始在生产资料部门正式实行调放结合的价格双轨制，放开的那一部分就是市场价格。1986年12月24日，商业部转发国家物价局等单位《关于进一步放开小商品价格等有关问题的意见》，要求坚持放开小商品价格，允许同一商品在同一市场的不同商店按不同价格出售。

价格双轨制打破了指令性计划一统天下的格局，使经济活跃起来，企业经济活力有所增强。1987年9月，国务院发布《中华人民共和国价格管理条例》，明确规定国家现行三种价格形式，即国家定价、国家指导价和市场调节价，并规定企业在价格管理方面享有的权利，主要是赋予企业对一部分商品的定价权。

（二）双轨制的贡献和局限

价格双轨制使得投机者有可能利用计划价格、指导价格和市场价格之差牟利，加之双轨制自身存在计划内、计划外价格不明确，制度上也不完备，滋生了某些腐败现象，社会上出现了计划内计划外串轨，批一个条子就可以在市场上赚钱的不正常现象。倒卖的丰厚利润吸引了大量的人投身其中。一些单位和个人为谋取私利，非法倒买倒卖，制造和出售伪劣商品，更推动了物价上涨，物价逐渐难以控制，加剧了经济秩序的混乱。

双轨制理论当然是极富智慧的，今天看来也有它不能忽视的理论贡献，在实践中也是中国增量改革和渐进式改革的一个重要的体现，避免了经济体制大动荡带来的巨大成本。但是双轨制也有弊端，就是容易滋生大量的腐败。官员子弟通过自己掌握的关系、权力，靠倒卖手里的"条子"到体制外获得巨大的利润，这就导致了社会内部的矛盾加剧。

(三) 价格闯关

为在短期内迅速理顺价格体系，中国启动了价格闯关改革。1988年5月30日，中共中央政治局开会提出价格改革的总方向是：少数重要商品和劳务价格由国家管理，绝大多数商品价格放开，通过闯关的方式，使价格双轨制彻底终结，让企业可以在同样的供求环境下进行竞争。7月28日，经国务院批准，即日起，全国各地放开名烟名酒价格，实行市场调节，同时适当提高部分高中档卷烟和粮食酿造的酒的价格。8月15日至17日，中共中央政治局第10次全体会议在北戴河召开，讨论并原则通过《关于价格、工资改革的初步方案》，正式公布五年理顺价格方案，前三年大步走，后两年微调，计划五年物价总计上升70%至90%，工资上升90%至100%。8月19日，《人民日报》报道了中共中央政治局第10次全体会议的情况和价格改革方案的基本内容，有关价格改革的消息摆在了人们面前。大幅度涨价的心理预期引发了严重的后果。1988年8月中下旬开始，一些省市的市场爆发了新中国成立以来从未有过的大规模挤兑未到期定期存款和抢购商品的风潮，并呈现蔓延之势。抢购的商品从衣食等生活资料到电视机、录音机、电冰箱等耐用消费品，范围极为广泛，物价呈现全面上涨态势，全国储蓄额也随之大幅度下降，导致信贷资金不足，影响经济发展。

(四) 1992年邓小平到南方谈话

1992年1月18日至2月21日，88岁高龄的邓小平，在到湖北武昌、广东深圳、珠海、顺德、江西鹰潭、上海等地的视察中，发表了一系列极为重要的谈话，内容十分丰富，明确回答了改革开放以来困扰和束缚人们思想的许多重大理论问题。

邓小平南方谈话及做出的"计划和市场都是经济手段"论断，标志着邓小平社会主义市场经济理论的形成，并具有不同于西方市场经济理论的鲜明特色。邓小平在南方谈话中明确指出：计划多一点还是市场多一点，不是社会主义与资本主义的本质区别；计划经济不等于社会主义，资本主义也有计划；市场经济不等于资本主义，社会主义也有市场；计划和市场都是经济手段。

（五）1992年建立资本市场

股市的建立，实际上是中国国有企业改革的一个必然产物。国有企业改革到这一步，必须拿出一个国有企业的产权交易市场，拿出一个公开募集资本的市场，来解决国有企业的资金与管理困境。这主要是解决三个问题：一是长期亏损。亏损部分是因为资金不足，国有企业上市之后可以解决资金问题，大量资金进来后，可以进行技术创新，聘请更好的员工和技术人员，买更好的设备和技术。二是可以解决激励问题。在传统体制下，整个国有企业的激励问题难以解决，建立股市之后，上市公司可以很好地解决这个问题。三是解决国有企业法人治理的问题。法人治理结构在传统体制之下很难改变，而国有企业一旦上市，法人治理结构就必须改变，要由股东大会来进行决策，要有董事会和监事会，这个法人治理结构就建立起来了。当然，这个改变需要非常漫长的过程，中国的国有企业在上市之后，法人治理结构可能仍然是不完善的，可是这个不完善受到了外部的制约，资本市场对它进行的制约，所以它必须慢慢完善，必须逐步由表面上的规范走向实质性的规范。资本市场可以说是中国国有企业改革走到20世纪90年代初期一个必要的制度设计和制度安排，是国企改革一个必然的结果，当然也是国企改革一个重要的通道。如果没有资本市场，国企改革很难真正破题，其中激励和约束机制很难真正构建。

（六）十四大：确立社会主义市场经济体制

1992年10月12日至18日，中共十四大召开，明确了中国经济体制的改革目标是建立社会主义市场经济体制，强调社会主义市场经济体制是同社会主义基本制度结合在一起的。要求全党抓住机遇，加快发展，集中精力把经济建设搞上去。

中共十四大关于社会主义市场经济体制目标的确立，是对中共十二届三中全会提出在公有制基础上的有计划的商品经济的进一步发展，是中国共产党在社会主义理论上的认识飞跃，对中国的经济体制改革具有重大指导意义。由此，以邓小平南方谈话和中共十四大为标志，中国社会主义改革开放和现代化建设事业进入新的发展阶段。

（七）十四届三中全会：建立现代企业制度

1993年11月11日至14日，中共十四届三中全会召开，审议通过《中共中央关于建立社会主义市场经济体制若干问题的决定》（以下简称《决定》），对"转换国有企业经营机制，建立现代企业制度""培育和发展市场体系""转变政府职能，建立健全宏观经济调控体系""建立合理的个人收入分配和社会保障制度""深化农村经济体制改革""深化对外经济体制改革，进一步扩大对外开放""进一步改革科技体制和教育体制""加强法律制度建设""加强和改善党的领导"等重大问题做出决定。《决定》强调，建立社会主义市场经济体制，就是要使市场在国家宏观调控下对资源配置起基础性作用。《决定》是中国在20世纪90年代进行经济体制改革的行动纲领。

（八）股份制改革的贡献和局限

股份制改革在20世纪90年代中后期普遍推行，对于国有企业的独立性、规范性很有意义，对于国有企业建立现代企业制度、完善公司治理非常有意义。但是，股份制改革也有弊端。当时在国有资本管理体制不完善的情况之下，国有企业的股份制改革导致了国有资产大量流失，其根源在于既得利益者和内部控制人可以以非常便宜的价格把国有资产卖掉，使大量国有资产瞬间成为个人财富，造成很大的社会不公。

股份制改革是否彻底解决了中国的所有制问题呢？厉以宁先生是很有智慧的，他在20世纪80年代提出股份制改革，同时说明，股份制并不代表所有制。这句话怎么理解？股份制改革一定会改变所有制吗？不一定。股份制实际上是一个工具，它的背后不意味着所有者的彻底改变，什么情况下所有者才能彻底改变呢？必须使国有资本和民间资本同时介入一个企业，这个企业才算是真正得到改变了。这就是我们下面要讲的混合所有制改革。

三、从混合所有制视角梳理我国的国有企业改革历程

2002年党的十六大报告第一次明确而完整地提出"两个毫不动摇"的重要思想。第一，必须毫不动摇地巩固和发展公有制经济。发展壮大国有经济，国有经济控制国民经济命脉，对于发挥社会主义制度的优越性，增强中国的经济实力、国防实力和民族凝聚力，具有关键性作用。集体经济是公有制经济的重要组成部分，对实现共同富裕具有重要作用。第二，必须毫不动摇地鼓励、支持和引导非公有制经济发展。

个体、私营等各种形式的非公有制经济是社会主义市场经济的重要组成部分，对充分调动社会各方面的积极性、加快生产力发展具有重要作用。报告还强调，要将坚持公有制为主体，促进非公有制经济发展，统一于社会主义现代化建设的进程中，不能把这两者对立起来。各种所有制经济完全可以在市场竞争中发挥各自优势，相互促进，共同发展。2007年党的十七大、2012年党的十八大以及2017年党的十九大都重申了这个思想。这是我们讨论混合所有制的理论起点。

混合所有制该怎么理解呢？主流经济学的语境与中国的语境是不同的。西方的主流经济学认为，一个经济体，既有国有经济，又有私有经济，这就是一个混合所有制经济，也叫混合经济。而中国语境很特别，一讲混合所有制，学术界就倾向于认为，所谓混合所有制就是在一个企业里面，既有私有的股份，又有国有的股份，这才叫混合经济，才叫混合所有制。这个说法是跟西方的主流经济学完全不同的，是一个中国式的说法，当然这个中国式的说法有它产生的历史语境。在一个国有企业里面引入私营股份，或者在一个私有企业里面引入国有股份，这两种做法，在任何西方公司看来，都是关系极为重大的、不能够轻易尝试的方法。为什么呢？因为这涉及公司产权结构的重大变化，这个重大变化，只有在企业真正遇到巨大变故的时候才能发生。

（一）什么是混合所有制经济——三种视角的比较分析

在中国的特殊历史语境里，出现了三种视角的混合所有制的理解，即从微观视角、宏观视角以及双重视角理解与探讨，而不同的视角下混合所有制的改革战略、顶层设计、实施路径也迥然不同。

（1）微观视角。微观视角下的混合所有制经济往往被理解为企业内部的所有制形式与组织形式，即不同所有制的资本在一个企业内部的混合，共同构成一个企业的产权结构。因此，微观视角下的混合所有制经济，也就是企业内部的产权结构的多元化。

（2）**宏观视角**。宏观视角下的混合所有制经济往往被理解为整个社会中不同所有制企业的并存。即私有资本组成的企业与国有资本组成的企业在整个社会中同时存在，展开公平的竞争。因此，从整个社会的产权结构来看，出现了多元化的格局。

（3）**双重视角**。双重视角下的混合所有制经济则是一种折中的全面的理解。企业内部的所有制形式与组织形式的多元化，有利于调动不同所有制的产权所有者的积极性，发挥不同所有制的产权主体的优势，建立完善的法人治理结构。从全社会的宏观视角出发所理解的混合所有制经济，强调不同所有制的企业在市场经济中平等的法律地位和竞争主体地位，有利于加强不同所有制企业之间的竞争，消除传统体制中所有制的垄断，使国有企业和非国有企业在同等的市场条件和政府法律框架下展开公平的竞争，从而提高社会主义市场经济的运行效率。

实际上，真正的混合所有制经济，既是微观意义上的企业内部的产权结构的多元化，又是宏观意义上的全社会企业所有制形态的多元化，这两者是不矛盾的，是融通的，其共同构成完整意义上的混合所有制经济。[1]

（二）不同视角的混合所有制经济形态与中国经济改革和国企改革的三大阶段性特征呈现对应齿合关系

改革开放以来，混合所有制经济的发展可以说一直伴随着国有企业改革的进程和中国经济体制变革的进程。三种视角下的混合所有制

---

[1] 王曙光等：《产权、治理与国有企业改革》，北京：企业管理出版社，2018年。

经济与我国经济改革和国有企业改革不同时期政策取向形成了对应齿合的关系，反映了不同时期的改革重点与特征。

（1）宏观视角的混合所有制经济与国企改革早期阶段的对应齿合关系。

宏观视角的混合所有制经济反映了我国经济改革和国有企业改革早期阶段的主要政策取向。在这个阶段，尚不具备全面改革国有企业所有制的历史条件和机制条件，因此改革主要体现为增量改革模式，即在原有的国有企业的所有制结构尚未进行根本性变革的情况下，鼓励非国有经济的快速发展，从而形成国有经济和非国有经济共同成长的局面。

整个国家的经济形态呈现出多元化发展的特征，既有遍布全国的私营经济成分，尤其是各地涌现出很多私营的中小企业，而非国有的中小企业的迅猛成长，又是中国增量改革最显著的成就之一。这一成就，弥补了国有企业在改革过程中所产生的诸多成本（如失业），显著降低了社会的摩擦成本和转型成本，使整个经济能够以一种较快的速度增长，同时使整个社会结构不至于在迅猛的改革中出现撕裂。因此在早期的国有企业改革中，更多地采取承包制等不直接触动企业所有制的改革形式和激励形式，这对维持国有企业发展发挥了不可或缺的缓冲作用，为国有企业的所有制改革赢得了宝贵的时间和历史条件。

在当时的历史条件下，国有企业的所有制形态不可能骤改，只能渐改，因此在体制上就形成了颇具中国特色的"双轨制"与渐进性特征，而这也是中国社会市场经济构建早期和经济改革早期的两个主要特征。但是这个时期，仍旧维持了国有企业在整个经济中的垄断地位，仍旧没有触及非常敏感的所有制问题。而这两个问题，只能等待历史条件具备时才能得到历史性解决。

（2）微观视角混合所有制经济与 90 年代末期国企改革中期阶段的对应齿合关系。

微观视角下的混合所有制经济，则基本反映了中国经济改革在 20 世纪 90 年代末期到本世纪初期的阶段性特征。改革的深化使人们认识到，单纯的承包制尽管在短期内产生一定的效果，但是刻意回避所有制改革却使得承包制在长时间内难以维系，承包制难以提供有效的激励和约束机制，难以完成构建真正的市场经济主体的历史使命。因此对国有企业进行股份制改革，从而真正构建具有市场主体地位和资格的企业，使社会主义市场经济真正具备微观基础，就成为这一阶段的历史使命。

20 世纪 90 年代至本世纪初期，国有企业股份制改造在全国展开，建立现代企业制度成为这一时期决策部门和学术界的共识。而资本市场的适时建立和有效运作，为国有企业的股份制改造提供了市场机制基础。这一阶段的国有经济获得了较快的发展，国有企业虽然在数量上有所减少，但是绩效却有实质性的提升，国有企业终于摆脱了困境，实现了历史性的跨越。

此时的中国经济改革，已经超越了增量改革的思维，进入实质性的存量改革的阶段，即对存量的国有经济比较深刻的所有制改革；同时，中国的经济改革，也相对超越了渐进式改革的"边际"突破的特征，出现了整体性和系统性特征，甚至在一些局部的国有经济改革中体现了快速推进的特征（如国有银行的股份制改造和上市）。这一本来属于激进式改革的行动模式，之所以在中国能够水到渠成地顺利实现，与前一时期经济的平稳较快增长以及增量改革的成就是分不开的。

（3）双重视角的混合所有制经济与新世纪以来国企改革深化阶段的对应齿合关系。

双重视角下的混合所有制经济，则反映了中国进入新世纪之后国有企业改革进一步深化阶段的新特征。在这个历史阶段，既需要在整个经济中平行发展国有经济和非国有经济，鼓励各类所有制主体的成长，消除国有企业在若干产业中的垄断地位，从而激发市场经济的活力；同时，又需要在微观层面继续深化国有企业的所有制改革，继续完善国有企业的法人治理结构，继续探索创新国有资产管理的有效形式。

双重视角下混合所有制经济的构建，意味着我国未来企业改革的两种可能的路径选择：

从微观视角来看，必须进一步推动国有企业的产权多元化，进一步吸引民间资本进入国有企业。这一方面可以极大地增强国有企业的资本实力和市场竞争力；另一方面更可以深刻地影响其内部治理结构，完善公司法人治理，建立真正有效的激励和约束机制。而后者，也许对中国的国有企业改革更加重要，其影响也更深远。这也是中国推行股份制改革的主要初衷之一。不同性质的资本进入国有企业之后，都要按照公司法的要求发挥其治理作用，都要在其中发挥其话语权，这对于国有企业形成真正有效的激励约束从而改变原有国企内部人控制局面是非常重要的，而这也是保障国有资产进一步保值增值和国企可持续发展的重要内在机制。

从宏观视角来看，其可能的路径选择则是进一步降低行业的垄断程度，允许私营资本进入这些行业，从而改善这些行业的竞争程度，激活整个经济的活力。如此，则私营企业和国有企业（以及由不同比例的国有和私营资本构成的各类企业）可以在一个平台上进行公平竞争，它们面临着共同的准入门槛，执行同一游戏规则，国家对它们一视同仁，没有任何歧视待遇，从而使市场经济主体的平等性这一前提得以实现。

为了保障混合所有制经济构建中的公平性，防止国有资产流失，应该建立完善的资本市场和完备的交易制度，使不同市场主体的产权交易能够在这个市场上进行公平、平等、自由和透明的交易，防止内部交易、黑幕交易、暗箱操作，防止内部人利用手中的权力变相侵吞国有资产，防止在构建混合所有制经济过程中国有资产的"制度性漏出"。

（三）混合所有制经济的实现形式：企业组织与产权结构

混合所有制经济的实现形式，从企业组织经营形式角度来看，主要是建立现代企业制度的问题；从所有制层面来看，主要是完善产权制度的问题。混合所有制经济的构建涉及国有经济成分与非国有经济成分在企业内部产权结构的安排分布。以国有经济在企业中独资、控股、非控股，以及纯粹非国有经济成分的四种情况进行分类，对其所对应的经营领域、产业做一归纳阐释。

（1）国有经济成分的独资形式。

即纯粹的国有企业。在极少数涉及国家重大战略性利益和国家重大安全问题的产业可以采纳此种模式。

（2）国有经济成分的控股形式。

包括相对控股和绝对控股。绝对控股模式适用于有关国家战略性利益和国家安全问题的产业，如民生安全产业、银行体系、信息产业体系。

（3）国有经济成分的非控股形式。

国有和非国有经济成分在股权上没有比例限制，在产权构成上具有自由裁量权，适用于大部分竞争性产业。

（4）纯粹的非国有经济成分的企业。

即纯粹的私营企业。

以上四种形式，都是混合所有制经济中应该包含的四类企业。而由这四类企业所形成的经济体，即可被称为混合所有制经济。不要以为混合所有制经济中就不能有纯粹的国有企业（即国有经济成分的独资形式），这是一种绝对化的理解，也是一种错误的理解。混合所有制经济的形成，是以上四种不同所有制形态的企业共存所形成的，不能排斥任何一种企业形式。

同时，混合所有制经济的形成，既有可能是在国有经济成分为主的企业中引入非国有经济成分，也有可能是在非国有经济成分中引入国有经济成分，这种所有制的混合是双向的，而不是单向的，是相互的融合，而不是单纯在国有经济中掺入非国有成分。这一点务必要在政策层面加以申明和强调，否则会在执行层面造成很大的流弊。

（四）构建混合所有制经济中应澄清和把握的六大关键理论问题

（1）混合所有制经济与股份制不要混为一谈。

股份制是一种在微观意义上理解的混合所有制经济的实现形式，是一种企业内部的组织形式和产权结构形式。而混合所有制经济在内涵和外延上都超越了股份制的范畴，把混合所有制经济与股份制等同起来的观点，是偏狭的，也是错误的。股份制是公司制的一种，其产权由不同来源的资本构成，但不涉及资本的性质问题。

一个纯粹国有经济成分的企业，也可以是一个股份制企业，因为它完全有可能由不同的国有经济体出资组建（我们可以称之为"纯粹国有股份制企业"）。同样，一个纯粹私营经济成分的企业，也可以是一个股份制企业，因为它完全有可能由不同的私营经济体出资组建（我们可以称之为"纯粹私营股份制企业"）。仅仅由诸多纯粹国有股份制企业构成的经济，不能称为混合所有制经济；同样，仅仅由诸多纯粹私营股份制企业构成的经济，也不能称为混合所有制经济。通过以上的辨析很容易发现，股份制与混合所有制经济并不是同一概念。

（2）混合所有制经济构建过程中要避免简单等同于私有化。

从混合所有制经济的实现形式看，它包含着双向的产权流动，即：既有可能是在纯粹国有经济成分的企业中引入私营经济成分，也有可能是在纯粹私营经济成分的企业中引入国有成分。但是这种双向的产权流动都不能理解为私有化，而应理解为在企业内部产权结构的多元化。目前应该警惕的一种不良的趋向是，国有经济的内部控制人利用手中的特权，稀释国有经济股权，以低于市场均衡价格的价格出让国有股份，从而导致变相的私有化，导致国有资产的流失，引起经济改革的"非帕累托"结果，这对我国的未来经济发展和社会和谐是极为危险的因素。

（3）混合所有制经济构建过程中要兼顾公平与效率。

由以上所论述的私有化趋向所导致的最大消极后果，是我们在改革过程中损失了公平。混合所有制经济的构建，其目的是增强国有经济的活力，是使国有资产保值增值，是增强资本的活力和资源配置的效率。但是如果这种效率的增进是以显失公平为代价，那么这种增进是不可持续的，也是一个坏的增进。

同时，我们还应该警惕另外一个趋向，即在构建混合所有制经济过程中出现"过度混合"的现象。在涉及国家重大战略利益和民生利益的非完全竞争领域，过度地引入私营资本，也会带来若干严重的消极后果。英国等欧洲国家在20世纪80年代的自由化进程中的过度私有化以及俄罗斯等国在转型过程中的过度私有化，带来的民众公共福利的降低和公共品供给的低效，其教训是惨痛的，对社会公平和效率的双重消解是非常严重的，值得我国在构建混合所有制经济进程中提高警惕。

（4）混合所有制经济构建要注意因地制宜、因企制宜和循序渐进。

中央提出加快构建混合所有制经济之后，各地均制订了区域性的混合所有制经济构建计划，一时颇为热闹。但是一个值得关注的趋势是，很多地方政府对于混合所有制经济的理解有偏差，认为混合所有制经济的构建就是在国有企业中简单地掺入私营资本，某些地方政府还对国有企业中掺入多少比例的私营资本进行硬性的规定。而且，很多地方政府制定了严格的详尽的混合所有制经济构建时间表，要求本地企业限时完成混合所有制的构建工作。

这种行政指令式的一刀切做法，是违反市场原则的，也是极为有害的。一个具有市场主体地位和法律主体地位的企业，拥有自己独立的不可侵犯的权利，应根据市场竞争状况和企业运行状况，决定企业到底采取何种产权形式和组织形式。我国国有企业情况复杂，地域情况千差万别，因此在混合所有制经济的构建过程中应注意因地制宜、因企制宜，不要盲目地运动式地推进，而要循序渐进，尊重各个地方、各个企业的独立决策权和差异性。

（5）混合所有制经济构建的根本目的之一是消除垄断。

消除垄断也有两种不同的路径：一种路径是允许私营经济成分进入垄断产业，降低准入门槛，使国有经济成分与私营经济成分同时展开竞争，从而消除或减缓某些产业的垄断局面。另一种路径是允许原有纯粹国有企业（即国有独资企业）中引入私营经济成分，由国有资本与私营资本共同构成股份制企业，从而降低某些产业中的国有经济成分的垄断。

（6）构建混合所有制经济过程中应注重完善公司法人治理结构。

有些国企在引入民间资本后，壮大了资金实力，股权结构进一步合理化。但是法人治理结构仍旧处在比较落后的阶段，国有企业原有的一套治理结构仍在起作用,民间资本的话语权在改制后的国有企业中没有得到充分的体现。这一方面挫伤了民间资本进入国有企业的动力和积极性,另一方面也违背了国有企业进行混合所有制改革的初衷。同时,一些地方在国有企业改制后,仍旧存在着政府强力干预的情况,使得改制后的公司法人治理结构形同虚设。

前一种路径可以保证能够降低垄断程度,加强市场竞争;而后一种路径有可能仅仅是通过掺入私营资本增强了某个在产业中居垄断地位的企业的资本实力(并使其资本构成多元化),但对于改善该领域的垄断局面却并无助益。我们不能排除这种可能性。因此,对于有些学者提出的试图依靠在垄断性国有企业中引入私营经济成分而消除垄断的建议,我们应该保持一定的辨别力,因为这种微观意义上(在一个企业内部)的产权多元化,并不能必然保证消除垄断,而有可能加剧垄断。

四、总结:国有企业制度、社会主义、市场经济:在扬弃中建构中国特色社会主义政治经济学

(一)未来混合所有制改革是总趋势

混合所有制改革是新时代我国国有企业改革的核心目标模式。以上我们探讨了混合所有制的不同视角和不同推进模式。我们对不同视角的混合所有制观点持包容的态度,但是并不意味着这些不同的混合所有制改革在实践中的效果都是好的。我们要积极推进混改,但同时还要特别谨慎,要绷紧国家安全和国有资产保值增值这根弦。

对于微观意义上的混合所有制改革,之所以要特别慎重地推进,是因为这涉及国有企业内部资本结构的重大变化,不能不谨慎从事。在国外,除非一个企业面临财务上的极其重大的变故,否则一般是不会轻易改变企业资本结构的,一般情况下只会寻求负债结构的变化来解决问题。国有企业由于在法律上属于全民所有,且负有战略上的重大意义与功能,因此在引入民营资本、改变其资本结构时更应特别慎重。

在涉及重大战略安全领域的国企中通过引入民营资本而使资本结构产生重大改变,这种行为需要慎之又慎。我们的改革胆子要大,要大胆探索,但是在一些重大战略问题上又要极其慎重。首先,在国企的资本结构发生改变时,在引入哪些股东方面,要谨慎甄别,仔细推敲,既要考虑其行业性质、行业领先地位、技术能力、全球知名度与企业品牌价值,同时更要考虑其企业的股权结构,看看这些企业的股东背景,以综合考量引入这些企业给国企(尤其是战略性行业,比如涉及国防、国家信息安全和金融安全等领域的央企)带来的深刻影响。

其次,我们还要在引入民营资本之前,对其可能产生的风险(包括安全风险)进行审慎的评估,以便进行科学的判断。这是一个极为必要且重大的步骤,不能省略,应该进行独立的、权威的第三方专家评估,否则会有很多隐患。

再次,在股权设计方面要求有缜密、慎重的考虑,根据国企的战略需求与被引入企业的行业特点、行业地位等,综合权衡,确定适当比例,既要保证股权充分多元化,又要保证国有资本的控制能力与战略驾驭能力,如果通过混改,国有资本的驾驭能力降低甚至丧失,则失去了国企(央企)混改的初衷,失去了把国有资本做强做大的初衷。

然后,在混改中还要科学设计董事会结构,以真正改善国企法人治理。要给民营资本一定的董事会席位,并保证其在公司治理中的话语权。这一点上面已谈过，切不可做表面文章，更不可刻意剥夺其决策权。

最后，在国企混改中，要对国有资本的保值增值进行科学有效、严格的监管，防止国有资本的流失，防止有些人借混改之机变相侵吞国有资产。我们在国企改革历史上是有过深刻教训的，要吸取这些历史教训。国企的资产是几代中国人共同积累起来的，不能容许通过混改而在一个早上被个别利益集团以低成本占有。

国企混改是要毫不犹豫地往前推进的，但在推进过程中不能盲目地"为混而混"，要在机制、体制上有更多创新，保证整个过程稳健、安全、有效，防止可能的风险。要绷紧国家安全这根弦。

（二）推进混合所有制改革的核心，是正确处理国企和民企的关系

国有经济和民营经济是我国社会主义市场经济中平等的重要组成部分，都应该得到发展，其产权都应该得到保护，这是社会主义市场经济和社会主义法治的题中应有之义，不言而自明。最近中央深化改革领导小组出台了保护民营经济产权的若干举措，受到民营企业家的极大关注和欢迎，这是极其有利于经济发展的一项带有根本性的举措，是关系到我国社会主义市场经济健康发展的战略性举措，十分及时而且必要。

为什么现在要强调保护民营经济产权？其原因在于在实践中，很多人对民营经济发展持有误解，因此政府在保护民营经济产权中就会出现各种偏差，甚至出现损害和践踏民营企业产权的事情，严重破坏社会主义法治。只有民营经济产权与国有经济产权得到平等的保护，我国民营企业家才会持续投资、放心发展，才会营造我国经济增长的良好局面。如果民营经济的产权得不到有效保护，我国经济增长就会受

到严重的阻碍，企业家投资动力和创新动力就会大打折扣，必将给经济发展带来巨大的消极影响。

近年来学术界出现了一个词，叫作"国进民退"。这个概念用得不准确，而且有很大的误导性。这几年国有企业发展很快，通过产权改革、体制改革，不断并购重组，做强做大，中央密集地出台关于国有企业改革和国有资产管理创新的各项措施，国家对国有企业的重视空前增强，这是一个明显的事实。但是我们也不要忽视另外一个事实，就是近几年民营企业也在飞速发展，民营企业在整个经济中所占的份额、在就业中所占的份额不断上升，在很多原来的国企垄断领域有了更多的平等竞争的机会，民营企业的重要性正在与日俱增。

比如近几年，民间资本开始进入银行业，银监会批准建立了十几家民资银行，这在几年前是难以想象的。这是金融领域混合所有制改革的重要成果，说明民营经济在很多领域的准入门槛在降低，国有企业和民营企业实际上是同步发展的。当然现在还要革除很多妨碍平等竞争的若干政策，还要进一步为国企和民企平等竞争创造法律环境和市场环境。

我认为将来最好的状态就是"国进民进"。就是国有企业和民营企业同时得到规模的扩张和质量的提升。"国进"不意味着"民"要退，国有企业发展了，民营企业也要发展，要共同发展，这才是一个双赢的局面。假如哪一天中国的国有企业发展了，民营企业落后了，甚至被挤垮了，我认为这是国家之灾，而不是国家之幸。国有企业和民营企业在整个国家中是互相依存的，是互为唇齿的，不是此消彼长和互相替代的关系。而且在现实的经济运行中，国有企业和民营企业已经形成互相依存的产业链上下游关系，国有企业和民营企业在产业层面上已经互相融合、互相连接在一起，一方弱了，萧条了，另外一方也会变弱，变萧条，所谓一损俱损、一荣俱荣。

民营企业就业人数占全部就业人数的70%～80%，民营企业创造的国内生产产值大概占到全部产值的70%。因此，无论从它创造的价值或就业机会来讲，民营企业要是不发展，中国就不会发展，这是当前中国最大的现实，我们必须清醒认识到这个事实。民营企业如果得不到国家的鼓励、保护与支持，那这个国家就丧失了发展的基础，因为今天中国的经济结构和所有制结构已经发生了深刻的变化。

为什么国有企业这几年发展迅猛？我认为恰恰是因为中国民营企业发展了，才带来国有企业的迅猛发展，因为民营企业吸纳了大量的就业人口，化解了国有企业下岗、倒闭、破产、重组带来的成本；这些成本都由蓬勃发展的民营企业承担了，才使这个国家在国企发生深刻变革的同时防止了经济社会的不平衡和严重动荡，避免了大量失业带来的危机，没有形成一种严重的社会震荡，没有导致国民总体福利的下降。所以民营企业的发展作为增量式改革的重要成果之一，是中国改革成功的基础，如果没有它们，国有企业的改革怎么能成功？国有企业怎么能瘦身？你光破产倒闭，那这些结果谁来承担？现在我们在发展国有企业的过程中，不要忘了民营企业的功劳和作用，要对其给予客观评价。

关于民营企业发展，国家近年来出台了很多重要举措。第一，中央强调要保护民营企业产权。第二，要消除垄断。2016年6月，国家出台了一个关于在一切领域进行竞争性审查的指导意见，这也是中央深化改革领导小组亲自抓的一件事。其目标是消除一切竞争性领域的垄断，降低门槛，民营企业需要跟国有企业一样享有同等的国民待遇，让民营企业能够同等竞争，尤其是原来封闭比较严重的像金融业、通信产业等，要向民营企业开放，这是对中国未来发展极其重要的问题。

第三，2017年9月，中共中央和国务院共同发布了一个保护和激发企业家精神的文件，这个文件的核心就是保护和鼓励民营企业的发展。

国企与民企最后形成什么样的关系才好呢？我认为应该是平等竞争、共同发展、共荣共赢的关系。千万不要在社会上形成一种歧视民营企业的风气，要消除所有制歧视。当然也要消除对国有企业的歧视，现在流行着国有企业低效的所谓"所有制相关"的神话。大量研究成果证明，在市场机制完善和内部治理规范的前提下，所有制与企业效率没有相关度。所以要突破效率神话，打破"所有制相关"的认识误区，重要的是给国企和民企平等的竞争环境和法律环境，使两种力量公平竞争，共生共赢，这才是我国社会主义市场经济完善和经济可持续增长所要走的正确道路。

（三）在扬弃中构建中国特色社会主义政治经济学

最后，我们顺便谈一谈构建中国特色社会主义政治经济学的问题。我们现在说的"新时代政治经济学"，主要指的是十八大之后的"新时代"。新时代的中国特色社会主义政治经济学应该是怎样的呢？我觉得应该是既继承和发扬马克思主义政治经济学的精髓，又充分汲取现代经济学中适合中国国情和未来全球发展趋势的精华，同时更深入结合中华人民共和国成立以来尤其是改革开放以来的生动的社会主义建设和社会主义改革的经验教训，从而进行系统的综合和提炼，以期构建具有中国特色的社会主义政治经济学理论体系和方法论体系。这三个维度的综合，是非常重要的，不能顾此失彼，也不能仅仅强调一个方面。我们不能教条主义地理解马克思主义经济学经典作家的现成结论，我们在改革开放前三十年的社会主义经济建设中就不断强调结合中国实际，反思苏联模式，就是要从教条主义中解脱出来，探索自己的道路。

因为我们在历史上吃了教条主义很多亏。我们也不能照搬现代经济学的理论和结论，尤其对现在流行的西方新古典经济学，要采取鉴别的态度，不要生搬硬套。改革开放以来我们在盲目照抄西方经济学既有理论方面也吃了很多亏。我们的出发点，仍然是中国自己的实践，从中国社会主义革命、建设和改革实践中提炼、抽象、概括出我们自己的经济学话语体系。对于企业的性质、产权和产权结构、现代企业制度、公司治理结构、现代经济体系的构建等，都要在扬弃中提出自己的创新性思想，结合实践给出我们自己的答案。比如关于企业的性质，我们就要在结合现代经济学关于企业的基本理论的基础上，考虑国有企业的性质问题，对国有企业的内涵做出自己的分析，而不是简单地抄袭西方经济学的观点。我们在前几讲讨论到所谓"华盛顿共识"的问题，其核心就在于我们要有自己的"主体性"思维，不要随波逐流。国有企业在中国社会主义建设和工业化进程中具有特殊重要的意义。国有企业在制度设计上既要汲取西方发达国家的经验，又要勇于创新；既要全球化，又要强调本土化；要构建适应中国国情的国有企业所有制结构和公司治理结构，构建我们自己的现代企业制度。这些方面中国已经有极为丰富和生动的实践，要进行理论上的概括和提炼。

新时代中国特色社会主义政治经济学构建中的核心问题，是在理论上能够实现社会主义与市场经济的兼容、实现国有企业制度与市场经济制度的兼容。这两个兼容，实际上是我国社会主义经济学体系最大的理论创新。而在实践中实现这两个兼容，是一件极为艰苦的事情，需要极大的历史耐心，要经历比较长的历史时期才能达到目标。社会主义与市场经济的兼容，是既强调经济运行模式和宏观调控模式的市场化，强调市场在资源配置中起到决定性作用和基础性作用，同时又要强调经济体制层面坚持社会主义原则，要在经济发展过程中实现社会公平正义，让广大人民分享社会主义建设和改革的成果；否则搞了市场经济，丢掉了社会主义，也不是"社会主义市场经济"。仅仅强调一个方面，而不是兼容，就会导致严重的后果。国有企业制度与市场经济制度的兼容是非常艰难的事情。国有企业必须在一个竞争性的市场中生存和发展，必须与民营企业享有公平平等的市场权利和地位，要防止垄断，要让国企和民企公平竞争；同时要在发展国有企业的过程中不断创新国有企业的公司治理结构和产权结构，以利于国有企业的内部经营机制更加市场化和国有企业的进一步做强做大。国有企业必须创造出一套自己的制度体系（包括产权制度和公司治理制度），而创造这套制度的目的是让国有企业进一步做强做大，进一步提高竞争力和效率，进一步实现国有资本的保值增值，而不是把国有企业改没，把国有企业的竞争力搞差。国有企业制度的改革永远在路上，要不断探索，不断创新，不断解放思想。而我国国有企业制度的创新，将是我们对于社会主义政治经济学的最大贡献之一。

第十讲
中国特色工业化进程、产业结构变迁与产业政策演进

本讲讨论中国洋务运动以来的工业化进程，重点讨论新中国社会主义工业化道路的形成与演进过程，以及在此期间产业结构的演变与产业政策的演变。这个题目当然很大，最近关于这方面的争论也比较多，我想讲五个问题。第一个问题，从洋务运动到20世纪40年代，中国工业化的实践和工业化思想。把我们的研究延伸到150年这样一个长时间维度。第二个问题，探讨20世纪50年代至70年代，中国社会主义工业化道路的形成及其特征。第三个问题，探讨改革开放后至本世纪初期的工业化模式以及国家介入模式的转变。第四个问题，探讨新时代的产业结构与产业政策方面的争议。最后探讨第五个问题，就是如何看待新兴产业与传统产业的关系问题。

一、从洋务运动到 20 世纪 40 年代的中国工业化实践与工业化思想

（一）洋务运动开启了中国工业化和现代化的历史进程

要研究中国的工业化道路，就要确定一个起点。我认为中国工业化实践的起点应该是洋务运动。1861 年 1 月，清政府主持洋务运动的中央机构——总理各国事务衙门设立，标志着洋务运动的开端。而洋务运动，开启了中国工业化的先声，是中国工业化进程的起点。从洋务运动始，我国的工业体系逐渐开始由大机器工业取代传统的手工业的转变，这是中国工业化开始的标志。洋务运动的目的是挽救中国的危亡。1840 年鸦片战争之后，中国处于亡国灭种的危机中。在这个危机之下，有识之士纷纷开始反思中国与西方的差距。当时很多人认为，我们跟西方的差距一方面在器物层面，比如说机器制造、船舰大炮这些东西；另一方面是在人文层面、社会层面，比如经济制度、法律制度和社会制度。由早期的器物层面的反思再到后来的制度和文化层面的反思，中国人在思想层面经历了一个比较痛苦的过程。所谓洋务，是指以学习利用西方先进科学技术为中心的包括经济、军事、外交、教育、政律等方面改革的一些事务。所以洋务运动的发生，是基于当时中国人对中西差距的比较全面的反思；这场学习西方的运动，给中国带来的影响是非常深刻的，今天尤应给予高度的评价。从工业化的角度看，洋务运动第一次在中国建立了大机器工业，使中国的社会经济在新生产力的代表即大机器工业的引导下，进入了一个新的发展时期——工业化时期。洋务运动不仅是生产工具的变革，还是大机器生产代替手工业生产的劳动组织的变革，是生产方式和生产关系的变革。更重要

的是，洋务运动不仅引发了器物层面的改变，而且引发了中国在政治、法律、社会层面的深刻变化，尽管这种变化还不彻底，但是毕竟开启了中国的现代化，这个历史意义也要肯定。

当时中国的一些先进人物力主睁眼看世界，呼吁国人要突破天朝大国的狭隘眼界，要看到西方世界在工业发展和社会制度方面的长处。这里面有代表性的人物是林则徐、魏源、曾国藩、冯桂芬、李鸿章、盛宣怀等人。林则徐被称为是最早"睁眼看世界"的人之一，1840年他主持编辑了《四洲志》，那一年鸦片战争爆发了。中国被迫在西方的坚船利炮面前开启了自己的大门。1842年，魏源写了《海国图志》，他提出一个口号："师夷长技以制夷。"这七个字是整个洋务运动的指导思想之一，即我们要学习西方，但是学习西方的目的是实现中国的独立自强，要获得与西方一样的国家竞争力，要和西方平起平坐。曾国藩在1860年说："将来师夷智以造炮制船，尤可期永远之利。"曾国藩最早提出要派留学生到西方去学习先进技术。留学生中比较著名者如中国第一个留学生、到耶鲁大学留学的容闳，这个人贡献很大。后来容闳主持了若干年的赴美留学工作，这些留学生中不乏成就巨大者，比如说詹天佑等，为中国近代的机械工业、交通运输业做出了重大贡献。这些留学生身上所体现出来的中西文化之碰撞，那些背后的故事，尤其值得玩味。冯桂芬也是当时主张"采西学，制洋器"的著名人士。他在《校邠庐抗议》中主张学习西方科学技术和工业，而且他对北京大学的建立也有贡献。他当时上书光绪皇帝，强调建京师大学堂（即北京大学前身）的重要性。李鸿章是洋务运动的核心人物，他认为鸦片战争以来中国处于"数千年来未有之大变局"，要变法，兴洋务，发展近代工业，以提高劳动生产率。李鸿章从与外国的交往中最切实地感受到国家贫弱带来的后果，因此力主发展工业，以敌外侮。另外一个人物就是近代实业的先驱之一盛宣怀,他创建了轮船招商局和中国最早一家银行中国通商银行(1897),力倡发展近代民用工业。

(二)如何理解"中体西用"这个口号

鸦片战争后,中国进入了近代化时期。从19世纪中后期开始,中国知识分子对西方的观察和理解越来越深,尤其在洋务运动前后,流行着一个著名的口号——"中体西用"。日本人在近代化之后也有类似的提法,比如"和魂洋才",实际上是与中体西用一个思路。"中体西用"这个口号是什么意思呢?就是"中学为体,西学为用"。"中学"即我国自己的文化传统是"体",是根本;而"西学"即西方的技术器物之学是"用"。这个口号对不对呢?恐怕我们得对这个问题好好辨析,而不要受时流的影响,不要被百年以来的各种争议所误导。近代以来,尤其是从20世纪二三十年代以来,"中体西用"被批判得很厉害,说这个口号是一个落后的口号,甚至是一个反动的口号,是基于洋务运动前后国人对西方的肤浅认识而提出来的错误口号。但是今天我们看这个口号,就要更加客观一些,我们在150年后再来审视这个口号,就要看到它的深刻性和超越历史的合理性。实际上"中体西用"是一个具有深刻思想的口号,在中国的现代化和工业化过程中,在中国面临国家转型的过程中,尤其是在西方强势文化的压迫下进行被迫转型的过程中,要以什么为体?以什么为用?以什么为本?以什么为末?这些问题要搞清楚。一个国家在所谓现代化(实际上往往变为西方化)的过程中,是不是应该在扬弃中不断继承和发扬自己的文化传统,还是应该全部抛弃?我想答案应该是非常清楚的。以西学为用,就是要把西方这些先进的自然科学和社会科学的成果拿过来为我所用,但是仍然要根据中国自己"主体性"的思想来采择,择其有益者而吸收之,将其糟粕者或其不适合中国者而抛弃之,这种态度恐怕是唯一正确的态度。所以"中体西用"这个口号,我们不要过度贬低,而是要看到它的历史意义和思想价值。日本在近代化过程中提出"和魂洋才",既大规模引进西方科学技术和社会制度,又比较好地保存了本民族的文化,这个历史经验值得我们汲取。

(三)近代重商主义思想和工业化思想的形成

19世纪末期中国知识分子对西方资本主义经济社会制度有了更深刻的理解,其中的先进者力倡发展资本主义工商业,要求发展资本主义工业化。近代重商主义思想应运而生。大家不要误解这个"重商主义"。重商并不是重视商业和贸易这么简单,"商"包含着工商,包含着制造业,所以"重商主义"一词,大家不要误解为只重视商业,而是重视工业和商业,重商主义实际是"工商并论"。甚至后来有些人提出,重视工农商都是重商主义,发展农业也是重商主义的核心思想之一。当时重商主义的代表是王韬、薛福成、郑观应、张之洞等人。王韬提出"恃商为国本"。薛福成认为"商握四民之纲""外洋各国莫不以商务为富强之本"。郑观应在《盛世危言》中提出"商战",认为各国之竞争实际上是工商业之竞争。张之洞是后期洋务派的代表,他提出较为系统的"重工"思想和"以工为本"思想,也就是早期的工业化思想的滥觞。其他如马建忠、黄遵宪、陈炽等强调将"兴商务"与"劝工艺"结合起来。这些思想对中国历史上之本末论进行了扬弃。

中国古代的本末论,是一种传统的经济思想。本末论就是以农为本,以工商为末,认为工和商是不能够提倡的,而农业是立国之本。本末论是不是错了呢?当然不是。以农为本,对于中国这样一个大国来讲,当然非常正确,尤其是在传统的农业社会当中,即使在经济结构发生深刻变化、农业产值不断下降的今天,"以农为本"都是正确的口号。美国到现在仍是以农为本,它是全世界最大的农业出口国,农业很发达,只不过农业人口很少,农业产值占GDP的比值很低,但农业绝对重要。但是中国在近代以来,坚持本末论却忽视、压制工商业的发展,这就偏颇了。

(四)19世纪末20世纪初的以工立国与振兴实业思想

发展工业的思想在19世纪末期更加清晰了。康有为在1895年公车上书中提出变法、富国、养民的建议。在百日维新的奏折中,他提出把中国"定为工国"的主张。他说"国尚农则守旧日愚,国尚工则日新日智",指出了工业化与技术变革之间的关系。当然这句话说的是有问题的,工农实际上不能偏废,中国也要在工业化和现代化过程中发展农业,实现农业的转型。1898年康有为提出"振兴实业"思想,第一次提出"实业"这个概念。梁启超在1897年提出"以工立国"。中国启蒙思想的代表人物之一严复,具有深厚的西方古典经济学修养,翻译了《国富论》。他认为工业是国民财富的源泉,批评片面的重农主义。张謇的工业化思想也很重要,他是末代状元,又是中国近代最著名的实业家之一。他提出"实业救国""棉铁主义"这两个口号,他说"实业者,西人赅农工商之名","实业在农工商,在大农大工大商"。注意,他不是简单地只提"工商",而将来"大农"也是实业救国的一方面。什么是大农?就是它不是小农,要用近代工业的思想来重新组织农民生产。1912年黄兴提出"实业为发展国力之母"。1919年孙中山发表《实业计划》,规划了中国实现资本主义工业化的蓝图,提出"今日所谓实业者,实机器生产之事业而已"。因此振兴实业,就是实现工业化的代名词。他在书中提出"六大计划",代表着当时工业化思想的最高水平。值得注意的是，孙中山还提出了"发展主权"的概念："惟发展之权，操之在我则存，操之在人则亡。"可以说，孙中山是洋务运动以来工业化思想的集大成者。

（五）20世纪上半期中国工业化实践和思想的发展

20世纪初的清朝末年，政府大力实施奖励实业政策。清政府提出"振兴实业，奖励工商"的施政纲领，奖励工业发明专利，鼓励投资于实业工矿，这些政策对中国工业化发展起到一定作用。

民国初期为鼓励发展实业，进行了比较全面的经济立法，为工业化提供了全面的立法保障。1912—1921年，中国形成了一个工业发展的小高潮，此时正是欧洲的第一次世界大战期间。1927—1936年是国民政府大力发展工商业的十年，在经济史上也被称为"黄金十年"。1933年国民政府颁布《实业四年计划》，决定以民族经济代替封建经济，建立现代式的国家。1935年政府发起国民经济建设运动。1936年颁布《重工业五年建设计划》，计划建立国营重工业工矿企业。当时的国民政府希望利用国家力量，甚至利用类似于计划经济的做法，来发展中国的重工业，实现中国的工业化，当时苏联社会主义计划经济取得的成果给了国民政府很大的激励。大家注意，中国重工业优先发展战略实际上在20世纪30年代就开始尝试了。

到了20世纪三四十年代，关于工业化发生了几次大的争论。第一，中国的工业化是以工业为中心还是以农业为中心。一批人认为必须以农立国，像梁漱溟先生，他们认为假如农业和农村不实现现代化，光提工业现代化是不行的，所以要以农业为中心，改造乡村，这是一个思路。另外一些人认为还是要以工业带动农业，要以工业为中心。第二个争论是关于工业化的体制之争。一派认为要发展工业化必须使用计划经济和统制经济模式，这一派人的观点有些受到苏联的影响，实际上这种思想在当时的欧美国家也是比较流行的。这些人中有一些自由知识分子，他们希望中国早日实现工业化，尤其是重工业化，他们认同计划经济，认为计划经济一定是一个历史的大趋势，中国要实现工业化必须走计划经济和统制经济的道路。所以计划经济思想在知识界的流行，并不是新中国成立之后的事情。第三个争论是关于工业化和社会变革。有一批有识之士认为，工业化不仅是要发展工业制造业，更是要深刻改变中国的社会、经济、法律体系，要进行深刻的社会变革。这些人的眼光更长远，对中国问题的分析也更深刻。

二、20 世纪 50—70 年代社会主义工业化道路的形成

（一）重工业优先发展的社会主义工业化道路的渊源

新中国成立之后的社会主义工业化道路，用一句话来概括，就是"以国家高度集权为特征的重工业优先发展的工业化道路"。我们为什么会选择这样一条道路？我认为根本的内在的原因是基于中国是一个"后发大国"这样一个基本国情，这一点在前几讲已经有所说明。当然也有外在因素，主要是苏联模式的影响和当时国际环境的影响。一个后发大国在短时期要实现工业化和经济赶超，就必须选择这样的"国家集权为特征的重工业优先发展的工业化道路"。

苏联模式的影响是一个很重要的因素，而列宁和斯大林的两大部类理论（生产生产资料的第一部类和生产消费资料的第二部类）来源于马克思的资本有机构成理论。马克思在《资本论》中最早提出资本

有机构成的学说,这个学说实际上是他的一整套有关资本主义的理论核心。他看到现代资本主义大工业包含两类资本:一类叫不变资本;另一类是可变资本。可变资本就是工人的工资,不变资本就是投入在机器设备上的资本。马克思洞察到,在资本主义的发展过程中,总有一个非常清晰的趋势和规律,就是在资本有机构成当中,不变资本这部分总是在不断地增加,通过技术创新投入和机器设备投入,在不断增加不变资本,而可变资本则在缩小,即工人收入的比重在下降。这个趋势和规律必然造成两个严重的后果,第一个就是资本主义竞争下的平均利润率下降,第二个就是由可变资本不断下降而导致工人贫困化。这两个力量加起来,导致资本主义必然消亡,这是一个历史趋势和规律。

列宁吸取了马克思的资本有机构成学说,并做了发展。列宁认为不变资本的投入包含两大部分:第一部类是生产"生产资料"的部门,比如说钢铁制造、煤炭采掘、发电等产业部门(我们通俗地称之为重工业部门);第二部类是生产"消费资料"的部门,比如说做锅碗瓢盆的产业部门(我们通俗地称之为轻工业部门)。列宁认为,在资本主义条件下,机器大工业的生产必然导致第一部类的重要性要超越第二部类,首先要满足生产资料的生产,其次才满足消费资料的生产。这是重工业优先发展思想的源头。列宁这一思想后来成为斯大林时代优先发展重工业的理论基础。斯大林认为苏联作为一个经济比较落后的大国,要快速实现工业化,赶上西方发达国家,就要在这两大部类中首先发展第一部类,就是优先发展生产资料的生产,就是实现重工业化。列宁曾提出国家电气化计划,电气化就是重工业,只不过没有表述完整,斯大林把它完整表述出来了。这个理论对于中国人的影响是很大的。

（二）重工业优先发展战略并非单纯由社会主义和意识形态所决定

1949年以后高度集中的计划经济体制下重工业优先发展的战略，并非单纯由社会主义和意识形态所决定。作为一个工业化后发国家，中国摆脱落后面貌的心态十分急迫。1951年2月，中共中央政治局扩大会议决定自1953年起实施第一个五年计划，并要求政务院着手进行编制计划的各项准备工作。1952年下半年，第一个五年计划的编制工作开始紧锣密鼓地进行。从着手编制新中国的第一个长期经济建设计划开始，优先发展重工业的指导思想就清晰地表现出来。

经过了国民经济的恢复和近一年的酝酿，1953年9月，过渡时期总路线正式出台。同年，第一个五年建设计划启动。1953年年底，毛泽东参与修改和编写的《关于党在过渡时期总路线的学习和宣传提纲》明确提出了"社会主义工业化"的概念。这一旨在向全党和全国人民解释和宣传中央新提出的总路线的文件强调，"发展国家的重工业，以建立国家工业化和国防现代化的基础"是实现"社会主义工业化的中心环节"。新中国选择了一条重工业优先的工业化路线，造成这一局面的原因很多，而其中最根本的是中国的重工业基础过于薄弱，这一事实可能造成的不利影响被连年的战乱和外敌的入侵不断放大。

（三）苏联的社会主义成就对新中国的影响

新中国成立后的第二天，中国政府收到了苏联政府承认中华人民共和国并愿意双方建立外交关系的照会。1949年年底，毛泽东访问苏联，作为这次出访的一个重要成果，《中苏友好同盟互助条约》于1950年2月14日签订。尽管现在看来，这一条约的签订并不意味着中苏两国在所有问题的认识和利益的协调上都达成了一致，双方在一些事情上仍存在明显分歧，但这一事件本身却释放出一个重要的信号：新中国选择了政治上"一边倒"的外交策略，与以苏联为首的社会主义阵营结成联盟。

苏联经济的运行方式是新中国学习的第一个样板。即使不以在统计口径和指数计算上受到质疑的苏联官方数据为依据，按照格申克龙的估计，苏联机器、钢铁、煤炭、石油、电力五个处于核心地位的工业部门1928—1937年近十年间的年平均增长率达到了17.8%，这种高速增长是在政府的强力推动下实现的。要使中国在几乎毫无积累的前提下启动工业化，并在相当短的时期内完成工业体系的初步构建，政府同样必须具有强大的调动和配置资源的能力。[1]苏联的社会主义成就在西方世界也引起了很大的震动。苏联工业化这么快，其奥秘就在于国家的高度介入和集权，这就需要实现企业的国有化。所以20世纪四五十年代以来，英、法、德、美等国都不同程度地开始了国有化运动，将一些重要的重工业部门和战略部门都收为国有，他们也在仿效苏联的模式。

（四）以重工业为主的初期工业化：156项

第一个五年计划的制订与实施在苏联的直接帮助和参与下进行。1953年5月15日，中苏两国在莫斯科签订了《关于苏维埃社会主义共和国联盟政府援助中华人民共和国中央人民政府发展中国国民经济的协定》，规定苏联将在1959年前帮助中国新建和改进141个建设项目，加上1954年10月12日由于《关于苏联政府帮助中华人民共和国政府新建15项工业企业和扩大原有协定的141项企业设备的供应范围的议定书》的签订而增加的15个项目，合计156项。这156个项目主要集

---

[1] [美]亚历山大·格申克龙：《经济落后的历史透视》，张凤林译，商务印书馆，2012年。

中在煤炭部（27个）、电力部（26个）、重工部（27个，其中黑色冶金7个、有色冶金13个、化学工业7个）、一机部（29个）、二机部（42个）五个部门。此外，石油部有2个，轻工部有3个。这些项目的设计和实施，直接推动了新中国产业结构的快速调整。[1]

（五）政府投资对工业投资尤其是重工业投资的高度倾斜

与轻工业不同，重工业是资本密集型产业，不仅建设周期长，还需要大量的资金投入。统一财经工作的完成，使政府特别是中央政府掌握了巨大的财政资源，这使巨额的建设投资成为可能。

1952年1月，政务院财政经济委员会公布了《基本建设工作暂行办法》，其中明确规定了基本建设计划的编制过程，从这时起，固定资产建设项目的决策权被集中在中央政府手中。尽管在整个计划经济时期，中国的政府投资体制不乏放权与集权的调整，但这种改变调整的只是权利在中央与地方不同层级政府之间的分配，而政府在全社会固定资产投资中的主体地位并没有变化。

（六）国家是基本建设投资的主体

改革开放以前的固定资产投资，如果按管理渠道分，只包括基本建设和更新改造两个组成部分。1953年至1980年间，基本建设投资是国家固定资产投资的绝对主体，20世纪50年代基本建设投资占固定资产投资的比重在90%以上，60年代多在80%以上，70年代基本上在75%左右或稍高一些。在基本建设以及更新改造投资中政府投资所占的比重差异很大，就更新改造投资的资金来源而言，1966年以前的更

---

[1] 董志凯、吴江：《新中国工业的奠基石：156项建设研究》，广州：广东经济出版社，2004年。

新改造投资半数以上来自国家财政拨款,从1967年开始来自国家财政拨款的资金占更新改造投资来源的比重下降到了20%左右。但基本建设投资来源的构成则明显不同,从1953年到1978年,其间每一年国家投资在基本建设投资来源中的比重都在70%以上。

(七)重工业是投资的主导方向

整体上看,在整个计划经济时期,对于第一产业的基本建设投资都是最低的,除了1963—1965年间短暂达到7.6%,其余时期均在4%以下。以工业为主的第二产业则是基本建设投资的重点。1980年以前的五个五年计划中,对第二产业的基本建设投资占全部投资的比重最高时达到61.7%,最低的"一五"时期也达到了46.2%,基本上一直保持在50%以上。对第三产业的投资除了在"一五"时期达到51.1%之外,其余时段均在40%左右。在对工业的投资中,轻工业的基本建设投资虽然整体上略高于农业,但一直未超出7%;对重工业的投资占全部基本建设投资的比重在"一五"时期为36.2%,这是改革开放前几个五年计划中比重最低的一个时期,其余时期均在45%以上。

(八)不同行业的投资结构差异:以钢为纲

具体到国民经济的各个行业,计划经济时期基本建设投资的一半以上被用在由采掘业、制造业及电力、煤气和水的生产与供应业构成的工业建设中。在工业内部,冶金、机械、电力、煤炭是得到政府投入最多的四个部门。从1953年第一个五年计划启动到1970年第三个五年计划结束,冶金工业一直是获得基本建设投资最多的工业部门,在第二个五年计划期间甚至一度接近25%;在冶金工业中,钢铁工业的投资规模又远高于有色金属工业。

(九)新中国与民国时期相比重工业有了质的提升

巨额的政府直接投资带来了一些重点发展行业生产能力在短期内的迅速改变,其速度前所未有。和新中国成立以前以及新中国成立初期相比,能源、冶金、机械、运输等各个部门的生产能力有了根本性的提升。旧中国工业生产所表现出来的轻型化结构非常明显,1933年在中国的工业资本中,制造生活资料的资本所占比重为92%,1946年该比重下降至88%,其中纺织业占35%、食品业占15%。

(十)重工业优先增长与其财政贡献增长的相互促进机制:自强化机制的形成

工业生产的飞速发展是以政府财政大量投入为前提的。以政府基本建设投资为主要内容的财政支出具有鲜明的产业指向。政府用于农业以及轻工业的投资远远小于重工业,这种倾向在整个计划经济时期不断得到强化。而对工业尤其是重工业部门的支持很快就为政府财政带来丰厚的回报。从投资效果来看,根据当时一机部的调查,"一五"时期的大中型项目,建成后平均三年半就可以收回投资。而1952—1978年我国工业投资的平均回收期限为12年,如果将折旧费计算在内,回收期更短。工业产值的增长远非农业产值所能望其项背,国民收入的快速增长主要由工业部门支撑。

与用于工业的支出占财政总支出的比重相比,工业部门提供的财政收入在政府财政收入总额中所占的比重要高得多,工业产值的迅速增长为国家财政收入提供了新的可靠的来源保证。由此,在政府投资与产业结构之间形成了一个自我循环增强的机制:政府的投资促成了工业的起步和发展,也为政府财政自身的运转创造了新的财源,而财政支出的(重)工业化倾向又依靠工业所提供的收入不断得以维系。这种不断自我循环增强机制的一个最直接的后果是在很短的时间里,推动了中国产业结构的大幅度转变,初步建立了相对完整的工业体系;如果依靠经济的自然演进,这一过程很难迅速实现。

什么叫自强化机制呢?重工业优先增长了,而重工业带来的回报又很高,税收贡献特别大,国家的财政收入严重依赖于重工业;因此在国家往外拨钱的时候,也自然多拨一点给重工业,因为收入的大头来自重工业,重工业比轻工业和农业来钱快。所以我们看到,重工业部门给政府财政带来丰厚的回报,税收贡献很大,因此就形成了重工业部门增长和财政收入之间双向的互相促进和自我循环,这就是双向自增强机制。这个自增强机制实际上是优先发展重工业的内在机理,不是说政府一厢情愿要发展重工业,而是因为重工业挣钱快、回报高。

在复杂的国际背景中启动工业化进程的中国,采取了一种最直接的干预方式,由政府控制几乎全部生产领域投资的力度、方向和规模。问题在于政府的强行干预减弱了产业之间原本可能具有的联系,经济运行缺少其内生的、可持续的增长动力,体制的僵化与结构的失衡随之而来。

三、改革开放后至 21 世纪初期的工业化模式与国家介入模式的转变

1979 年 8 月,国务院批转由国家计委、国家建委和财政部共同提出的《关于基本建设投资试行贷款办法的报告》以及《基本建设贷款试行条例》,这标志着"拨改贷"试点工作的开始。按照《报告》的要求,

政府开始在部分地方（北京、上海、广东三个省市）、部分行业（轻工、纺织、旅游等）中选择部分项目的投资进行由政府拨款改为银行贷款的尝试。"拨改贷"的目标很明确，要"在国家统一计划的前提下，扩大企业的经济自主权，把投资效果的好坏同企业和职工的经济利益直接联系起来"。这一举措意味着企业要以经济规则，而不是单纯的政府指令来规范自身的行为。

（一）国家财政投资的下降标志着国家控制型工业化模式的悄然转型

1985年是一个特殊时点。和1984年相比，1985年全社会固定资产投资来源中的"国家预算内资金"和"国内贷款"两个构成要素所占的比重同时发生了较大的改变，前者所占比重下降了7个百分点，由23%降至16%，后者所占比重则上升了6个百分点，由14.1%升至20.1%。如果只考察国有经济固定资产投资来源中的这两项构成要素，变化则更为显著：国家投资所占的比重由1984年的35.3%下降到了1985年的24%，国内贷款所占比重由1984年的15.4%上升至1985年的23%。

（二）投资主体的变化

投资主体的变化表现在两个方面：一是对原有投资主体的调整和改变，二是新的投资主体的培育。20世纪80年代中后期，对国有企业的改革拉开帷幕。1984年通过的《中共中央关于经济体制改革的决定》强调，增强企业的活力，特别是增强全民所有制的大、中型企业的活力，是以城市为重点的整个经济体制改革的中心环节。为了增强国有企业活力，中央相继推出一系列措施，在权、责、利方面赋予国有企业更多的经营自主权。

1988年7月，国务院发布《关于印发投资管理体制近期改革方案的通知》（以下简称《通知》）。《通知》中所提及的《国家计划委员会关于投资管理体制的近期改革方案》（以下简称《方案》），不论从宏观层面还是微观层面，都对固定资产投资的使用方式提出了新的要求。从微观层面，《方案》提出"扩大企业的投资决策权"，企业有权自主地筹措资金和物资，有权自主地选定投资方式和建设方案，有权自主地支配应得的投资收益。6个国家专业投资公司建立以后，国家计委不再直接管理项目投资。

随着社会主义市场经济体制改革目标的确立，国有企业改革的步伐在20世纪90年代中后期不断加快。这使得国有企业逐步成长为新的投资主体，它们已经不再是计划经济时期完全传递政府意志而无自主生产决策权力的经济组织。20世纪90年代，国家投资在国有经济固定资产资金来源中的比重整体上已经不足10个百分点，出资比重的大幅度下降本身也说明了政府在固定资产投资中所扮演的角色的转变。同一时期，新的投资主体也慢慢成长起来，集体、个体、私营、外资及其他经济发挥着日益重要的作用。

1981年，国有经济在全社会固定资产投资中所占的比重为69.5%，1993年该比重为60.6%，2000年为50.1%，2002年降为43.4%。投资体制的改革随着全国范围内经济体制改革的推进而不断深入。2004年7月，国务院颁布《关于投资体制改革的决定》（以下简称《决定》），这是一个内容涉及投资体制改革方方面面的决定。《决定》不仅强调要落实企业的投资自主权，还对政府投资的范围做出界定。从这时起，政府的投资开始越来越多地向公共基础设施建设和具有公益性的领域倾斜。

(三) 国有经济固定资产投资重点的转移

国有经济一直是得到政府投资最多的经济主体，因此和其他经济成分相比，国有经济固定资产投资的产业构成可以更好地反映政府投资的产业倾向。在改革开放前后两个时期，国有经济固定资产投资的三次产业分布发生了非常明显的变化。改革开放以前第二产业是政府投资的绝对重点，但第二产业所占有的绝对优势在改革开放十余年后就被第三产业所取代。

(四) 第三产业的投资远远超过了第二产业，第三产业产值开始大幅上升

从 1990 年到 2000 年的十年间，国有经济用于第二产业的固定资产投资占其固定资产投资总额的比重下降了近 30 个百分点（由 1990 年的 59.1% 降至 2000 年的 29.2%），同期国有经济用于第三产业的固定资产投资占其固定资产投资总额的比重上升了近 30 个百分点（由 1990 年的 39.7% 升至 2000 年的 69%）。新世纪以后，这一趋势更为明显，2002 年国有经济的固定资产投资中，第二、三产业所占的比重分别为 26.2% 和 71.2%。

这说明，从 20 世纪 90 年代起，国有经济的固定资产投资重点由第二产业快速向第三产业转移。1980 年中国第二、三产业产值在国内生产总值中所占的比重分别为 48.2% 和 21.6%；二十年后，2001 年中国的第三产业产值在 GDP 中的比重第一次超过了 40%，达到 40.5%，和第二产业所占比重（45.2%）相差无几。这一比重的变化当然不能全部归功于国有经济，但在 2000 年以前，全社会固定资产投资中的一半以上由国有经济完成，因此国有经济自身的作用及其发挥的带动作用

都不应低估；只是和改革开放前不同的是，国有经济的固定资产投资不再以政府的直接投入作为主要的资金来源。

（五）产业结构的巨大调整

矫正过度强调重工业的发展模式、调整失衡的经济结构是改革开放以来中国经济发展的主线之一。就国有经济而言，在20世纪的最后二十年，工业内部的投资结构调整也较大。为了推动长期以来未受到足够重视的轻工业的发展，改革之初，政府就提出了要在原材料和能源供应、银行贷款、挖革改（挖潜、革新、改造）、基本建设、利用外汇和引进技术、交通运输等六个方面优先保证轻工业发展的方针，在20世纪70年代末80年代初，这一方针和指导思想在历年的政府工作报告、国民经济计划中被多次提及和强调。政策支持的表现之一是政府投资开始向轻工业倾斜。

改革开放后的最初十余年间，国有经济用于轻工业的投资占其总投资的比重几乎一直保持在10%以上，而对重工业投资所占的比重则稍高于40%，两者之间的差距已经大为缩小，计划经济时期两者差距最大时曾高达47.6个百分点。这一转变带来了轻工业的快速发展，从20世纪80年代初开始，轻工业在整个工业内部的产值比重有所上升，在此后的十余年间轻工业产值略低于重工业产值，但就产值所占比重而言基本上与重工业平分秋色。

（六）政府投资的转型

投资规模的相对缩小本身就是政府投资转型的重要表现之一。实际上从20世纪90年代开始，国家预算内资金占全社会固定资产投资来源的比重已经很小，1997年的亚洲金融危机和2008年的国际金融危机之后，国家投资在国有经济乃至全社会固定资产投资来源中所占的比重都出现了短暂的回升，这与政府执行积极的财政政策有关，但并未改变政府投资整体下降的趋势。

与此同时，投资主体开始由单一走向多元化，国有经济在全社会各种经济形式投资中所占的比重不断下降，2000年以来降幅尤为显著，2012年该比重仅为25.7%。考虑到国家投资在国有经济固定资产投资来源中所占比重的大幅度降低，政府的投资对产业结构的直接影响已大为下降。

（七）政府投资布局的变化

改革开放前吸纳政府投资最多的工业特别是重工业部门早已不再是政府投资的重点。新旧世纪之交，中国经济再次呈现出重工业快速发展的趋势，其产值增长明显超过轻工业，但这与新中国成立初期政府主导下的重工业化有本质的不同，这不再是不计条件的赶超，而是因为在城市化、消费结构升级、交通和基础设施快速发展的背景下，重工业表现出较大的发展空间。这一轮的重工业快速增长与政府的直接投资之间没有必然的因果联系，同一时期政府投资的重点已经开始向第三产业转移。

（八）国有资本比重的下降

一方面，政府投资不再是国有企业固定资产投资的主要资金来源；另一方面，国有资本自身涵盖的领域也在不断的调整之中。1978年，全民所有制工业占全部工业总产值的比重为77.6%，集体工业占22.4%，国有企业占绝对优势；到2011年，规模以上工业国有控股企业实现产值占规模以上工业的26.2%，其中，在煤、电、油、气、水的生产和交通运输设备制造等关系国计民生的重要领域，其所占比重达到40%～95%；在冶金、有色等原材料领域，比重达到25%～40%；但在多数竞争性行业比重在10%以下。改革开放后，政府促进产业结构调整和升级的方式灵活多样，直接投资已经不再是其中最重要的手段。

（九）小结：工业化道路选择和国家角色转变的根本原因是工业化阶段的变化

在新中国成立至今近七十年的历史当中，从投资的视角来看，不同时期的政府行为发生了巨大的变化。政府投资的相对规模由最初占全社会固定资产投资的90%以上，下降到了如今的不足5%。投资的方向也明显转变。改革开放以前，政府投资是全社会固定资产投资的绝对主体，为了快速推进工业化，以工业为核心的第二产业成为政府投资的重中之重，构建完整的工业体系的基础性工作由政府投资完成。而改革开放以后，投资主体逐步走向多元化，与之相伴随，政府投资对产业结构的影响也由直接转为间接。国有经济固定资产投资的重点在20世纪90年代由第二产业快速转向第三产业，新世纪以来这一投资倾向表现得更为突出。

到2010年后，每年用于固定资产投资的国家预算内资金中，几乎有50%左右的政府投资被交通运输、仓储和邮政业以及水利、环境和公共设施管理业两个行业所吸纳。除此而外，农林牧渔业、教育、公共管理和社会组织等都是获得政府投资较多的领域。这意味着政府投资在更多地向具有基础性和公益性的行业和领域倾斜。改革开放后的政府投资与计划经济时期的另一个显著区别在于，政府投资所进入的行业大都不再是排他性的，即使是在当下政府投资相对集中的领域。

所有这些变化,都是由工业化阶段所决定的。在工业化初期和加速时期,工业化的主导力量是国家,国家在全社会固定资产投资中占有绝对的优势地位;同时国家投资的主要投向是第二产业尤其是重工业,这是工业化初期阶段和加速阶段必然产生的现象,是历史的要求。而到了工业化基本完成、大规模工业化阶段已经基本过去之后,国家逐渐从集权模式中退出,国家在全社会固定资产投资中的比重微乎其微,而社会其他投资主体则占据优势地位,投资主体逐渐实现多元化。这表明国家集权式的重工业优先发展战略已经完成了其历史使命而发生了深刻的转型,整个社会的投资主体结构、投资的投向结构等都发生了深刻的变化。在新的工业化基本完成的时期,政府投资的投向主要是在公共基础设施等涉及公共品供给的领域,这一变化本身意味着整个国家的发展重点发生了根本的变化。国家作为投资主体的不断退出,意味着其他主体尤其是非国有部门的迅猛发展,意味着在资源配置中市场功能的逐步强化。

四、新时代产业结构与产业政策:争议与变革趋势

近年来,由于经济结构的深刻变化和国家角色的转变,导致我国的产业政策形态也必然发生变化,关于产业政策的各种争议也随之产生。理论界发生这些争论是很正常的,这说明我们的国家正处于一个决定性的转型时期,产业政策关乎政府功能的转型,关系着国家与市场之间的关系的变化,关系到我国工业化进程中动力机制的转换。

（一）关于产业政策的学术争论

产业政策的争论中，一派认为中国现在仍然需要很好的产业政策来支撑和引导经济的发展。这派认为从历史和国际角度证明产业政策对经济发展是有作用的，主张应该把两个"有"结合起来。第一个"有"是"有效的市场"，第二个"有"是"有为的政府"，这两个应该兼容。一方面我们要发挥市场在资源配置中的主导性、基础性的作用；另一方面，尤其在中国这样的环境和历史情境下，不可能排除掉政府在经济发展过程中所起到的巨大作用，因而这派学者主张一个有为的政府。这里的"有为"，是正确地作为，不是乱为，也不是不为，而是适当的作为。另一派的观点也很鲜明，他们认为历史上所有的产业政策，包括全球其他国家乃至中国的，几乎都是不成功的，因此产业政策应该被彻底抛弃。这是该派学者基于他们对市场的研究，对经济微观主体的独立性和企业家精神的研究和尊重，从自由主义经济学角度和发挥市场主体性作用角度来讲产业政策是无效的。

产业政策之争深刻地反映了中国当下在经济发展过程中，两种不同的思潮，两种完全不同的方略。在中国目前的经济状态下产生这样的交锋，不是偶然的，他们代表了两种不同的改革思路，对未来中国的走向影响深远。一种认为政府应该在经济发展过程中起到积极的作用（但是也不否认市场的基础性作用），另一种认为政府的干预主义行为会起到负面的作用（无论其初衷如何），中国的市场化还远远不够，未来的大趋势还是应该加强市场化改革。

这两种观点交锋的关键点在什么地方呢？在于对于政府的不同假定。我们学经济学都知道，有些人假定政府也是一个理性人，每个政府官员和部门，都会基于自己的目标函数做出理性的判断，都要最大化自己的效用。这是一种假定。在这种假定下，政府的功能是被严格界定的，其权力是被严格约束的。可是在有些文化环境和历史环境的影响下，对政府的假定就不一样，会把政府假定为一个可以根据公义原则对全社会施加影响的主体。这样的假定把政府定位为一个具有超越性的、可以代表整个社会的公平正义的主体，对政府的期待很高。持这种假定的人期待政府发挥更大作用。尤其在中国的语境下，不管大家有没有意识到，承认不承认，大多数人潜意识里面都期待政府发挥更大作用；我们的国人动不动说这件事政府应该负什么样的责任，似乎政府无所不能，而没有意识到很多领域需要强调社会上每个公民的责任。这是我们的文化。所以在中国这样一个文化环境和历史环境中，我们对政府天然地有着更高的期待。扪心自问，恐怕几乎每个人都是这样，总是期待政府做更多的事，最好把我们的事全部包办。在这种假定和意识中，我们不可能完全抛弃政府的作用，必然极为强调最大限度发挥政府的作用。我们总是假定政府是一个无所不能而且总是秉持正义的主体，国家出现任何事情都需要政府来处理，我们天然地认为政府应该是一个"有为"且"能为"的政府，我们在政府身上赋予了太多的期待和使命。

这个争论背后还有一个重大的假定，就是关于信息的假定。现代经济学认为，政府也要面对信息不对称和不完全的情况，跟市场失灵一样，政府也会有失灵，因此政府不是全能的。可是老百姓往往觉得政府无所不能，社会中出现任何事情都要指责政府，这些指责背后实际上恰恰是期待政府做更多的事情，期待一个全能的政府。这也是中国的企业和老百姓缺乏公民意识的根源之一，是中国缺乏社会中介机构和公民自律的根源之一。政府是不是全能的呢？实际上政府也是一个会遭遇信息不对称的主体，政府虽然有自己的信息优势，但是也会出现信息不完全的情况。

以上两个假定都会影响我们对于政府的看法。产业政策之争的核心是在如何处理政府与市场的关系，如何对政府有一个正确的定位，这一点很重要，这是核心和前提，假定不同，理论结论就不一样。我个人的观点是，无论是美国还是中国，彻底抛弃产业政策是不现实的，主张完全废弃产业政策的观点有些矫枉过正。问题是何种产业政策是有效的？在不同经济发展阶段，产业政策有何不同？这些问题需要仔细梳理和思辨，不要过于武断而简单地下结论。

（二）关于供给侧结构性改革的争论

另一场学术争论是关于供给侧结构性改革与体制改革之争。供给侧结构性改革的支持者认为，国家的宏观经济管理政策应该由需求管理转向供给管理，要从供给方入手来提升整个产业的层级，使中国的产业结构更加合理，使中国的整个产业更加具有国际竞争力，要消除以往只注重规模而不注重质量、不注重效率的弊端，使中国的工业再上一个台阶。这种观点强调，要改变单纯重视需求的政策，要更加注重供给管理。另一派观点并未否定供给侧结构性改革的意义和合理性，而是认为中国目前的问题更多地出在体制层面，中国现在仍然不能说已经建立起一套社会主义市场经济体制，大量的领域仍然存在市场化程度不足的问题。因此，在这种体制变迁还没有完成的情况之下，光谈结构性变革是不行的。这一派观点让我一下联想起厉以宁教授在20世纪80年代最著名的一本著作《非均衡的中国经济》中提出的一个著名的概念，叫两类非均衡。什么叫两类非均衡呢？他说西方国家的非均衡是在市场体制比较完善之下的非均衡，有独立的市场主体。这种非均衡怎么解决呢？要靠财政政策和货币政策来解决。用利率等货币政策以及税率等财政政策来引导企业，企业就会追随，加以调整，从而使非均衡得以缓解。前提是什么呢？前提是市场机制比较完善，企业相对来讲比较独立，微观主体产权清晰。他说中国的非均衡是第二类非均衡，我们的非均衡跟西方不同在什么地方呢？我们是一种市场机制还没有完善、企业主体的法人地位还没有确立的情况下的非均衡，这两种非均衡的处理方法是不一样的。第一类非均衡需要用财政货币政策来解决，而第二类非均衡需要进行深刻的体制变革与所有制变革。两类非均衡是厉以宁教授所有制改革理论的出发点，我觉得思路是很清晰的，对中国改革的指导意义也是很重要的。

供给侧结构性改革的支持者们认为，供给侧结构性改革的初衷，不是仅仅从产业角度来考虑的，不是仅仅调整一下产业结构，把原来重污染行业和产能过剩行业压缩一下这么简单；他们认为，中国将来在供给侧结构性改革方面，最终的目标是利用结构性变革来推动整个社会主义市场经济体制的建立和发展。什么叫供给侧？供给侧就是企业，企业是供给的主体，假如供给侧改革搞好了，整个企业运行机制发生了变化，相应的，政府跟企业的关系也发生了变化。在这种情况下供给侧结构性改革最终将激发中国体制的变革，倒逼体制变革，中国最终将实现由一个传统的计划体制向市场体制的成功过渡。所以说，供给侧的结构性调整实际上最终指向体制变革与创新，而不是纯粹产业结构和产业层级的改变。

所以争论的双方并不存在根本的分歧，其最终落脚点是一致的。将来结构性变革的重点在于深刻的体制变革，在于系统的经济运行机制变革，绝非产业结构调整这么简单。很多深层次的问题，比如说技术创新不行，产品满足不了消费者的需要，表面上看是一个技术创新问题；很多企业高污染、高投入、高能耗、低产出，表面上看是产业结构问题,但是请注意,深层次的问题是体制问题,就是企业有没有成为一个完全市场化的企业主体,我觉得这一点是非常非常重要的。所以结构性改革的最后堡垒一定是体制问题,这是毋庸置疑的。

以上这两个学术争论,对于学术界、产业界,对于国家治理层面的决策者,都提供了很多的思考空间和余地,从中可以得到很多的启发。

(三)美国和日本的产业政策:借鉴与反思

下面具体讨论一下产业政策问题。最近半个多世纪以来,中国应该说是产业政策执行最为强力的国家,我们非常重视产业政策,在不同历史阶段执行了不同的产业政策。中国在执行产业政策的过程中,参照物有时是日本,比如20世纪80年代之后,我们学习日本的产业政策。有时我们又向往美国的模式,学习美国的方式。美国跟日本的产业政策到底有什么区别呢?

应该说,美国是产业政策执行得非常好的一个国家,尤其是最近三十年以来。大家不要以为美国是一个自由市场经济国家,政府就完全无所作为,这是完全错误的想法。正相反,美国在执行产业政策方面不仅政策制定非常多,而且政策出台极其频繁,每一个历史阶段都有适当的产业政策,非常密集,影响深远。

(四)美国产业政策的核心是立法和尊重市场

美国产业政策的核心是立法,而不是政府直接干预。举一个小例子。我们知道,20世纪80年代里根政府提出了星球大战计划,这个计划可不是玩电脑游戏,而是要使美国在全球的信息产业方面占据制高点,当然这里面包含着国防和工业提升的一整套计划。再比如说,最近美国对于中小企业创新提出一系列计划,希望提振中小企业的创新能力,使其能够在技术创新方面走在世界前列,由此带动经济发展和就业。这些计划和产业政策在美国是怎么执行的呢?美国跟中国最大的不同在于,美国在执行产业政策的过程中,更多的是重视法治化,大多以法律形式来推动产业政策,而不是靠行政命令。国会立法,立法之后,整个微观主体,包括企业家和大学、科研机构等这些微观主体,都按照这个方向来努力,政府提供若干支持,包括法律支持和财政支持,进行有效的引导和扶持。应该说,在最近半个多世纪以来,美国执行的产业政策多得不得了,比如说关于农业信贷有《农业信贷法》,关于农业产业发展和粮食问题有《农业调整法》,关于技术创新有《国家技术创新法》,关于小企业创新有《小企业创新发展法》,关于贸易有《综合贸易与竞争法》,关于能源排放方面有《能源法》,法律非常之细而且多。

美国的政府在执行产业政策过程中,必须有法律为依据,并受到国会大量的严格的制约。有时候美国政府要执行某个产业政策,国会有可能把它否决。所以我们看到,美国不是没有产业政策,而是人家用法律的形式来进行产业政策的推广和实施,把政府的行为控制在法律范围之内。中国在执行产业政策方面,政府的自由裁量权很大,政府的活动空间很大,这点跟美国是极不一样的。

美国产业政策的定位,是弥补市场缺陷的一个补救性措施。他们不认为产业政策是整个经济政策工具的一部分。美国要调整宏观经济的话,就是调整财政跟货币政策,产业政策是弥补性的措施,不是一个简单的短期政策工具。比如说近年来中小企业创新不足,怎么办呢?为了促进中小企业创新,促进中小企业跟大学的合作,促进每一个国家实验室的活力,政府出台法律,给这些中小企业若干的补贴,对中小企业与大学的合作给予扶持,这些当然不是干预和限制中小企业运行的市场机制，政府不介入中小企业的任何经营活动，也不命令银行给中小企业贷款，而是弥补市场机制的局限，用法律的形式，用财政手段来激发中小企业与大学的活力。

我认为这是美国产业政策一个非常大的特点，或者说是一个优点。它尊重市场，重点是培养市场机制没有办法创造的条件，推动技术创新和先进技术的产生，保持美国在全球的技术领先地位。美国联邦政府的这种资助、补贴、产业政策引导，只是对私人部门的行动做出引导性的推动，它不干预私人部门具体的活动，而是尊重市场，增进市场竞争，在这个方面，美国是值得中国学习的。

（五）日本的经济奇迹与产业政策

再来看看日本的经济奇迹与产业政策的关系。日本跟中国有共同的文化基础，国民对政府的尊重、依赖，乃至膜拜的心理跟中国人很相似。日本产业政策执行的时间比较长，而且尝试和探索也比较丰富。要研究产业政策，不读日本的书是不行的，因为日本做得最多。尤其是在"二战"之后，日本执行了大量产业政策，一直到大概20世纪70年代都是这样的。日本从1945年到1976年左右，经过三十年高速增长，年均增长将近9%，实现了所谓的"日本奇迹"。

我认为在日本奇迹的产生过程中，产业政策当然是一个极其重要的原因，不能想象日本如果没有产业政策，它的经济增长会这么快。可是到了20世纪80年代日本就遇到了一个大问题，由于产业政策执行的时间过长，政府对于整个经济干预的时间也过长，导致产业政策出现了若干弊端。20世纪80年代后半期，日本开始走下坡路了，尤其是在90年代初期，日本出现了二十年的长期萧条和不景气，经济基本上没有增长，甚至扣除通货膨胀率之后增长可能为负，这就引起了日本人的反思。

（六）日本对产业政策的反思：选择性的产业政策的利弊

日本人对产业政策进行了长时期的反思。20世纪80年代初期，反思日本产业政策影响最大的一个人就是东京大学的一位教授，叫小宫隆太郎，他最早写了一本书，反省、检讨日本的产业政策。[1] 他认为日本的产业政策是一种"选择性的产业政策"。他说日本人在选择产业的时候，政府如果认为哪些产业需要扶持，就列出一个清单，然后大藏省和通产省就合作制定一个产业政策来进行支持。这种选择性的产业政策依赖于政府的高度判断能力和信息捕捉能力，不能够拍脑袋决策，但是现实中政府的判断很难完全理性和科学。这种方法就是依靠政府的判断进行选择性的产业政策扶持或者压制，这是日本产业政策的特点。

在这个过程中，政府有可能犯错误，也有可能做出睿智的选择，碰到判断比较明智的政府，就能做出很好的决策；可是，政府也有可能判断错误，尤其是在宏观经济的判断方面，往往出现一些偏差。如果他认为某些产业好，而动用财政、金融、外贸、外汇这些手段去扶持，很有可能扶持了一个不值得扶持的产业；或者这个产业本来可以用市场化的方法和机制来获得很好的发展，结果政府大量补贴，反而导致企业失去创新动力，企业觉得拿政府补贴很享受，为什么要自己创新呢？结果补贴了五六年之后，本来很好的产业被补贴死了。所以，选择性的产业政策，在日本既有成功的案例，而负面的教训也是很深刻的。

实际上，所谓"好的产业政策"只是基于政府的判断，但政府也会失灵，也会信息不对称，政府对整个经济的了解不见得那么深入和全面，这时政府的产业政策就会面临一些问题。所以我们说，产业政策

---

[1] [日]小宫隆太郎等编：《日本的产业政策》，国际文化出版公司，1988年。

不是不要，而是需要什么样的政策。产业政策需要在政府和市场之间做出一个很好的权衡，产业政策出来之后，不能抑制市场的作用，而是必须增进市场发展，以市场机制为基础来发挥作用，而不是替代或排斥市场作用。

（七）市场增进论

20世纪90年代末期，在亚洲金融危机之前，世界银行对东亚奇迹做出了一个总结，其中谈到日本、东南亚一些国家为什么发展那么快。由此提出一个理论，因为这些国家的政府在这个历史阶段是增进了市场的作用，这个理论被称为"市场增进论"（market-enhancing view）[1]。确实，回顾这个时期亚洲这几个增长迅猛的国家的发展史的话，可以发现，凡是发展特别好的历史阶段，一定是政府做了大量的事情来增进市场的作用，政府的各种产业政策一定是发挥了市场和政府的双重作用，顺应了市场，而不是反市场、压制市场的，因此促进了市场的良性发展，促进了市场的竞争。

我认为这个是很正确的观点。反之，如果政府替代了市场，甚至压抑了市场，取代了市场，这个国家从长远来看一定是麻烦的。我们知道，1997年的亚洲金融危机为什么会发生在菲律宾、马来西亚、印尼这些国家，就是因为这些国家实际上并不是完全的市场经济国家，他们是权贵资本主义国家。这种权贵资本主义市场经济对经济发展是有害的，一定会带来大量弊端甚至危机。

---

[1] [日]青木昌彦等编著：《市场的作用 国家的作用》，北京：中国发展出版社，2002年；[日]青木昌彦等：《东亚经济发展中政府作用的新阐释：市场增进论》，载《经济社会体制比较》1996年第6期。

(八)好的产业政策的标准

我们看了美国和日本的产业政策情况,那么,一个好的产业政策以什么为标准呢?我认为只有一个标准,就是能够强化市场竞争,让企业更好地去竞争,减少垄断对于经济发展的损害,政府在市场机制的基础上来弥补市场的缺陷,顺应市场,而不是取代市场,这样的产业政策,就是好的产业政策。相反,如果一个产业政策强化了垄断,妨碍了竞争,让微观主体失去活力,这个产业政策一定是坏的,它的后果是坏的,无论初衷多么好,政府出发点多么好,其结果也一定是坏的。

实际上,我们的先贤早就讲过这个道理,比如说司马迁。我们读过《史记·货殖列传序》,司马迁在里面讲到他的观点,他讲了政府行为的几个不同层次。第一个层次是"善者因之"。善者,也就是市场和老百姓当中那些好的东西和正常的东西,政府就应该因循它,顺应它。"其次利导之",其次是因势利导。"其次教诲之",他有错误怎么办呢?就教导他,让他做好事和正当的事,政府有教化作用。"其次整齐之",如果他真做了不好的事,怎么办呢?对他监管,甚至要加以惩治。"最下者与之争"。司马迁很聪明,他说层次最低的那个政府是与民争利,代替市场。实际上司马迁的"善因论"跟亚当·斯密的《国富论》的经济哲学观是完全一致的。政府的作用是什么?就是要因应国民需要,因应市场,促进市场竞争,而不要与民争利,不要替代市场,不要加强垄断。

2014年,诺贝尔经济学奖颁给了梯若尔,因为他开创了产业组织学,主张用公共政策来弥补市场失灵,强化竞争。他在获得诺贝尔经济学奖的演讲《市场失灵与公共政策》中认为,完全竞争几乎是不可能存在的,所以就需要用公共政策(Puplic Policy),也就是产业政策来控制市场失灵,约束市场权力,强化竞争。但是注意,产业政策的目的是什么?是要约束市场权力,强化竞争。这两个好像是矛盾的,约束市场怎么会强化竞争呢?大家注意,让市场一意孤行也不行,为什么呢?因为任由市场竞争很容易出现自然的垄断。比如说在有些产业中,有些企业家做得特别好,把产业垄断了,这种垄断不是用非法手段,而是用合法手段,用市场方法来垄断;然而这种垄断也不好,也要强化竞争,政府要干预,用反垄断法来干预。所以我们说,一个设计良好的产业政策,应该是催生创新,促进竞争,促进生产力的发展,而不是要压抑市场,不让大家竞争的,这才是好的产业政策。

(九)中国产业政策之检讨:效率与公平之争

中国的产业政策从1949年到现在,走过了漫长的过程。20世纪50年代初,中国确立了社会主义计划经济体制,到1978年之后,慢慢转向社会主义市场经济体制,但是我们执行产业政策这样一条基本道路没有发生太大的变化。在这个过程当中,中国因为执行了成功的产业政策而实现了经济的腾飞,包括1978年之前我们也创造了经济的奇迹,年均增长超过了9%,为中华民族的伟大复兴奠定了物质基础。新中国在前三十年建立了比较完善的工业体系,实现了重工业化和经济赶超;改革开放之后,中国又执行了很好的产业政策,实现了经济的超高速增长,国民财富巨量增加。这些成就必须客观肯定,不应刻意抹杀。

最近几年,中国产业政策方面应该说也有若干问题需要检讨。在产业政策的制定和执行过程中,我们存在很多问题,很多产业政策执行效果不佳,甚至出现很多浪费和失效的情况。政府对认为重点的产业进行扶持，甚至对特定企业、特定技术、特定产品做选择性地扶持，行政干预的色彩比较浓厚，体制复归的苗头开始出现。我觉得这个方面还是值得大家来进一步检讨，进行若干极其细致的研究和全面的反思。我们有可能在经济发展和经济运行过程中，更多地带有计划经济色彩，国家介入的功能发挥得有些过了，应该加以警惕。

强大的政府行为一方面使得产业调整速度非常迅猛，但是另一方面政府这种非常直接的、行政化的方法，也带来一些弊端。这种选择性产业政策以挑选赢家、扭曲价格等途径主导资源配置，政府驾驭了市场，甚至替代了市场，我觉得这值得我们检讨。就像司马迁说的，"最下者与之争"，这个方法是欠妥的。因此，中国未来，我认为要抛弃选择性产业政策，来执行功能性的产业政策。

所谓功能性产业政策，就是市场友好型的产业政策，要弥补市场的不足，扩展市场作用范围并在公共领域补充市场的不足，让市场机制充分发挥其决定性作用。十八届三中全会说了两句话，"要让市场机制在资源配置中起到基础性作用，让政府在资源配置中起到更好的作用"。"更好的作用"这几个字非常关键，不是要取消政府的作用，而是要发挥更好的作用。"更好"指的是什么？就是政府要把自己的事做好，要把应该担当的事情真正担当起来。

（十）政府：有效、有限、有为、有序

中国现在两大问题并存，一是有些领域市场化程度不足，另一个是有些领域市场化过度。政府该承担的公共品，包括医疗领域、教育领域、底层人民的房地产领域，这些都是公共品或者准公共品，政府不能把它全部推给市场，否则就会乱套。公共品领域，是政府要做的，然而这些年市场化过度造成中下阶层问题太多，底层人民不满意，获得感和

幸福感不高。政府在收入分配调节与提供公共品方面的职能和使命不可推卸，要承担起来。

对于将来我觉得要从对政府的正确假定出发，承认政府有自己的优势，也有自己的劣势。政府既有信息优势的一面，也有信息不完全的一面，政府也是理性人，也有可能造成若干的弊端，甚至有可能出现被俘获的现象，要警惕政府被既得利益者所绑架。北京大学姚洋教授认为，中国在三十多年的改革开放过程中，之所以取得重大的经济成就，一个重要原因在于中国政府是一个中性政府，不代表任何利益集团，超越于任何利益集团之上，政府要为人民谋福利。[1]

这是一个理论，也是我们的一个愿望。政府应该是这样的政府，它不为利益集团所掌控，这才是一个好的政府。政府要兼顾效率与公平，要实现人群之间、族群之间、职群之间、区域之间、城乡之间的公平，要关注公共品的提供，要防止市场化不足和市场化过度两种倾向。政府应该加大公共品的提供力度，来防止整个国家的二元对立和撕裂，让这个国家更加和谐，更具有幸福感，我想这是一个目标。

最近，中央和国务院有两个文件值得大家关注。第一个文件是2015年10月12日《中共中央国务院关于推进价格机制改革的若干意见》，这个文件里面有很重要的一个提法，就是"要求加快建立竞争政策与产业政策、投资政策的协调机制，逐步确立竞争政策的基础性地位"。第二个文件是2016年6月国务院下发的《关于在市场体系建设中建立公平竞争审查制度的意见》，要求在新制定的政策和新建立的制度中，先要进行公平竞争审查，那些妨碍公平竞争的制度和政策要进行修改。这是两个极其重要、极其正确的文件。这两个文件释放出什

---

[1] 姚洋：《中性政府：对转型期中国经济成功的一个解释》，载《经济评论》2009年第3期。

么信号呢？我认为释放出政府的产业政策应该是以促进竞争为基本目标这一明晰信号，政府行为和产业政策要增进竞争，而不是削弱竞争，要对妨碍竞争的政策和制度进行反思和梳理。这对中国未来的产业政策导向有重要的指导意义。

我们可以对以上的讨论做一个小结：随着中国工业化阶段的不断演变，产业政策的形态必然发生变化，政府介入经济的方式和工业化路径必然发生深刻的变化。一个建立在市场配置资源基本体制之上的有效、有限、有为、有序的政府行动体制，是未来中国彻底完成工业化、实现国家现代化的保障和前提。

五、中国工业化进程中的产业结构调整：新兴产业和传统产业的讨论

新兴产业和传统产业关系问题的核心，是中国产业结构的转型与升级。发展新兴产业、改造升级传统产业，首先是中国经济可持续发展的需要。我国产业存在着严重的产能过剩、产业结构不够优化、技术创新能力低、竞争力和效率低下等一系列问题，严重影响经济社会的可持续发展。我国目前环境保护和生态问题日益突出、国内产业难以满足社会需求的矛盾日益突出，这些问题的根源，都跟我国产业结构问题密切相关。

另外，发展新兴产业、改造升级传统产业，也是应对国际市场竞争的迫切需要。在经济全球化的今天，一国产业结构、产业层级和产业技术水平的高低，直接关系到其国际竞争力的高下。因此，必须把产业结

构问题放到整个国际大格局中去考察和比较,才能得到正确的结论。

近年来,国家一再强调供给侧的结构性改革,其核心使命,就是从供给角度改善产业结构,促进产业结构的升级和改造。单方面的需求管理,已经不能触及我国经济发展很多深层问题的核心。在很多领域,社会有了强大的需求,但是如果供给方不能给予及时的准确的响应,这个需求是难以被满足的。比如在消费方面,有了需求,但是供给方跟不上,技术水平和创新能力跟不上,就难以满足社会需求,经济就得不到发展。我国有高端的宇航技术,但是在日用消费品方面却不能满足市场的巨大需求,还是有大量消费者到日本购买马桶盖。这说明什么问题?说明我国的产业结构本身有问题,我们的企业创新能力有问题,我们的产品质量还不高,还不能响应高端消费者的需要。

实际上在各个产业,包括能源产业、钢铁产业、机械制造产业,乃至轻工业领域以及文化产业领域,都存在着这样的问题,不是没有需求,而是你的供给能力满足不了高层次的需求。所以从产业结构角度,消解落后产能、增强产业创新能力、促进产业的升级改造,是经济增长的核心问题。因此在需求管理之外,还是要加大对供给侧的结构性改革。

2016年11月19日,国务院发布了《"十三五"国家战略性新兴产业发展规划》。什么是战略性新兴产业?就是那些代表新一轮科技革命和产业变革方向的产业领域。这些产业领域是培育未来我国经济发展新动能、获取未来全球竞争优势的关键领域,包括节能环保产业、新一代信息技术产业、生物和制药产业、高端装备制造产业、新能源产业、新材料产业等。

战略性新兴产业的发展,一方面是要培育中国产业竞争力,而这些战略性新兴产业的竞争力,代表着一个国家在新的技术革命时代的综合竞争力,因此必须发展战略性新兴产业,并且要占据制高点,如此才能在全球产业竞争和分工中获得比较优势。另一方面,发展战略性新兴产业,也是中国产业结构转型和升级的必然要求。我们现在强调"去产能",是要去掉那些低层次产业的产能,去掉那些高污染高能耗产业的产能,从而把投资用在新兴产业上,使我们的经济增长质量更高,经济增长后劲更足,实现经济增长与环境的和谐发展。

但是问题在于,我们在战略性新兴产业的发展过程中,应该运用何种策略和机制。不必说,政府在战略性新兴产业的发展中必须起到重要的作用,政府的引领、导向和政策扶持,都会对战略性新兴产业的发展发挥关键性的作用;但是我认为,在战略性新兴产业的发展过程中,更关键的,还是要创造一种市场机制,运用市场机制促进产业的竞争,促进技术的研发和扩散,促进产业要素的合理配置。政府要运用法律和政策框架,鼓励大学、科研机构和企业进行合作,并促进科技成果的产业化。

我们现在鼓励大众创业、万众创新,实际上创业和创新的最大障碍在制度层面。我们的税收体制、财政体制、技术创新体制、知识产权保护体系、校企合作体制等,都要有一个明确的法律规定和政策框架,从而为创新提供一个很好的环境,使创新、创业变得容易,降低创新和创业的成本。美国在鼓励科技创新和科技成果转化方面有一整套政策和法律框架,尤其对中小企业技术创新有很多政策扶持,对企业和大学之间的合作有完善的法律和政策扶持框架。

现在大学和企业的合作渠道不顺畅,企业缺乏技术创新能力,而大学的技术创新又难以得到产业转化,大量成果躺在那里发挥不了作用,我认为这是阻碍战略性新兴产业发展的最为关键的问题。所以产业结构的背后就是一个国家创新机制的优劣问题,如果国家没有一个系统的鼓励创新和鼓励成果转化的法律体系，专利再多都没用，中国的专利数排在全世界前几位了，可是专利放在那儿没有人转化，为什么呢？因为企业和大学、企业和研究所之间的这种深度科研合作机制和成果转化机制还没有形成，国家还没有重视这个东西。所以新兴产业的发展取决于制度条件和技术条件，新兴产业的发展，必将倒逼国家的制度创新与变革。

要处理好新兴产业和传统产业的关系，就要克服三个理念上的误区

第一个误区是，有些人把新兴产业和传统产业对立起来，认为传统产业就是夕阳产业，就是落后的、应该被淘汰的产业。这是一种严重的误解。实际上，传统产业如果有较高的技术水平做支撑，如果能够实现高附加值和低能耗，也完全有可能成为有竞争力的行业。制药业不是一个数千年的极其传统的产业吗？但是随着生物制药技术的创新，这个产业就能成为战略性新兴产业。

农业是不是传统产业？农业是最传统产业，但同时又是一个最新兴的产业，问题是怎么搞。美国和欧洲的农业很发达，美国是全球最大的农业出口国，是美国竞争力的最重要组成部分。所以在农业这样的传统产业上，只要通过技术创新、机制创新，就能够实现农业产业的转型和升级，从而具备更高的竞争力。在产业这个层面上，并没有新兴和传统之分，有的只是技术创新和机制创新能力的高下之分。

传统产业的转型与新生一要依靠技术创新，使产业层级不断上升，从而提升其附加值；二要依靠产业转移，某些传统产业通过区域之间的产业转移，可以有效降低成本，也可以降低对环境的压力；三要依靠理念的转换和概念升级，比如服装业、物流业、文化产业等，都可以用新理念和新概念来改造，实现传统产业的重新定位和崛起。这些年随着电子商务的发展，物流业又被重新定义，这个传统产业所创造的价值成百倍增加。

很多文化产业的转型也是如此。前些年全国的电影院都很不景气，但是这些年电影院又在新的文化理念的改造之下成为一种生活时尚的标志，传统意义上看电影的概念也被彻底颠覆了，影院和剧院从而获得了新生。我们有理由预见，在未来，大量传统产业，包括餐饮业、食品加工业、影视业、出版业、医疗和健康产业、物流运输产业等，在新的互联网技术和新的社会生活形态的引领下，必然会极大地改变其内核，从而引发整个行业的颠覆式的变革。最近有些人讲中国陷入产业资本、商业资本和金融资本的三大资本过剩时代，我不同意这个观点。随着技术和制度的创新，中国很多新兴产业的增长将极为迅猛，传统产业的改造空间也极其巨大，所以资本过剩的判断是不能成立的，是一个表面现象。

在产业结构转型和传统产业改造方面，还有第二个误区，就是我们往往认为这个过程是可以一蹴而就的，一看到现在的环境问题，看到雾霾，就希望政府把这些雾霾的制造源全部铲除，让那些钢厂、煤电厂、炼焦厂、炼油厂等一时间全部消失，否则就是政府不作为。这种焦急的、渴望迅速消除环境污染的愿望确实是可以理解的，但是并不科学，也不理性。

国家环保局曾经公布了这样一组数据：京津冀周边地区的北京、天津、河北、山西、山东、河南六省市，国土面积占全国总面积的7.2%，消耗了全国33%的煤炭，单位面积排放强度是全国平均水平的4倍左右，六省市涉气排放主要产品产量基本上占全国的30%～40%。比如：钢铁产量3.4亿吨，占全国43%；焦炭产量2.1亿吨，占全国

47%；电解铝占全国38%；平板玻璃产量1200万吨，占全国33%；水泥产量4.6亿吨，占全国19%。还有排放氮氧化物的一些化工产业，比如原料药产量占全国60%，农药产量占全国40%左右。此外，煤电占全国27%，原油加工占全国26%，机动车保有量占全国28%。高污染、高能耗产业大量聚集，燃煤、燃油集中排放，是京津冀周边大气污染的直接原因。

然而这种产业结构的不合理、部分领域的产能过剩、产业布局的僵化，是粗放型增长的后遗症，需要逐步克服，而不可一蹴而就，一蹴而就的政策也不具有任何可操作性。这些技术落后产业、产能过剩产业、高污染产业带来的问题，不是简单地关闭工厂就可以解决的，而是要有系统性的制度安排，才能稳妥地加以解决。这些高污染的产业，背后有大量的就业问题，是几千万上亿人的就业和吃饭问题，关系到底层人民的生活和社会保障问题。

因此，在治理污染、淘汰落后产能、提升产业层级的过程中，要系统地解决好失业问题、社会保障问题、新的增长点的培育问题、失业人员的教育和培训问题、新技术的应用和生产流程改造问题等，这是一个系统工程，需要时间和耐心。立竿见影的政策往往表面效果来得快，但是很容易反弹，可以应急，却不可持续，因此应该着眼未来，从系统论的视角，对落后产业进行系统性的改造，同时进行系统的社会保障体系建设和新兴产业的培育，如此才能彻底地解决这个问题。

第三个误区是，把目前严峻的环境污染状况全部归罪于我国制造业的发展，因此很多人认为产业结构的改善就是要"去制造业"，不要去发展制造业，而要多发展第三产业，比如旅游业、文化产业等。发展第三产业的大方向是对的，但是发展第三产业并不意味着不发展制造业，不意味着绝对排斥制造业。实际上，第三产业越是得到发展，制造业可能发展得越好,因为每个第三产业的发展都会激发制造业的发展。而那些生产性服务业的发展,更是对制造业有直接的促进作用。"去工业化"的观念是完全错误的。

所以,产业结构的转型不是产业的"空心化",不是排斥制造业而只发展第三产业。美国最近又提出"再工业化"战略,[1] 就是看到了产业"空心化"带来的恶果,看到了片面地"去制造业"给国家竞争力、社会就业、居民收入增长甚至国家安全带来的严重影响。

六、发展和培育新质生产力

(一)新质生产力的提出与内涵

2023年9月,习近平在主持召开新时代推动东北全面振兴座谈会时,强调要"积极培育新能源、新材料、先进制造、电子信息等战略性新兴产业,积极培育未来产业,加快形成新质生产力,增强发展新动能"。紧接着,2023年12月召开的中央经济工作会议提出,要以科技创新推动产业创新,特别是以颠覆性技术和前沿技术催生新产业、新模式、新动能,发展新质生产力。中央经济工作会议对于"新质生产力"的内涵进行了初步的阐释,将"新质生产力"落实于"新产业、新模式、新动能",实际上已经将产业的转型发展、经济发展模式的转变和经济发展动能的转换结合了起来,将"新质生产力"这一概念置于整个中国经济增长转型的高度来认识。2024年1月31日,习近平在二十

---

[1] 王曙光、王丹莉:《美国工业化、去工业化和再工业化进程对中国双循环新发展格局的启示》,载《山西师大学报》2021年第4期。

届中央政治局第十一次集体学习时的讲话中进一步对"新质生产力"的内涵进行了深化:"新质生产力是创新起主导作用,摆脱传统经济增长方式、生产力发展路径,具有高科技、高效能、高质量特征,符合新发展理念的先进生产力质态。它由技术革命性突破、生产要素创新性配置、产业深度转型升级而催生,以劳动者、劳动资料、劳动对象及其优化组合的跃升为基本内涵,以全要素生产率大幅提升为核心标志,特点是创新,关键在质优,本质是先进生产力。"

(二)培育新质生产力和增长动能转换的两种模式

培育和发展新质生产力,转变经济增长模式,实现经济增长动力机制(动能)的转换,是一个复杂的历史过程,也是一个涉及技术创新、企业变革、产业结构优化、传统产业升级改造、地方经济转型以及更广泛的国家治理模式转变和体制变革的系统工程。在这个由旧动能向新动能转换、旧模式向新模式过渡的历史阶段,不同的转换模式会产生不同的经济社会绩效,因此以实事求是的态度,慎重选择一种科学且可持续的动能转换方式与动能转换路径,对于地方经济社会可持续高质量发展非常重要。从地方实践来说,动能转换模式大体上可以分成两类:

一类是弹性转换(或曰"柔性转换")。弹性转换是柔和的、分阶段的、渐进的、多目标兼容的、系统推进的转换模式。这是我们自新中国成立以来所坚持的一条重要的体制变迁方法论。新中国成立初期所进行的以和平赎买为核心的资本主义工商业的社会主义改造,所采取的就是这样一种弹性转换模式,这是中国的渐近的"过渡经济学",而不是苏联的激进的以没收为核心的刚性政策。"新民主主义是向社会主义过渡的阶段。在这个过渡阶段,要对私人工商业、手工业、农业进行社会主义改造。过渡要有办法，像从汉口到武昌，要坐船一样。国家实现对农业、手工业和私营工商业的社会主义改造，从现在起大约需要三个五年计划的时间，这是和逐步实现国家工业化同时进行的。"[1]这个方法论的精髓和灵魂就是在一个原则性的目标指引之下，选择社会震荡和制度成本最低的体制安排，以灵活而富有弹性的方式推动社会变革，把理想主义目标和折中主义战略结合起来，从而实现经济和社会的平稳过渡。在这个经济过渡过程中，既要有主动的强有力的思想引领与政治教育，又要有均衡、弹性、包容、渐进、柔和、中庸的实施策略[2]。中国在改革开放之后由社会主义计划经济向社会主义市场经济转型的过程中，也运用了同样的方法论，那就是渐进主义的市场化路径，与激进式的苏联东欧市场化模式完全不同[3]。弹性社会主义的方法论是成功推进体制变迁的关键。在近年来的动能转换中，一些地方政府也坚持了这种弹性转换的模式，取得了较好的动能转换效果。这种弹性转换的模式，有以下几个特点：第一，转换方式是柔和的，更多注重市场化的方式，重视政府的引导和示范，不违背微观主体的意志而硬性推行动能转换政策。比如在对待传统产业的问题上。

第二，这种弹性转换是分阶段实施的，而不是一步到位，急于求成。它是渐进的，使微观主体在动能转换中有一个适应的过程、学习的过程、模仿的过程。任何技术进步和模式转型都需要有"历史的耐心"，企业的"干中学"的过程是一个不断自我更新、自我变革的过程，不是

---

[1] 《毛泽东年谱》第二卷，北京：中央文献出版社，2013年，第32页。
[2] 王曙光、王丹莉：《维新中国：中华人民共和国经济史论》，商务印书馆，2019年。
[3] 王曙光：《中国经济体制变迁的历史脉络与内在逻辑》，载《长白学刊》2017年第2期。王曙光：《中国式现代化的价值追求、方法论精髓与历史智慧》，载《中央社会主义学院学报》2023年第1期。

可以一蹴而就的。对新技术的适应和学习、设备的更新和改造都需要过程。

第三，这种弹性转换是多目标兼容的。既注重产业、环境和经济指标，又注重民生指标；既注重经济效益，也注重社会效益；既注重长期效益，也注重短期效益。

第四，弹性转换采取系统推进的转换模式。运用系统论的思维模式，将动能转换视为一个多部门联动、多目标之间实现正反馈的一个系统工程，将新型区域经济发展战略的制定、工业制造业部门的技术进步和设备更新、社会保障体系的完善和向弱势群体（如失业者）倾斜的财政政策、高污染高能耗产业的迁移改造与新兴产业培育发展、营商环境优化与产业链构建等方面的工作统筹起来，从而形成合力。系统推进的转换模式，既利用了政府各部门和各领域工作之间的互动性（比如工信部门、人力资源和社会保障部门、财政部门、民政部门之间的相互协同互动）所带来的正反馈效应，同时又在时间和空间上注重动能转换的先后顺序设计和空间转移，使产业结构优化和经济增长动能转换皆在一种成本较低的状态下实现和实施，从总体上降低了社会震荡成本和社会摩擦成本。

第五，政府在弹性动能转换中更多运用顺应市场和顺应产业规律的诱导性方式，而不是硬性的强制性方式。比如通过政府的技术补贴为转型企业提供更好的技术更新激励和设备更新激励，通过政府引导基金而引入更多的新兴产业，从而降低新兴产业在区域内的运行成本，或者通过更多的技术培训和职业教育使更多的就业转向新兴部门，降低传统产业转型中的失业压力，使整个社会运转保持稳定。

另一类是刚性转换。与弹性转换相比，刚性转换是硬着陆式的、大爆炸式的、一步到位的、激进的、单目标推进而缺乏系统思维的转换模式。这类刚性的转换模式,往往为了区域经济增长动能转换的长远目标而丧失短期目标,使得动能转换的成本过高,社会震荡成本过高,造成大量失业,同时也在短期内影响地方经济增长。激进的刚性转换政策只关注"政治正确",执着于经济增长模式转型的抽象目标,而不理解模式转换是一个"过程",需要"历史的耐心",需要兼顾民生和就业,需要兼顾地方经济增长和财政税收状况。一些地区为了迅速有效地转换动能,而盲目"去产能",希望能达到立竿见影的转换效果,结果导致地方经济增长下滑,财政税收状况恶化,地方就业状况严峻,民生问题突出,这些都是缺乏系统论思维所造成的恶果,这样的动能转换看起来极为"刚决果断",极为"雷厉风行",然而违背了产业发展和转型的基本规律,没有将制度变革与技术创新、政府与市场、长期目标和短期目标、产业目标和民生目标的关系进行较好的权衡、协调。

(三)新质生产力培育和经济增长动力机制转换要因地制宜、循序渐进

中国新质生产力发展与经济增长动能转换是大势所趋,是一个长期战略,但由于中国区域经济和产业结构的多元性和差异性,各地在发展新质生产力和转换动能方面所采取的政策措施是不同的,不可能采取整齐划一的政策,而必须注重因地制宜,注重根据本地区的经济发展、产业结构和特殊禀赋去采取相应的动能转换政策。政府对动能转换的大力推动和制度上的顶层设计要与现实中的市场状况、激励机制和技术进步相结合,必须顺应市场规律,采取引导性的激励措施,不断推进企业的科技创新,循序渐进地推动产业结构的转型。关键还是要处理好制度与技术、政府与市场、长期和短期、产业和民生的关系,要系统推进,采取渐进策略,不可盲动求速。

政府在转换动能的过程中，要克服"一刀切"、毕其功于一役的激进主义的方法论。同时，还要克服以政府行政性命令替代市场的方法论，要顺应市场、利用市场机制。要抛弃单目标推进的方法论，注重各部门的政策协调，注重动能转换与民生、就业等政策的互动与正反馈机制的形成。2024年3月，在参加十四届全国人大二次会议江苏代表团审议时，习近平明确提出要"牢牢把握高质量发展这个首要任务，因地制宜发展新质生产力"，这个"因地制宜"是非常重要的，也是对前期有些地方搞"一刀切"的动能转换模式的一种告诫。习近平强调发展新质生产力"要坚持从实际出发，先立后破、因地制宜、分类指导"，"不是忽视、放弃传统产业，要防止一哄而上、泡沫化，也不要搞一种模式"。2024年5月，习近平赴山东考察并在济南主持召开企业和专家座谈会，鲜明指出"传统产业改造升级，也能发展新质生产力"，强调发展新质生产力"不能光盯着'新三样'，不能大呼隆、一哄而起、一哄而散，一定要因地制宜，各有千秋"。[1] 实践证明，在经济增长动能转换和发展新质生产力过程中，我们必须采取实事求是、循序渐进、因地制宜、统筹推进的策略，必须采取弹性转换的政策而不是刚性转换的政策，在经济增长动能转换和发展新质生产力的同时改造传统产业，同时要注重进行更加深刻的体制创新，深入推动国家治理现代化和统一大市场的建设，扫除新质生产力发展的体制障碍[2]。

（四）以新质生产力推动传统产业转型升级

"传统产业改造升级，也能发展新质生产力"这一思想，对于那些

---

[1] 求是网评论员：《深刻把握新质生产力的科学内涵》，www.qstheory.cn，2024–06–05。
[2] 王曙光：《从全球和中国工业化进程看新质生产力与体制创新》，载《中央社会主义学院学报》2024年第6期。

传统工业（主要是钢铁、能源、矿产、机械制造、化工等重工业）为主的地区而言具有特殊的针对性。一些老工业基地（如东北、山东等），要利用新的科技手段，加快经济发展模式的转型与产业的转型。

第一，以新技术改造传统产业，提高传统产业的技术含量，实现产业转型和升级，从而全面提升传统产业的市场竞争能力和盈利能力。

第二，要推动传统产业的数字化转型，为"传统产业"提供新场景，赋予新动能。数字化、智能化，是推动"传统产业"转型的最重要推动力，通过互联网、物联网技术的应用，能够极大地优化和推动传统产业的产业链构建、优化和推动传统产业供给方和需求方的对接、优化和推动传统产业的产业集群构建，使传统制造业在数字经济的推动下实现经营管理、生产、技术创新等多维度的变革。目前，以工业互联网建设为契机，一些传统制造业，如纺织、家用电器等行业，正在加快数字化改造和产业的集聚整合，这个趋势，将大大改变传统制造业的生存状况，也会大大提升传统产业密集的老工业区的发展与转型。东北、河北、山东等钢铁行业比较密集的地区，将来必然会走上这条道路，从而使这些地区重新获得经济增长的比较优势[1]。

三是通过培育新业态，扶持新兴产业，努力打造新的区域经济增长点。以新技术提升传统产业层级，以工业互联网思路为传统产业转型提供新的场景和动能，这些都属于一个区域传统产业的"存量"部分的改造；我们还要从增量的角度，为传统产业集中的地区寻找"增量"的产业经济增长点，要培育新的产业，给整个地区带来多元的产业生态。一些能源大省和制造业大省，充分利用自己的产业链优势和技术优势，

---

[1] 王曙光、王丹莉：《区域均衡发展和传统工业区域发展模式转型》，载《新疆农垦经济》2021年第12期。

在原有传统产业之外打造了一些新技术产业，并匹配本区域的其他优势资源，形成一些新型业态，开辟了新的经济增长渠道。2022年年初开始执行的"东数西算"战略，国家算力枢纽开始进行西部布局，建立包括贵州、甘肃、内蒙古、宁夏等在内的算力中心，为这些地区发展新兴的算力产业奠定基础。2024年4月28日，中国移动在内蒙古呼和浩特建立全球运营商最大单体智算中心，充分发挥云网互联优势、算网大脑全域智能调度能力，快速赋能交通、医疗、教育、能源、金融等行业大模型训练，填补了我国人工智能的算力缺口，为人工智能创新发展提供坚实基座与强劲引擎。2024年5月，黑龙江鸡西市与海南怡和中能公司"智能算力+"项目签约，投资140亿元，算力将跃居全国前十，是黑龙江最大智算项目。东北、内蒙古等原来重工业比较发达的地区和能源大省，通过建立新的业态，发展新兴产业，从而找到自己在发展新质生产力方面的新的比较优势。这一趋势，实际上也预示着一些经济落后地区，能够突破自己的区位劣势，而在区域发展中引进和培育新动能，扶持新业态，这对于我国的新型均衡区域发展战略的形成具有重大意义[1]。这些新动向也表明，东北和西部地区作为中国经济增长和经济安全的重要战略腹地，其发展不仅可以带来中国区域均衡发展的新格局，而且能够为中国的新质生产力发展和科技创新提供广阔空间。

---

[1] 王曙光、王丹莉：《新中国70年区域经济发展战略变革与新时代系统动态均衡格局》，载《经济体制改革》2019年第4期。

第十一讲
中央—地方关系、财政体制变迁
与现代化国家治理模式构建

一、新中国前三十年的中央—地方关系与财政体制变迁

这一讲主要讨论中国财政体制的七十年变迁,我们不是单纯探讨财税的变化,而是从国家治理的角度,尤其是从中央—地方关系的角度,看看中国七十年以来的变化,并探讨未来如何构建现代国家治理体系。大概讲四个问题:第一,中华人民共和国成立初期的中央—地方关系,这个讨论以毛泽东的《论十大关系》为核心。第二,改革开放之后的财政体制与中央—地方关系,即从1978年到分税制改革之前的1993年。第三,1994年分税制改革之后的中央—地方关系。第四,十八届三中全会之后现代国家治理体系的建立与新型的中央—地方关系,尤其是探讨十九大对财政体制改革的新定位。

(一)中国古代与近代的中央集权和地方分权问题

对于任何一个大国而言,中央集权和地方分权都是一个难以回避的问题,古今中外概莫能外。中央集权和地方分权是一对矛盾,在世界

各国处理中央集权和地方分权关系的历史过程中,其分与合的变迁及尺度把握,不仅与这些国家悠久的政治遗产和文化传统有关,更与各国当下所面临的具体问题有关,没有一个固定的、先验的模式可以"放之四海而皆准",且验之古今皆通用。从中国的历史来看,尽管在数千年前中国就建立了国家,且有着漫长的中央集权的传统,但是基层治理和地方分权也一直是与中央集权相伴的一个重要问题,皇权的集中与(县以下)地方的自治一直是中国缓冲中央集权与地方灵活性的一个重要的制度设计。

近代以前的中国虽然是一个中央集权国家,但由于它是一个地域辽阔的多民族大国,因此中国的皇权(中央集权)更多的是一种政治文化意义上的统治,国家权力始终没能有效深入到社会之中。近代中国又是一个各地经济文化发展不平衡的、农业占主导地位的国家,缺乏统一的市场,自给自足的农业经济使得广大农村可以相对独立于城市,工商业则基本集中在东部沿海地区的一些大中城市,各地之间联系相当松散,如果没有高度的政治上、文化上的统一,就很容易发生分裂或割据。同时,近代中国又是一个受到各个列强间接控制的国家,各帝国主义国家对中国各地有不同程度的影响。

(二)民国的历史教训和新中国建立统一的现代民族国家的必要性

新中国的政治性质使得西方各国不愿意出现一个统一的大国,它们希望并且实际上在中国制造某种政治上的分裂以及经济上对于列强的依赖。因此,建立统一的民族国家,一直是中国近代史的核心主题,也是实现中国现代化的最基本条件。这不仅是中国共产党人的追求,也是中国近代自鸦片战争以来一切爱国的仁人志士的共同追求。如果没有统一的民族国家、统一的政治架构和统一的法律,不打破传统经济的封闭性，就不可能实现现代的经济变革，就无法发展现代的工业和商业，无法建立统一的军队和现代官僚体制乃至现代国家，这已经成为新中国成立之前知识精英的一种共同的政治认同。

历史的教训是惨痛的。民国以来的军事割据，造成了统一市场的破坏、军令和政令的不统一，造成中国的四分五裂。实际上这种各地在经济上和市场上的不统一与各割据力量在政治和军事上的不统一是互为表里、互为因果的：经济不统一是军事和政治割据的物质基础，军事和政治割据又加剧了经济的不统一，加剧了市场的分割，从而延缓了工业化和经济发展的速度与质量。

更值得引为镜鉴的是，国民党执政几十年中存在的政令军令不统一，不仅造成了其工业化目标和经济建设目标的落空，造成了经济发展的滞后，而且使得其政治治理失效，最终走向败亡。这一历史教训是极为惨痛的。所以在新中国成立初期，中国人民和共产党就基于对这一历史教训的警惕与觉醒，致力于建立强大的中央集权国家，致力于全国财经的统一、市场的统一、政治与军事的统一、经济计划的统一。这些举措，对于新中国的经济恢复和经济建设，对于社会主义计划经济的建立与发展，对于财政汲取能力的提升，对于顺利实现工业化，都具有极为重要的意义。

（三）中国共产党在集权和分权方面的历史经验

对于中国共产党的历史而言，也存在着大量的关于集权和分权的历史教训。1956年4月28日，毛泽东在中共中央政治局扩大会议上做总结讲话，就着重回顾了党的历史："在第三次'左'倾路线时期，非常强调集中统一，不许讲不同的话……在抗日战争时期，我们给了各个抗日根据地很大的独立性。但是，后来又发展到有些根据地闹独立性，不应当由根据地发表的意见也发表了,应当听中央指挥的也不听。……于是中央做出了关于增强党性的决定,关于党的领导一元化的决定等来纠正。在纠正的时候,我们仍然给各根据地保留了很大的自治权力。到了解放战争时期,中央又发出关于建立请示报告制度的指示,逐步把这种过于分散的状态纠正过来。这种过于分散,在抗日战争时期是对的,后来形势发生了很大的变化,它就不适用了,不能再像过去那样各自独立地去搞了。但是最近几年又有一种偏向产生了,这就是集中过多了。……现在我们讲,过分的集中是不利的,不利于调动一切力量来达到建设强大国家的目的。在这个问题上,鉴于苏联的教训,请同志们想一想我们党的历史,以便适当地来解决这个分权、集权的问题。"

革命战争时期在集权和分权方面的初步经验教训表明,一定的中央集权、一元化领导和维护中央的权威,在一定程度上有利于共产党在政治上的统一性的实现,有利于避免党内的分裂,也有利于整合各种革命力量使之成为一个统一的力量,有利于克服各个革命力量和各地区各行其是的"山头主义""宗派主义";但是过度的集权而削弱各个地区的革命战争力量的独立性和灵活性,对于取得革命战争胜利是不利的,而中国共产党在各个革命根据地实施的具有较高灵活性和独立性的政策,是各革命力量在各地实现"星星之火,可以燎原"的制度基础。

(四)新中国强调集中统一与因地制宜相结合

新中国成立之初面临的最大问题,是国家经过长期战乱之后的四分五裂的涣散局面,以及政令和经济运行不统一带来的混乱和无效率。中央要集权才能迅速处理国家大事,这是当时从旧社会过来的人的普遍愿望,也是对以前涣散的中国的批判与诀别态度之表现;同时还要处理好中央集权和地方分权之间的平衡。1949年12月2日,在中央人民政府委员会第四次会议上，毛泽东说，中国是一个大国……应该统一的必须统一，决不许可各自为政，但是统一和因地制宜必须互相结合。在人民的政权下，产生像过去那样的封建割据的历史条件已经消灭了，中央和地方的适当的分工将有利而无害。[1]

1953年8月12日，毛泽东出席全国财经工作会议时说："要统一集中，但分级管理也是很必要的。"[2] 1954年6月11日，毛泽东在中南海勤政殿主持召开宪法起草委员会第七次会议，会上何香凝说"中央要集权，才能迅速及时处理国家大事"。毛泽东说，我们是中央集权，不是地方分权。一切法律都要中央来制定，地方不能制定法律。中央可以改变地方的决定，下级要服从上级，地方要服从中央。……就是要集中权力，要能灵活使用。[3]

1956年3月1日，毛泽东听取国务院汇报，汇报到划分中央和地方企业隶属关系时，毛泽东说，是不是中央部门想多管一点？要注意发挥地方的积极性，中央企业和地方企业划分的主要根据是供销范围。[4] 从毛泽东以上论述可以看出，在社会主义计划经济的运转过程中注重中央集权与地方分权的平衡，既发挥中央集权集中办大事、统一政令、统一市场的作用，又发挥地方的积极性，使地方在执行计划的过程中有一定的灵活性和独立性，这是毛泽东一以贯之的思想。在《论十大关系》中也贯穿了这一思想。

---

[1]《毛泽东年谱》第一卷，北京：中央文献出版社，2013年，第55页。
[2]《毛泽东年谱》第二卷，北京：中央文献出版社，2013年，第149页。
[3] 同上书，第248页。
[4] 同上书，第539页。

（五）毛泽东的"两个积极性"思想

在《论十大关系》中，毛泽东提出了"两个积极性"思想："中央和地方的关系也是一个矛盾。解决这个矛盾，目前要注意的是，应当在巩固中央统一领导的前提下，扩大一点地方的权力，给地方更多的独立性，让地方办更多的事情。这对我们建设强大的社会主义国家比较有利。我们的国家这样大，人口这样多，情况这样复杂，有中央和地方两个积极性，比只有一个积极性好得多。我们不能像苏联那样，把什么都集中到中央，把地方卡得死死的，一点机动权也没有。中央要发展工业，地方也要发展工业。就是中央直属的工业，也还是要靠地方协助。至于农业和商业，更需要依靠地方。总之，要发展社会主义建设，就必须发挥地方的积极性。中央要巩固，就要注意地方的利益。"

这里体现的思想，就是新中国的工业化，不仅是"中央"的工业化，不仅是中央企业的发展，更是"地方"的工业化，是全国各个地方的工业化。后来毛泽东这个思想深化为大力发展中小工业和地方工业，就是大工业和中小工业并举、中央工业和地方工业并举的方针，与苏联过于重视大工业而忽视中小工业的发展、过于重视中央工业而忽视地方工业的发展的模式完全不同。

（六）社会主义计划经济最大的矛盾即是中央计划与地方灵活性的关系

社会主义计划执行过程中最大的矛盾之一，即是中央计划与地方灵活性的关系。中央各部委下达各种计划，地方政府被动地接受计划和执行计划；中央各部委制订的计划未必适合各个地区的实际情况，存在着实际上的严重的信息不对称和信息不完备，因此以各部委的主观的计划来要求地域广大的中国各个地方的政府机构，就极有可能产生计划的扭曲、计划执行的不力以及计划与实际不合的情况,从而导致计划经济失效。这就是在中国社会主义经济建设和经济计划运行过程中经常遇到的"条条"(中央各部委和中央计划机关)和"块块"(各个地方的计划执行机关以及广义上的各地方政府)的矛盾。"条条"和"块块"的矛盾,集中体现了中央集权和地方分权的矛盾问题,是新中国经济计划执行过程中遭遇的最为棘手的矛盾之一。

毛泽东在20世纪50年代认识到这个问题的严重性。1956年2月14日,毛泽东听取主管重工业的国务院第三办公室汇报。开始时,毛泽东说了一段话:"我去年出去了几趟,跟地方同志谈话。他们流露不满,总觉得中央束缚了他们,地方同中央有些矛盾,若干事情不放手让他们管。他们是块块,你们是条条,你们无数条条往下达,而且规格不一,也不通知他们。他们的若干要求,你们也不批准,约束了他们。"

讲到本位主义问题,毛泽东又说,批评本位主义的文章要写,但光批评,光从思想上解决问题不行,还要研究解决制度问题。人是生活在制度之中,同样是那些人,实行这种制度,人们就不积极,实行另外一种制度,人们就积极起来了。解决生产关系问题,要解决生产的诸种关系,也就是各种制度问题,不单是要解决一个所有制问题。农业生产合作社实行包工包酬制度,据说二流子也积极起来了,也没有思想问题了。人是服制度不服人的。[1]"条条"和"块块"的矛盾,只有依靠制度激励去解决,使各地方既能顺应整个国家的大战略和统一规划,又能有动力发挥各自的积极性,这样地方和地方之间就是一种竞争性的关系,不是坐等中央的计划。

在《论十大关系》中,毛泽东也说:"现在几十只手插到地方,使

---

[1]《毛泽东年谱》第二卷,北京:中央文献出版社,2013年,第528页。

地方的事情不好办。立了一个部就要革命，要革命就要下命令。各部不好向省委、省人民委员会下命令，就同省、市的厅局联成一线，天天给厅局下命令。这些命令虽然党中央不知道，国务院不知道，但都说是中央来的，给地方压力很大。表报之多，闹得泛滥成灾。这种情况，必须纠正。"这个问题如何解决呢？毛泽东给出的答案是"中央和地方的协商"，即要建立一种中央和地方协商的制度和工作方式："我们要提倡同地方商量办事的作风。党中央办事，总是同地方商量，不同地方商量从来不冒下命令。在这方面，希望中央各部好好注意，凡是同地方有关的事情，都要先同地方商量，商量好了再下命令。"

（七）"条条"和"块块"的矛盾

地方的"块块"和中央的"条条"既是一对矛盾，就存在着相互对立和相互统一两个可能性。如果遇到地方政府不同意中央政府部委指示的情况，如何处理呢？毛泽东认为，在这种情况下，地方有权推迟甚至驳回中央的指示。1953年4月2日《中共中央关于推迟群众戒烟时间和给地方党政以权力推迟或停止上级所发那些不合实际情况的命令指示问题的指示》中说："凡对生产有妨碍的工作，不论是中央哪一个部门部署的，只要当地党委认为有必要推迟进行，均可提出请求，推迟进行。此外，根据主观主义设想根本不符合实际情况的任何上级的命令指示，必须加以废止或修改者，地方党政有权提出意见。遇到这种情况，地方党政从实际出发提出意见是正确的，不提意见，将不正确的命令指示，违反群众意见，硬着头皮往下推，则是不正确的。"

1956年，毛泽东强调："地方有权制止中央部门发出的行不通的一切命令和指示。这里是说行不通的，你不能一切都制止，如果一切都制止，那就是高岗的独立王国了。"毛泽东同时强调，这个权限只给省委、市委和区委这一级，因为这一级领导干部在政治上比较成熟，"总之，你们有权制止一切行不通的、不合实际的、主观主义的命令、训令、指示、表格，制止'五多'的东西"。（所谓"五多"，是指任务多、会议集训多、公文报告表册多、组织多、积极分子兼职多）这就赋予了地方很大的权力。[1]

（八）中华人民共和国成立初期中央—地方关系的探索

新中国成立初期发生的"高饶事件"是影响新中国中央和地方关系构建的一个重要事件，也是影响新中国政治格局探索的重要事件。在《论十大关系》中，毛泽东特别提到"高饶事件"："我们建国初期实行的那种大区制度，当时有必要，但是也有缺点，后来的高饶反党联盟，就多少利用了这个缺点。以后决定取消大区，各省直属中央，这是正确的。但是由此走到取消地方的必要的独立性，结果也不那么好。"毛泽东希望建立一种相对灵活的政治架构，能在中央和地方的权力之间达成一种有利于全国整体利益的平衡；同时，取消大区制度，也是新中国的政治架构由魅力型架构向科层制为代表的常规型现代政治架构转变的重要尝试。一个革命政权的初建时期往往不是一个常规时期。

从中国历史上的朝代更替来看，这一时期可以说是一个政权从魅力型统治向法理型或传统型统治转化的时期，需要一段很长的时间来适应这样的转化，甚至在很多朝代这种转化引发了重大的政治事变乃至于导致战乱和政权瓦解。从历史的角度看，朱苏力在《当代中国的中央与地方分权——重读毛泽东〈论十大关系〉》一文中深刻地揭示了新

---

[1] 毛泽东：《在中央政治局扩大会议上的总结讲话》（1956年4月28日），收于中共中央文献研究室编：《毛泽东文集》第七卷，北京：人民出版社，1999年，第53—54页。

中国成立初期大区制度取消对于中国长治久安的意义:"中国革命走的是农村包围城市的道路,其政权和军事力量都是在各个根据地独立发展起来的,各路大军统帅是党政军一手抓的地方'诸侯',是一些说一不二的魅力型领导人。他们长期领导一个地区的全面工作,有自己的人马、班底,事实上形成了许多'山头'。为了保证指挥的有效,中国共产党强调精兵简政,反对'官僚主义',因此没有形成现代的法理型政治统治所必需的强调专业化的科层制,而总是更多强调领导人的个人能力和智慧。总体说来,革命者的文化水平普遍比较低,没有接受很多现代化的规训,缺少民主的传统,不少人讲求的是对个人的忠诚。这些弱点,在打天下时可能还不构成一个严重的问题,有时甚至还可能是优点;此外,毕竟还有中国共产党的纪律和马列主义的意识形态来保证。但是,这些问题在建设国家的过程中就可能突现出来;这些问题不仅影响政权的巩固,而且会影响政权的和平转移,弄不好,有可能重新回到军阀割据的局面。"[1]

(九)改革大区制度:五马进京

正是出于这样的高瞻远瞩的政治考虑,毛泽东开始变革中华人民共和国成立伊始才建立的大区制度,并着手进行人事上的调整。新中国成立初期,全国划为东北、华北、华东、中南、西南、西北六个大行政区;1952年8月以后,各大区的一些主要领导人上调到中央,有所谓"五马进京"之说。1954年,由于"高饶事件"的出现,中央随即撤销了各大行政委员会,令各省对中央负责。许多带兵打仗的高级将帅陆续上调中央,另有任用,加强了中央对军队的集中领导。

---

[1] 朱苏力:《当代中国的中央与地方分权——重读毛泽东〈论十大关系〉·第五节》,载《中国社会科学》2004年第2期。

与此同时，设立了更多的大军区，大军区的第一政委由当地省委第一书记兼任。但地方并不控制军权，军权一直归中央军委直接管。省军区、军分区都没有野战部队。中华人民共和国成立初期的全国六大行政区均设立中共中央的代表机关中央局；除华北外，其他五个大区都设有大区行政机构，东北称人民政府，华东、中南、西北、西南称军政委员会。1952年11月，中央人民政府决定各大区行政机构一律改为行政委员会，作为中央人民政府的派出机关，不再是一级地方政府，华北也成立了行政委员会。1954年4月，中共中央政治局扩大会议决定撤销大区一级党政机构。

吸取"高饶事件"的教训，在中华人民共和国成立初期适时调整政治架构，削弱地方权力，实行强有力的中央集权，尽力保证党的统一，国家的统一，消除任何可能危及政权的危险，这是当时的中国共产党最高层所做的具有长远历史价值的一件事。从这个视角来审视，我们甚至可以重新理解实行计划经济以及其他强化意识形态的控制所具有的政治统一意义。中华人民共和国成立初期保障政治统一和调整中央地方关系的努力，也是中国现代科层制官僚政治体制建立的一个重要里程碑，从而在中华人民共和国成立以来到现在的七十年间，不仅保障了国家的统一完整，保障了政治领导人的和平交接，而且对政治治理模式的现代化意义重大，对中国形成统一的现代民族国家意义重大。

"高饶事件"使中国共产党最高层意识到统一和集权的重要性，但毛泽东同时也注意到赋予地方一定的制度创新权力和行政自主权的重要性："我们的宪法规定，立法权集中在中央。但是在不违背中央方针的条件下，按照情况和工作需要，地方可以搞章程、条例、办法，宪法并没有约束。我们要统一，也要特殊。为了建设一个强大的社会主义国家，必须有中央的强有力的统一领导，必须有全国的统一计划和统一纪律，破坏这种必要的统一，是不允许的。同时，又必须充分发挥地方的积极性，各地都要有适合当地情况的特殊。这种特殊不是高岗的那种特殊，而是为了整体利益，为了加强全国统一所必要的特殊。"（《论十大关系》）

（十）地方和地方的关系问题

毛泽东在《论十大关系》中还创造性地提出了地方和地方之间的关系问题，其总体原则是发挥基层积极性，同时强调地方和地方之间的互助关系："还有一个地方和地方的关系问题，这里说的主要是地方的上下级关系问题。省市对中央部门有意见，地、县、区、乡对省市就没有意见吗？中央要注意发挥省市的积极性，省市也要注意发挥地、县、区、乡的积极性，都不能够框得太死。当然，也要告诉下面的同志哪些事必须统一，不能乱来。总之，可以和应当统一的，必须统一，不可以和不应当统一的，不能强求统一。正当的独立性，正当的权利，省、市、地、县、区、乡都应当有，都应当争。这种从全国整体利益出发的争权，不是从本位利益出发的争权，不能叫作地方主义，不能叫作闹独立性。省市和省市之间的关系，也是一种地方和地方的关系，也要处理得好。我们历来的原则，就是提倡顾全大局，互助互让。"

（十一）地方竞赛体制的优势

当然，毛泽东当时还没有特别清晰地谈到地方和地方的竞争（竞赛）关系，然而地方与地方之间的竞争已经潜在地包含在毛泽东所设想的地方分权的逻辑之中，地方既然具备了独立性，就有可能形成各个地区之间基于获取地方利益和创造地方经验的制度激励，这对于一个政治上"大一统"的大国保持一种制度创新的活力和政治制度的灵活性与弹性尤为重要。

实际上，无论是在计划经济时期还是在改革开放之后，地方和地方之间的竞争都是中国社会主义经济体制和经济增长中非常重要的组成部分；尤其是改革开放之后，基于财政联邦主义体制的地方和地方之间的竞争，是构成地方政府创新和中国经济高速增长的重要体制条件，是引发"中国奇迹"的重要根源之一。[1]

（十二）改革开放前三十年的中央—地方关系和财政体制变迁：一个核心脉络

以上我们以毛泽东的《论十大关系》为核心梳理了中华人民共和国成立初期在处理中央—地方关系方面所做的探索，下面我们再梳理一下这个变迁的脉络。新中国前三十年中央—地方关系走了一条不断调整的道路，1956年之前基本上是集权的，强调中央的财经统一和高度集中，强调中央对整个计划经济的强力控制和全国财政体制的集权。而1958年至1960年间，则对1956年之前的分权体系做了一个修正，对原来财权统一的集权体系做了修正，从而强调分权，给地方政府更多的财权和地方投资权。1961年至1965年，这几年实际上是在重新集权的时期，把前期下放的权力又重新收回，地方管工业的权力又交回来，财政体制重新走向集权。1966年至1976年的"文化大革命"时期又是一个分权时期，地方的财权和投资权增加，但是这期间，在20世纪70年代前半期，有过两次整顿，这两次整顿都跟周恩来和邓小平有关系，针对当时的经济管理混乱的局面，适当上收了权力，以加强中央的权威。

从上述情况来看，集权与分权的矛盾，一直贯穿在前三十年中，实际上集权和分权的调整过程，也是计划经济执行机制的重要尝试和

---

[1] 王曙光：《中国经济体制变迁的历史脉络与内在逻辑》，载《长白学刊》2017年第2期。

探索的过程。1978年经济体制改革之前，我国中央地方财政关系就已经历多次变动，由中华人民共和国成立初期中央集权并实行垂直管理的财政体制逐渐改变为中央集权与地方分权相结合的财政体制。尽管由于复杂的政治经济和社会因素，导致"文化大革命"之前的国民经济面临很多困难，但也应看到在财政分权方面的探索具有积极的意义，客观上为改革开放后的地方竞争体制奠定了基础。

中央—地方关系没有一个既定的、不变的、由法律所强制规定的框架，而是一个弹性的、随着时间和情况变化而不断调整的体系。这也是王绍光所说的"政道"，而不是"政体"。政道可以不断调整，这是"走一步看一步"的思维方式。王绍光在《分权的底限》这本书中讲到，中国实际上从来没有所谓的固定的政体，不是通过弄一部法律规定好中央—地方关系就一直遵守下去，而是针对每个时期的情况不断调整，"相机抉择"，走一步看一步，这是中国人的思维模式，但是这个"政道"有没有道理呢？是有道理的。[1]

二、改革开放之后的财政体制与中央—地方关系（1978—1993）

（一）改革开放初期财政分级包干制改革的利弊

1978年改革开放后，我国财政分权的广度和深度都在持续。1980年后，中央与地方的财政关系进入以"承包"为特征的体制，形成通常被称为"分灶吃饭"的以划分收支为基础的分级包干和自求平

---

[1] 王绍光：《分权的底限》，北京：中国计划出版社，1997年。

衡的协议关系。这个思路，跟农村和企业的承包制差不多，地方财政实行分级包干制，你完成得多，多余的部分归你，然后每一级都自求平衡。这就给了地方很大的积极性，使他们千方百计争取自己的财政收入。

根据1982年《关于实行"划分收支、分级包干"财政体制的暂行规定》，除三个直辖市外，其余地方均实行了形式各异的财政包干体制，对财政收入进行分类，划分为固定收入、分成收入和调剂收入三类。财政支出按照企业事业单位的行政隶属关系划分，地方财政在划分的支出范围内多收多支、少收少支，自求平衡。

1988年财政包干体制向更大的范围推广，涵盖的地区达到了37个省、直辖市、自治区和计划单列城市。分级包干制实际上就是财政体制的承包制，这对鼓励地方的积极性有很大帮助，但弊端是容易引发地方的预算外资金的无穷扩张，成为一个庞大的地方收入来源。什么是预算外收入？预算外收入的构成和来源并没有固定的模式，但都是地方政府自收自支不纳入预算管理的收入，一般包括地方财政部门管理的预算外资金（如各种税收附加和基金、集中事业单位的经营性收入、集中企业单位的收费等）、行政事业单位管理的预算外资金（如地方政府的税收附加和基金、行政事业单位的收费等）、国有企业的预算外资金（如部分折旧的上缴、部分利税的上缴等）以及由地方政府管理的社会保障基金等。财政分级包干（承包制）导致了地方预算外资金的增长，到1992年全国预算外资金的规模为3855亿元，占当年预算内财政收入的97.7%，这个数字是极其惊人的。[1]

---

[1] 张军：《分权与增长：中国的故事》，载《经济学季刊》2007年第1期。

（二）中央财政收入下降导致中央权威下降

更重要的是，中央财政预算收入占全部预算收入或占 GDP 比重持续下降。中央财政收入占全国财政收入的比重逐年下降，这个下降当然引起了很大的麻烦，再降下去，中央就没钱了，中央的权威从哪儿来呢？中央手里没有一定的财力，怎么解决全局上的一些大问题，如何进行全国的通盘考虑和综合平衡呢？中央财政到了这个程度，很多全局性问题就解决不了，中央权威失坠，引发了很多问题。从国务院 1988 年发布的文件中即可看出中央面临的这种困境："各级人民政府领导同志要严格按照国家的方针政策，发展经济，管好财政。要进一步加强全局观点，体谅中央的困难，正确处理中央和地方的利益关系。""要严格执行财政、财务制度，加强审计监督。各地实行财政包干办法以后，要认真执行国家规定的各种财政、财务制度。凡应当征收的税款要按时、足额收上来，不能违反税收管理权限，擅自减税免税；不能把预算内的收入转移到预算外，或者私设'小金库'。""各项开支要严格按照国家有关规定支付，不能违反财务制度、会计制度；所有收支都要按规定如实反映，不得'打埋伏'、报假账。凡是违反财政纪律或弄虚作假的，审计部门要认真检查处理，问题严重的，要给予纪律处分。""要加强对财政工作的领导，积极支持财政部门履行自己的职责，严肃财经纪律。各级人民政府要带头执行国家的财经制度，不得越权行事，自作主张，影响全局，更不得以或明或暗的方式去指使财政部门违反国家规定处理财政问题。"从这些文件的口气看，中央的困难确实是很大的，这个体制非改不可。于是，分税制改革应运而生。

三、1994 年分税制改革后的中央—地方关系

（一）分税制改革的目的是财政分权和政治集权相结合

1993 年 11 月，中共第十四届三中全会通过了《关于建立社会主义市场经济体制的若干问题的决定》，明确提出了整体推进的改革战略，其中包括要在 1994 年起建立新的政府间财政税收关系，将原来的财政包干制度改造成合理划分中央与地方（包括省和县）职权基础上的"分税制"。1993 年 12 月 15 日国务院颁布了《关于实行分税制财政管理体制的决定》，对分税制的方案进行了详细的说明。

（二）分税制预算财政管理体制的主要内容

（1）中央和地方明确划分了各自的政府事权和财政支出的范围。

（2）中央和地方明确划分了各自财政收入的范围，明确划分了中央税、地方税和中央与地方共享税。

（3）建立了中央对地方的转移支付制度，即税收返还和专项补助以帮助实现地区平衡。

（4）清理地方的预算外资金，取消或减少了大量的政府收费项目；推行以增值税为主体的间接税制度，统一个人所得税等。

中央与地方共享的预算收入主要来自增值税和资源税。增值税中央分享 75%，地方分享 25%。资源税按不同的品种划分，陆地资源税全部作为地方收入，海洋石油资源税作为中央收入。证券交易印花税 1994 年确定为中央与地方五五分成，但 2002 年起改为中央分享 97%。

分税制改革之后，中央财政收入上升。中央财政收入占总财政收入的比重在 1984 年至 1993 年间一直呈下降趋势，从 40.5% 下降至

22%，而实行分税制后，中央财政收入比重显著上升。2003年中央财政收入占总财政收入的比重已达54.6%。地方的财政收入从1994年前的70%左右下降到1994年后的50%左右。

同时，分税制改革后，中国在某种程度上又成为一个高度分权的国家。高度分权是什么概念呢？财政分权体制演变至今，如果用地方政府支出在总财政支出中的相对比重衡量，我国已经成为一个高度分权的国家，甚至可能在世界上也名列前茅。分税制改革后，中国省级财政支出占到全国财政支出的70%左右，这是一个高度的分权体制。1997年的世界发展报告《变革世界中的政府》提供的数据显示，在发达国家，省（州）级政府财政支出占各级政府支出总额的平均比重只有30%左右，分权程度很高的加拿大和日本也只有60%（世界银行，中文版，1997）。20世纪90年代，发展中国家的平均比重是14%，转型经济是26%，美国也不到50%。这说明中国的分权确实很厉害。

但是中国的财政分权体制与俄罗斯是不同的。中国和俄罗斯都有地方之间的竞争，但是中国和俄罗斯的不同之处在于，中国既有中央的集权，也有地方的高度分权，所以很多学者就讲，中国的竞争叫"趋好的竞争"，而俄罗斯的竞争是"不好的竞争"，因为中央没有权威。中国这个"好竞争"好在什么地方呢？好在我们在地方分权的过程中还维持了中央的政治集中与对官员的奖罚权力。这就既保持了地方的分权，又能有中央的权威。在分税制改革之后，中国特色的财政体制，实际上可以概括为财政分权和政治权力集中的结合，应该说今天这种结合仍然是一个相对比较好的结合。地方在分税制改革之后成为发展地方经济的主体，形成这样一个分块结构，而地方之间的竞争成为地方政府推动经济发展的强大动力。

（三）中国的财政体制类似于财政联邦主义

观察财政体制的分税制改革与经济增长之间的关系，我们会发现一个明显的现象，就是1994年之后，省级财政支出占全国财政支出的比重几乎都是上升的趋势，而GDP增长率在1994年之后当然也几乎是直线上升的。这可能给我们一个直观的印象，即地方分权与中国GDP增长的态势高度吻合，地方分权确实有可能推动了中国的经济增长，其奥秘在于地方竞争。所以中国形成这么一个M形结构，即在中央政府下面有各个省，各个省下面又分各个企业，中央是把大量的权力放给地方了，地方政府成为最重要的投资主体。学术界往往把中国的财政体系理解为财政联邦主义（fiscal federalism）。很多学者认为财政联邦主义实际上是来源于毛泽东的《论十大关系》，强调地方的分权，这种地方分权实际上是对原来苏联模式的一种修正和颠覆，使得既有中央权威，地方还可以有一定的分权。国内外很多学者认为，改革开放前三十年为这种财政联邦主义体制奠定了实践和理论的基础，包括"大跃进""文化大革命"等，实际上在地方分权实践的过程中，破坏了原来的高度中央集权的计划经济模式。你想从各部委硬性地把中央计划贯彻下去，那是贯彻不下去的，因为地方有一定的话语权。因此，在"大跃进"和"文化大革命"期间形成了一种所谓的"创造性破坏"。这种"创造性破坏"，使得中国的体制逐渐跟苏联模式不一样了，慢慢分道扬镳，变成向地方分权的新权威主义体制，而不是完全中央集权的权威主义体制。

因此，中国在分税制改革过程中，要搞好中央权威和地方分权的平衡，不能顾此失彼，要避免地方分权过度。我们要追求一个好的地方竞争，避免坏的竞争。好竞争和坏竞争的区别是什么？好竞争可以造成地方经济迅猛增长、中央财政收入和地方财政收入同时增长这样一个好的局面,而且有利于市场的发育,有利于市场规则的实施。坏竞争是什么呢?就是导致市场分割、地方保护主义、重复建设、过度投资、中央宏观调控失灵、司法不公、地区差距扩大、环境破坏、地方公共支出下降等弊端的地方竞争。比如很多地方政府认为,卫生支出、教育支出应该是中央来负责的,因此地方在这些方面的投入就不积极。再比如说地区差距扩大,很显然是中央权威下降的表现。这些都是坏竞争带来的恶果。

同时,我们也要避免地方财政支出压力过大导致的问题。从20世纪80年代开始,地方的财政支出几乎一直在上升,但是中央的财政支出下降很快,是不断下降的趋势,尤其是分税制改革后,地方政府的财政支出比重较高,达到60%～70%。实际上,分税制改革实施十年后,在2002年,地方政府在全部预算收入中的比重大约为45%,但却负担了全部预算支出的70%。即使把中央的返还收入考虑进来,也不足以达到收支的平衡。中央的转移支付一直没有做得很好,而且有些文献的研究证明,转移支付甚至扩大了地方的经济差距。应该说,1994年分税制改革之后,地方政府,尤其是落后地区的政府负担在一定程度上有所加重。尤其到了20世纪90年代末期和21世纪初期,地方财政吃紧的情况开始普遍出现,"要饭财政"的出现逼迫我们必须反思分税制改革带来的一些弊端。地方上的财政紧张,就可能加大对企业的不合理的摊派和榨取。中国现在要搞区域平衡发展战略,比如说西藏、新疆、内蒙古、青海、云南、贵州、甘肃,中央对这些地方应该加大支持力度,中央手里财权这么大,获得这么多财政收入,应该往落后地区多放一些。这几年的扶贫工作中,中央转移支付的力度在加大,这是平衡区域经济发展的好事。

总体来说，分税制改革对于形成中央—地方的新型关系起到重要作用，但是也要避免走极端。中央应该承担起中央应该承担的责任，在公共品支出和基础设施方面承担更大责任。中央应该重视地方的财政危机问题，尤其是近年来，有些地方已经出现了财政危机的苗头，要给予特别的重视。中央要避免地方因为竭泽而渔给当地经济带来的毁灭性的影响。分税制导致的最终结果，并不是地方的分权，而是中央权力的再次集中。分税制找回了中央权威，但是中央要承担起相应的事权。这就是我们下面要讲的理顺中央和地方关系，构建现代国家治理体系的问题。

四、现代国家治理体系建立与新型中央—地方关系

十八大和十九大提出要建立现代国家治理体系，建立现代经济体系。现代国家治理体系的建立，其关键在于建立适合于现代经济发展的一整套现代财政制度。这就要求我们进一步完善分税制，调整中央和地方的财政关系，健全财政收支体系，从而建立新型的中央—地方关系。

很多学者提出，建立新型中央—地方关系的关键是要进一步健全三级财政框架。要建立中央、省（直辖市）、县的财政框架，把原来地级市这个层级简化掉（乡镇这一级早已在实践中被简化掉了），从而把现有的各种税收以合乎分税制和市场经济要求的方法配置到这三个层面上，实现每个层级都有自己的财权和事权，划分清楚，各负其责。从五级财政框架到三级财政框架，涉及将来行政管理格局的重大变化。

要把各级事权和支出的责任结合。如果事权很大，而支出的能力很差，也达不到管理的目的。所以要正确地划分事权、财权，达到"一级政权，一级事权，一级财税，一级税基"。各个层级的权（事权）、责（支出责任）、利（财政收入）要划分清楚，这就要求必须有现代意义上的各层级之间的分级预算，以及分级的举债权和分级的产权。在三级财政框架基本建立之后，在各层级的责权利清晰化之后，再加上合理的转移支付，中央对区域之间进行适当的综合平衡，这个现代意义上的国家治理体系就基本构建起来了。

关于财政改革，十九大报告提出："加快建立现代财政制度，建立权责清晰、财力协调、区域均衡的中央和地方财政关系。建立全面规范透明、标准科学、约束有力的预算制度，全面实施绩效管理。深化税收制度改革，健全地方税体系。"其中的核心是要调整中央和地方关系。分税制改革以来中央的财权变大，但事权比较小，现在要平衡起来，中央和地方要平衡财权、平衡事权，中央要有更多的担当，这是一个最核心的问题。尤其是涉及很多公共品服务的供给，比如全国人民的健康、医疗、养老、教育、文化服务等，中央要承担更多的支出责任。

十八届三中全会曾经提出财政改革的三大任务——预算改革、税收改革、财政体制改革。很多评论者指出，这三大改革中，预算改革推进最好，税收改革进展积极但仍慢于预期，而财政体制改革既是经济问题，又是政治问题，同时受前端税收改革滞后等因素影响，是在积极探索中艰难推进。而十九大报告关于财政改革内容顺序的新表述，直面最艰苦、最困难的财政体制改革和中央—地方关系问题，体现了中央深化改革的决心和担当精神。十九大报告中提到的三个关键词"权责清晰""财力协调""区域平衡"，都非常重要。"权责清晰"是要把中央和各级地方的事权、财政收入权力、财政支出权力匹配起来；"财力协调"是要让各级的事权有相应的财力（即相应的各级税基）做保障；而"区域平衡"问题最重要，在我国主要矛盾发生变化之后，人民对美好生活的追求与不平衡不充分的发展之间的矛盾成为主要矛盾，区域之间的不平衡问题必须解决。这当然取决于中央的转移支付能力，但同时也取决于对各财政层级的事权和财权的科学划分，这是保障地方公共服务和经济发展的基本制度前提。

未来的财政体制改革和现代国家治理体系构建，不是一个单纯的财政问题，要在社会保障体系、教育体系、卫生医疗体系等方面加大改革力度，要把这些属于国家公共品领域的支出责任划分清楚，中央要承担中央的责任，地方要承担地方的责任。从国际经验来看，在这些公共品领域，未来中央应当承担更多的责任，当然中央也有能力承担更多的责任。要强化中央政府的财政担当，尽快确认和落实财政治理的主体责任，这对于解决一个老问题，就是中国在几十年中一直纠结的纵向的中央各部委的"条条"跟地方政府的"块块"之间的关系是有帮助的。中央各部委与各级政府各自履行什么样的公共服务职能要分清楚。这就要求处理好中央和省级政府垂直管理机构与地方政府的职责关系，为更好地履行政府公共服务职能提供保障。

第十二讲
中国区域经济发展战略的演变与未来趋势

一、新中国前三十年的区域均衡发展战略

关于中国区域发展战略的演变与未来趋势,主要讲五个问题:第一个问题讨论新中国前三十年的区域发展战略,也就是平衡发展战略。第二个问题探讨改革开放以来一直到20世纪90年代末期的非均衡发展战略,即梯度推移战略,并讨论这个战略的利弊。第三个问题讨论20世纪90年代末期以来区域发展战略的调整与转型。第四个问题讲讲十八大和十九大的新均衡战略,即区域协调发展战略的进一步深化阶段。最后一个问题我们把这七十年的区域发展战略做一个小的总结,并讨论今后在区域均衡发展战略的执行过程中要注意哪些问题。

(一)区域发展战略的含义和影响因素

区域发展战略,涉及生产力在不同区域间的布局,有一个专门研究这个问题的学科,就是经济地理学。生产力的地理布局对于经济发展十分重要。生产力布局的合理化和均衡化,既是工业化和经济发展

顺利进行的一个必要条件，也是工业化进程和经济发展的一个自然结果。一国生产力的地理布局，当然跟那个国家工业化的阶段有关，也跟它的经济发展的传统有关。在工业化的不同阶段，生产力布局是不一样的。纵观全世界，区域经济发展有一个规律。什么规律呢？它总是由不均衡状态慢慢走向均衡，由比较明显的二元结构逐渐发展到二元结构的不断消减。这是一个基本的规律。

比如说美国。它是一个地区差异很大的国家，东部开发早一些，因为殖民比较早一些，西部就开发晚一些，相对来说比较落后。可是经过一两百年的发展，你今天到美国去，东西部差距几乎没有了，在文化上略有差异，但是经济发达程度几乎没什么差异。原来工业化比较厉害的地方，像芝加哥、匹兹堡这种地方，跟西部原来工业化比较落后的地区，像加州这些地方，现在几乎没有区别。这就说明在工业化的进程中，美国生产力的布局由不均衡走向了均衡。

那么到底是什么因素影响了生产力布局的变化呢？可能有五大条件起到比较重要的作用。

第一，自然地理条件。毫无疑问，这是最大的、最基本的影响因素之一。你的位置在沿海，那你的工业布局就不一样，跟内地就有区别。你这个区域多山，你的经济要素布局和产业结构就与平原地区不一样。

第二，资源禀赋的差异。如果一个地方有特殊的资源禀赋，比如说某种矿产资源，恰为工业所需，那么这个地方一般就是早期工业发展比较好的地方。有些资源禀赋是受自然地理条件影响的，比如山地和森林就有与平原不一样的资源禀赋特征，其产业就会有巨大差别。

第三，劳动力的区域分工差异。有些地方教育资源密集，这个区域的知识密集型产业的配置一定也比较多。所以由资源禀赋产生的劳动力的区域分工差异也是影响生产力布局的一个基本因素。

第四,经济产业结构的传统。有些地方,像美国加州,历史上那个地方的农产品生产就比较发达,直到现在加州仍然是美国农产品的主要出口地之一。毫无疑问,这是历史传统造成的,这种传统很顽固,有很强的持续性和路径依赖性。中国也是一样。比如说河南、山东、东北大面积的农产区,历史上就是以农业生产为主的,这是产业结构的传统,一般很难轻易改变。手工业和制造业也受一个地区的产业结构传统的影响很深。

第五,社会政治文化传统。这一因素也会极大地影响区域发展的格局。比如说,现在江南的发展实际上在唐之后就崛起了,原来中国的经济重心是在北方,但是到了唐之后,尤其是宋南渡之后,政治文化中心到了江南,我国的经济重心就转到南方去了,区域发展格局随着政治文化的变迁也发生了深刻的变化。

当然以上五个因素是相互影响、动态融合的,形成一种综合的力量。那么什么是区域发展战略呢?所谓区域发展战略,就是根据各地区的区域自然地理条件、资源禀赋以及经济产业历史特征、政治经济文化的传统要素,遵循生产力发展的规律,制定相应的经济发展政策和产业政策,目标是促进一个国家区域经济由不平衡走向均衡。这就是区域发展战略。当然具体到中国,除了上面这些要素之外,我认为最近七十年的区域发展战略更多地受到中国重工业优先发展的工业化道路以及赶超战略的影响,在这个历史过程中,国家安全、战争、全球政治格局等因素的影响非常巨大。

(二)我国区域差距和不平衡的问题

十九大报告里提到"不平衡、不充分"这个主要矛盾,其中区域发展不平衡是一个重要的不平衡。这二十年我在全国的边疆省份走了很多地方，感受是很深的。从贫困角度来说，目前中国的贫困大部分发生在西部民族地区，包括新疆、西藏、青海、甘肃、贵州、云南、内蒙古、广西、四川等，其中新疆、西藏、内蒙古等还同时属于边疆地区。所以西部边疆民族地区是我国贫困发生率特别高的地方，族群型贫困和区域型贫困非常集中。这是影响我国经济社会发展极其关键的因素之一。

西部（边疆）民族地区是一个文化极其特殊的地区，区域文化、宗教信仰、社会习俗都具有鲜明的民族特点，与东部地区有着巨大的差异。这种特殊的区域文化和宗教习俗对民族之间的和谐共处形成深刻的影响，同时也成为我国这个多民族国家的一种宝贵的精神财富，成为我们考虑诸种社会经济宗教政策的重要出发点。

（三）东西部的关系是涉及我国长远发展的大问题

东西部的关系，涉及我国的区域发展战略问题。从20世纪50年代直到20世纪70年代末期，毛泽东和中央出于对整个中国未来发展战略的考虑，主张发展边疆民族地区，发展中西部地区，要努力实现边疆民族地区和中西部地区的工业化和现代化，实现整个国家的均衡发展。中国的现代化少不了中西部地区的现代化，尤其是大面积的边疆民族地区的现代化。

（四）1949—1978年间从不平衡区域经济发展战略到平衡的区域经济发展战略的转变

沿海和内地经济发展不平衡是中国经济发展过程中长期形成的特征之一。旧中国长期形成了沿海和内地的这种不均衡特征，以整个长江流域为例。旧中国从沿海地区经济极为发达的上海，沿长江往西，经济发展逐渐落后，一直到重庆，你会发现中国各地之间的差距简直是太大了，你可以从第一世界一直走到第三世界，从世界最繁华的地方走到最穷的地方，这是新中国成立前的实际情况。这种情况实际上是由中国半殖民地半封建社会这个大的历史环境造成的。在旧中国，绝大部分的工业都安排在东部及沿海地区，这导致中国的内地是非常落后的。因此，新中国成立之后，一开始就要改变这样一个畸轻畸重的战略，这种状况既是由中国经济发展所处的半殖民地半封建社会制度以及不断遭受外来入侵的客观历史条件所决定的，也与当时政府的战略选择有直接关系。中华人民共和国成立之前，中国绝大部分地区处于落后的传统农业社会，属于近代的工业部分不到国民经济的10%，其中70%以上又处于沿海地区。这是新中国成立初期生产力布局的一个基本特征。

1949年至1979年间，中国逐渐形成重点发展内地、推进区域平衡发展的战略，实现了中国区域经济发展战略的一次大转折。全国划分为沿海和内地两大经济地带，而侧重发展内地。当然这里面有一个重要的考虑就是战备。比如温州这个地方，属于战略前沿地带，在中华人民共和国成立之后获得的国家投资就很少，温州在20世纪70年代末期之前是比较落后的地方。实际上整个沿海地区，因为战备的需要，投资都相对不多，国家把主要的发展重点摆在内地。1958年，中央设立七大"经济协作区"，试图建立不同水平、各具特色、工业体系相对完整、均衡发展的经济区域。20世纪60年代初，国家从国防需要出发，根据各个区域国防战略位置的重要性，在区域经济发展和布局上将全国分为一线、二线、三线等三类区域。经济建设和工业布局的重点放在三线地区。内地投资占了大部分，尤其是三线地区，所以在工业布局方面,内地和沿海这三十年中差距大为缩小,每个地区都有几个重要的工业城市崛起,成为遍布内地的重工业基地。今天我们所看到的像西安、重庆、成都、攀枝花、绵阳、昆明、柳州、贵阳、兰州这些地方的工业项目,就是三线建设的重要产物,今天这些城市仍然是最重要的工业基地,这是新中国生产力布局的一次革命性的变化。从总体上看,1979 年以前的区域经济发展战略特点是,强调各个区域的平衡发展,区域经济发展战略的重心是内地。这一时期区域经济发展格局的特点是,内地经济发展速度迅速提高,工业制造业与沿海的差距逐渐缩小,各个地区逐渐形成自给自足、独立完整的经济结构和体系。

(五)新中国成立初期建立经济协作区的主要考虑和利弊

新中国初期建立经济协作区的想法,受到苏联的影响。1922 年全俄中央执行委员会直属俄罗斯经济区划问题委员会提出,所谓区域是指一个国家的一个特殊的经济上尽可能完整的地区,既强调区域是自成体系的、完整的经济区,又强调区域是国民经济总链条中的一个环节。这个思想也是我们提出经济协作区的指导思想,既强调经济区域的自成体系,又强调区域之间的合作。

1956 年在《论十大关系》中,毛泽东首先提出平衡发展的经济区思想,指出旧中国工业布局过于倚重沿海的缺陷。为了平衡工业发展的布局,提出在继续发展沿海工业的前提下,必须使内地工业得到大力发展,新的工业大部分应该摆在内地,这样有助于工业布局的均衡,而且有利于备战。这些战略主要还是出于国家安全的考虑。1958 年中央发出加强协作区工作的决定,提出要充分发挥协作区的积极性,以便根据中国幅员辽阔、资源丰富、人口众多的特点,进一步按照全面规划,形成若干个有比较完整的工业体系的经济区域。当时分为七大区：东北、华北、华东、华南、华中、西南、西北，要求各个经济区根据自己的工业和资源条件，尽快分别建立大型的工业骨干和经济中心，形成若干具有比较完整的工业体系的经济区域。建立具有完整工业体系的经济区的目的，一方面是想通过全国范围内的经济区建设来消除区域发展不平衡；另一方面是想通过经济区与行政区的集合，以加强区域间的经济联系与协作。这里面主要是东部沿海要支持西部的发展。当时上海等沿海地区的工业有比较好的基础，支持西部是有实力的。尤其是第一个五年计划完成之后，东部的整体工业，包括人才储备等已经非常之好了，东部的大专院校比较多，培养了大量的工程师和技术人才，因此让东部来支持西部，尤其是智力支持，是非常重要的一个战略。周恩来当时提出，既要适当分散，又要相互配合，反对过分集中和互不联系两种倾向。20世纪50年代制定的以经济区建设为中心的区域平衡发展战略在"大跃进"时期走向极端化发展。1958年后，各地致力于建立独立的、自成体系的工业体系，所谓"一省一盘棋，各省成体系"，基本建设"星罗棋布，遍地开花"。每个区都强调自成体系，重复建设太多。比如甘肃省这边要搞一个化工基地，我湖北也要搞化工基地，而化工基地属于重工业，投资很大，如果重复建设，国家力量就分散了，违背了经济规律。同时各地都自成体系，农民诸侯经济就出现了，区域之间没有什么交换的可能性与必要性，实则违背了市场的规律，这是弊端。当然在战备的考虑之下，这种分散也有它的道理。

（六）从区域平衡战略到三线建设

从第三个五年计划开始，我国的区域发展战略转到以三线建设为中心的轨道上来。新中国一开始就重视发展西部地区的经济，尤其是边疆民族地区，因此在20世纪五六十年代，我国西部大面积地区（含边疆民族地区）的经济社会状况发生了深刻的变革，经济发展速度前所未有，民族和谐的状况也是前所未有。到了20世纪60年代（1964年开始），国家从战略和战备的角度，开始三线建设。所谓"三线"，是指长城以南、京广线以西的非边疆省区，包括四川、云南、贵州、陕西、甘肃、宁夏、青海七个省区，以及豫西、鄂南、湘西、粤北、桂西北、晋西和冀西地区。这个三线是相对于一、二线而言的。一线，指的是地处战略前沿的地区，三线就是全国的战略后方，二线指的是一、三线之间的地区。这就是当时所谓的"大三线"，各省还有"小三线"。

1964年5月，毛泽东在听取国家计委关于第三个五年计划的汇报后，提出加强内地建设。8月在中央书记处会议上，他又指出，要准备帝国主义可能发动侵略战争，现代的工厂都集中在大城市和沿海地区不利于备战，工厂可以一分为二，要抢时间运到内地去，各省都要建立自己的二、三线，不仅工业交通部门要搬家，大学、科学院、设计院也要搬家。这个决定对于人才的重新分布极为重要，西安、成都、兰州、昆明等西部地区的高等教育在20世纪60年代之后迅速发展起来。同时毛泽东指示，成昆、滇黔、川黔铁路要抓紧修好。这对于这些地区的交通基础设施建设发挥了极大的推动作用。1965年，中央发出《关于加强备战工作的指示》，做出了加速全国和各省市战略后方建设的决策。三线战略的总目标是：采取多快好省的办法，在纵深地区建立起一个工农业结合的、为国防和农业服务的，比较完整的战略后方工业基地。计划到1970年，主要装备的生产能力，三线地区占50%左右。经过第三个五年计划或者稍多一些时间建设，三线地区将成为一个部门比较齐全的新的工业基地。"三五"计划期间，国家在三线的投资很大，此间三线建设在西南总投资为482.43亿元，占全国基建投资的52.7%。第四个五年计划期间,三线建设的重点转向豫西、鄂西、湘西所谓的"三西"地区,同时继续进行西南建设,总投资为690.98亿元,占全国基建投资的41.1%。

(七)对三线建设要做公正、客观和全面的评价

最近经济史学家对三线建设做了大量的研究。三线建设距离现在已经五十年了,时隔半个世纪,我们对这件事情的判断更加理性和客观了。从战略层面和长时间视角来说,三线建设对于中国的整体工业化和现代化,尤其是对于西部的工业化和现代化,发挥了极其重要的、不可估量的、深刻的作用。尽管三线建设时期由于各方面的原因,从企业微观效率而言,可能不高,但是三线建设所形成的工业基础,包括当时从东部迁到西部的科学技术人员和科研机构,为中西部的发展和工业化奠定了很好的基础。三线建设对于缩小中西部尤其是西部民族地区和东部的差距,对于中国区域间的均衡发展,起到了重要的作用。这些成就,如果得不到公正和客观的看待,是不对的。

到1975年,三线地区的11省区全民所有制工业固定资产原值在全国全民所有制工业固定资产原值总额中占的比重上升到35.3%;工业总产值在全国的比重提高到25%。全国将近1500家大型企业,40%以上分布在三线地区。1965年至1975年间,内地工业总产值增长143.9%,快于沿海123.3%的速度;内地工业总产值在全国工业总产值中的比重由1965年的36.9%提高到1975年的39.1%。区域经济均衡发展战略的实施,在新中国成立后三十年里取得了巨大的成就,改变了以往不合理的生产布局,对区域之间的平衡发展和民族之间的和谐发展,均起到了重要作用。

2016年夏天我到柳州考察,参观了柳州工业博物馆,深受震撼。

看完工业博物馆，我才对柳州上百年的工业史，尤其是新中国成立以来的工业发展史有了清晰的认识。柳州是中国工业版图上一个具有特殊重要战略地位的城市，为什么说它有重要的地位呢？是因为在三线建设过程中，毛主席把柳州定位为西南工业的重要基地。看了柳州的工业博物馆之后我才深切地直观地感受到，三线建设的作用是很大的，柳州现在在汽车工业、电器工业、日用品制造业，甚至在航天工业方面，都比较发达，有很强的竞争力，其重要原因在于20世纪六七十年代的三线建设为柳州奠定了雄厚的工业基础。

西部这样的城市很多，由于三线建设而建立起来的工业城市比比皆是。比如说攀枝花、绵阳、包头、酒泉、兰州、成都这些城市，在石油、机械、电力、电子、汽车制造等领域拥有很强的实力，这些城市如雨后春笋般成长起来，跟当时的区域发展战略是分不开的。三线建设还打通了中国西部的交通线，使西部的交通状况发生了翻天覆地的变化，比如川黔、成昆、贵昆、湘黔等铁路线，就是三线建设的重要成果。三线建设是中国生产力向内地的一次大推移，是科学技术的一次大扩散，这期间建成了一批重要的工业项目，形成一批新的工业中心，如西南机械工业基地、华中机械工业基地、汉中工业区、关中工业区、天水工业区、银川工业区、西宁工业区、攀枝花大型钢铁基地、黔西大型煤炭电力基地等，对推进地区经济平衡发展起到重要作用。

现在看来，20世纪五六十年代出于战略原因和国防考虑，把东部的工业向西部转移，均衡发展中国的区域经济，这个战略是非常正确的。当然在这个过程中也有很多教训值得总结，这个战略在一定程度上延缓了沿海地区的发展，在某些项目上资金的浪费比较严重，可以说有利有弊；但是从中国区域经济均衡发展这个大战略来看是一大贡献，为中西部奠定了工业基础。

二、改革开放以来的非均衡发展战略：梯度推移战略

下面我们讨论一下改革开放之后到20世纪90年代末之前的区域发展战略。这个时期的发展战略，总体来说是从之前的平衡发展战略到不平衡发展战略的转向，从全国均衡布局到局部区域优先发展战略的转向。改革开放之后的不平衡发展战略，就是强调允许一部分人先富起来，强调一部分地区先富起来，不强调均贫富，要激活经济，尊重经济发展规律和市场规律。所以那个时候沿海这些地方的区位优势就发挥出来了，吸引了大量的人才。20世纪80年代有一句话叫作"孔雀东南飞"，就是大量东北、西北、西南等地的人才跑到深圳去，跑到上海去，跑到广州去，加上那个时期对沿海地区的优惠政策，从而带动了中国沿海地区经济的突飞猛进。因此，20世纪80年代优先发展沿海地区，是一个成功的战略，成为当时的一个主导思想。这个非均衡发展战略当然也强调要加强东西部的协作，比如1984年年底，当时的中央领导在视察珠江三角洲和长江三角洲时指出："我们实行对外开放的目的，是要通过经济特区、开放城市和沿海开放带将沿海的发展和内地的开发结合起来，有效地解决我国的东西部关系问题，振兴全国经济。"依据上述区域经济发展的指导思想，"六五"计划在区域经济发展的设想方面，开始了由平衡发展向局部区域优先发展战略的转变。1986年召开的六届人大四次会议通过的《中华人民共和国国民经济和社会发展第七个五年计划》首次明确提出中国区域经济发展三大地带的划分，并突出东部沿海地区的发展。

从20世纪80年代初期到1999年左右，我们的发展战略一直是以局部区域的优先发展战略为主，还难以充分考虑到东西部的均衡问题。为什么呢？说到底就是发展阶段的问题。在经济发展的早期阶段，

主要是追求 GDP 的总量增长，区域平衡是其次的，只有总量的快速增长，才能在动态中解决全国区域间的不平衡问题。所以这个阶段东部沿海地区得到了国家更多投资的支持，西部的投资变得少了，尤其是原来大三线建设的区域，那些军事工业、国防工业等重工业的投资几乎全停顿了，于是逼迫这些三线企业进行产业的转型，原来搞军工的、搞精密仪器的，开始做电风扇、洗衣机、电视机。有些三线企业成功实现了转型，比如说四川绵阳的军工企业，后来成功转型做家电，长虹电视就是这么崛起的。当然，很多三线建设的成果在改革开放之后付诸东流，这也造成了很大的浪费。

梯度开发战略的利弊分析

20 世纪 80 年代初期，国家先把东部的 14 个沿海城市定为开放城市，从北部的秦皇岛、大连，到烟台、青岛，最后到南部的北海，这些城市成为第一批开放的城市。这一梯度开发战略使东部的发展突飞猛进，同时东部的开放和发展对于全国的开放和发展也具有一定的扩散效应和溢出效应。之后国家的开放由东到西逐步推进，我们称之为梯度开发。梯度开发战略有些像 20 世纪 80 年代提出的东亚发展的"雁行秩序"，就是顺序开放策略，本质上是一种非均衡的区域发展思路。

我们要从两方面评价梯度开发战略：一方面，搞活了经济，经济增长效果明显。梯度开发战略是不得已而为之的，也是符合当时的经济发展要求的。另一方面，这个梯度开发战略，也为今天中西部的不发达和落后埋下了一个伏笔，西部的整体开发建设比东部晚了三四十年，浪费了宝贵的发展机遇，这是人为造成的。比如说张家口这个城市，离北京开车只有两个多小时距离，但开放晚，发展滞后。张家口是一个战略城市，中央一直不允许它开放，直到大概 20 世纪 90 年代末期才开放，比其他沿海城市整整落后了二十多年,这些地区的发展就与东部沿海发达地区拉开了很大差距。现在西部发展的滞后、中部的塌陷,其原因在于我们在长达二三十年的时间中没有注意到区域的均衡发展,大量资金和人才跑到东部沿海开放城市,导致区域之间的差距越来越大,中国经济社会发展的二元结构越来越明显。云南、广西、贵州、四川、西藏、新疆、青海、内蒙古、宁夏,以及中部很多地区,这些大面积的区域,经济发展的速度在改革开放之后与东部沿海迅速拉开了距离,中国在一个国家的国土之内就出现了第一世界、第二世界、第三世界。

到 1999 年,中国才提出西部大开发战略,这时离 1979 年改革开放已经过去了整整二十年;到了本世纪初才提出中部崛起战略,因为中部地区的发展明显滞后了,跟东部已经形成了发展的鸿沟。因此非均衡区域发展战略是造成中国二元结构的主要原因之一,所以我们现在要均衡发展,尤其要加大对中西部的支持力度。进入新世纪以来,我们重新开始区域发展布局,西部大开发和中部崛起的一系列决策,均见到了明显的效果。均衡发展战略的目标,是实现中国各区域间的协调发展,实现各区域的共同发展,否则区域之间的差异、族群之间的差异,对中国的经济可持续发展,对中国的民族和谐,均会带来消极影响。

三、20 世纪 90 年代末期以来的区域发展战略调整与转型

1999 年至 2005 年从东部优先发展战略转向全面的区域协调发展战略

1999 年以来区域发展战略出现了重要的调整和转型,即从改革开放以来的不平衡发展战略转向全面的区域协调发展战略。1999 年十五

届四中全会提出西部大开发战略,从"八五"开始提出振兴东北战略、中部崛起战略等,说明东中西部差距已经是非常重要的、不得不重视的问题。

2001年3月,九届人大四次会议通过了《关于国民经济和社会发展第十个五年计划纲要的报告》,将"实施西部大开发"确立为中国国民经济和社会发展的重要战略之一,西部大开发战略全面启动。

从2000年开始,中央采取一系列强有力的举措推进西部大开发。一是加大了向西部的资金投入力度,一批关系全局的重大建设项目相继开工。二是加强生态建设和环境保护工作,全面启动退耕还林、退牧还草等重点生态建设工程。三是加快西部地区教育、科技、卫生、文化事业发展。在西部大开发取得阶段性成就之后,中共十六大(2002)又提出振兴东北老工业基地的问题。新世纪,中国区域发展战略开始新的全面转型,以实现更均衡、更协调、可持续性的科学发展。

2009年以来,区域均衡发展和协调发展的思路进一步清晰。为什么在这个时期又开始强调区域均衡和协调发展战略?我想主要的原因在于中国在改革开放之后已经基本实现了经济的快速增长,实现了经济总量的快速增长,但是经济发展不均衡的矛盾开始凸显出来。在这个新的历史时期,总量的增长已经不那么重要了,而不平衡的问题开始变得更加重要。尤其是在2008年之后全力应对金融危机的背景下,中央特别强调区域协调发展,国务院接连批复支持了一系列区域发展规划,无论数量还是速度,均为新中国成立以来所罕见。2009年1月,国家发改委发布了《珠江三角洲地区改革发展规划纲要(2008—2020年)》《关于支持福建省加快建设海峡西岸经济区的若干意见》《广西北部湾经济区发展规划》《关中—天水经济区发展规划》《江苏沿海地区发展规划》《珠海横琴总体发展规划》《辽宁沿海经济带发展规划》《黄河三角洲高效生态经济区规划》《中国图们江区域合作开发规划纲要》《江西鄱阳湖生态经济区规划》和《促进中部地区崛起规划》等规划。这些规划出台之密集，涵盖区域之广泛，区域融合之深，都是以前的规划所没有的。仔细观察，就会发现，在这些发展规划中，有些规划已经超越了一个区域的范围，开始强调跨省的协调发展。这就需要打破区域限制，打破行政区划的限制，走向更深层面的区域融合和均衡发展。比如关中和天水分属陕西和甘肃，打通两个区域，就要求两个省的通力合作。海西经济区的建设，则需要福建加强与台湾的合作。黄河三角洲的开发，需要将周边的几个省份联合起来发展，不能各自为政。中部崛起，同样需要豫鄂湘等地打破省级限制，建立大区域的概念。另外还有一个特点，就是要将区域均衡发展与进一步扩大开放结合起来，北部湾的区域发展要加强对东南亚地区的开放，图们江区域的发展则要加强对东北亚的开放等。

四、新时代的新均衡战略：深化区域协调发展战略

（一）新型区域均衡发展战略："3+4"的总体格局

2012年之后，从十八大到十九大实施的战略，我称之为"新均衡战略"。特别是十九大提出我国主要矛盾的变化之后，"不平衡"这个问题得到高度重视，因此区域协调发展战略和区域一体化发展成为大家关注的热点。中国幅员辽阔，尤其是边疆地区极为广阔，如果生产力分布过于不均衡，确实会引发大量的边疆稳定问题、民族矛盾问题、宗教问题、贫困问题。这些问题从根源上来说都是区域发展战略的问题，需要从调整区域发展战略入手来解决。改革开放以来，我国边疆地区

为整个国家的经济发展提供了大量的支持，尤其是资源、能源方面的支持，但是这些地区所分享的改革开放和经济增长的红利却相对较少，新世纪以来尤其是十八大以来，这种状况有了根本的改变。

十八大以来，国家特别强调区域协调发展，形成了"3+4"的总体格局。"3"就是三个大的战略，包括"一带一路"倡议、京津冀协同发展、长江经济带发展。"4"，就是西部大开发、东北振兴、中部崛起和东部率先发展这四个战略。可以看出，整个区域发展格局既强调重点，又强调全国的均衡发展，尤其是要补好几个短板，比如西部大开发、东北振兴以及中部崛起等。但是补短板不是以牺牲东部地区为代价，而是要同时促进长江经济带和东部的率先发展。新均衡战略强调不断创新区域发展政策，深化各类区域合作，深化中国与国外的合作，实现中国区域均衡发展战略的升级。

"一带一路"倡议统筹国内国际两个大局，使我国的新疆、广西、云南、宁夏、甘肃等内陆地区成为开放前沿，以对外开放促进改革发展的区域发展机制正在逐步形成。"一带一路"倡议是中国经济发展的一个重大战略性选择，它突破了原有区域发展战略囿于国内市场的传统思路，实现了内外联动，在全球范围内配置资源和生产力，这个格局很大。

京津冀协同发展以疏解北京非首都功能为核心，探索经济人口密集地区优化发展的新模式，实现跨行政区的要素有序流动，有望为区域协同发展提供新的范本。未来五年，京津冀协同发展战略将有实质性的推进，北京的非首都功能疏解后，首都的蓝天将更多，环境将更好，文化功能和对外交往的功能将更加突出；而河北和天津将承接北京疏导出的大量产业，形成新的增长极。2014年2月26日，习近平在京津冀协同发展工作座谈会上指出："北京、天津、河北人口加起来有1亿多,土地面积有21.6万平方公里,京津冀地缘相接、人缘相亲,地域一体、文化一脉、历史渊源深厚、交往半径相宜,完全能够相互融合、协同发展。推进京津冀协同发展,要立足各自比较优势、立足现代产业分工要求、立足区域优势互补原则、立足合作共赢理念,以京津冀城市群建设为载体、以优化区域分工和产业布局为重点、以资源要素空间统筹规划利用为主线、以构建长效体制为抓手,从广度和深度上加快发展。"

长江经济带要实现沿江11个省市联动发展,通过长江黄金水道串联起长三角地区、长江中游地区、成渝经济区,有效发挥各地区的比较优势,共抓生态环境大保护,加快统一市场建设,有力推动东中西协调发展。这是一个大手笔。国务院《关于依托黄金水道推动长江经济带发展的指导意见》的定位是:要将长江经济带建设成为具有全球影响力的内河经济带、东中西互动合作的协调发展带、沿海沿江沿边全面推进的对内对外开放带和生态文明建设的先行示范带。这几个定位已经超出了缩小区域差距的范围,而将视野扩大到提升全球影响力和生态建设等领域,更加强调各地区之间的多方联动、良性互动。十九大报告中提到的"三大战略"、粤港澳大湾区建设、泛珠三角区域合作等区域发展战略安排,也是沿袭了这样的思路。从政策手段来说,不光要打破行政区划限制,还要放开视野,把整个区域的比较优势进行综合利用,同时还要强调充分发挥市场机制的作用,让市场在区域一体化和区域均衡协调发展中起到主导作用。

（二）十九大在区域协调发展战略方面的新进展

十九大赋予区域协调发展以更新的意义,提出要促进中国实现由不平衡到平衡的发展,实现人民的共同富裕,最大限度消除区域之间不协调不均衡的情况。尤其是老少边穷地区，都是反贫困任务最艰巨的地区，一些成片的贫困区，比如大别山区、大巴山区、云贵高原以及其他边疆地区，这些地区在十九大之后将迎来一个黄金发展时期。十九大强调要完善区域合作机制、区域互助互利机制、区域利益平衡机制等，就是要破除区域之间的割据，消除区域之间的行政割裂，比如黄河沿线地区、长江沿线地区，要实现协调发展，这里就涉及利益平衡和生态补偿机制。

最近"十三五"规划又强调城市群的问题。将来中国要发展一大批城市群，比如说京津冀是一个大城市群，长三角、珠三角都将形成一些全球最大的城市群；另外还包括东北城市群、中原城市群、长江中游城市群、成渝地区城市群、关中平原城市群。在这些城市群中要实现资源的共享、连片的开发和区域内的协调发展，发挥城市群中生产要素不断集聚的功能。

五、结论：我国区域发展战略的历史轨迹与未来新趋势

至此做个小结。中国七十年区域发展战略的历史，大概经历了三大阶段：第一个阶段是新中国成立到20世纪70年代后半期的均衡发展战略。第二个阶段是20世纪80年代到1999年之前的非均衡发展战略。第三个阶段是1999年之后到现在的区域协调发展战略。在这三个阶段中，中国经济经历了从平等优先，到效率优先兼顾公平，再到更加注重社会公平这样一个历史性的转变。十九大提出了主要矛盾的变化，"不平衡"的矛盾更加突出，这个时候我们的区域发展战略发生了深刻的变化，整

个国家的大战略是在继续保持经济发展效率的前提下更加注重公平问题，更加注重区域平衡。因此，从这七十年的演变来看，区域发展战略的变化与我们国家经济社会发展目标取向的变迁是合拍的。

在未来的区域发展战略方面我们要注意几个问题。

第一，区域均衡发展的"均衡"，不是静态的平衡，不是运用纯粹行政力量刻意打造的平衡，而是一种动态的平衡。要在东西部的动态发展过程中实现平衡，要善于运用市场化的手段，促使各种要素在整个国家均衡地、自由地流动，既要鼓励西部的人才和资源向东部流动，也要鼓励东部的人才和资源向西部流动，其中资本的转移尤其重要。要利用政策引导，更多地将东部的资本引到西部去，到那里投资兴业，促进西部地区的经济发展。同时要加强西部的基础设施建设和人才培训，给西部更多的倾斜性政策，使经济欠发达的西部可以实现跨越式发展。1988年，邓小平提出了"两个大局"的理论构想："沿海地区要加快对外开放，使这个拥有两亿人口的广大地带较快地先发展起来，从而带动内地更好地发展，这是一个事关大局的问题。内地要顾全这个大局。反过来，发展到一定时候，又要求沿海拿出更多力量来帮助内地发展，这也是个大局。那时沿海也要服从这个大局。"目前这个阶段，正面临后一个"大局"，即沿海要帮助内地发展，以更好地实现区域均衡。

第二，我们要认识到，东西部是相互依存的关系，而不是对立的关系。西部长期发展滞后，对东部的发展也会起到消极的作用。在改革开放之后的前三十年，大量人才和资源从西部来到东部，"孔雀东南飞"，丰富的人力资本的涌入，极大地促进了东南沿海一带的经济发展。但是最近一二十年，这种趋势开始有所变化，之前的梯度效应已经开始减弱。东西部的经济社会发展差距已经引起了诸多社会问题，这些问题的存在也在影响着东部的发展。西部发展的滞后，降低了当地人民的有效需求，从而使东部地区的很多产品找不到市场，同时使得优秀的人力资本的再生产受到阻碍，没有人才的源源不断地涌入，东部的发展甚至整个国家的发展都受到严重影响。所以我们必须深刻认识东部和西部的依存关系，鼓励要素的自由流动，尤其是鼓励东部向中西部的资本转移和人才转移，这方面的空间和潜力是非常大的。

第三，我们还要鼓励建立区域之间的战略合作联盟，实现跨区域的资源整合。东部和西部的省份之间，合作的空间很大，不同的地区要建立一种基于市场机制的战略合作关系，在教育、金融、制造业、技术合作、能源合作、环保产业等领域进行深度的合作。东西部各有比较优势，东部有技术、人才和资本优势，而西部有广阔的市场，有较为低成本的人力资本，有大量的投资空间。我考察过浙江鄞州农商行在新疆建立的国民村镇银行，他们的市场空间比在浙江要大得多，那里的金融市场几乎是空白的，因此金融业的赢利空间很大。东部和西部的战略合作，会得到双赢的结果。

第四，在区域发展方面，我们今天还要实行"多极发展的区域战略"。在中国广大的版图上，由于地理因素和经济社会因素，天然地形成若干跨省区的区域，这些区域是形成"多极发展的区域战略"的基础。各个区域之间，各个"极"之间，形成了一个天然的要素集散中心，相互之间的经济和社会联系极其紧密，一损俱损，一荣俱荣。因此，要构建区域性的核心，使得各种要素在区域（极）内部既有集聚效应，又有扩散效应。这几年，中央高瞻远瞩，建立了诸如海西经济规划区、京津冀经济规划区、辽宁沿海经济规划区、成渝经济规划区、广西北部湾经济规划区、长三角经济区、珠三角经济规划区、关中—天水经济规划区等区域性的发展"极"。这些区域性的"极"的发展，对于缩小区域差距，激活区域内要素的流动，都会起到巨大的作用。而在"多极发展的区域战略"中,关键是要打破各个省区之间的诸侯割据,破除地方保护主义,消除人为的行政隔离,促进要素的自由流动。

在新的信息科技条件下,当前区域经济发展战略面临着一些新情况。资源禀赋的约束已经越来越小,很多地方依靠新的信息技术,克服了原来资源禀赋的约束,实现了超常规发展。信息和互联网技术在经济发展中的作用越来越大,这就提示我们,在考虑区域经济发展战略的时候,要摆脱以往的传统思维,打开格局,解放思想,依靠新的信息科技实现本区域的战略发展。而由于新技术的出现,区域发展对空间的依赖性越来越小,一些区位优势不佳的地区在新的互联网条件下很有可能获得超常规的发展,开发那些原本难以发展的、不具备比较优势的产业,如浙江义乌的物流产业就是极为突出的例子。义乌在完全不具备区位和人才优势的情况下,成为世界物流中心。这些都可能引发区域发展格局的新突破。而一些落后地区在新技术的支撑下,后发优势明显,完全可能后来居上,比如说贵州的大数据、云计算产业。而产业的转型升级对区域平衡发展意义更加凸显,如江浙一带的传统工业向西部和东北转移,而江浙地区的产业实现了新的转型升级,这种产业转型升级以及区域转移,将带来生产力布局的深刻变化。我们要从政策和机制上鼓励这种转型和转移,为生产要素的更合理配置提供制度支持,为区域之间的均衡协调发展提供内在动力。

第十三讲
中国金融体制变革：
从传统金融体制到现代金融制度的转型

一、中国传统金融体制：逻辑、特征与功能

这一讲探讨我国金融体系的七十年制度变迁，主要讲五个方面的问题：第一个问题，探讨新中国前三十年的传统金融体制的形成逻辑、主要特征及其功能。第二个问题，探讨中国由传统的金融抑制政策向金融深化政策转型的路径选择问题，也就是渐进式金融改革背后的逻辑及其变迁路径。第三和第四个问题分别探讨我国银行业和资本市场的制度变迁。第五部分进行一个小结。

（一）从麦金农和肖的金融抑制理论说起

谈到中国的传统金融体制，就不可避免地谈到"金融抑制"这个词。金融抑制政策是几乎所有执行赶超战略的国家的共同的金融制度选择。新中国成立初期，在快速工业化和赶超战略的目标下，国家也选择了金融抑制战略。所以，我们先来看看金融抑制战略的含义。谈到金融抑制战略，就必须谈到两个人的贡献，即麦金农和爱德华·肖。

麦金农和肖两个人在同一年发表了两部著作，麦金农发表了《经济发展中的货币与资本》，肖发表了《经济发展中的金融深化》，这两部书都成为金融发展理论方面的经典著作。这两部书的宗旨实际上是一致的，都认为传统的金融政策，包括利率的上限、比较高的准备金比率、指导性的信贷政策，以及对金融中介机构过多的行政干预等政策，形成了严重的金融抑制。而金融抑制对增长是没有好处的，因而，他们的政策建议就是要加大金融自由化的力度，让金融体系更多地促进经济增长。

（二）什么叫金融抑制

我在2003年出版的《金融自由化与经济发展》一书中对金融抑制下了一个定义："金融抑制是指金融体系被压抑的情况，金融抑制的实施方是具有决策权力的政府，其实施的基本工具包括对金融市场中的价格、交易和结构进行干预，从而扭曲了金融体系中的市场机制，以此实现政府的发展战略。金融抑制破坏了稀缺资源配置的市场体系和价格体系，使得资本市场和货币市场处于被压制的状态，发挥不了有效配置资源的功能，从长期来看，阻碍了金融增长和经济发展。"[1]

麦金农和肖的学说的核心，就是要取消金融抑制，实现金融自由化。麦金农的学说影响深远。他提出了一个假说，叫互补性假说。传统金融理论告诉我们，投资需求跟利率水平呈负相关关系，这是我们在金融市场学、货币银行学等所有金融学课程中学到的教条。如果你的国家提升利率，必然抑制投资需求；反之，如果你想刺激经济发展，让经济发展更快一点，就降低利率水平。这种教条是基于一个假说，即整个经济中，投资跟储蓄是互相替代的。而麦金农认为正好相反，投

---

[1] 王曙光：《金融自由化与经济发展》第二版，北京：北京大学出版社，2003年。

资跟储蓄在一些发展中国家,实际上是互补性的。如果提高实际利率水平(即名义利率减去通货膨胀率),就会刺激发展中国家经济中的储蓄水平。换句话说,利率高了,大家更多地去储蓄了,从而增加了整个经济中的资本积累规模,导致储蓄动员的能力增加。如果储蓄动员能力增加了,资金积累多了,反过来会引起投资的上升,因为可贷资金多了。这样的话,储蓄跟投资,就不是原来凯恩斯所讲的负相关关系,而成为一种正相关关系,这就是所谓的互补性假说。互补性假说如果放在发达国家就不适用了。很多发展中国家,利率水平都处于非常低的状态,甚至一些国家的实际利率水平竟然是负的。而这些发展中国家,由于长期的金融压抑,金融体系不发达,因此,储蓄动员能力很弱,不能有效地把储蓄转化为投资,从而阻碍了经济的发展。

麦金农和肖提出的政策建议就是发展中国家要实行金融自由化。这个金融自由化的核心就是放松利率的管制,把实际利率水平提升到正值,提升到比较高的均衡的水平。这样的话,就会增大金融机构的储蓄动员能力,同时加剧金融机构之间的竞争,促进经济增长。

(三)对金融抑制的传统解释

为什么一个发展中国家,一般来讲要对一个金融体系进行抑制呢?而且我们发现,金融抑制是发展中国家,以及曾经是发展中国家的很多经济体所采取的共同政策,像日本、韩国。那么原因在是什么呢?传统上,包括爱德华·肖、罗纳德·麦金农,他们对金融抑制根源的解释,大概有四个理由。

第一,压制利率,进行金融抑制,能够保护弱势群体,反对垄断力量。如果利率太高,普通老百姓受不了,比如大量的高利贷,对弱势群体是不利的。因此政府必须干预利率,使利率下降。

第二，有利于抑制通货膨胀。如果采取较高的利率水平，厂商因为接受了比较高的利率水平，会把利率的成本最后加到他的产品上，卖东西的时候价格自然就高了。因此，高利率会导致通货膨胀，这叫成本推动型通货膨胀。所以压制利率水平，有利于抑制通货膨胀。

第三，可以防止失业。利率水平过高，投资需求下降，有可能引起大量的失业，所以要控制失业，就要抑制利率水平。

第四，在不发达国家，市场机制和市场竞争不够完善，导致在整个金融体系中不可能产生均衡的利率水平，因此利率水平往往倾向于太高，因此国家有必要抑制利率。

我感觉以上几个解释没有把一个发展中国家金融抑制的根源完全说清楚，逻辑的自洽性以及解释力还不够。因此，我提出一个新的假说，通过分析一个国家的目标函数和约束条件来分析金融抑制的内在逻辑。

（四）从一个基本的经济现象出发提出四个问题

我首先从一个基本的经济现象出发。20世纪80年代之前，所有执行赶超战略的国家，都采取了金融抑制政策，而且这些国家的社会制度、意识形态完全不一样，有资本主义的，也有社会主义的。这样的话，我们就不能说这是偶然巧合的原因造成这种金融抑制，所以就必须寻找隐藏在金融抑制后面的逻辑到底是什么。

我提出几个疑问。第一个疑问，为什么不同国家都不约而同地要对利率进行严格的管理呢？甚至不惜把利率降到均衡水准以下，甚至降到负的程度呢？比如说中国，1980年之前的大部分时间，利率水平都是很低的甚至于负的，日本在很长时间内也是一样。

第二个疑问，为什么所有的发展中国家政府都要介入资金的配给呢？

第三个疑问，为什么发展中国家的政府总是对这种金融体系中的自发力量保持警惕，要限制它的市场自发功能的作用空间呢？

第四个疑问，为什么发展中国家都一致对银行的间接金融给予扶持，而抑制直接融资市场的发展呢？

这几个疑问是有逻辑因果关系的。我提出一个发展战略内生化解释性的假说，来系统性地回答这几个疑问。我的理论出发点是，政府是一个最大化的、理性的当事人。因此金融抑制，包括严格压制利率水平，限制金融体系的竞争，这些手段并不是一个政府不理性的结果，而恰恰是这个政府在某个历史阶段，根据当时的经济发展状况，根据当时面临的约束条件而采取的理性选择。这是我的基本出发点。

（五）解释金融抑制战略的"三段论"

这样的话，出现了一个逻辑推演的"三段论"。首先是一个国家的经济发展战略（这个战略是内生化的），它可以决定这个国家采取什么样的政策框架，政策框架本身又能决定每一个微观主体的经济行为。这个很好理解，比如说一个国家制定了一个发展战略，这个发展战略就会决定这个国家到底采取什么样的制度，尤其是政策框架。而这些制度本身影响到了企业、银行、储蓄者等这些微观主体的行为。我们可以从这"三段论"中导出政府和微观主体的关系模式。

在这个理论中，最关键的是把一个发展中国家的赶超战略作为一个内生化的变量来处理。原来我们一般把赶超战略当作一个外生变量，认为它是一个既定的、不能动的东西，实际上不是的。我认为赶超战略是一个内生变量，是众多条件影响到的一个变量。比如中国，在1949年之后，面临着极为复杂的国内外环境，那时候中国的政府和以毛泽东为代表的第一代领袖，头脑当中最大的国家战略就是赶超战略。我最近读刚刚出版的《毛泽东年谱》的时候,有一个深切的感受,就是当时的赶超战略不仅仅是我们所理解的赶超英美,而且是赶超当时我们认为最发达的社会主义国家苏联,这才是毛泽东内心深处以及所有中国人内心深处的一个梦想,并以此来摆脱积贫积弱被人欺负的局面。

(六)赶超战略下的目标函数

下面我们来分析,赶超战略下的目标函数是什么。我们都知道,在微观经济学中解一道题目,总是首先列出一个目标函数,再列出当下面临的约束条件,最后给出一个最优的解。当时这些发展中国家的目标函数是什么呢?无一例外,这些国家的目标函数就是一个,即在重工业优先发展的条件下实现资金积累的最大化,这是20世纪50年代的中国、日本、拉美等国的统一的目标函数。这个目标函数是由重工业本身的产业性质决定的,重工业需要大量的资金,而且这个资金的投放非常迅速,回收周期又比较长,而像中国这样的一些国家要赶超西方发达国家,就必须拥有自己完整的工业体系,这样才能有国防安全,才能摆脱对西方国家的经济依赖。

(七)发展中国家面临的约束条件

从这个目标函数出发,我们再分析约束条件。约束条件有以下内容:

(1)在这些实施赶超战略的国家,资金非常稀缺,不能保证重工业优先发展的大规模资金需求,如果政府不加管制,这种巨大的资金需求会把利率水平逼迫到极端的高位。

(2)在一个发展中国家,资金不但是稀缺的,而且极端分散。比如说中国,资金分散在几亿的劳动人民当中。短时间内要发展重工业,就必须迅速筹集大规模资金,这在发展中国家是比较困难的。

(3) 由于金融市场的浅化和不完善，发展中国家资金动员能力是很差的，满足不了重工业的要求。

(4) 发展中国家在对外出口方面是处于不利地位的，从而造成外汇短缺，难以满足重工业所需的大量设备进口，如果按照市场的调节方法，汇率水平往往呈现偏高的趋势。

(5) 为了保证赶超战略的实现，资金不能无序流动，必须有序地流动。换句话说，政府希望把大量资金放在重工业，你就不能将其放在制造其他的满足人民生活的轻工业产品和消费品上。因此政府就要掌握资金的流向。

（八）最优解就是创建一套最大限度动员资金和按照国家意志配置资金的体制

因此，所有的金融抑制战略都在试图完成两件事：第一件事，要最大限度地、迅速地、低成本地筹集资金，把资金拢上来；第二件事，把拢上来的资金，按照国家发展战略的需要配置下去，而不是按照市场自发的力量来配置。

在重工业优先发展条件下的资金筹集的最大化这样一个目标函数下，又面临资金短缺、资金分散这样一些约束条件，我们的最优解是什么？很简单，第一，为了保证重工业发展所需的资金，有必要对利率水平进行限制，限制利率水平就是为了让重工业的这些部门能够低成本地获得这些资金。第二，为了克服资金的分散性，必须设计一种能够最大限度地把这些分散资金拢上来的金融体系。第三，为了克服国家资金动员能力弱的缺陷，就必须对金融体系大力控制，来最大限度地动员资金。第四，为了克服外汇短缺的矛盾，必须对汇率进行管制，对外贸进行限制。第五，为了保证资金的有序流动，且按照政府的意愿去流动,就必须对金融体系中市场自发的机制进行限制,保证金融体系不偏离整个国家总体的战略轨道。

由此,这五个方面的解决方案就出来了。我们可以看到,金融抑制框架是具有内在逻辑的,并不是一些乱七八糟的东西,它是一个统一的整体。首先,在金融抑制过程中,政府是资源配置的主体,任何的市场自发力量都被限制死了。这样利率的价格信号就被扭曲了,政府往往把利率压得很低,目的是让重工业部门低成本获得资金,这是从资金使用方来讲的。从资金来源讲,利率水平低也有利于银行低成本地从储户那里获得资金。可以想象,如果资金价格很高的话,银行不堪重负,因为银行获得的资金,是要支付存款利息的,所以它希望把利率水平弄得很低。低利率不论对银行还是企业,都使它们获得了大量的租金。低利率,实际上是为了使得国有银行与国有重工业获得租金而设计的。

(九)利率和汇率等价格扭曲以及证券市场抑制的后果

这里问题就出来了。很显然,当时每个重工业部门都有非常旺盛的投资需求,利率越低,表明资金越便宜,资金越便宜,导致每个重工业部门越是争着用。一个国家在经济发展水平很低的时候,重工业部门都在争取大量资金,于是就会出现政府信贷配给的情况。政府根据自己的发展战略来进行信贷配给,以解决市场供求的矛盾。所以计划经济时代最常见的现象,是各个省、各个国有企业都跟中央要配额,都想把资金要过来,因为资金太便宜了。政府在资金配给的时候,不可避免地要采取差别待遇,符合赶超战略要求的,就多支持,不符合的就少支持。政府首要的标准不是看这个企业盈不盈利,而是首先看这个企业或这个产业是不是符合赶超战略与工业化战略的要求。

另外一个被扭曲的价格信号就是汇率。很显然,如果把汇率压得很低（直接标价法），比如计划经济时代人民币跟美元大概就是3∶1，这意味着什么呢？意味着我们的换汇成本大幅度降低了，那时我们的钱很值钱。之所以存在汇率压抑，就是为了克服外汇短缺的矛盾，让我们的换汇成本大为降低，使得人民币跟国外的货币之间形成固定汇率，并产生严格的外汇管制。

然后就是对于证券市场的压制。证券市场跟银行相比，市场自发力量更强。要发展资本市场，大家来买股票，政府是很难控制每位投资者买股票的数量以及买股票的投资方向的。政府不能说你不能买这个公司的股票，政府很难对投资者进行限制。但是对银行的融资进行限制相对容易。假定命令国有银行不要多给轻工业贷款，银行肯定听话，政府控制银行相对比较容易，但政府要控制每一个在股票市场上的投资者，几乎是不可能的。因此，证券市场作为一个自发的市场力量，就被压抑住了。中国1951年左右取消了资本市场，一直到四十一年之后的1992年才重启股市，重启证券市场。道理在于，要实现赶超战略，实现重工业的优先发展，就不能首先发展市场化倾向比较强的证券市场，而要首先发展能够实现政府赶超战略的间接融资市场。

所以我们看到，银行成了政府实现赶超战略的工具，它不可能自己决定投资什么、不投什么，因此政府跟银行之间、银行跟企业之间形成了扭曲的三角关系。怎么扭曲呢？政府控制银行的投资方向，而银行又来控制企业的行为，这样的三角关系在中国和日本都普遍存在。

我通过上面列出目标函数、约束条件这样的方法，建立了一个赶超战略内生性的解释假说来系统性地解释金融抑制，可以基本把这个问题解决了。而且通过以上的分析我们可以清楚地看到，这些金融抑制手段实际上是有内在的逻辑关系的，而不是杂乱无章的。

(十)传统的金融抑制战略的绩效

下面我们讨论一下金融抑制的绩效。金融抑制到底有没有效果呢？我觉得是有效果的。从短期来讲，这些国家在实现赶超战略和快速建立重工业体系的过程中，金融体系的抑制起到了非常关键的作用，其短期效果是非常明显的。改革开放之后，中国银行业的改革非常滞后，银行业的活力不足，竞争也不够充分，这是因为在20世纪90年代之前，我们的银行业一直被严格压制着，银行体系一直是为了实现国家的赶超战略而存在的一个工具。但是，这个成本，这个付出是值得的，中国将近三十年的赶超战略和重工业化实际上是由国有银行体系来支撑的，这个历史功绩是不可埋没的。

长期来看，金融抑制造成了很大的负面效果。第一，金融体系的发育滞后，银行体系非常单一。第二，政府干预行为容易产生调整的滞后。换句话说，政府干预银行一旦习惯了，就不愿意撤出来，直到现在，政府对于国有银行，对于农村信用社（包括农村商业银行和农村合作银行）、城市信用社（改制后为城市商业银行），还是有很多干预，造成了银行资产质量的低下。第三，这种金融抑制造成了资金动员能力、资金配置效率的低下。这种低下导致很多资金的走向都是无效的、失效的。国有企业拿走大量国有银行的资金，但是其使用效率是低下的，因为在传统体制之下，利率太低，资金很便宜，企业不愿意冒险开发创新性的项目，因为开发新的项目是有风险的，所以低利率的政策难以提升企业的效率，难以实现国有企业的创新。第四，由于政府对于金融体系进行严格管制，因此，这些国家一般来讲，都有非常庞大的地下金融存在。中国为什么有地下融资，非正规金融为什么这么发达、这么兴旺，主要原因还是在于金融抑制，包括最近一些非法集资的出现，与金融抑制有一定关系。

二、从金融抑制到金融深化：中国渐进式金融制度变迁的路线图

改革开放之后，金融业的改革选择了一条中庸的、渐进的制度变迁路径。"中庸"这个词在此处是个褒义词。中庸是中国传统儒家哲学中非常重要的一个范畴。"中庸"这个"中"就是不偏，不走极端。"庸"就是不易，就是"常"。中庸就是执中而守常。中国金融自由化的战略是一个中庸的战略、渐进的战略，这个战略非常适合中国，不应轻易改变，不能搞激进的、过激的、休克疗法式的、大爆炸式的金融自由化，这对中国是很危险的。

第一，**要实行金融约束战略**。金融约束有别于简单的金融自由化，或者说金融约束就是中庸的渐进的金融自由化。金融约束是介于严格的金融抑制和完全彻底的金融自由化之间的中间状态。在这种中间状态下，政府既对整个金融体系有相当强的控制能力，即保持国家控制力，同时又能渐进实现金融机构的有序竞争和金融资源的市场化配置。我一直强调，中国不要单纯提金融自由化，而要提温和的金融约束手段，要实现以下五个方面的目标。

一是给银行特许权价值。特许权就是专利权，这种特许权价值是什么概念呢？政府通过给银行各种各样的隐性或者显性的保护或者扶持，让它拥有特许权价值，使它的地位比较稳固，享受各种特殊待遇，可以支撑整个中国经济，包括稳定的转型和稳步的发展。

二是实现对利率自由化节奏的有效控制。利率自由化不能快，要慢慢地来。我们的利率自由化是一个分阶段的利率自由化。首先，我们把货币市场利率慢慢自由化，而信贷市场利率自由化就要慢些；在

信贷市场中，首先把贷款利率自由化，同业拆借利率自由化，而存款利率自由化就要非常慢，到现在存款利率的市场化和自由化还没有完全实现，要慢慢来，不要急于求成，要让银行慢慢适应。

三是汇率自由化节奏的控制。麦金农写过很多文章，他认为中国的汇率市场化不要太快。换句话说，中国由原来的固定汇率制转向有控制的浮动汇率制，要有一个缓慢的节奏，不要太快。这几年可以发现，中国的人民币升值，包括它的浮动都是极慢极慢的，但也不是不动，而是渐进地动，有理性地动，有控制地动。

四是资本账户自由化的有效控制。开放资本账户，让外国资本进入中国的资本市场，这个过程非常缓慢。前几年我们出了一个制度，即"合格的境外机构投资者"（QFII），就是挑选一些好的、优秀的境外机构投资者，让他进入中国资本市场，慢慢地才允许大量的机构投资者进来，然后慢慢地再让那些散户和一般的投资者进来。先放开长期资本进入，然后再放开短期资本进入，避免当时马来西亚、泰国这些国家引进过多短期投机资本流入的风险，汲取1997年亚洲金融危机的历史教训。

五是控制银行的民营化进程。大家知道，中国的银行引入民间资本不叫私有化，我们叫民营化。比如说农村信用社，吸引民间资本参与，实现了产权的多元化；其他城市商业银行、股份制商业银行以及国有大型商业银行，都在慢慢实现产权多元化。这个过程是慢慢的，不是通过苏联那种大规模出售国有资产实现的。我们同时发现，国有银行不是通过上市成为公众公司了吗？当它成为公众公司之后，不就是被民营化了吗？尽管里面还有国家的控股股份，但是也有投资者的股份。这个民营化进程是被有效控制的，而不是以突然的、大爆炸的方式出现。

第二，为金融部门提供相机性租金，推动渐进金融改革。中国在改革的过程中采取渐进的方式，这跟1980年之后邓小平的渐进的社会主义市场经济的推进战略有关。近期我在读《毛泽东年谱》时发现，邓小平在1980年之后渐进式的改革战略，与1949年至1957年间毛泽东在中国社会主义过渡时期渐进化的战略几乎是一样的，他们的思维、采取的方式、所有权的多元化，以及对当时经济改革的步骤控制，都非常相近。

什么叫相机性租金呢？政府给银行租金的时候，并不是没有条件的，优秀的银行，政府会给予鼓励，不好的银行，政府慢慢地要给予惩罚，因此这个租金不是白白给银行的，而是要竞争性地获取。由此我们发现，银行尽管地位比较稳固，但是危机感也不是完全没有。政府给银行各种各样的隐性保护、隐性的风险兜底，这是有前提的，就是你要做得优秀。

我举一个小例子。比如说农村信用社体系在2009年左右，开始了一次剥离不良资产的行动。这个举动是政府有意识地要为农村信用社减负，剥离它的不良资产，因为农村信用社为中国农村发展付出了大量的成本。政府在给它减负的过程中，很显然让这些农村信用社拿到了很多租金；但是这个租金并不是白白给的，而是有一个门槛，你的不良贷款率、新增不良贷款、资产质量等，要降到一定的标准之后，才能把这个租金给你，拿央行票据来置换你的不良资产，解决存量历史包袱。通过这个例子我们可以发现，中国政府在渐进改革过程中，以强调租金的竞争性获取来加强金融机构之间的竞争，同时保持了银行体系的稳定性。

我们还发现，在银行退出机制方面，中国政府非常谨慎，以往中国政府对于银行采取保护的姿态。我们知道，赶超战略的国家采取金融抑制，一个最大的特点就是保护银行，一定要让银行感觉到自身是稳固的，日本也是这样。中国到现在为止，银行的倒闭为数极少，据我所知，只有一家银行倒闭，即当年海南由于房地产价格的暴跌，整个房市控制不了了,海南发展银行倒闭了。中国在解决银行的退出机制方面,一般是采取劝说制度,如果一个银行要倒闭了,就劝说其他比较好的银行来救助它。最近我们知道,中国要渐渐推出存款保险制度,要慢慢地把以劝说和救助为主的银行退出机制转变成为市场化的方式,这是一个非常重大的变化,意味着中国银行业大洗牌的时代即将到来。

第三,商业银行在慢慢进行增量的改革。增量改革,也叫边际改革。最近十几年来,中国股份制银行在迅速兴起,招商银行、兴业银行、浦发银行、中信银行等都非常优秀,盈利能力非常强;珠海银行、南京银行、北京银行等众多地方性的银行,也在全国各地如雨后春笋般崛起;同时,传统的农村金融体系、信用合作体系,出现了深刻的变化。原来的农信社正在大规模地被改造为农村合作银行和农村商业银行。这些都是中国渐进金融改革的一个组成部分。当然,中国人在进行渐进的金融自由化的过程中,执行了非常严格的财政纪律和货币纪律。你要读《毛泽东年谱》就会发现,1949年至1957年,毛泽东在经济过渡时期的战略就是控制货币的纪律,不能出现通货膨胀,同时控制财政纪律,不让出现更多的财政赤字。今天也是一样,在执行严格的财政货币纪律,以保证金融自由化能够稳健进行。

中国在这个过程中,避免了过激的自由化。一次,在我的"金融发展理论"课上,有一位来自俄罗斯的同学叶列娜,她讲了苏联和东欧社会主义国家的金融自由化。苏联和东欧采取激进的金融自由化,负面效果是很大的。而中国避免了过激的行为,采取渐进改革,是符合转型的规律的。因为在一个经济转型时期,无论是法律体系的建立,交易者和投资者的学习过程,还是政府行为的调整过程等,都需要一段长期的适应时间,这是一个学习过程,是一个行为的不断模仿的过程。让一个投资者了解经过几百年才成熟的市场化金融交易是怎么回事,这是需要过程的，不是瞬间就能明白的，何况还要有法律体系的调整和重构。过激的金融自由化会造成国家金融安全的风险。当时在课上叶列娜列举了 11 个苏联加盟共和国和东欧国家的数据，发现大部分国家外资控制银行的比例大概超过 60%；银行如果被外国人控制，一个国家的金融安全就很难保证。这方面中国控制得很好，以后也要把严这个关，不能松了国家金融安全这根弦。

（一）1979 年之后的金融改革

改革开放初期，改变了"大一统"模式，建立了以中央银行为核心，以专业银行为主体，多种金融机构并存的金融组织体系。中国人民银行隶属于国务院，为部级机构，专门行使中央银行职能；中国工商银行、中国农业银行、中国银行、中国建设银行等四大国家专业银行是金融体系的主体，各专业银行均为国务院直属局级单位。

（二）金融中介机构的多元化

除上述专业银行外，股份制综合性银行和各种类型的地区性银行在全国各地成立。全国性保险公司——中国人民保险公司于 1980 年恢复，股份制和地区性保险公司逐渐建立。各种信托投资公司、证券公司、租赁公司、企业集团内部的财务公司、中外合资银行、外资银行、评信公司等纷纷成立，金融中介多元化。

（三）1980—1990 年初期金融市场得到初步发展

同业拆借市场从 1985 年起逐步发展，有形和无形的、同城和跨地区的同业拆借市场同时并存。有价证券市场从 1981 年发行国库券开始（1985 年起发行金融债券，1986 年起发行企业债券，1987 年起发行重点建设债券），逐步发展了一级市场（发行）；1986年起进一步发展了二级市场（转让）。上海证券交易所和深圳证券交易所分别于1990年12月19日、1991年7月3日正式挂牌营业，交易的品种包括债券和股票。外汇调剂市场则正式形成于1988年。

（四）金融开放循序渐进

我国在加入世界贸易组织之后，所做的有关金融业开放的各项承诺近期要逐步兑现，其中包括银行业的开放（最终允许外国银行业向所有中国客户提供金融服务）、证券业的开放（允许外国证券公司从事中国股票的承销和政府债券、公司债券的承销交易以及基金的发起）以及保险业的开放（最终允许外国保险公司在中国开展保险和再保险业务）。

（五）资本市场的渐进开放

QFII的引入，是资本市场开放的一个步骤。通过引入QFII，我们有选择、有控制、有目的地引入一定规模的外国资本，实现资本市场的部分开放和资本项目下人民币的局部可自由兑换，这是WTO在金融业开放方面的基本要求。中国历来是以开放促改革，在内部改革压力和阻力增大、各方利益主体矛盾难以消弭、改革推行成本加剧的时候，通过对外开放来促进改革，是我们一贯的秘诀。QFII的引入和金融业的逐步开放，也必将发挥同样的作用。

（六）利率市场化的渐进策略

中国已于1996年放开了同业拆借利率，向市场利率迈出了坚实的第一步。接着1997年又放开了国债的市场利率，逐步建立起一个良好的货币市场与国债市场的利率形成机制，也为政府进行利率调整确定了一个基准利率。2000 年至 2004 年，对中国外币利率管理体制进行改革，逐步放开外币贷款利率和存款利率。自 2013 年 7 月 20 日起，中国人民银行决定全面放开金融机构贷款利率管制。自 2015 年 5 月 11 日起，中国人民银行决定金融机构存款利率浮动区间的上限由存款基准利率的 1.3 倍调整为 1.5 倍。自 2015 年 8 月 26 日起，中国人民银行决定放开一年期以上（不含一年期）定期存款的利率浮动上限，标志着中国利率市场化改革又向前迈出了重要一步。自 2015 年 10 月 24 日起，中国人民银行决定对商业银行和农村合作金融机构等不再设置存款利率浮动上限。实际上，我们的利率市场化，经历了比较长的历史进程，大概搞了十几年，最终在十八大之后基本得以实现。

三、中国银行体系的制度变迁

（一）外资银行的进入与中国银行业改革

中国银行体系的制度变迁主要表现在三个方面：外资银行引入、国有银行上市、民营银行破冰。

首先是外资银行的逐步进入，试图以银行业开放来倒逼银行业改革。在中国银行业改革内部制度需求不足的情况下，引入外来竞争主体，有利于推进改革的进程，打破原有的路径锁定的状态。中国加入世贸组织的时候，在银行业开放方面的承诺是：中国将对外资金融机构逐步放开人民币业务，加入后两年内，允许外资金融机构向中国企业提供服务；加入后五年内，允许外资金融机构向所有中国客户提供金融服务。因而，履行承诺、开放银行业市场，就成为题中应有之义。

中国允许外国资本进入国内银行业，一方面诚然是兑现已经做出的承诺，但更深层的用意显然是试图以此改变中国银行业改革长期以来步履维艰徘徊不前的状况。不可否认的是，外国资本的进入，对国内银行业必然造成相当大的冲击；尽管国内银行业不可能到溃不成军的地步，但面临的挑战和压力是相当大的。

对国内银行业的冲击主要集中在以下几个方面：

第一，在同外资银行的竞争中，中国银行业将越来越多地丧失自己的优势客户资源，从而对自身的盈利能力造成严重影响。

第二，外资银行的进入，势必引起存款分流，如果这种存款分流超过了中国居民的心理警戒线，将不可避免地使国内储蓄者对国内银行信用的信赖构成威胁。

第三，外资银行的进入，会使国内银行业中的优秀人力资源产生外流冲动，从而使中资银行面临人才短缺的局面。

（二）外资银行有很多优势

第一，它们资金实力雄厚。这些银行巨舰的资产规模和利润规模都是国内银行难以望其项背的，比如花旗银行的总资产就超过我国四家国有商业银行总和，其税前利润超过我国四家国有商业银行总和近10倍。（本世纪初的数据）

第二，资产质量较高，获利能力较强。我国国有银行的不良贷款率相当高，在28%左右，这样高的不良贷款率世界罕见。

第三，外国银行具有组织管理优势，抗风险能力强。

第四，外国银行一般都是实行银行业、证券业、保险业混业经营，是所谓全能银行，而国内银行由于国家政策限制，不能全面参与证券和保险业务。

第五，外国银行业能够为客户提供的金融产品的品种比较多元化，在金融产品创新能力方面有优势。所有这些优势的基础是外国银行有着悠久的经营历史，有着深厚的市场化运作经验，同时又有高素质的金融管理人才。

与外国银行相比，国内银行在资产规模、资产质量、盈利能力、管理经验、经营方式、创新能力等方面，都有不小差距，这些差距只有通过我国银行业自身的改革来逐渐得到弥补。

（三）中国政府对外国银行参股国内银行业持鼓励态度

本世纪初开始，国内一些城市商业银行陆续吸收外国银行资本参与自身经营，对银行自身素质的提高起到积极的推动作用。由于外国银行业的参与，我国银行业的产权结构将发生根本性的变化，而产权结构的变化又将导致国内银行业的内部治理结构发生根本性的变化；内部激励机制和监督机制的完善，势必提高银行的盈利能力，降低银行的呆坏账水平，从而使国有银行走上良性发展的轨道。同时，外国银行参股也将对国内银行业产生"学习效应"和"示范效应"，在这个过程中，中国银行业将逐渐学习外国银行先进的管理经验、金融产品创新经验、客户服务理念以及不良资产处置方法等，从而有利于国内银行素质的提高。

（四）国有独资商业银行上市改善了资产质量

中国银行体系变迁的第二个方面是力促国有独资商业银行上市。国有银行只有通过上市，才能改变原有的传统的内部治理结构，将其转变为真正的现代企业制度，用规范化的内部治理来提高效率，防范风险。因此，国有银行上市，其意义不在于通过资本市场融资，增强国有银行的资金实力，而在于通过上市彻底改变国有商业银行的内部治理结构和运行机制，换来一套新的制度。上市之后，国有商业银行的产权结构会发生实质性的变化；而作为一个公众公司，国有商业银行的所有决策和运作方案，都要经过投资者的检验和市场的考验，这就逼使国有商业银行改变经营机制，改善内部治理，完善法人结构，从而成为实质上的市场化运作的现代银行。

2000年5月，中国证监会主席周小川在《人民日报》撰文，提出国有银行应该上市，这是我国管理层第一次明确表示鼓励和支持银行上市。不久，央行行长戴相龙又谈到"国有独资商业银行在保持国家控股的前提下，可以进行股份制改造，只要这些银行符合条件，我们都支持其在国内外上市"。这标志着我国银行的产权制度改革被提上了议事日程。在此环境下，2000年民生银行率先进入资本市场，成功上市。时隔两年之后，招商银行在上海证券交易所正式挂牌。在2003年12月1日的一份题为《中国银行业对外开放的新里程碑》的报告中，中国银监会指出，国有商业银行是我国银行业的主体，资产总和占银行业总资产的56%。国有独资商业银行综合改革是继续深化银行业改革的重点。近年来，国有独资商业银行改革取得积极进展：一是完善了风险管理体制，信贷风险得到进一步控制，新增贷款质量显著提高；二是进一步强化了内控制度，内部控制能力逐步提高；三是加强了科技和信息系统建设，提高了综合服务能力。但是，要适应经济金融发展和对外开放的需要，还需进一步加快国有独资商业银行的改革，目标是将其改造成治理结构完善、运行机制健全、经营目标明确、财务状况良好以及具有国际竞争力的现代金融企业。具备条件的国有独资商业银行可改组为国家控股的股份制商业银行，按照市场原则，有条件的可以上市。

银监会对我国国有独资银行改革目标的定位是非常准确的，就是要将这些银行建成"治理结构完善、运行机制健全、经营目标明确、财务状况良好以及具有国际竞争力的现代金融企业"。但是治理结构的完善不是靠监管可以达到的目标，而是必须对国有独资商业银行的产权结构进行彻底的改革，唯一的最终的出路是要实现国有独资商业银行的上市，运用资本市场使得国有银行的股权多元化，从而在国有银行内建立现代企业制度。

上市之前，我国四大国有独资商业银行的不良贷款率较高，资产质量较差。2003年四家国有商业银行不良贷款率为21.38%。但是上市之后，四大行的资产质量提升较快，实现了华丽转型。中国建设银行在四大国有商业银行中率先完成上市。2005年10月27日建行正式在香港主板市场上市，成为当时中国规模最大的IPO（首次公开募股）。2006年10月27日，工商银行A+H股在上海证券交易所和香港联交所成功上市，成为中国证券发展史上具有里程碑意义的标志性事件。中行也在同年上市，创造出内地国有控股商业银行在香港IPO的新"资本神话"。2010年农行在上交所和港交所上市。四大行上市引发了其内部治理结构的深刻变化，四大行的盈利能力大为提升，营业收入和净利润均位居行业前茅，不良率总体迅猛下降。

（五）民营银行的发展

银行业改革的第三个方面是民营银行的大发展。2014年年初，银监会召开全国银行业监管工作电视电话会议，透露备受关注的民营银行将在2014年试点先行，首批试点3~5家，实行有限牌照。会议提出了2014年银行业监管工作的四项重点：深入推进银行业改革开放、切实防范和化解金融风险隐患、努力提升金融服务水平、加强党的领导和队伍建设。2015年5月中国银监会公布我国首批试点的五家民营银行，分别是天津金城银行、深圳前海微众银行、上海华瑞银行、温州民商银行和浙江网商银行。这些民营银行为我国银行业的谱系带来新基因，其定位是服务于中小企业，对我国民营经济的发展将会起到重要作用。

四、中国资本市场的制度变迁

资本市场是中国国有企业改革的一个产物，它身上不能不深刻地烙着中国国有企业改革的传统印记和改革过程中制度安排的印记，它先天地就不可能直接照搬美国和欧洲的股票市场。我们照搬西方，来一个所谓规范的、全新的、跟美国完全一样的市场，可不可能呢？那是不可能的。中国的股市尽管是一个新生儿，但是它已经带有母体的大量的遗传基因，也就是国有企业的基因和中国经济改革的基因。

由于中国资本市场先天地受到国企改革的影响，就必然带有一些弊端。本来资本市场是长期资本配置的场所，而有些上市公司却把股市作为一个圈钱的市场。我们圈的是资金，而西方资本主义国家认为，一个企业一旦上市，它的资本结构和治理结构就发生了改变，而不仅仅是资金来源发生了变化。

中国资本市场存在大量的独特的制度安排，这些制度安排与西方完全不一样，是具有中国特色的，其根源仍然在于中国的国企改革。所以，我们要考察中国资本市场的制度安排及其利弊，考察中国资本市场的制度变迁和演进，就必须结合中国的整体经济变迁，尤其是国有企业的制度变迁。

（一）中国资本市场的制度设计：贡献和缺陷

中国资本市场从诞生之日到现在将近三十年，这是中国经济发展势头最为强劲、经济增长率最高、经济体制变革最为深刻的时期。不用说，在深刻变革的三十年中，资本市场扮演了十分重要的不可或缺的角色。资本市场对我国市场机制的建设功不可没，它改变了中国要素配置的方式，使市场配置要素的比重大为提高。我们已经习惯于把股市作为市场的一个晴雨表，来判断中国经济的发展与走向。因此可以说，资本市场的存在，使得中国的资源配置格局发生了深刻的变化，使中国人的市场观念发生了深刻的变化。

同时，资本市场对国有企业改革的意义重大，资本市场是国企改革的突破口，承担了大量中国国有企业改革的成本，使国有企业在近三十年里可以得到从容的、脱胎换骨的改革，其中的很多代价实际上被股市承担了。股市的存在，使国有企业改革的风险大为降低，为国企改革腾挪了空间，保障了国企改革的稳定性，这对整个国家体制的变迁和社会的稳定都有利。

所以，从整个国家的意义上来讲，股市的存在为中国经济体制改革贡献了一份力量，承担了制度变迁成本。除了市场机制建设和承担国企改革与整体经济改革成本之外，股市对我国企业制度的完善、企业融资结构的多元化、企业治理结构的完善都起到重要的作用。

（二）特殊的制度设计：股权分置及其改革

当然，正是因为我国资本市场身上担负的使命过多，也就导致其目标函数过于宽泛，过于不纯粹，从而先天地带有一些弊病和缺陷。因为我们的资本市场不是一个纯粹的市场，所以它的逻辑就不同于欧美国家的市场，它有自己独特的逻辑和制度设计。其中一个最独特的地方是股权分置制度。所谓股权分置制度，就是流通股和非流通股的分置。为什么有非流通的股票呢？主要是为了避免国有资本的流失，专门为国有股设置了一类股票叫"国有法人股"，这些国有法人股是不能流通的，另一类是普通的可以流通的股票。因此中国的股市后来成为一个双轨并行的股票市场，流通股和非流通股同时并存，但是非流通股是不能在市场上交易的。

虽然国有法人股不能交易，但是却仍然分享股票市场带来的收益，这是严重违背资本市场的基本规则的。一个股票之所以产生更高的收益，是因为它流通，在股票买卖过程中实现升值，投资人认为它会更值钱，愿意以更高的价钱来买，所以就有了收益。可是不能流通的股票，本来不能产生收益，为什么还要分红呢？这就是中国经济转型过程中的特殊产物。中国经济要转型就会付出很大的成本，这个成本由谁来承担呢？部分地要由中国资本市场来承担。

（三）全流通改革

中国资本市场产生的收益，一部分用于投资者分享，另一部分由国有法人股拿走，用来弥补国有企业转型的成本，这个成本分担机制实际上是迫不得已的，是违背股票市场交易公平性的一个制度安排。从1992年开始一直到2006年左右，大概十五年时间，中国的资本市场一直是双轨并行，流通股和非流通股同时存在。但是到了2007年左右，国家提出全流通改革，股权分置的情况再不能持续下去了。

什么叫全流通？就是把原来不能流通的国有股那部分股票也要让它流通，但问题是十五年来，中国的非流通股占用了大量流通股的收益怎么办？当时提出一个方法，一个补偿制度，叫"对价"。对价是谈判的结果，到底补偿多少合适，要通过流通股和非流通股的谈判博弈来解决。现在，中国的股票基本实现了全流通，在这场没有硝烟的战争中，股市发生了一次深刻的革命，资本市场进入了比较规范的阶段，股权分置这个缺陷就慢慢被消除了。

中国股票市场还有一个缺陷，就是它主要是为国有企业改革服务的，因此在上市公司结构上，整个股票市场几乎是以国有企业为主的市场。民企，尤其是优秀的中小企业上市困难重重。这个结构性的缺陷，对中国经济发展影响很大，因为中国的民营企业已经是中国经济中最重要的一个力量，其创造的产值和吸引的就业比国有企业要多得多。所以，上市公司结构的这种不均衡，一定要改变。

（四）资本市场监管体制的缺陷

中国资本市场还有一个缺陷，就是证监部门拥有过大的权力，它的行政裁量权太大，超出了应该有的范围。证监会一旦拥有过大权力，租金机会就非常大，因为这个权力是垄断性的，别人不可能替代。审批制是中国资本市场在过渡阶段的一个产物，权力过于垄断的审批制弊端很大，人为造成各种腐败。中国的国有企业上市饥渴症是很厉害的，各个地方的官员拼命地游说证监会的领导，每个证监会领导都面临大量的租金机会，他们在地方政府面前都是垄断性的寻租者，审批制赋予了证监会太多的监管以外的权力，这正是证监会出现腐败监管伦理缺失的根源。

当然，除了这些缺陷之外，我国的资本市场还有投资者结构问题、发行制度问题、监管体制问题、上市公司诚信问题等一系列问题。总体来说，中国资本市场制度设计背后的缺陷是中国国有企业改革的过程中出现的，这些缺陷都应该在改革过程中慢慢被规范、被消除。

（五）资本市场风险的处置与监管体制的变革

对于资本市场风险的处置和危机时期的救助应该基于公平、公开、公正的"三公"原则，对所有的交易主体一视同仁，执行严格的信息披露制度，使信息更加充分。同时，证监会应该大力惩罚那些操纵股价、财务欺诈等行为，营造中国资本市场公平交易的气氛和环境，这是证监会的主要职责。可是证监会在惩治不公平交易、内幕交易、股市欺诈、财务欺诈、价格操控这些方面实际上是不够的，所以中国在股市方面的伦理问题是最多的。目前，审批制正慢慢向注册制过渡，注册制现在是箭在弦上，不得不发，但是也不能发得过快，应该逐步推进。

最近中国股票市场出现多元化、多层次的趋势，地方性股票市场逐渐在兴起，这对成长性非常好的地方中小企业非常有利。现在地方创业板充满活力，当然问题也有一些，要搞好顶层设计，搞好监管，防范风险。

（六）我国资本市场发展的未来趋势

股市的结构要改变，要吸引更多的民营资本来参与股市的游戏，给他们公平的待遇。同时，股市当中要减少分散的小投资者，要增加更多的带有战略性的机构投资者的数量，使得整个市场上活跃的更多的是一些战略投资者，而不是见风就动、对市场理解比较浅薄的散户。机构投资者需要培育，散户需要教育，这两句话很重要。

资本市场要对信息披露有特别严格的要求。监管者不需要监管太多，他要保证公正、公开、公平，就要严格要求每个企业把自己的真实信息充分地披露给投资者。西方的上市公司信息披露非常严格，监管部门不保证上市企业是优秀企业，它上市之后股价好不好，完全靠投资者来评判，靠市场来决定，监管者主要管信息披露。而我们往往把证监会理解成挑选优秀企业来上市的公正的审批者，这是错误的定位，现在要逐步由审批制过渡到注册制。

（七）要加强资本市场的伦理建设

当然，要使中国股市走向健康发展的轨道，最关键的还是要进行伦理建设，使中国的资本市场成为一个遵守伦理的市场，诚信的市场，规范的市场，而不是一个被操纵的市场、假信息充斥的市场、被流言和小道消息左右的市场。中国资本市场大量的非伦理特征，是要通过扎实的制度建设来改变，要惩罚失信者，惩罚恶意操纵者，实现透明、公平、公正的交易，这样才能使中国的资本市场走向常态。[1]

五、人民主权金融：建立以人民为中心的金融体系

人民主权金融是以人民为中心的、以全面满足人民的金融需求、服务国家发展战略和保障国家金融安全为宗旨的金融体系和金融体制的总称。人民主权金融既强调金融的普惠性，又强调战略性和安全性。这三个特征是相互联系、相互支撑、相互保障的一个统一体。

（一）人民主权金融的普惠性

所谓人民主权金融的普惠性，意味着金融服务普遍惠及各个金融需求群体，尤其是绝大部分中小微经济主体（在中国主要是指中小微企业、广大农户以及其他中低收入群体），从而提升这些群体的信贷可

---

[1] 王曙光等：《金融伦理学》第二版，北京：北京大学出版社，2023年。

及性。当前学术界讨论比较多的普惠金融的各种制度创新,主要从人民主权金融的普惠性这一特征出发来探讨的,只有满足了人民主权金融的普惠性,才能最大限度满足中小微企业和农户这些典型的传统金融学上的信贷弱势群体的金融需求,才能更好地改善金融体系的收入分配效应,才能为更好地实现共同富裕提供金融支撑。

(二)人民主权金融的战略性

所谓人民主权金融的战略性,是指金融体系要服务于符合国家发展战略的相关产业,金融服务要与国家长远战略目标一致。国家近年来强调金融业要服务于实体经济,要更多地支持高科技产业、战略性新兴产业等关系国计民生的产业的发展,避免金融体系"脱实向虚",这是符合我国长远的战略目标和战略利益的。中国银行业的"脱实向虚"不仅影响了金融的普惠性,也对金融安全有很大的影响。当前我国的金融体系总体上来讲是比较稳健的,但是安全隐患也很多,这就是为什么中央在最近六七年一直特别强调支持实体经济、避免"脱实向虚"的根本原因。如果脱离了国计民生,那么我们的金融体系一定就是"脱实向虚"的金融体系,而这个"脱实向虚"的金融体系,又一定是一个最妨碍国家金融安全的金融体系。国计民生就是关系国家大计的产业和领域,就是符合长远国家战略的产业和领域,实际上,除了战略性新兴产业和高科技产业之外,乡村振兴战略也是关系国计民生的战略性领域,普惠性和战略性是统一的。

(三)人民主权金融的安全性

所谓人民主权金融的安全性,是指金融体系的运行要以金融体系本身的安全和金融资产质量的提升为目标,金融安全是人民主权金融的内在要求。安全性有两个层面的含义：第一个层面，人民主权金融是以人民为中心的金融体系，要保障金融机构本身的安全性，严格控制金融风险，将金融机构的系统性风险的控制置于重要地位，将安全性与普惠性、战略性统一起来；第二个层面，它是一个在全球化和金融开放背景下强调国家金融主权的金融体系，今天的金融体系已经是一个开放的金融体系，在金融开放的过程中，要高度重视金融安全，要掌握好本国的金融主权。我们所面临的金融风险既包含国内金融体系的总体性和结构性风险，也包含国家金融体系进一步开放所引发的金融开放风险，更包含着中国参与国际金融事务和国际金融竞争所带来的全球化条件的金融风险与货币风险。对于关乎中国长远发展大局的国家金融安全问题，要通过建立强有力的权威的国家金融安全领导组织体系、通过全国协调一致的国家金融安全战略执行体系、通过高度适应信息化和全球化时代挑战的国家金融安全治理体系的有效运作，才能在国际和国内两个战线上，开展实施有效的国家金融安全战略。我们既要保持金融开放，同时又要保障国家金融主权，维护国家金融安全。金融对外开放的底线是要保障国家金融安全。放弃国家安全而搞金融开放，无异于饮鸩止渴。美国高度重视金融安全，对于外国资本进入其银行业，进行严格的限制和监管，尤其是金融危机之后，全面加强了对外资银行的监管和限制，这一点我们要学习其经验，切莫过快地、盲目地开放。本文涉及人民主权金融的安全性的第一个层面（即国内金融风险控制）的问题，对于第二个层面的问题不展开讨论。

（四）人民主权金融理念下的金融机构要实现双重目标的兼容

人民主权金融理念下的金融机构，面临着双重目标：第一重目标是实现普惠性、战略性、安全性，第二重目标是其盈利性和可持续发展。双重目标之间应该是兼容的关系、统一的关系。金融机构毕竟是金融机构,金融业在提高国家战略行业与民生领域的金融需求主体的信贷可及性并保障国家金融安全的同时,还要实现金融业的可持续发展,要保障一定的盈利性。这双重目标不能偏废,不能为了国计民生就牺牲银行的盈利性、牺牲银行的质量,那是不行的,因为从根本上来说,金融业的健康可持续发展也是重要的"国计民生",我们的银行也需要发展壮大,如果银行的盈利能力弱、资产质量差、竞争力不强,那么它如何来实现战略性、普惠性和安全性呢?所以我们在强调人民主权金融的同时,要高度重视银行资产质量,重视银行盈利性的提升。

现有文献的实证研究结果证明,普惠金融能够显著降低银行的风险水平,更高水平的普惠金融有助于更大的银行稳定性,而且这种正向的关联在客户存款融资份额较高、提供银行服务边际成本较低、国家制度质量较高的银行尤为明显。规模庞大而分散的中小微客户,正是银行稳健运行的坚实底座,是最好的危机缓冲器和风险分散器,对于银行的稳定性和安全性极为重要,同时,在加大金融科技投入(尤其是大数据处理能力)、优化金融服务流程、降低金融服务成本(尤其是信息处理成本)的条件下,普惠金融能够有效改善银行的成本收益率,提升银行的盈利空间。普惠金融提升盈利性的条件是金融科技,是建立在新技术上的制度创新与流程再造。而历次金融危机都证明,使银行陷入严重财务危机的,是那些带有投机性的、杠杆率极高的行业(如房地产),这些产业的自有资本很少,它们以很高的杠杆率来撬动银行的巨额贷款,从而常常把银行陷入那种危机当中。近年来一些房地产巨头给我国银行业带来的连锁反应令人触目惊心。现实中,我国一些优秀的地方性中小银行、农商行等,它们扎根基层,扎根小微,运用各种创新性手段,为中小微客户服务,不仅很好地增强了银行的稳健性和安全性，有效抵御了金融风险，同时在金融创新的引领下提高了银行的盈利能力，可谓一举多得。今天，在构建人民主权金融的过程中，要高度警惕银行的决策体系被资本所绑架，高度警惕银行业的关联交易引发的金融危机，高度警惕贷款集中度过高、垒大户所带来的金融风险，高度警惕平台金融畸形发展而引致的金融生态破坏，高度警惕银行因地方政府债务问题而引发的金融风险。我们的银行业应该把自己的重点放在支持中小微客户上，放在建设普惠金融上，这个基本点搞对了，就会使银行得到更加健康的发展。

六、中国金融业改革的定位、任务和趋势

中国渐进式金融改革是正确的，对于金融稳定、金融安全和经济增长转型极为重要。未来的主要趋势是：

第一，将更加注重金融资源配置的区域均衡，实现金融均衡化，尤其要将金融资源更多地配置到经济不发达地区。

第二，随着互联网金融的发展，将更加注重金融创新和金融民主化。

第三，更加注重金融普惠化。近年来中国小微金融机构崛起，即使是一些大型国有银行和股份制银行也在强调微型金融和普惠金融，建设社区银行，把每一个触角伸到社区中，为微型客户服务，加强了对基层（如城市社区和村）的资金动员能力和金融服务能力。微型金融在中国的反贫困中起到非常大的作用。中国的金融是典型的二元金融结构，小微金融的崛起可以弥补这样的缺陷，使农村和边远地区的金融体系有更好的发展，共同构建中国未来的普惠金融体系。

第四，更加注重金融安全和金融监管。

(一)2017年中央金融工作会议对金融的三个定位

第一,金融是国家重要的核心竞争力。金融是国之重器,是国民经济的血脉。要紧紧围绕服务实体经济这个基本要求,创新和完善金融调控,健全现代金融企业制度,完善金融市场体系。"金融是国家的核心竞争力"这一说法,符合历史规律,既没有过度抬高金融的作用,也没有贬低金融在现代经济中的巨大作用。可以说,金融是影响一个国家竞争力的核心变量之一。

第二,金融安全是国家安全的重要组成部分。一个国家的金融安全,影响着整个国家在全球的战略地位,影响着这个国家的整体经济稳定和社会稳定,其作用不可忽视。金融安全不仅关乎一个国家内部的金融稳健性,而且关乎一个国家在国际货币体系和国际金融体系中的安全与稳定,在经济全球化和金融全球化的今天,一个国家的金融安全越来越受到国际货币体系、国际金融体系、国际金融局势的影响。所以我国的外汇管理政策和汇率制度、储备政策、资本流动政策、我国在国际金融机构中的地位、人民币国际化政策等,都直接影响我国的金融安全,需要统筹考虑。

第三,金融制度是经济社会发展中的基础性制度。金融制度与一个国家的政治制度、经济制度、社会制度、法律制度一起,构成这个国家的基础性制度。金融制度是否完善,是衡量一个国家是否实现治理现代化的重要标志。近几十年,我国金融制度建设突飞猛进,与国际迅速"接轨";然而我们的差距还很大,很多制度还不够完善,还没有探索出具有中国特色、适应中国情况的金融制度体系。

（二）金融体系有三大核心任务

第一个任务是服务实体经济。要摆正金融与经济的关系，金融是为经济发展和企业发展服务的，不是脱离经济本身而自我膨胀的；金融的稳定和发展依赖于实体经济的发展和企业的发展，如果经济发展得不好，企业发展得不好，金融就要陷入危机，金融业的资产质量就会下降。中国经济进入了一个新常态，在这个新常态下，经济发展模式需要转型，银行发展模式也需要转型，要由过去的粗放型发展转到集约型发展，由原来的单纯规模扩张转到质量提升。

第二个任务是防控金融风险。防控金融风险有两个层次：一个层次是区域金融风险，另一个层次是行业金融风险。从区域金融风险角度来看，我国在一些区域存在着金融业资产质量下降、非法集资和地下金融泛滥、民间信用崩塌和混乱、企业欠债和逃债严重等问题，这些问题极容易引发大规模的地域性的金融危机。以前个别地方的企业"跑路"、非法集资造成的大规模经济损失、个别金融机构挤兑导致的区域金融风险等，已经为我们敲响了警钟。

第三个任务是深化金融改革。我国金融体系的制度建设还处在一个继续完善的时期，制度建设和变革所产生的制度红利还远远没有完全释放出来，还有很多束缚经济发展的不合理的金融制度存在，因此金融制度变革的潜力是很大的。要进一步扩大金融业的对内开放和对外开放，进一步深化金融业的制度建设，改革不合理的制度，为实体经济松绑和减压，为其发展创造更好的条件，为居民提供更优质的金融服务。要进一步降低金融准入门槛，向社会资本开放，激活民间资本。

（三）理解金融要把握四项原则

2017年全国金融工作会议提出总的金融发展目标是："坚持稳中求进的工作总基调，遵循金融发展规律，紧紧围绕三大任务，创新和完善金融调控，健全现代金融企业制度，完善金融市场体系，推进构建现代金融监管框架，加快转变金融发展方式，健全金融法治，保障国家金融安全，促进经济和金融良性循环、健康发展。"中央金融工作会议提出理解金融要把握四项原则：

第一，回归本源。服务实体经济，服务于社会经济发展。金融要把服务实体经济作为出发点和落脚点。全面提升服务效率和水平，把更多的金融资源配置到经济社会发展的重点领域和薄弱环节，更好满足人民群众和实体经济多样化的金融需求。这就对银行的金融创新能力、营销能力和产业带动能力提出了更高的要求。

第二，优化结构。完善金融市场、金融机构、金融产品体系。要坚持质量优先，引导金融业发展同经济社会发展相协调，促进融资便利化、降低实体经济成本、提高资源配置效率、保障风险可控。

第三，强化监管。提高防范化解金融风险能力，要以强化监管为重点，以防范系统性金融风险为底线，加快相关法律法规建设。未来监管模式会出现显著变化：不再强调分业，而是强调综合；不再仅仅强调机构，而是更强调功能和行为；不再单独强调中央权威，而是兼顾地方监管职能的强化。预计在十九大之后地方金融办的权能会大力加强。

第四，市场导向。发挥市场在金融资源配置中的决定性作用。处理好市场和政府的关系，完善市场约束机制，提高金融资源配置效率。加强和改善政府宏观调控，健全市场规则，强化纪律性。

（四）四个方面的重点发展领域

第一，资本市场发展将进入一个新阶段。融资功能将进一步完备、制度建设进一步推进、监管体系进一步完善、投资者合法权益保护力度进一步加大，形成多层次资本市场体系。

第二，改善间接融资结构，推动国有大型银行战略转型，发展中小银行和民营金融机构。十九大后民营银行发展将迎来新的机遇，将进一步整合目前的农村商业银行和城市商业银行，继续引进私营资本，改善现有银行业的股权结构和治理结构。新建更多的民营银行，改善市场竞争结构。

第三，促进普惠金融体系。加强对小微企业、"三农"和偏远地区的金融服务，推进金融精准扶贫，鼓励发展绿色金融。十八大将普惠金融第一次写进决议。普惠的含义有待进一步澄清：普惠是"普遍惠及"，而不是普遍优惠；是包容性金融，扩大覆盖面，而不是不讲成本；强调的是可持续性，而不是慈善金融。大型商业银行也要继续加强普惠金融服务，为弱势群体尤其是农村居民提供更广泛的金融服务，减少金融排斥。

第四，促进金融机构降低经营成本，清理规范中间业务环节，避免变相抬高实体经济融资成本。总体精神是鼓励金融创新，为实体经济减负。要以金融机构的供给侧结构性改革推动经济和产业的供给侧结构性改革，也就是说，要根本变革金融机构的营利模式，创新运行模式，促进银行业的业务转型和升级，以促进实体经济的发展。

七、培育中国特色金融文化

（一）"两个结合"对于建设现代化金融强国具有重要战略意义

2023年10月底，中央金融工作会议在京举行。在面临诸多不确定性因素和日益复杂的国际经济形势下，作为国民经济血脉的金融体系备受关注。如何推动金融的高质量发展，使之成为中国式现代化建设的有力支撑是中国必须面对的命题。中央金融工作会议指出："党的十八大以来，在党中央集中统一领导下，金融系统有力支撑经济社会发展大局，坚决打好防范化解重大风险攻坚战，为如期全面建成小康社会、实现第一个百年奋斗目标做出了重要贡献。党中央把马克思主义金融理论同当代中国具体实际相结合、同中华优秀传统文化相结合，努力把握新时代金融发展规律，持续推进我国金融事业实践创新、理论创新、制度创新，奋力开拓中国特色金融发展之路。"[1]这是中央第一次提出"把马克思主义金融理论同当代中国具体实际相结合、同中华优秀传统文化相结合"，"两个结合"的提出，既是对我国以往几十年（尤其是新时代以来）金融发展道路的精准总结，也是对未来我国开拓中国特色金融发展之路的战略性、前瞻性要求。作为未来很长一个历史时期我国金融工作的战略性指导原则，"两个结合"值得在思想层面、理论层面、实践层面进行多维度、多层次的解读与落实，以呈现"两个结合"的丰富内涵并厘清其实践路径。

近年来，伴随着中国经济发展进入新常态、结构性转型升级，面

---

[1]《坚定不移走中国特色金融发展之路——中央金融工作会议为金融发展指明前进方向、激发信心动力》，《人民日报》2023年11月1日第1版。

对百年未有之大变局,已经有很多人认识到,中国需要以自己的金融文化作为指导,尤其需要以中国传统文化底蕴为基础的经济义利观和金融伦理作为支撑,来引领金融企业的实践,提升金融业的总体竞争力,保持金融业的高质量发展。

(二)什么是金融文化

金融文化就是不同国家、不同类型的金融机构的所有经营行为、企业文化和管理方式的总和,所有金融经营行为和管理方式都体现着一个金融机构的文化,体现着一个金融机构的企业精神和企业哲学,而这些金融文化在不同国家和不同时代有着不同的呈现方式和内涵。从更深层次来说,金融文化乃是一切金融交易行为背后所隐含的人类的价值观(伦理观)的总和,它是在金融体系自身不断演变中逐渐形成的一整套伦理体系,然而这些价值观(伦理观)又影响着金融本身。[1]

(三)优秀传统金融文化在新时代的创造性转化

事实上,中国在历史悠久的经济发展和金融发展过程中,积淀了丰富而灿烂的经济伦理与金融文化,这些历史积淀反映了中国源远流长的商业实践与商业文化,在不同的历史时期对我国的经济发展做出了卓越贡献。作为世界上唯一一个五千年亦旧亦新、连续不断的文明,中华文明在漫长的演变和发展过程中展现出自己突出的坚韧性、创新性和适应性。金融文化作为中华文明的重要组成部分,也体现出同样的特性:源远流长、根深叶茂而又能不断地日新又新,不断地进行创造性转化,以适应不同时代的崭新要求。发掘这些优秀传统金融文化,

---

[1] 王曙光:《培育金融集体人格》,载《金融文化》2023年第5期。

并在新时代进行适应性的转化和创新,这是建设中国特色金融现代化道路、建设现代化金融强国的必由之路。说到底,金融体系的可持续、高质量发展离不开金融伦理和金融文化的支撑,从"两个结合"出发,中国的金融体系才会行稳致远,才会助力于中国式现代化的历史实践。今天中国的金融发展和改革,正需要"正本清源""温故知新",从借鉴优秀传统金融文化入手、从系统梳理我国传统经济商业伦理入手,才能真正找到中国金融现代化之"根"、金融强国之"源"。

中华民族在数千年的历史长河中发展出的丰富而独特的经济思想与金融文化,潜移默化地影响着每一代中国人。"见利思义""义以生利"的儒家传统义利观,以及千百年来在这一土壤之上逐步演化出来的强调诚信、道义的经济伦理与金融哲学,直到今天仍具有重要而特殊的现实意义。在2024年1月中央举办的推动金融高质量发展专题研讨班上,习近平发表讲话强调要坚定不移走中国特色金融发展之路,强调要推动金融高质量发展、建设金融强国,坚持法治和德治相结合,积极培育中国特色金融文化,做到:诚实守信,不逾越底线;以义取利,不唯利是图;稳健审慎,不急功近利;守正创新,不脱实向虚;依法合规,不胡作非为。[1] 金融体系是国家核心竞争力的重要构成部分,是经济社会不断发展的重要支撑,在构建中国特色现代金融体系的过程中,我们需要在优秀的传统文化中汲取营养,也需要实现优秀的传统金融文化在新时代的创造性、适应性和创新性发展转化,不断探索和完善适合中国国情的、面向未来、面向世界的发展方式和路径。这是中国式现代化道路的题中应有之义。

---

[1]《坚定不移走中国特色金融发展之路 推动我国金融高质量发展》,《新华日报》2024年1月17日第1版。

第十四讲
中国的全球化战略和人类命运共同体构建

一、引言：全球化视野中的世界秩序建构

　　第十四讲探讨中国的全球化战略与人类命运共同体的构建。这个问题很大，不仅涉及经济的内容，也会涉及政治的内容，但我主要还是讲经济学意义上的全球化进程中的中国方略问题。大概讨论六个问题：第一，探讨全球化视野中的世界秩序构建，我们怎么理解全球化，全球化经历了哪些历史阶段。第二，讨论中国近代以来的全球化进程，也就是1840年至1949年，这段时间我称之为"被动加入的全球化"。第三，探讨新中国参与全球化进程的第一阶段，就是1949年至1979年，我称之为"独立自主与避免全球化陷阱时期"。第四，探讨新中国参与全球化进程的第二阶段，即1979年至2001年，就是以加入世界贸易组织为一个时间节点，我称之为"主动参与全球化时期"。第五，探讨中国2002年到现在，尤其是十八大之后的全球化战略，我称之为"积极引领的全球化战略时期"。第六，讲一下中国"走出去"战略跟人类命运共同体的构建问题。

（一）如何理解全球化

"全球化"这个词是最近几十年非常流行的词，引起很多人基于不同立场的持久争论。全球化（globalization）指全球的政治经济文化联系不断增强，人类生活在全球规模的意义上展开及全球意识的崛起，国与国之间在政治、经济、文化上互相融合、渗透和依存。环顾当今世界，全球融合的态势非常明显，国与国之间不可能再相互割裂，而是互融互通，今天在一个地方发生的问题，其影响有可能波及几万里之外的另一个地方。在互联网的语境之下，世界变成了一个地球村，全球化已不仅是一个理念问题、观念问题，而是活生生的现实问题。任何人、任何国家，都不可能回避全球化问题。

关于全球化，我想强调几个观点。第一个观点，我认为全球化既然强调一个"化"字，那它必然是一个曲折发展的漫长的历史进程，在这个漫长的历史进程中，全球化的历史形态、内部机制以及对世界的影响都是不同的。而且这个历史进程对人类社会的影响是极为复杂的，不要把它看作一个单方面的积极的影响。全球化既有积极的影响，也有负面的消极的影响。对一个国家来说，全球化进程带来的，可能福祸兼具。第二个观点，在全球化过程中，每个文明体或者经济体的文化独立性跟全球化既有协调的一面，又有矛盾的一面，而我们会观察到一个规律，越是传统文化比较丰厚的国家，它跟全球化的矛盾的一面越是明显，它与全球化进程会发生激烈的冲突，有些国家在全球化过程中，甚至会受到毁灭性的影响。对于中国这样历史悠久、本民族文化积淀极为丰厚、文化的渗透力和生命力极为顽强的国家，在处理全球化问题的漫长过程中，一定会遭遇更多的波折、更多的痛苦和不适，必须根据自己的国情、历史和文化，来处理与全球化有关的问题，而不可能简单地"被全球化"。第三个观点，站在不同的立场上，对全球化的理解就会不同，对于全球化实施的模式也会有不同的见解。对全球化支持还是反对，都是基于不同的文化立场，现在反对全球化的声音非常之多，就是因为大家心目中的全球化的面貌很不一致。

（二）经济全球化的四个历史时期

全球化是一个包含经济、政治、文化、社会等不同领域的多元化的全球历史变迁过程，但无疑经济层面的全球化是最基本的动力。经济全球化指全球在生产、交换（贸易）、金融（含货币）等经济领域不断加深相互交流和提高相互依存度的历史进程。我们简单地把经济全球化分成四个历史阶段。

第一个阶段是自由资本主义阶段。这一时期，经济全球化的速度比较慢，其特征是采用暴力的手段将经济全球化与对外扩张、殖民贸易相结合。像英国这样一些殖民主义国家，以武力为后盾，在这一时期实施全球殖民，成为"日不落帝国"，其他欧洲国家也在世界各地瓜分殖民地范围。通过殖民，这些最早进行工业化和资本主义化的国家，在全球殖民地推行他们的强势文化，很多国家被裹挟进这样一个全球化的历史进程中。

第二个阶段是帝国主义阶段。时间大概从普法战争到"二战"结束。在这不到一百年的时间里，各个帝国主义国家通过战争来重新瓜分殖民地，通过暴力推行全球化，这段时间全球化的进程空前加快，深度也在空前加深。在这一时期的全球化过程中，帝国主义之间的相互争夺是非常残酷的，也给人类带来深重的灾难，两次世界大战带来的后果是惨重的。但是战争本身既是文明的毁灭者，也是文明的催生婆，在这个残酷的过程中，人类的各个文明体在更大规模上相互碰撞，东西方经济融合的过程加快。被帝国主义侵凌的弱小民族国家,被迫加入了这一全球化进程,其经济形态、产业结构、经济运行机制,都受到了深刻影响。这一时期,国际货币体系和金融体系、外交体系、国际法体系,也发生了深刻的变化。

第三个阶段是20世纪50年代至90年代末期。这一时期是两种不同制度的"冷战"时期,以美苏争霸作为主要表现形式,美苏竞争是这个时期全球化的主轴线。全球化在区域内既有加深的因素,也有分裂的因素,一定程度上阻断了它的进程。但各阵营内部的一体化程度在加深。比如说欧洲一体化程度就加深了。欧洲一体化的加深过程就是发生在20世纪50年代一直到90年代末期,1999年欧元诞生,表明欧洲一体化达到了一个巅峰。"二战"之后形成的布雷顿森林货币体系影响深远,它确立了以美元为核心的全球的金融秩序,这个金融秩序昭示了美元的霸权,当然也促进了全球金融的一体化。这一时期,美国的崛起为最重大事件,美国金融霸权对全球化影响深远。苏联的社会主义的崛起亦对后起工业化国家影响深远,对国际政治经济格局也产生了深刻影响。

第四个阶段是进入21世纪至今。这一时期全球化空前加深,区域一体化程度加深。欧盟是一个区域,北美自由贸易区是一个区域,东南亚国家联盟是一个区域。这些区域内部的一体化都在加深,全球贸易、货币一体化也在加深。政治格局随着美苏争霸的结束,发生了深刻的变化。世界由两极化、一极化向多极化发展。20世纪90年代末期以后,苏联解体,美苏争霸结束,美国单极化出现,而近年来美国的单极体系有所式微,新兴国家不断崛起,不断挑战美国的单极格局,他们希望构建新的全球秩序。这一时期,一方面全球化在加强,另一方面反全球化的趋势也开始明晰。而最近十五年左右,中国的崛起成为这个时期最主要的事件之一,影响到全球政治、经济、文化的格局。

(三) 当前全球秩序面临着重大转变

第一个值得关注的转变是美国的政治经济地位相对下降（我们说"相对下降"，意味着美国今天仍然是全球经济政治地位最强大的国家之一，不是"绝对意义的下降"）。美国这个国家经济增长模式是非常特别的，以高负债为基本特点，美国私人部门的负债达到 GDP 的 290%，联邦负债逼近 GDP 的 100%，美国的负债率过高，向未来透支太多，向别国透支太多，风险很大，经济严重失衡。同时，美元地位在下降，其他货币如欧元等都在挑战美元的霸权地位。随着竞争力的相对下降，美国的新保守主义势力抬头，特别强调美国贸易的利益，贸易保护主义的倾向非常明显。很显然，现在全球秩序进入多极化时代，美国作为"二战"之后全球政治秩序和经济秩序的管理者的地位有所动摇。

第二个比较大的转变是全球各国政治体制的多元化趋势开始显现。福山曾宣称人类文明的终结，认为西方的民主体制已经是人类历史上最美好的制度，这个判断看来为时太早。现在无论是欧洲的民主体制，还是美国的民主体制，都在发生很大的变化，受到越来越多的冲击。世界政治体制不可能再照搬欧美的模式，原来照搬西方民主形式的新兴民主国家，比如说东亚地区的新兴国家，都不同程度地出现了新的国家治理的困境甚至危机。全球治理的多极化，也在呼唤着各国民主政治体制的多元化发展。

第三个重要的转变是全球的金融危机和经济危机逐渐变得频繁，全球化加深的同时，世界资本主义面临的困境也在加深。经济贸易的全球化和金融全球化是一把双刃剑，一方面它促进资源在全球配置，使得各国的政治、经济、文化超越国界实现更大范围的融合，同时也引发全球性危机的不断蔓延。1997 年亚洲新兴国家金融危机爆发，2008

年发生了由美国金融危机所衍生的国际金融危机,甚至引发了欧洲大规模的金融危机与经济危机。我们发现,全球化给全球人民造成的风险和收益的分配是不平衡的,有些地方更多地享受了那个收益,有些地方更多地遭受了全球化带来的风险,所以这个分配是不平衡的。

第四个方面的转变是新兴经济体的崛起为全球化注入了新的力量。随着美国和欧洲力量的相对下降,新兴国家地位的相对上升,美国慢慢地开始发生一些变化,作为曾经的全球领导者,它退出了联合国教科文组织,退出了国际环境保护公约,等等。这些迹象表明,美国正在慢慢疏离那个他主导的国际经济文化秩序,没有兴趣也没有能力再维护这个秩序,当然美国的这个转变过程应该是很漫长的。欧洲的经济、政治局势近年来也处于风雨飘摇之中,葡萄牙、意大利、爱尔兰、希腊、西班牙出现明显的经济衰退和危机,欧盟面临着很多的问题,英国退出欧盟,德国等国的政治局势受到移民问题的严重影响而越发变得复杂和趋于脆弱。而金砖五国在兴起,包括巴西、俄罗斯、印度、中国、南非,这些国家在国际经济和政治舞台上的地位明显上升。G20(二十国集团由英国、美国、日本、法国、德国、加拿大、意大利、俄罗斯、澳大利亚、巴西、阿根廷、墨西哥、中国、印度尼西亚、印度、沙特阿拉伯、南非、土耳其、韩国,共19个国家以及欧盟组成)在扩大,原来只有八个国家,后来G20把大量的新崛起的发展中国家纳入,包括刚才所讲的金砖五国,包括韩国、土耳其、阿根廷、墨西哥、印尼这些国家,他们在国际政治经济话语体系中占据的地位更强大了。

这些变化,都要求和呼唤一个新的世界经济、政治和文化秩序,一个更开放、更包容、更公平、更稳定的新秩序。中国提出的人类命运共同体的主张,是契合世界潮流的主张,为构建世界新秩序提供了历史性的、富有中国智慧的解决方案。

二、近代以来中国的全球化进程：被动的全球化（1840—1949）

鸦片战争之后，中国被迫加入了世界经济政治的全球化进程。这是一个被强加的全球化进程，其实质是资本主义列强和帝国主义国家对中国的瓜分、剥夺和侵略的过程。在这个过程中，中国的经济由封闭的经济体系开始转向开放和半开放的经济体系，被迫参与国际贸易，在不平等的国际贸易条件和金融秩序下被动参与了全球化。这一阶段可以叫作"被动的全球化"。

在这个阶段，我们不是主动参与全球化，作为一个"弱国"，作为一个被列强欺凌和瓜分的国家，我们是"被全球化"了。通过被迫开放港埠、商埠，通过西方在中国划分他们各自的势力范围，中国的经济由封闭经济开始慢慢变成半开放的体系；我们被迫接受了所谓的国际规则，接受了一系列不平等的国际条约，在一种不平等的国际贸易和金融秩序下被动参与了全球化。当然这个过程对于中国来说是非常痛苦的，因为大量的国家利益被剥夺了。比如说清政府时期，关税的管理有几十年时间是被外国人控制的，我们自己没有权力管理。我们跟国外的贸易是不平等的贸易，本土的手工业和农业遭到严重的打击，成为一个依附于外国资本的手工业体系和农业体系，外国列强在这种不平等的国际贸易中攫取了大量利益。

这一时期，中国闭关锁国的状态被迫结束了。1840年之后，我们被动参与了全球化，实际上也开启了中国的现代化进程。这是一个被动的现代化过程，我们更多的是被动接受了外国的规则，引发了中国政治、经济、社会、文化制度的深刻变化。尤其是到了19世纪末20

世纪初,中国在知识界掀起了一股浪潮,叫"西化"。这个西化浪潮对于中国的政治、经济、文化的冲击是非常大的,其间引进了西方大量的政治、经济、文化的理念、思想,然而中国在这段时间的文化主体性受到极大的挑战,我们的文化自信遭到重创,固有的文化遭到侵蚀和冲击,严重影响了中国人对于本土文化的认同。

从五四运动起,这一百年来,中国人对自己文化的认同受到很大的冲击,我们对于本民族的文化传统否定得过于彻底,以至于现在还要论证它的合理性,说服大家要尊重自己的文化,珍惜自己的文化,这在其他文明看来实在是匪夷所思。从这一点来说,你就知道近代以来西化的浪潮对中国影响实在是太大了。与此同时,鸦片战争之后,我们传统的"天下主义"思想,逐渐被西方的丛林规则和新的"物竞天择,适者生存"的世界观所取代,就是胜者为王的民族国家思想。北京大学第一任校长严复先生翻译了《天演论》,适者生存的思想在中国成为主流思想。在列强的欺凌面前,在西方的强势文明面前,中国社会最精英的知识分子被迫抛弃了儒家的天下主义传统,接受了西方的丛林规则,这对中国人观念的冲击是很大的。

三、新中国的全球化进程(一):
独立自主与避免全球化陷阱(1949—1979)

新中国的成立是中国在争取民族独立和国家主权过程中的一个里程碑事件,它使中国摆脱了一百年沦为西方半殖民地的地位,走上独立自主的发展道路。

在新中国成立初期所面临的国际格局中，最值得关注的一个特征，就是西方资本主义国家对共产主义国家的"冷战"。在东西方"两个阵营"的经济较量与政治斗争中，新中国一直位于核心。

对于新兴的中华人民共和国成立之后帝国主义有可能对新政权采取的遏制和敌视政策，开国者们是有着足够清醒的认识的，因为新中国的政治合法性的来源之一便是实现国家的独立解放并由此理所当然地消除帝国主义对中国的政治控制与经济侵略，这一毫不掩饰的得到全国各个爱国政治派别拥护的政治主张，显而易见地把新中国和试图遏制她的帝国主义力量对立起来。

毛泽东在中共七届二中全会的报告中就清醒地指出："从来敌视中国人民的帝国主义，决不能很快地就以平等的态度对待我们。"而不久之后美国国务院关于中美关系的白皮书的发布和艾奇逊国务卿给杜鲁门总统的信件，就印证了这一明智的判断，促使新兴的共和国"丢掉幻想，准备斗争"，采取了"一边倒"的外交和国际经济政策。这一政策的制定，完全是在当时的新兴民族国家兴起和东西方阵营对立这两大国际环境约束的大格局下所必须也必然做出的历史选择。[1]

在处理与中国关系的历史过程中，帝国主义表现出看似矛盾的国际交往逻辑。当中国人处于封闭落后的状态时，西方列强从占有市场和掠夺资源的目的出发，希望中国结束闭关锁国而开放门户，甚至不惜以炮舰与暴力作为敲开中国门户的手段；然而当新兴的独立的以民族复兴为号召的中华人民共和国希望以世界民族之平等成员的身份，与各国建立公平的国际经济政治交往关系的时候，帝国主义国家却反其道而行之，关锁门户，对中国实施历史上最为严格的堪称丧心病狂的

---

[1]《毛泽东选集》第四卷，北京：人民出版社，第 1434—1507 页。

封锁禁运，试图把中国与世界其他国家人为地割裂开来，切断中国一切国际经济交往血脉，以此扼杀摇篮中的新兴共和国。

这个前后矛盾的帝国主义国际交往逻辑具有内在的高度一致性，就是希望中国永久性地成为他们控制的政治上的殖民地、工业原料的来源地和工业品的倾销市场；如果不能实现这一目标，则不惜以最卑劣的手段遏制中国的崛起。而作为冷战思维的重要作品，臭名昭著的巴黎统筹委员会就充当了这一不光彩角色，这个持续了近半个世纪的、各参与国都讳莫如深不愿承认的秘密组织，对社会主义中国进行封锁的时间之长、封锁禁运条件之苛刻严酷、参与的西方国家之多，都是空前的。

实际上，毛泽东在新中国成立初期是准备与西方发达国家建立外交和经济关系的。1949年10月1日毛泽东以中华人民共和国中央人民政府主席的名义发布的政府公告指出：本政府为代表中华人民共和国全国人民的唯一合法政府；凡愿遵守平等、互利及互相尊重领土主权等项原则的任何外国政府，本政府均愿与之建立外交关系。[1]毛泽东强调："我们是愿意按照平等原则同一切国家建立外交关系的。""关于同外国人做生意，那是没有问题的，有生意就得做，并且现在已经开始做，几个资本主义国家的商人正在互相竞争。我们必须尽可能地首先同社会主义国家和人民民主国家做生意，同时也要同资本主义国家做生意。"[2]

1949年12月22日，正在苏联访问的毛泽东就准备对苏贸易条约等问题致电中共中央。电文中毛泽东指出："波兰、捷克、德国都想和我们做生意。似此，除苏联外又有这三个国家即将发生通商贸易关系。此外，

---

[1]《建国以来毛泽东文稿》第一册，北京：中央文献出版社，第15页。
[2]《毛泽东选集》第四卷，北京：人民出版社，第1435页。

英国、日本、美国、印度等国或已有生意或即将做生意。因此，你们在准备对苏贸易条约时应从统筹全局的观点出发，苏联当然是第一位，但同时要准备和波、捷、德、英、日、美等国做生意，其范围和数量要有一个大概的计算。"[1] 1956年，当周恩来讲到要派人到资本主义国家去学技术时，毛泽东赞成说："不论美国、法国、瑞士、挪威等，只要他们要我们的学生，我们就派去。"[2]

（一）巴黎统筹委员会的效果

对新中国实施的极其严酷的封锁禁运政策，就其实施效果而言，与巴黎统筹委员会当年的预期着实存在一定距离。这一方面是因为新中国为了打破西方帝国主义的封锁禁运而主动采取了诸多灵活有效的对策，从而极大地减少了封锁禁运带来的物质损失，并赢得了较为显著的国际贸易改善的效果；另一方面，封锁禁运政策不能完全奏效，亦与帝国主义内部存在的深刻的矛盾斗争和列强利益的不一致有关，一些持比较温和立场而欲与中国建立商业关系的国家是巴黎统筹委员会中的动摇者和怀疑者，他们从内部摇撼了这个神秘、松散、脆弱，需要美国时时依靠对参与国的惩罚作为威胁才得以维系其团结的同盟的根基。

更为重要的是，这个同盟的参与者可能忘记了，中国这样一个人口规模与欧美国家总数相仿、资源丰富、疆域广阔的国家，本身就是一个巨大的、能够自我维系的市场，这个巨大的市场具有极强的自我调整能力、巨大的灵活性和弹性、广阔的回旋空间，使其即使在割断

---

[1]《毛泽东年谱》第一卷，1949年12月22日，北京：中央文献出版社，2013年，第62页。
[2]《毛泽东年谱》第二卷，1956年2月25日，北京：中央文献出版社，2013年，第537页。

与外部联系的时期也能保持很好的自我运转,对这一显而易见的事实的故意忽略,十足显示出巴黎统筹委员会俱乐部成员们的傲慢和自负。

因此,虽然在封锁禁运的初期,新中国的对外贸易和工业发展受到了短期的冲击,从而出现短暂的外贸收入波动、通货膨胀和工业发展受阻,对新中国成立初期的国民经济恢复和社会主义工业化的初始阶段造成了比较严重的影响;然而从长期来看,这种消极的影响是有限的,"巴统"没有实现扼杀新中国的企图,反而看到新中国的迅猛发展。而且,封锁禁运给这一荒谬政策的参与者造成的损失也许同样巨大,"巴统"俱乐部成员在几十年中丧失了中国这个广阔的市场以及这个市场可能带来的商业机会,其对各资本主义国家投资者造成的经济损失和对国民造成的福利损失也是很难统计的。

(二)"巴统"的另一个后果:逼迫中国建立完整的工业体系从而避免了"全球化陷阱"

在此更值得指出(而为一般研究者所忽略)的是西方国家的封锁禁运政策所带给中国人民的出乎"巴统"设计者意料的宝贵的"正面价值"。新中国在积极应对封锁禁运、千方百计拓展国外贸易市场的同时,更把主要精力放在开拓国内市场上面。为弥补"封锁禁运清单"上的物资进口受阻造成的损失,新中国不得不付出极大的努力加快工业进口替代品的生产和研制,加快对本国资源的开发,尤其是战略性能源和矿产的测绘工作、地质勘探和开发利用,从而在新中国成立的二十多年的时间内,迅速增强了中国在"封锁禁运清单"上所列示领域的生产能力和供给能力。

在能源工业、采矿业、机械工业、石油和石化工业等领域,获得空前的发展,这不得不说是封锁禁运倒逼出来的一项"意外的成果"。

国内巨大市场的开发和挖掘，也极大地促进了新中国市场统一性的形成。封锁禁运还逼迫新中国必须重视自己的技术创新，在科学教育、技术变革方面依赖自己的力量，这从反面促进了新中国自我技术创新能力的迅速提升。

西方的封锁禁运也避免了新中国在国家经济实力和外交实力十分微弱的情况下受到不公平的国际经济规则和国际贸易体系的负面影响，避免了第二次世界大战之后亚非拉很多新兴民族国家在不平等的国际专业化分工体系下所形成的依附性发展和被剥夺的命运，避免了经济发展的畸形化、片面化和非自主性。西方帝国主义封锁禁运政策的最大"成果"，是迫使新中国建立起完备的、系统的、全面的、自主的工业体系，即全力构建起由重工业、国防工业、轻工业组成的全产业链，这是新中国独立自主、自力更生、自给自足的工业体系和经济发展战略形成的重要根源之一。

毛泽东当年说："封锁吧，封锁个十年八年，中国的一切问题都解决了。"这一充满智慧和自信的论断，今日已经成为现实。巴黎统筹委员会对新中国的封锁禁运政策，正是新中国塑造全新的工业体系、制定赶超战略并由此形成具有中国特色的国家体制的起点。"巴统"没有实现扼杀新中国的企图，而是不断见证新中国的崛起和中华民族的复兴；1994年这个俱乐部悄悄解散的时候，新中国在全世界经济版图和政治版图中的地位与1949年相比已经有了翻天覆地的变化。

1949年至1979年这一时期的中国全球化战略是在西方帝国主义国家封锁禁运条件下的特殊的全球化，我们一方面尽量争取与西方和其他社会主义国家的经济贸易往来，而更重要的是立足国内，独立自主，自力更生，建立起完整独立的工业体系，开拓国内市场，从而避免了全球化陷阱。这个陷阱，是帝国主义国家和资本主义列强主导的全球经济金融秩序的必然结果,很多国家陷入其中不能自拔,而中国则成功地避开了这个陷阱。

四、新中国的全球化进程(二):
主动参与的全球化战略(1979—2001)

以外促内是我国经济体制改革的秘诀之一

改革开放以来,随着国际局势的变化,中国开启了"主动参与的全球化战略",这个时期大概从1979年至2001年,有二十年的时间。以开放促改革,以改革促开放,成为这一时期的主要格局。中国的对内改革往往是由对外开放促成的,以外促内,倒逼中国的国内体制变革,这是中国改革四十年取得很多成就的秘诀之一。因此,无论是外资引入、外贸体制改革,还是金融对外开放,人民币的全球化、国际化,其实都是不断通过外来因素的引入,结合中国国情,通过对外开放来促进中国国内的体制改革,这恐怕是中国参与全球化的最大成果。我们参与全球化,并不仅仅是要跟全球其他国家交往,更重要的是实现中国制度上的变革与创新。

中国在这一时期参与全球化是全方位的,力度很大,涉及的领域很广。中国大力引进外资,当然绝大多数是长期的直接投资,这是中国在引进外资方面一直坚持的原则之一,这与东南亚国家主要引进短期投资和资本市场投资形成鲜明对比。随着外资的引进,我们还引入了大量的西方先进管理理念和方法,引进了西方先进技术设备。当然,外国技术的大量引进,对于本国技术的成长而言,也是把双刃剑,有时会促进本国技术的追随和模仿，有时又会遏制和影响本国技术的创新和成长。利用外资的规模在这二十年中提高了几百倍，中国成为全世界吸引外国直接投资最多的国家之一。

这一时期也是中国对外贸易突飞猛进的时期。中国已经成为世界最大的贸易国，就是我们的进出口总量在全球占第一，这是一个非常值得骄傲的成就。这就意味着，从商品贸易这个角度来说，中国是世界上最开放的国家（从参与国际贸易的深度而言），是外贸依存度最大的国家，中国的商品遍及全世界。对外贸易的快速发展，成为提升中国经济增长速度、推动中国经济转型的最重要因素，使得中国再也不可能是一个封闭的国家，而成为一个深度参与国际商品生产和交换的国家。另一方面，我国的经济增长也严重依赖于国际贸易，外贸依存度很高，这是一把双刃剑。我们的外贸依存度比很多发达国家都要高，这个问题也要重视，要在提高对外贸易的同时，加大对本国国内需求的促进力度。

这一时期我们加深了金融业的开放。改革开放以来，中国的银行业、资本市场都在慢慢地对外开放，我们比较注重开放的渐进性，注重对大型银行的把控能力，注重对资本市场的把控能力，这是非常重要的。中国永远不能搞那种全面的、快速的、彻底自由化的金融开放，因为金融开放关乎中国的金融安全，而金融安全是国家安全的最重要组成部分之一。

这一时期我们稳步推进人民币国际化。我国对人民币的国际化是持积极态度的，但是又很稳健。人民币国际化的含义包括三个方面：第一，人民币现金在境外享有一定的流通度；第二，也是最重要的，是以人民币计价的金融产品成为国际各主要金融机构包括中央银行的投资工具，使得以人民币计价的金融市场规模不断扩大；第三，国际贸易中以人民币结算的交易要达到一定的比重。今天，人民币逐渐成为全球比较重要的流通货币、计价货币和结算货币。除了这三条比较重要的标志之外，人民币还要争取成为全世界重要的国际储备货币之一。现在国际储备货币，大概只有几种，美元占国际储备货币的40%左右，欧元大概占30%多，日元占20%左右，其他国家的占比微乎其微。人民币要成为国际储备货币，当然是非常难的，因为选择一种货币作为储备货币，意味着这种货币一定是全世界最重要的且最稳定的货币。我们也要争取在国际货币基金组织的特别提款权（SDR）占据一席之地，获得世界的认可。但人民币要获得与美元、欧元并驾齐驱的地位，还需要一个比较长的历史时期，对于这一点，中国是有清醒的认识的，这与中国的国际政治经济影响力、国际贸易参与的深度、人民币本身的稳定程度和在全世界被认可的程度，都是成正比的。

这一时期，我们积极推进加入世界贸易组织的进程。世界贸易组织的前身是关税和贸易总协定。中国与关贸总协定的关系说来话长。1947年10月30日，中国政府签署了联合国贸易与就业大会的最后文件，该大会创建了关贸总协定。1948年4月21日，中国政府签署关贸总协定《临时适用议定书》，并从1948年5月21日起正式成为关贸总协定缔约方。1950年3月6日，台湾当局由其"联合国常驻代表"以"中华民国"的名义照会联合国秘书长，决定退出关贸总协定。1982年11月，中国政府获得观察员身份并首次派团列席关贸总协定第36届缔约国大会，从而能够出席缔约方的年度会议。1982年12月31日，国务院批准中国申请参加关贸总协定的报告。1986年7月10日，中国驻日内瓦代表团大使钱嘉东代表中国政府正式提出申请，恢复中国在关贸总协定中的缔约方地位。从1986年开始，中国为了加入关贸总协定以及世贸组织，与美国等国进行了极为艰苦的、漫长的谈判。1992年10月10日，中美达成《市场准入备忘录》，美国承诺"坚定地支持中国取得关贸总协定缔约方地位"。1994年4月乌拉圭回合谈判结束,与会各方签署《乌拉圭回合谈判结果最后文件》和《建立世界贸易组织协议》,中国代表团参会并签署《最后文件》。1994年10月20日,关贸总协定中国工作组第19次工作会议在日内瓦举行。中国政府代表团团长、外经贸部副部长谷永江在会上严厉谴责少数缔约方漫天要价,无理阻挠,致使复关谈判未能达成协议。1994年11月28日至12月19日,龙永图率中国代表团在日内瓦就市场准入和议定书与缔约方进行谈判,谈判未能达成协议。在漫长的谈判过程中,中国在有理有力有节的原则下与以美国为首的西方国家进行了针锋相对的斗争,既为争取早日加入世贸做了适当的让步,又坚决争取自己的平等贸易权利,其过程非常艰苦。1999年3月15日,中国国务院总理朱镕基在中外记者招待会上说:"中国进行复关和入世谈判已经13年,黑头发都谈成了白头发,该结束这个谈判了。现在存在这种机遇。第一,WTO成员已经知道没有中国的参加WTO就没有代表性,就是忽视了中国这个潜在的最大市场。第二,中国改革开放的深入和经验的积累,使我们对加入WTO可能带来的问题提高了监管能力和承受能力。因此,中国准备为加入WTO做出最大的让步。"2001年11月20日,世贸组织总干事迈克尔·穆尔致函世贸组织成员,宣布我国政府已于2001年11月11日接受《中国加入世贸组织议定书》,这个议定书将于12月11日生效,我国于12月11日正式成为世贸组织成员。2001年12月11日中国成为WTO的第143个正式成员。

这个漫长过程实际上也是中国经济不断对外开放的过程,是中国经济体制不断深化改革的过程,同时也是中国和以美国为首的西方国家经济实力的角力过程,是与以西方价值和利益为核心制定的国际贸易规则斗争的过程,这个斗争是非常残酷的。中国在这个过程中出于长远战略的考虑做了一定的让步，但是我们获得了通往国际的通行证，获得了巨大的全球化收益，获得了国际话语权。可以说中国是几十年全球化最大的受益者。

五、新中国的全球化进程（三）：积极引领的全球化战略（2002年至今）

（一）中国正在积极引领一个多元化的全球新秩序

21世纪以来，尤其是十八大以来，我国推行全球化战略的意识更加明晰，由"主动参与的全球化战略"转变为"积极引领的全球化战略"。在这一时期，中国由全球化的参与者逐渐向引领者转化，正在更多地主动地引领整个全球化话语体系和游戏规则的制定，正在以积极的姿态引领一个多元化的全球新秩序的时代，这一全球新秩序，构成我们今天所说的"新时代"的一个主要内容。

（二）当前要深刻全面反思全球化，以动态的历史的视角检讨全球化

毫无疑问，中国现在比以往任何时候都重视国际战略，都更加开放，都更加融入世界经济的大循环之中。近来国际上发生的一系列事情，使我们对全球化有了新的认识。2017年1月16日，我接受《韩国日报》采访，记者问：继英国脱欧、特朗普当选美国总统之后，国际社会有一个引人注目的现象，那就是反对经济全球化的浪潮一浪高过一浪。如何看待以上的国际社会现象？我的回答是：全球化，从积极的一面而言，使得这个世界愈加紧密地联系在一起，整个地球的经济融

合和文化融合愈加深刻；然而，从消极的一面而言，全球化加重了这个世界的隔离和二元化；所以要全面地、从历史的视角动态地理解全球化。

一个世纪以来，全球化已经由一种经济话语，转向一种政治话语、军事话语。强势的国家，利用自己的政治、经济、军事和文化力量，推行全球化的一整套话语体系，强迫别的弱势国家接受这些话语体系和价值观。近一百年以来，这个趋势持续推进，西方发达国家通过推行全球化，获得了大量的利益，获得了全球的话语权，为了获得这些利益和话语权，甚至不惜采用战争的手段。

现在，国际格局发生了变化，英国的脱欧运动、特朗普的当选，都在预示着一种趋势，就是这些原来推行全球化、倡导全球自由贸易、门户开放最为有力的国家，开始逆潮流而动，开始"反全球化"，民族主义的趋势愈加明显。不发达国家也在"反全球化"，然而其动因却与这些发达国家完全不同，因为这些不发达国家在上百年的全球化浪潮中不断被剥夺，不断被边缘化。

（三）为什么美国的贸易保护主义抬头

改革开放四十年以来，中国可以说是全球化和国际贸易的受益者。

当特朗普提出若干带有浓厚贸易保护主义措施的时候，中国却在旗帜鲜明地、有力地举起自由贸易的大旗。这种现象，让很多对美国怀有美好想象的人感到疑惑，在他们的意识中，美国应该永远都是一个自由贸易的鼓吹者与倡导者，而不可能是贸易保护主义的鼓吹者。几十年以来，不正是美国把贸易保护主义"污名化"，而把自由贸易神圣化的吗？现在美国的价值观怎么发生变化了呢？这些人不清楚，国际经济交往和贸易中的所谓价值观，是由经济地位支配的，并没有一个一成不变的永远正确的价值观。

在历史上,我们可以发现一个基本规律:凡是正在迅猛上升的经济体,一般而言都积极推动国际自由贸易,以寻找国际市场,快速发展自己的产业和就业;凡是正在走下坡路的经济体,一般而言会采取贸易保护主义措施,以保护自己弱势的产业和就业。一百年前的欧洲、美国,都是在上升阶段,主张全球开放门户、自由贸易,而当时的中国闭关锁国。现在,全球的经济格局发生了深刻的变化,中国经济对全球经济的贡献率已经在逐步超越美国,中国的经济总量已经或者正在超越美国。在这个迅猛上升的阶段,中国为了发展自己的产业,拓展全球市场,必然主张自由贸易;而美国逐渐走下坡路,处于守势,必然主张贸易保护主义。可以预见,在未来的很长一段时间,美国可能是鼓吹贸易保护主义最激烈的国家,美国对引进外资、对引进别的国家的企业、对国际贸易、对移民,都将采取保守的、消极的姿态,而中国必将成为主张自由贸易最有力的国家。这是由两个国家不同的经济地位决定的。这是历史规律,价值观受经济地位支配。

(四)中国的全球化战略处于一个关键时期,全球化是中国和世界的需要

现在,中国的国际战略正处于一个相当关键的时期,我们必须继续扩大开放,继续扩大对外合作,继续扩大中国与国际的交往,包括经济和文化交往。中国将更加深深地融入国际社会,这既是国际社会的需要,更是中国自己的需要。一个真正的大国的崛起,不是靠封闭,而是靠开放;不是靠排外,而是靠更加具有包容性;不是靠挤垮别的国家,而是与其他国家共赢。中国在文化传统上的极大包容性,是中国未来成为世界大国的精神基础,也是中国的优势所在。

(五)"一带一路"倡议背后是中国特有的文化理念

无论从国际经济、国际政治还是国际文化角度来说,"一带一路"都是一个很有张力和冲击力的理念。"一带",指的是"丝绸之路经济带",是在陆地。它有三个走向,从中国出发:一是经中亚、俄罗斯到达欧洲;二是经中亚、西亚至波斯湾、地中海;三是经中国到东南亚、南亚、印度洋。"一路",指的是"21世纪海上丝绸之路",重点路线是两条:一是从中国沿海港口过南海到印度洋,延伸至欧洲;二是从中国沿海港口过南海到南太平洋。"一带一路"倡议的提出,体现了中国人独有的全球治理智慧。中国用这种柔性的方式,用道家的无形的方式,通过"一带一路"来实现中国的国际政治经济布局。"一带一路"是中国营造新的全球秩序的核心理念,其重点是"五通"。一是机制互通。中国要和共建"一带一路"国家实现经济运行机制的一体化,借以实现中国国内经济运行体制的转变。二是基础设施互通。要帮助共建"一带一路"国家实现基础设施的转变。中国现在高铁技术、油气管道技术、光缆建设技术等在全世界都是一流的。三是贸易互通。要实现与共建"一带一路"国家的自由贸易,打破美国的贸易保护主义。四是资金互通。实现金融合作。五是民心互通。加强教育、文化、旅游方面的合作。

(六)"一带一路"倡议秉持的是共享、共建、共商的理念,是"天下"和"王道"理念

中国在2014年左右提出"一带一路"倡议。这个倡议提出之后,引起了国际社会的很大反响。中国一直强调,我们的"一带一路"倡议不是像"二战"之后的"马歇尔计划"那样,要划分势力范围,建立起

以中国为核心的经济和政治俱乐部，来控制全球的资源配置。我们一贯讲中国的"一带一路"跟"马歇尔计划"是不一样的。"马歇尔计划"产生了三个重要的国际机构，一个是联合国，一个是世界银行，一个是国际货币基金组织，从而建立起战后国际政治、经济、货币新秩序。这个新秩序是以美国为中心的一个圈子，一个俱乐部。但是"一带一路"倡议秉持的理念是开放的区域主义，强调的是共享、共建、共商。中国人内心深处，还是一个"天下"和"王道"的概念，与霸权思路有着根本不同。

历史上我们有过天下主义的尝试。明朝郑和七下西洋就构建了一个庞大的体系。这个体系我称之为"全球政治朝贡体系"。它是以大明帝国为核心，建立起一个天下主义的体系，大家都承认大明帝国是一个贡主，我们都承认它的合法性和它的贡主地位。这个朝贡体系的理念非常好，是天下主义的理念，不是侵略性的，不是以建立殖民地进行掠夺为目的，而是以大明帝国为基础，辐射四海，建立起一个以朝贡和政治认同为特征的和平主义的全球战略体系。

现在我们提"一带一路"，跟郑和下西洋时以自我为核心的全球模式有所不同，"一带一路"是一个以天下主义为基础、以平等关系为纽带、以"互信、互通、共享"为特征的全球战略模式。而中国人这种大国的胸襟和包容思维没有变化，中国人内心深处的大国思维，这种天下主义情怀，没有变化。尽管中国最近一百年当中确实是衰落了，但是中国人的格局还是有的。因此，我们跟这些共建"一带一路"国家的关系就不是一个殖民与被殖民、控制与被控制的关系，而是一个命运共同体的关系。

所以在构建"一带一路"新型国家关系的过程中，中国文化与共建"一带一路"国家的融合是非常重要的，就是要让各个国家都接受中国这种天下主义文化，而不是不平等的国家主义与狭隘的民族主义文化。现在中国与美国相比，中国比较具有天下主义情怀，因为两个国家的历史不一样，中国在2500多年前就奠定了这种天下主义的情怀与格局，就提出了"天下一家"的概念。孔子讲过"四海之内，皆兄弟也"，这个感觉美国没有，他没有这种文化资源和历史记忆。

六、中国"走出去"战略与人类命运共同体构建

（一）"人类命运共同体"理念获得国际认同

2012年11月，十八大报告提出要倡导"人类命运共同体"意识，这是"人类命运共同体"理念首次载入中国共产党的重要文件，并进而成为新时期中国与世界相处的重要指导思想。近年来，习近平在国际国内重要场合百余次谈及人类命运共同体，不断与国际社会就"人类命运共同体"理念与实践加强沟通，推动双边、地区、全球等多层次命运共同体的构建。应该说，这些理念正在越来越多地得到国际社会的认同。习近平在新时代积极"倡导人类命运共同体意识"，认为"这个世界，各国相互联系、相互依存的程度空前加深，人类生活在同一个地球村里，生活在历史和现实交汇的同一个时空里，越来越成为你中有我、我中有你的命运共同体"，并强烈呼吁世界各国"同舟共济，权责共担，增进人类共同利益"，表明中央对于未来一个长时期的全球化战略的指导原则和战略目标有着清醒的构想，对世界发展的未来潮流有着深刻的认识。

2017年2月10日，"人类命运共同体"理念首次被写入联合国决

议。3月17日，首次被写入联合国安理会决议。3月23日，首次被载入联合国人权理事会决议。"人类命运共同体"理念作为一份思考人类未来的"中国方略"，获得了广泛的国际认同。当今世界纷争不断，世界从来都不安定，各国、各经济体、各文明体的矛盾空前激化，欧美国家和新兴国家的政治经济地位正在发生深刻的变化，全球的政治经济命运复杂多变。是坚持狭隘的国家主义和民族主义，还是坚持各国互通互融的天下主义？是采取以邻为壑的贸易保护主义，还是进一步扩大开放和自由贸易，从而构建一个共赢的国际贸易和经济秩序？人类各个文明体是走向亨廷顿所说的"文明的冲突"，还是走向各文明体之间的对话，实现不同文明之间的交往理性，构建一个同舟共济的命运共同体？这考验着全球各国、各文明体的智慧。中国根据自己对国际局势的判断，基于自己的历史积淀和文化传统，从世界长远的发展和繁荣出发，提出了具有中国智慧的中国方案。"人类命运共同体"理念的提出，既是中国传统历史文化基因在当代的传承，在当代的新的提炼和升华，也是中国七十年国际交往实践经验的概括，体现了新时代中国经济地位、政治地位、文化地位的新变化。

（二）"走出去"战略与人类命运共同体构建

中国现在提出"走出去"战略，这跟人类命运共同体的构建有什么关系呢？我认为"走出去"战略，是对中国原来的全球化战略的一个重要补充，因为原来的全球化战略更多地强调出口，出口其实并不是全面的"走出去"，只是让全球分享中国人的产品。真正的"走出去"是干什么呢？是要我们的人"走出去"，我们的资本"走出去"，我们的文化"走出去"，来参与全球化的贸易和交流，包括政治、经济、文化的交流。所以"走出去"实际上是更高级的全球化战略，但是怎么"走出去"

是个问题。

在"走出去"的过程中,核心的问题是文化问题。中国是一个历史悠久、文化传统丰厚的国家,但同时又是一个崭新的、富有生机和变革动力的社会主义国家。这两个形象放在一起,对于别的国家而言,要理解中国就需要花费一定的气力。因此,在"走出去"的过程中,文化的沟通非常重要。我们要用其他国家能够理解的方式,把中国的这两个形象完整地传达给国际社会,让他们能够理解一个"亦旧亦新"的中国,所谓"周虽旧邦,其命维新"也。这些年我们的"走出去"实际上面临很多国家的误解,这是很正常的。因此我觉得,"走出去"还不单是我们的企业和资本"走出去",首先可能要让我们的文化"走出去",要跟别的国家有充分的文化沟通。

(三)在"走出去"的过程中坚持公平、平等、正义,坚持天下主义和社会主义

原来的殖民地国家在推行全球化过程中,要么是施主心态,处处俯视那些他们眼中的劣等民族,要么是殖民地国家的强盗心态,处处以不公平的条件来掠夺别的国家。我们在"走出去"的过程中,一定要与这两种心态绝缘。中国是有着悠久历史传统的大国,有着天下主义的理想;同时我们又是一个社会主义国家,跟别国交往,是一个平等的交往,要坚持公平正义原则。这是我们今天实施"走出去"战略以及"一带一路"倡议过程中必须坚守的原则和立场。"走出去"的核心、实质和关键,是文化"走出去",是文化自信,是文化沟通和文化"走出去"战略。我们要王道,不要霸道;要天下主义和社会主义,要坚持平等和正义。

（四）在"走出去"和构建人类命运共同体中要有特别的担当，但又要极为清醒和实事求是

作为一个社会主义国家，中国的"走出去"战略与人类命运共同体构建要有一种特别的担当，但同时也要量力而行。我们对自己的经济、政治、科技、军事力量的估计要切合实际：既要充满自信，又要实事求是；既要奋发有为，又要保持清醒的头脑。一切过于乐观、过于盲目自信的倾向，都应该避免和消除。

中国即将成为全世界最大的开放国家，中国现在面临一个国际开放的大格局。在这个大格局下，对于人民币的国际化，对于中国企业"走出去"，对于构建一个新型的国际经济格局和政治格局，对于协调好国内战略和国际战略的关系，要有一个比较成熟的、长远的、通盘的考虑。

（五）要吸取别的国家在全球化中的教训

要吸取别的国家在全球化中的经验和教训，不要走弯路，不要被一时的胜利冲昏头脑，要有长远的战略考虑。当下的中国，已经到了必须"走出去"，必须面对国际事务的阶段了；可是我们的眼光、胸怀、知识储备、文化适应能力等，是否做好了充分的准备呢？我感觉我们的准备还不够。我们对国际贸易和国际交往的基本准则，对国外的文化传统和法律环境，甚至对最近国家大力推动的"一带一路"倡议相关共建国家的历史、经济、社会、法律、宗教、文化等了解得还不够，要尽快补课。

中国的有些企业家到国外去办企业，试图用些不太光明磊落的手段迅速搞定对方的政府和企业，闹了很多笑话，教训很大。另外，中

国企业"走出去"之后，只顾在投资目的地赚取利润，并没有与当地的社区和人民融合在一起，与所在国人民的沟通不够深入和顺畅，功利主义的倾向很严重，没有承担相应社会责任，没有把自己的企业形象树立起来，结果受到当地人民的反感。这种现象也需要深刻反省。

中国的国际战略成功与否，中国企业能否真正"走出去"，取决于我们对国际事务、国际游戏规则和国外文化环境的认知程度，取决于我们是否具备国际化的眼光和胸怀，具备大国的气度，这些都不是小聪明能够解决的，要有足够的知识准备和文化心理准备。

中国要在全球化的新秩序中扮演更重要的角色，需要极其稳健的步伐，极其开阔的胸怀，极其冷静的心态。这个过程是长期的，不能过于自信，不能盲目求速。人民币国际化，亚投行和"一带一路"的推进，中国企业和金融业对外的投资和拓展，中国在世界银行等国际组织所承担的国际义务和话语权的提升等，都要有缜密的考虑和理性的推进，不能头脑发热。

（六）日本的教训和美国的转向

20世纪80年代，日元迅猛大幅升值，日本的企业家到处疯狂购买企业和资源，疯狂购买各种资产和艺术品，出手阔绰，大方至极；日本的银行迅速跻身全球最大银行之列，日本的产品遍及全世界，成为直追美国的全球"老二"。但是这种情况没有持续太久，很快随着日本大举投资海外，国内的产业空心化越来越严重，国内的投资需求和消费需求疲软，经济增长的动力不足，二十年来日本饱受经济不景气的困扰，经济增长缓慢，失去了宝贵的二十年时间；直到现在，日本的经济都还处于一种疲软的状态，这不能不说是与日本的全球化战略的偏差有一定关系。

中国不能走日本的老路,要把国际战略和国内战略平衡起来,不能只是"向外发力"而忘记了"练好内功"。日本从20世纪90年代开始到现在,二十年的萧条,经济增长缓慢,其根源在于国内的企业创新和产业升级受到忽视,国内的投资成本高,大量资本跑到国外,国内和国际失衡,看问题过于短期,目光短浅,贻害至今。中国这个"沟"能不能迈过去?日本的"产业空心化"和美国的"再工业化"战略,都值得我们好好思考,认真考虑我们的国际化战略和"走出去"战略,不要盲目、偏颇,要平衡,要理性,要循序渐进,不要空想主义和理想主义。

(七)结论:新天下主义:中国特色社会主义全球化思维

什么是"新天下主义"?"新天下主义"就是新时代我们在构建人类命运共同体和"走出去"的过程中必须坚持的中国特色社会主义全球化思维和全球化理念。这种理念既要强调公平贸易、自由贸易、市场规则、契约精神,强调互利共赢、开放包容,又要强调全球化过程中的公平、正义。新天下主义,也就是中国特色社会主义思想指导下的天下主义,它强调社会主义原则、社会责任原则、责任共同体和利益共同体原则,要树立新的国际合作和国际援助理念,从而为构建一种崭新的全球经济、政治和文化秩序奠定理念基础。

第十五讲
科技进步的举国体制及其转型

本讲主要尝试从经济史视角,系统分析新中国成立以来工业化和科技进步的路径选择,提出了"工业化阶段相关假说",即中国工业化进程和科技进步进程中的体制选择,受制约于中国工业化的阶段,在工业化启动时期、工业化加速时期、工业化巅峰时期与完成时期这长达百年的工业化进程中,国家工业化的体制选择有重大区别,出现一种由国家主导型向市场主导型渐变的历史大趋势。本讲试图系统论述传统举国体制的基本内涵及特征,深入探讨在市场经济和开放条件下科技进步举国体制的转型,并根据对全球典型模式的借鉴,对促进科技进步的金融制度、知识产权制度、国家战略与财政制度、人才培育制度等进行具体分析。

一、引言:贸易摩擦、科技进步与高端制造业发展

中美贸易摩擦对中国最大的教益,就是让我们明白了未来发展的战略重点和制高点是高科技和高端制造业。大国崛起,在当今世界,

不单是经济总量的赶超,也不是贸易额在全球贸易中的独占鳌头,而是科技力量的崛起。在中国提出的现代化战略中,科学技术的现代化,是最根本的现代化。中国必须成为一个科技强国和高端制造大国,才能在未来的大国博弈中立于不败之地。

当前,从制造业来说,无论从制造业的产值规模还是制造业的结构而言,中国都堪称世界为数不多的制造业大国,但我国在高端制造方面与那些发达的国家还有一定的差距。近年来随着我国综合国力的大幅迅猛提升,科技领域的投入是空前的,规模已经跃居世界第二位,我国科技进步的幅度也是前所未有,在载人航天、深海探测、量子通信、大飞机、半导体等领域都取得了重大创新成果,科技成果转化出现量和质齐升的局面。我国的科技进步正在大踏步推进,而如何提高核心技术和核心零部件的自主研发和自主供给能力是当前中国科技进步与高端制造业发展的一个关键问题。这既是《中国制造2025》的核心使命,也是中国由制造业大国向制造业强国、由科学技术大国向科学技术强国转变不可或缺的重要条件。实现这一目标,需要在整个国家的科技创新、金融创新、经济运行机制创新等体制方面进行深刻的转型,需要从国家到企业进行综合性的全方位的创新与努力。

二、新中国成立以来工业化和科技进步的路径选择

新中国成立以来,我们选择了一条独特的工业化和科技进步之路。决定这种路径选择的因素,既有外部的,也有内部的。从内部来说,中国作为一个落后的、以农业为主的、在地缘政治中扮演重要地位的大

国，要想获得民族独立和国家安全，就必须采取重工业优先发展的赶超战略，以快速实现工业化，并建立全面系统的工业体系；从外部的因素来说，新中国成立之后不久就处于西方国家的封锁禁运之下，以美国、英国、法国、意大利、比利时、荷兰六国为创始国的巴黎统筹委员会在新中国成立之后一个月成立，直到1994年才寿终正寝，"巴统"的封锁禁运为中国的工业化和科技进步设置了巨大的障碍。在这一严酷的国际背景下，中国人依靠自力更生、独立自主的工业化战略（必须指出，第一个五年计划时期苏联通过156项重工业项目对中国进行了历史性的大规模援助，这一援助对中国的工业化意义深远），在三十年的时间中，建立了比较齐全的工业门类，中国的工业生产与国家发展摆脱了西方国家的控制，在很多重要工业领域和科技领域都取得了快速的发展和重要的成就。这一带有历史性的里程碑式的成就，对于1840年以来中国人的百年求索奋斗和工业化目标的实现具有重要的意义，使中国彻底结束民族的屈辱史，而走上一条复兴之路。

工业化阶段相关假说

新中国的国家工业化体制和科技进步路径选择可以被概括为"工业化阶段相关假说"。这个假说的基本含义是，中国工业化进程和科技进步进程中的体制选择，受制约于中国工业化的阶段，在工业化启动时期、工业化加速时期、工业化巅峰时期与完成时期这三个大的时期中，国家工业化的体制选择有重大区别，出现一种由国家主导型向市场主导型渐变的历史大趋势。工业化阶段相关假说，就是要概括这种由"历史阶段"决定的体制差异，这种概括基于一个基本的历史哲学观念：要"历史地"看待历史，历史不是抽象的历史，而是在具体的历史情境（即经济学上所说的具体的目标函数与约束条件）下的历史；世界上没有一种抽象的最优体制，所有体制都是"历史"的产物，是具体历史情境下的产物。

从1949年至2050年这一百年的时间，大体上是中国工业化从启动到最终完成的历史时期。在这个世纪巨变中，中国随着工业化推进阶段的不同，在工业化的重点、工业化推动的体制、工业产业本身的结构上产生了非常大的差异，由此产生了国家主导型和市场主导型两种不同的工业化体制和科技进步体制的消长与演变。具体来说，这一百年可以分为三个大的阶段：

（1）第一个阶段：1949年至20世纪80年代初期：工业化启动时期

在这一时期的早期，主要是随着20世纪50年代初期国民经济的恢复，这个国家迅速地医治战争的创伤，走上一条稳定发展的轨道；随着中央政府"统一财经"工作的完成，整个国家建立起一个能够充分动员一切资源的大一统的经济财政体制；随着第一个五年计划的胜利完成和苏联援建的156个重点项目的实施，我国社会主义计划经济体制和国家主导型的工业管理体制基本形成雏形。虽然在20世纪50年代至80年代国家工业管理体制和计划经济体制在"放"和"收"之间进行了多次调整，显示出我国计划经济体制和工业管理体制运行过程中的探索和自我反思，但是从总体上来说，这种国家主导型的重工业优先发展战略和赶超战略的基本性质基本没有变化。因此这一阶段，可以概括为"国家主导的重工业优先发展阶段"。在这一工业化奠基阶段，我国工业领域和科技领域获得了空前的突破性的发展进步，我国产业结构发生了深刻的变化，初步成为一个工业门类齐全、制造能力较为强大、在若干科技领域跻身世界领先地位的国家，工业和科技水平与1949年前相比，发生了翻天覆地的变化，这一变化在中华民族复兴史上具有里程碑式的决定性意义，为中国永久性地摆脱贫困陷阱奠定了坚实的基础。

从体制上来说，这一阶段在工业化目标实施过程中主要采取国家主导型的计划经济体制，在科技进步目标实施过程中主要采取国家集中优秀人力资本进行集团性攻关的体制和模式，这一时期的体制选择，适应了我国在工业化初期和科技发展初期资源匮乏、资金短缺、工业基础薄弱、优秀人力资本短缺的初始条件，充分发挥了国家的资源动员优势，发挥了集中力量办大事的体制优势。应该说，虽然这种体制在微观效率层面有一定的缺陷，但是从总体而言，这一时期的体制选择是正确的，也是达到了目标的，为中国工业化的奠基做出了历史性贡献。

（2）第二个阶段：20世纪80年代初期至2030年：工业化的加速时期

这一时期，随着改革开放的深入推进，我国社会主义计划经济体制逐渐得到自我调整和完善，经济计划逐渐由指令性计划向指导性计划转变，资源配置方式逐渐由政府主导向市场主导转变，整个国家的所有制结构逐步多元化，市场竞争结构逐步完善。从工业化水平来说，这一时期是我国工业化水平大踏步前进的阶段，整个国家的制造能力和科技水平逐步由追随西方发达国家向领先水平迈进。从工业化体制和科技进步体制而言，这一时期是一个比较长的过渡时期，属于国家主导型体制向市场主导型逐渐转型的阶段，为现代国家治理体制的形成奠定基础。国家与市场的高度配合，成为中国工业化和科技进步的两大巨大引擎。

1980年至2030年之间的五十年，又可以细分为三个时期：

第一个时期是工业化加速时期的前期（1980—2000）：这一时期以国家主导型为主，逐步引入市场因素。1992年十四大正式提出建立社会主义市场经济体制，国家干预经济和支持工业化的方式发生了初步变化,指令性计划体制向指导性计划体制转变,市场机制初步成为决定资源配置的主导性方式。

第二个时期是工业化加速时期的中期(2000—2020):这一阶段,市场经济制度逐步成为主导型的工业化体制,国家干预经济和支持工业化的方式发生深刻变化。2013年中共十八届三中全会提出使市场在资源配置中起决定性作用,并更好发挥政府作用,这一表述正是国家角色深刻变化的象征。中期仍旧要发挥国家的前瞻性、指导性、宏观性的把控作用,在大国竞争和大国博弈中发挥我国的体制优势,而在微观运行机制上更加尊重市场,尊重微观主体的自主性,尊重法治。国家不再运用直接的行政手段来调配资源以加速工业化和科技进步,而巧妙地运用市场机制和相应的市场化激励手段,使工业化和科技进步的内在动力机制发生了深刻转换。

第三个时期是工业化加速时期的后期(2020—2030):这一时期市场成为推动工业化和科技进步的主体,国家角色发生深刻变化,国家治理体系发生深刻变化,我国的工业化、现代化和赶超战略实现了历史性的转折。

(3)第三阶段:2030年至2050年:工业化的巅峰时期和完成时期

这一时期,我国工业化的历史使命宣告完成,新中国花了一百年时间,终于由一个积贫积弱的、工业化能力极为薄弱的农业国,而崛起为一个工业制造能力和科技创新能力跻身世界最强国家之列的工业国,实现了现代化和工业化的梦想。自此上溯至1840年,与鸦片战争时期那个被列强欺辱瓜分的大清帝国相比,两百年后的中国已经成为一个拥有强大工业实力和国防实力的大国,那个被列强欺辱的时代永逝不返,中国终于回到自己在世界经济版图和政治版图中应有的位置。从体制层面来说,这一时期是以市场主导型为主的工业化完成阶段,国家功能在这一时期实现了彻底转型,国家治理能力大为提升,现代化国家治理模式基本完备。

以上大略梳理了新中国工业化和科技进步的三大阶段,时间跨度为一个世纪。在这漫长的一百年中,我们可以比较清晰地看出一个大脉络:在工业化不同阶段,国家目标不同,资源配置的机制不同,要素动员的机制不同,产业结构不同,要素集聚的程度不同,市场发育的程度不同,国家的角色与功能不同,国家与企业等微观主体的关系不同,中央与地方的关系也不同。总的来说,以上不同,既是决定工业化不同阶段演变的原因,也是工业化不同阶段所造成的结果,同时也可能是不同工业化阶段的外在表现。

三、技术进步的举国体制:开放的市场经济下的举国体制转型

新中国前三十年,是我国工业体制初步奠基的三十年,也是我国计划经济体制探索和形成的三十年。这三十年的工业管理体制和计划经济体制可以概括为"举国体制"。这个"举国体制"概括来说,乃是以国家作为资源动员的主导力量,按照国家的产业发展目标和国家意志,将有限的资源集中、快速和精准地运用到国家所支持的产业中,从而最大限度地建立本国的全面的工业体系,以实现国家工业化和民族独立复兴。这个举国体制的前提或曰初始条件是:中国是一个落后的(意味着工业化基础和现代化的初始条件极为薄弱)、需要对其他国家实施赶超的(意味是追赶型的国家)的国家,同时在地缘政治和国际政治格

局上又是一个大国。概括起来,一个前提是"落后",一个条件是"大国"。落后意味着必须赶超,而且必须以超常规的方式(所谓超常规,是相对于那些领先的发达工业化国家的常规而言),来实现工业化。概括起来,这个举国体制的基本特征是:

(1)**国家目标**。以最快的速度建立完整的工业体系,形成强大的工业制造能力和国防能力,实现初级工业化和国家独立自主,为实现对西方国家的赶超奠定基础。

(2)**资源配置的机制**。国家作为资源配置主体,替代市场机制,按照国家工业化的目标和产业政策目标,实现对人才、资源、资金等要素的统一配置。

(3)**要素动员的动力(激励)机制**。在举国体制下,要素动员的动力机制主要不是依靠价格、工资、利润、利率等市场化指标,而是根据国家工业化的需要,根据国家意志进行行政性和政治性动员。举国体制并没有完全排斥价格、工资、利润、利率等决定资源稀缺性和资源流向的指标,但是这些指标发挥作用的范围被极大地限制了,服从于国家工业化的需要和国家意志。

(4)**产业结构**。举国体制下的产业结构,是国家意志的产物,新中国前三十年我国产业结构由一个农业产业占绝大部分的国家转变为一个重工业占显著地位的工业国,这一转变,既是国家主导型和赶超型的工业化的结果,也是其最重要的表现和特征。

(5)**要素集聚的程度和方式**。新中国成立初期,整个国家要素集聚的程度比较低,难以为大规模工业化提供充分的资源。举国体制的要诀,在于以国家主导的形态,在极短的时间内迅速实现要素的集聚,为大规模工业化创造了条件,这是赶超型工业化的主要特征。赶超型工业管理体制和计划经济体制的优势,正在于以国家力量快速推动要素集聚。诸多大企业、诸多工业城市、诸多工业化区域在全国范围内的迅速崛起（而不是像新中国成立前仅仅局限于上海等极少数城市和区域），是这种国家主导型要素集聚方式的主要成就。

（6）**市场发育程度和"准市场"的形成**。在这种国家主导型的工业化和赶超战略的支配下，资源、商品、资金、人力资本、知识产权的交易市场只在很小的范围内起作用，有些市场基本上消失，因此市场的发育程度较低。而市场发育程度低，反过来又为国家主导型工业化提供了前提。二者在计划经济的执行过程中和初级工业化的资源配置中呈现相互促进的关系。缺失市场和价格信号的整个经济体系，难以显示资源、商品、资金、人力资本以及知识的稀缺程度，于是需要以国家的判断为这些要素定价，同时又通过不同主体对这些资源的争夺来显示这些要素实际的稀缺程度。比如，在计划经济中，各级政府和各个企业对各种要素指标的争取，就是在构建一种"准市场"；各级政府关于计划指标的博弈行为，即与中央政府的讨价还价，也在某种程度上构建了一个显示要素稀缺程度的"准市场"。各级政府和各个企业之间为要素和指标而进行的竞争是常态化的，有时甚至比较激烈，这就在某种程度上替代了或者毋宁说起到了模拟市场的作用。社会主义"集中力量办大事"的体制，事实上就是在市场发育程度较低和市场化动力机制不完备的情况下才会起作用。在市场发育程度低的历史阶段（工业化初期），计划经济体制下科技进步的程度要优于市场经济体制，其道理在此。若超越此阶段，则结果相反。

（7）**国家与企业等微观主体的关系**。国家既然是资源配置的主体和经济运行的主体，国家与企业以及消费者等微观主体的关系必然体现为支配和被支配的关系，微观主体的个体决策权在某种程度上被国家所获得，虽然企业和企业之间的竞争仍然以某种形式存在。国家控制企业等微观主体的原因在于试图集中所有要素加快要素的集聚，从而为集中力量进行工业扩张和技术进步提供体制条件。在计划经济体制下的三十年中，国家对企业的管理体制一直呈现出"放"和"收"不断调整、不断交替出现、不断循环往复的局面，这是企业等微观主体与国家之间不断进行博弈的结果，这种关系呈现周期性，国家会在不同经济周期适时调整与企业的关系，以保持企业的活力与国家意志这两个变量之间的均衡。

（8）**中央与地方的关系**。中央与地方的关系和国家与微观主体的关系有些类似。在中央与地方关系中，中央意志一直是主导性的，地方意志一直是辅助性的，这是大判断，然而在这种中央集权的体制中，地方并不是一种被动的、消极的角色，而是可以主动与中央进行谈判、博弈和协调的关系，事实证明，在计划经济执行的某些历史时期，中央甚至鼓励地方否定和延缓中央的不适当决策。中央与地方关系举国体制中呈现出"放"和"收"不断循环的局面，毛泽东强调"两个积极性"的根本原因在于要获得一种地方发展经济的内在动力与中央保持相应统筹能力这两个目标之间的均衡，这种均衡对于工业化的实现极端重要。地方和地方之间也在竞争，这种区域竞争关系也延伸到了改革开放之后，成为解释中国经济奇迹的一个重要方面。

（9）**与世界市场的关系**。产生举国体制的一个重要前提条件，或曰中国工业化体制选择的一个重要约束条件，就是世界市场对中国是封闭的，西方世界对中国的长达半个多世纪的封锁禁运，极大地恶化了中国工业化的外部环境，使得新中国的工业化不能充分利用国际市场的要素配置功能，难以进入国际市场的分工和产业链体系。这就使中国成为一个孤岛，激发了中国人民创建自己的完整而独立的工业体系的决心和意志。面对一个对自己封闭的全球市场，作为大国的中国没有别的体制选择，必须创建一种对外没有依赖性的独立自主的工业体制和科技创新体制。

（10）效率的实现方式。举国体制有没有效率？怎样看待举国体制的历史贡献？这其实是同一个问题。举国体制的效率，应该从微观效率和宏观效率两个角度去审视。从微观效率来看，由于没有价格机制和广义上的市场机制去显示资源的稀缺程度，由于企业没有面临基于利润这一信号的竞争，因此企业的微观效率往往是不高的，这里面既有市场机制的因素，也有基于市场激励和约束机制的内在管理因素。从宏观效率上来看，我国在三十年的短时间中，就迅速建立起比较完备的、全面的工业体系，能够具备强大的、全产业链的工业制造能力，能够在国家整体上还比较弱的情况下实现民族独立和国家安全，并为大规模工业化和赶超成功奠基，就这些成就而言，举国体制的宏观效率又是极高的，任何一个尊重事实的人都会承认这一成就。随着中国初级工业化的完成，随着国内市场因素的逐步成长，随着我国面临的国际市场的封闭性的逐步消除，企业必须面对市场乃至于国际市场的竞争，其微观效率会提高，而不会像前三十年那样以一定程度上损失一些微观效率来获得宏观效率，到了那个阶段，微观效率和宏观效率就是统一的关系。

开放体系和市场化的新环境

今天，我们所处的国际和国内环境完全不同了。我们现在处于上文所说的工业化加速时期的中期（2000—2020）。此时再来讨论举国体制，首先要考虑两个因素：

一是我们面临的全球环境已经是一个开放体系，这也就意味着我们的科学技术和高新技术产业的发展，已经处于一个极端开放的国际体系和国际环境之中，我们已经不可能再在一个封闭的、对外不交往的体系中进行自主创新，而必须在一个开放的、全球化的背景下进行科技创新和科技交往。这就决定了我们的每一个产业政策都要有全球视角。我们的每一个企业的科技进步战略的实施都要有国际眼光，要从全球要素配置的角度去衡量自己的收益和成本。开放条件下的技术进步和高新技术产业发展，其前提是要适应全球化竞争的需要，要考虑全球要素配置，要考虑全球在技术交易和产业贸易上的游戏规则。

二是市场经济条件。今天的中国经济运行机制和要素配置机制已经发生了深刻变化。**市场机制已经基本成为主导的资源配置机制和动力机制。**传统的举国体制中不顾微观效率而致力于宏观效率的情况就失去了外部的支撑条件，那些在市场机制中不能体现任何竞争优势的技术创新、产品和行业，都会被市场淘汰，难以实现其价值。这就迫使我们的科技创新和工业产业发展都必须在一种全新的市场竞争下得到检验，既要发挥国家在科技进步与高端制造业中的积极作用，又要将科技进步和高端制造业发展建立在充分运用市场机制并彻底接受市场检验的基础之上。

因此，今天的举国体制必须转型。这种转型建立在两个认识的基础上。从纵向的历史发展的角度来说，要清楚今天的中国工业化在整个工业化历史进程中的位置，以此来确定我们的发展战略。从横向的国际比较的角度来说，我们要清楚中国与其他国家，尤其是与那些科技大国相比，到底有哪些优势和劣势，以此来确定我们的对外技术贸易战略和国际科技交往战略。今天，在市场化和开放条件下的举国体制，必须注重市场机制建设，注重技术交易和知识产权保护，注重搭建不同主体间的基于市场机制的合作平台，因此也必须及时转换国家支持工业化的方式，使政府真正在基于市场竞争的前提下提高企业的技术进步动力，降低企业的技术进步风险。

四、技术进步背后的制度支撑：世界典型模式的启发

计划经济条件下的技术进步与市场经济条件下的最大区别在于，计划经济下技术创新注重的是产品的创新，通过举国体制，最大限度调动所有资源（人力资源、金融资源和物质资源），最终实现产品研发的成功，这个产品是物质形态的，不太强调其在市场中的交换价值。而市场经济条件下的技术创新注重的是生产能够在市场上获得比较优势从而能够获得超过平均利润的超额利润的商品，因此其注重的是价值层面，而不是物质层面。计划经济体制下技术创新的成本收益计算是在一种非市场的条件下进行的，较少涉及市场盈利能力的压力和市场竞争的压力，因而产品层面的创新在举国体制下往往容易成功。但是，假如这种举国体制下生产出来的技术产品一旦进入一个开放的竞争的市场，则其成本收益计算必须基于市场竞争和要素的稀缺性，不能够再利用国家的强制力量无偿地或低成本地调拨各种要素，此时举国体制下创造出来的新技术产品就面临着极为残酷的市场竞争，这种竞争往往使计划体制下的新技术产品由于成本太过高昂而根本无法在市场上生存。这就注定了我们在市场经济环境下不可能完全照搬计划经济下的举国体制，此时消费者和生产商注重的是商品的价值，而不再是单纯的作为物质形态的产品本身。所以，**不论哪个国家，一旦其技术创新和技术进步被纳入一个全球化的、开放的、竞争的国际体制之下，**

那么其所有的技术创新环节都必须遵从市场的原则，都必须在市场条件下和竞争环境中计算和衡量其成本收益，其成败也不再以是否开发出产品来计算，而是要看这个产品能不能在市场竞争中获得竞争优势。

放眼全球各国的技术进步策略，可谓千差万别。各国的技术进步采取了不同的路径，路径选择的差异取决于各国的资源禀赋结构的差异、工业化的水平差异（即该国工业化处于一个什么样的历史阶段）、产业发展目标的差异、国家综合实力的差异，当然各国的技术进步路线也明显带有路径依赖的特征，即受到历史上的路径选择的影响。在资源禀赋方面，国民受教育程度普遍较低的劳动密集型国家（指在技术追赶初期的情况），往往很难仅仅通过市场自发的力量实现大规模技术创新，这样的国家要实现快速的技术追赶，往往会采取较为集权式的资源配置方式，利用"大兵团作战"的方式实现集中的技术突破。**在这样的后发的技术追赶型国家，国家就会特别支持建立一种高效的行政资源动员体制来鼓励企业规模的快速扩张，以通过规模扩张来实现要素的快速集中，从而解决技术创新中人力资本短缺、金融资源短缺等瓶颈问题。**比如，在日本和韩国工业化的追赶时期，国家就运用极大的行政力量，鼓励人力要素和资本要素等向大企业（垄断财团）集中，从而极大地推动了大财团的技术创新与市场占有，即使在很长一段时间其国际市场竞争力不高，国家仍然不惜代价进行支持。日韩等国在技术追赶和工业化赶超过程中采取国家主导型的支持模式，从而创造了特有的日韩型的"国家—企业—银行"稳定三角体制，极大地促进了日韩的技术进步。在很长一个历史时期，日韩的垄断财团都可以在国家的特殊庇护和支持下低成本地获得大量银行信贷支持，从而维持了自己的长期的技术创新和市场开拓，使得这些大财团在极高的负债率和极低的利润率并存的时期仍然可以存活下去。但是对于平均人力资本水平相对较高且基本处于技术领先型的国家而言，技术进步的路线与日韩模式则迥然不同，这些国家更强调在市场的优胜劣汰中实现要素的有效配置与流动，从而促进产业的集聚和技术的创新。在日韩工业化和技术进步达到一定阶段后，国家主导型的技术进步路线也在发生转变，日本大藏省的产业政策体制和韩国支持大企业的举国体制都在发生深刻的变化，从而更加强调市场竞争的作用，更加注重政府的间接协调作用而不是直接动员资源和配置资源的作用。这一变化，也反映了工业化水平和工业化阶段的变化对一个国家技术进步路线选择的影响。一个国家必须根据自己的工业化发展阶段和技术发展阶段，来确定自己的技术进步战略与路径。

观察世界典型国家的技术进步模式，尤其是比较发达的国家的技术进步模式，有一些共同的特点值得借鉴，这些特点可以归结为一点，就是**他们都一般通过较为系统的法律和制度建设，为技术创新和技术进步创造一个可持续的激励机制和保护机制，这些法律和制度建设是"市场共生型"或"市场兼容型"的，是在尊重市场和适应市场的基础上推动技术的进步，而不是排斥或者取代市场的作用。**这些有利于技术进步和技术创新的制度和机制包括：

第一，**为激励技术创新，建立严格的知识产权保护制度；为鼓励技术交易，建立完善的知识产权交易体系。**我们现在提倡共享经济，但共享经济的前提是保障每一个技术创新和产品创新的产权，并使知识创新更加易于交易和传播。粗劣的复制品的流行则不利于知识的创新，简单而粗劣的复制与抄袭对一个国家的技术创新具有毁灭性。我国正在努力完善知识产权保护制度和知识产权交易制度，但在实际的制度实践和法律实行过程中，还存在很多真空地带，执法的力度有待加大。知识产权交易的体制机制也有待进一步完善。我国目前专利拥有量居于全球领先地位,但这些巨量的专利能否实现其市场价值,专利发明人能否获得应有的市场回报,有赖于有效实施的知识产权保护制度和交易制度。当然,建立知识产权保护和交易的制度,其最终的目的是实现知识更快、更有效率地被公众共享,使知识创造更好地有利于全社会。因此,在建立了规范严格的知识产权保护和交易的制度之后,还要致力于建立知识的有效共享与有效传播的体制,增强知识创新的外溢效应。

第二,为企业和个人实现技术创新提供创新性的金融制度和金融手段。要大力发展风险投资,为高科技项目和各种创新型项目提供资本支持;要发展各种私募投资,为长期的高科技项目提供稳定的长期金融支持;要鼓励和支持高科技公司上市,通过多层次资本市场支持高科技公司的发展;银行等传统金融机构也可以通过金融产品的创新,为成长型的高科技企业尤其是中小企业服务。美欧等科技创新较为活跃的国家,其资本市场、私募股权投资市场和风险投资市场都较为发达,为创新型的企业提供了全方位的融资便利。科技创新背后往往是强大的金融创新,假如爱迪生没有资本市场和摩根金融集团的支持,其很多发明可能只能束之高阁。这就涉及整个资本市场(投资市场)的文化的深刻转型,我们的资本市场要从一个投机的市场真正变成一个崇尚创新的市场,我们的银行要从简单依赖于房地产等产业"抓快钱"转变为真正的知识创新活动的发现者和支持者,从而促使整个金融体系的文化实现根本的转变。如果金融体系盛行着投机的机会主义文化、"抓快钱"的功利主义与短视主义的文化,那么我们的金融体系将永远不能成为"企业家的企业家"(熊彼特语),因为金融体系已经丧失了发现优秀企业家和优秀企业的功能,因而丧失了发现创新、激励创新、支持创新的功能。

第三，为国家科技创新而制定完备的国家战略，对国家支持科技创新进行顶层设计，并采取有效灵活的财政手段支持科学研究和企业科技创新。通过比较全世界的科技创新体系及其制度安排，我们就会发现，凡是在今天的科技创新舞台上扮演重要角色的国家，其政府必然在国家科技创新中起到重要作用，这些国家的政府无一不深刻地介入了科技创新之中。制定具有顶层设计意义的国家科技创新战略，是核心的一步。美国、德国、日本、韩国等科技创新方面成绩比较大的国家，都在不同历史阶段适时制定了符合本国发展趋势的科技创新战略。以美国为例，在不同时期美国国会通过并实施了《专利法》《拜杜法案》《史蒂文森－威德勒技术创新法》《技术转移商业化法》《美国经济复苏与再投资法案》等一系列法律法规，并推行加速折旧、研发经费增长额税收抵免等多种税收优惠政策。这些法律不仅具有强制性，而且具有很强的导向性，在推动技术创新、推动企业与政府以及大学的合作、推动基础研究与人才培育方面，起到顶层制度安排的作用。[1] 可以看出，美国在支持科技创新的过程中，是"法治导向型"的，即运用相关的法律体系确定政府、创新企业、大学等科研机构之间的权利义务关系，将各自的角色法制化，这与日本在科技创新中的"产业项目导向型"有所不同。法治导向型的科技创新体制，其优势在于不破坏技术创新的市场机制，而是充分尊重市场和发挥市场的作用。

在美国联邦政府中，很多部门都对科技创新有着重要的影响，这些不同的部门从各自的职能出发，运用自己掌握的大量财政资金，有针对性地支持不同领域的科技创新，如国防部、能源部、卫生部、宇航局、商务部、农业部、国家科学基金会等是重要的科技管理机

---

[1] 聂永友等主编：《科创引领未来——科技创新中心的国际经验与启示》，上海：上海大学出版社，2015年，第180—181页。

构,都对科技创新领域的研发投入产生了很大的影响。所有这些政府机构对科技创新的财政支持,都是在法治的轨道上进行的,要符合整个的国家战略和顶层设计,而不是各行其是,盲动乱来,更不是根据长官的意志随意分配财政资金。其中,国家科学基金会的一项主要管理职能是调查和掌握全国科技资源状况,包括对科学家和工程师登记备案,对国内科技资源有关数据进行统计、解释和分析,调查统计全国大学和科研机构获得的联邦科技经费总额等。此外,还有国家科学院等私人非营利机构,为政府提供政策咨询建议。美国对具有较高创新动力的成长型创新企业尤其重视,财政的支持往往倾向于那些创新企业的高风险项目,力度很大。美国早在1982年和1992年就分别建立了小企业创新计划和小企业技术转移计划。小企业创新计划(SBIR)有11个研发经费超过1亿美元的联邦政府机构参与,每年投入大量资金支持小企业创新研究。小企业技术转移计划(STTR)则致力于支持小企业和大学以及其他研究机构之间的项目合作,合作成果由双方共享,这个计划规定研发经费超过10亿美元的联邦政府机构,每年要划出一定比例的研发经费,专门支持小企业的技术创新和产品开发,以有效促进技术创新的交易效率和新知识在不同主体之间的共享。[1] 美国的研发经费投入很大,在国际上名列前茅,但研发经费的投入并不是简单地找个好项目进行支持,而是利用财政杠杆创造一种机制,促进不同主体的技术创新,并激励不同主体之间的技术交易。美国政府还通过政府采购支持小企业的技术创新,并规定大企业的承担政府采购合同份额的20%转

---

[1] 中国科学技术信息研究所编著:《国外科技计划管理与改革》,北京:科学技术文献出版社,2015年,第62页。

包给小企业，这就从产业链的角度建立了大企业和小企业之间的技术交易体系。应当说，这些法律规定和财政机制设计都是很巧妙的，起到四两拨千斤的作用。

第四，世界各国无不视人力资本培育为科技创新之本。一个制造业大国、一个创新大国、一个在科学技术上引领全球的国家，一定是一个人才大国，一定是一个教育大国，也一定是一个最吸引人才的大国。美国不就是通过吸引全世界的精英，才奠定了其教育大国和科技大国的地位吗？所以，科技创新的基础是人才，人才的基础是教育。要成为科技创新大国，必须办最好的教育，办最好的大学，要创建一个最能包容各类人才、最能成就各种人才的宽松的制度环境，让最好的大学在自己的国家茁壮成长。政府要给予大学最大的发展空间、创新空间和学术争鸣空间，没有学术研究的宽松自由环境，何谈学术创新和科学进步？要打破阻碍人才引进的一切藩篱，在户籍制度、科研管理、大学职称评定、科技成果发表、科技成果转化、研究项目支持方面，对科研人员采取最宽松的政策，吸引各类人才在中国创新创业，让他们自由舒畅地发挥他们的才智。我们在很多方面捆住了科研工作者和学者们的手脚，让一些繁文缛节和不合理的规定占用了科研工作者的宝贵时间，从而极大地恶化了人才环境，使我们在全球的人才竞争中处于不利地位。要创造一种鼓励创新的人文生态环境，那些有着宽松和多元文化的地方，往往都是世界上最具有创新活力的地方，如果一个地方没有很好的音乐厅、没有很好的歌剧院、没有很好的美术馆和博物馆，这个地方就难以成为一流的科技创新中心。

世界创新大国无一不重视基础研究，用各种方式鼓励自然科学和社会科学的基础研究，而不仅仅是重视那些可以带来眼前短期利益的应用型研究。我国的基础研究应受到更大的重视，实际上，一些最尖端的智能制造和信息科学技术，其基础正是所谓"算法"，也就是数学等基础学科，如果不重视数学、物理学等基础学科，一个国家就难以跻身最尖端的智能制造大国之列。要处理好基础层面的创新和应用层面的创新的关系，当前，我国还要在基础创新层面上加大支持力度，而不是仅仅着重于应用层面。我们要支持长期创新，在国家支持体系上有长远眼光。基础层面的创新往往是长期的、耗资巨大的、回报周期很长的创新，是一场持久战，在支持长期创新中，要发挥国家的力量，要发挥中国特有的体制优势，就是集中力量办大事的优势。这个优势不能丢掉了。我们还不能忽视人文社会科学的研究，放眼全球，那些最厉害的大学，都极为重视人文社会科学的研究，重视哲学、文学、历史、美学等领域的研究与教育，重视经济学、社会学、法学的研究与教育。如果没有这些学科的发展，而单纯强调科技创新，那么我们的科技创新体系是难以全面建立的，也根本难以实现真正的科技创新。没有基础的社会科学理论作为支撑，没有我们自己的理论体系，我们就打不赢贸易战，我们只能陷入别人设好的逻辑陷阱和理论陷阱。

我们还要建立多层次的人力资本培育体系，既要建立在科技创新领域处于尖端地位的大学和研究院，也要广泛地建立各类培养高级专业技术人员的职业大学，使科学技术的创新与应用融为一体。我们还要培育更多的具有创新理念的科技型企业家，鼓励他们将知识成果进行产业转化，使他们把科技创新力变成执行力，变成真正的企业实践和生产力。

五、结语

中国的崛起、高端制造业的兴起、科技进步与知识创新，是未来几十年的主旋律，表面上看这是中美之争，实际上是中国自己与自己搏战、自己完成自己和自己超越自己的过程。无论与美国战与不战，这个过程都是必须经历的，只不过与美国的竞争会极大地影响这个过程中我们所采取的具体步骤与策略，但不影响全局、趋势与基本规律。这是一幕漫长的戏，必须有历史的耐心，还要有历史的智慧，因为局面会非常混乱而复杂。中美之间的竞争，将涉及整个国家机器与国家机器的全面竞争和较量。在这个过程中，我们需要做什么呢？

第一，我们要坚持自主创新，并为自主创新配备好一切制度条件、机制条件和文化条件。自主创新是开放条件下的创新，自然兼容开放与开源，不偏废，不封闭。上文已经多次谈过，市场化条件下之技术进步，与封闭条件下技术创新有着差异化的路径选择，因而举国体制必须坚持，但应适应开放时代而深刻转型。技术应视为市场中之要素，而非自外于市场。因此技术创新必然考虑到交易机制、产权、融资、产业链等一系列与市场有关的问题。举国体制在新时代必具备新形态，今日之举国体制乃是与市场兼容的举国体制，因已无回归新中国成立初期强有力举国体制之历史条件与可能，必须与时俱进。

第二，要在全球化过程中充分吸收和消化一切有益于我国制造业进步和技术创新的制度和文化，从而建构一种最具竞争力的创新文化与氛围。在促进中国企业"走出去"的过程中，要实现整个企业运行模式和经济运行模式的现代化转型，在发挥举国体制优势的同时，实现制度的创新与变革，不要因故步自封而丧失历史机遇。要加强企业在

"走出去"过程中的规则意识和契约意识，抛弃机会主义与短视的功利主义，练好内功，熟悉国际规则，适应国际规则，运用国际规则为我服务。在充分利用全球化的红利的同时，要注重我们国家自己的民生建设、法治建设、文化建设，实施好反贫困战略、乡村振兴战略、区域均衡发展战略，充分动员中国经济社会内部的活力，改变以往"不充分不平衡"的各种发展瓶颈。中国自己的事情做好了，步子走稳了，就能在全球竞争中立于不败之地。

第三，要在所有产业中倡导创新，包括一些传统产业。要对传统产业进行转型，不要满足于自己成为制造业大国，而应该努力成为"智造大国"。如果仅仅是一般的"制造"，则仍是劳动密集型和资源投入型，仍是低回报的产业类型。而"大国智造"，则是带有较高技术水平的、有自主知识产权的、回报率较高的、人力资本密集型的制造业，这样的制造业是高端的技术层级与品牌层级的制造业，而不是低端的组装级别的制造业。但不要误解这种高端制造业只是人工智能等领域的制造业，而是渗透在各种制造业中的，即使是在家电这样一些传统产业领域，拥有自主知识产权的、技术含量高的企业，其回报也是很高的。海尔、格力等中国品牌，由于有大量自主知识产权作为支撑，由于掌握了系统设计和品牌，其在全球产业链上获得的竞争优势是非常明显的，其市场占有率和市场收益是非常可观的。要用现代科技改造整个产业链。

第四，要从国家和企业两个角度去推动中国的科技进步。从企业角度来说，要在推动科技进步的过程中，建立国有企业和私营企业的合作共赢机制，要实现企业的股权多元化，发展混合所有制经济，尤其是要鼓励社会资本更多参与重大科技创新。要利用好市场机制，促进企业的规模扩张和技术创新，鼓励企业做大做强。我们的实证研究证明了企业规模与企业研发有正相关关系，要培育大企业，运用市场机制鼓励和促进企业的并购、重组和扩张。日本 20 世纪 80 年代发展超大规模集成电路的经验告诉我们，共性技术一定要集中力量搞，不能分散搞。从国家角度来说，要进行一系列的制度建设，包括金融制度、知识产权制度和财政制度，系统支撑科技进步和大国智造的发展。国家要推动建立企业和大学的联动创新机制，促进"政—产—学—研—金"的融合。国家还要鼓励产业的集聚，发挥区域的创新集聚效应。在深圳和杭州，在美国的硅谷，在北京的中关村，产业的集聚对科技创新与科技成果转化有着极为关键的作用。

大国竞争最终是文化之争、价值之争、制度之争

以上谈的是我国在全球化背景下应该采取的基本科技进步战略和工业化战略。我们一定要深刻地懂得，这场竞争，最终较量的是两个国家的综合国力、价值观和国家体制。处于不同发展阶段的两个国家，在激烈的国家竞争背后，实际上是文化之争、价值之争、制度之争。这种竞争已经不单单是经济层面的竞争，而是涉及国际政治、国家体制与国民信仰之间的多维竞争和深度竞争。两个国家之间的竞争，最终的结果，一定取决于哪个国家能够提供最强劲的创新激励，哪个国家能够提供最宽松最自由的创新氛围和环境，哪个国家能够给国民以最坚定、最有力且最具自豪感的信仰与价值观，哪个国家能够提供最有效率且具有可持续性的国家经济体制和法治体制。大国之间长期的博弈和竞争，不取决于一时的小聪明和小技巧，不取决于谈判所呈现出的表面上的优劣势，而体现为整个国家体制的优劣及其背后的价值观的优劣。[1]

---

[1] 王曙光、王丹莉：《科技进步的举国体制及其转型：新中国工业史的启示》，载《经济研究参考》，2018 年第 26 期。

第十六讲
中国经济的未来目标：构建现代经济体系

在最后一讲中，我们要对我国未来的经济体制变革和经济发展路径选择进行一个比较长期的、前瞻性的讨论。这个讨论的核心和基点是我国主要矛盾的变化。党的十九大报告指出："新时代中国社会的主要矛盾已经转化为人民日益增长的美好生活需要和不平衡不充分的发展之间的矛盾。"要解决好这个矛盾，必须实现我国发展战略的升级和转型，而我国发展战略的升级与转型，其目标模式就是构建现代化经济体系。这个"现代化经济体系"，实际上是一整套未来发展的体制模型，是未来体制变革的基本目标模式。本讲从不同的角度全面探讨现代化经济体系的内涵以及中国构建现代化经济体系的实现路径，这里面结合了我国在最近几年所进行的改革举措和顶层设计思想。主要是以下十个方面：（1）现代化经济体系的核心是市场机制的完善以及处理好市场和政府的关系；（2）现代化经济体系是一种尊重市场竞争的经济体系，要鼓励竞争，尊重企业的市场竞争主体地位，防止垄断；（3）现代化经济体系是一个产权多元化的体系，要鼓励国企和民企共存共赢；（4）现代化经济体系是一个法治经济体系，要尊重企业独立地位，依法管理，尊重和保护产权；（5）现代化经济体系是契约经济体系，要强调市场伦理与市场秩序;(6)现代化经济体系是一个开放的经济体系,应以更大格局促进开放,提升中国的国际竞争力;(7)现代化经济体系的构建,要求建立具有中国特色的现代企业制度与法人治理结构;(8)现代化经济体系是创新经济体系,要鼓励技术创新、文化创新和制度创新;(9)现代化经济体系的构建,要求必须具备现代化监管体系与现代化国家治理体系;(10)现代化经济体系是一个高度复杂的经济体系,要在经济发展和开放中高度重视国家安全。

一、现代化经济体系的核心是市场机制的完善以及处理好市场和政府的关系

从经济史和经济思想史的角度来看,政府和市场的关系问题是经济学中最重要的核心问题。现代化经济体系构建的核心,是市场机制的不断完善和处理好政府与市场的关系。在经济史中,从近一百多年的历史维度来看,崇尚市场作用的经济自由主义和崇尚政府作用的国家干预主义这两种思潮总是交替出现,互相消长,没有一种力量会绝对地在任何时间起主导作用;总是一段时间国家干预主义起主导作用,占据主流地位,而另一段时间则经济自由主义起主导作用,占据主流地位。这个特点在近百年以来特别突出,世界各个国家都是如此。从全球各个经济体的发展进程来看,各个国家在政府和市场关系中都出现了这种交替的现象,美国如此,欧洲如此,日本如此,俄罗斯也是如此。当代世界经济往往把市场和政府的力量融合在一起,努力发挥各自的比较优势。

从经济史和经济思想史的角度来说，凡是那种绝对地认为国家干预主义或者经济自由主义是不可怀疑的正确观点的说法，都是违背经济史真实规律的，都是教条主义的，不符合辩证的动态的观点的。政府和市场，无外乎是经济发展的两种不同的推动力量和要素，一种力量在经济发展中发挥的作用过度了，就必然引发经济发展中各个层面的问题，从而逼迫经济体制必须发生变革，以纠正这种过度的不均衡的情况。比如说，在某一阶段，政府发挥的作用太多了，抑制了市场的作用，导致了体制不灵活，人民的福利下降，经济增长的效率受到损失，就必须加强市场的调节，削弱政府的作用，矫正政府过度介入的情况，克服政府的一些弊端。同样，如果某一阶段任由市场力量过度发挥作用，市场的自发作用导致社会经济发展极其不均衡，出现了社会公正方面的问题，导致垄断、贫富不均、公共品供给不足、社会混乱、国家经济社会二元结构突出，则应该进一步发挥政府的作用，加大社会公共品支出，防止垄断和社会不公，对市场力量进行矫正和监督。一个良性发展的经济，总是在政府和市场之间保持一种动态的平衡，政府和市场各司其职，发挥各自的作用，不缺位，也不越位。

当然，"把市场当作市场，把政府当作政府"，这句话说起来容易，做起来很难，所以市场机制的建设和经济体制的调整，是一个艰苦的过程。有些学者提出，一个良好运作的经济体制是"有为政府加有效市场"，但是这个概括歧义很大。"有为"应该是有所作为，不是乱为，更不是不为。"有为"这个词在中国的语境里面，并不是乱为、盲目瞎搞的概念，"有为"一般指的是正当且必要且有效率的作为，这叫"有为"。当然我觉得还不仅如此。因为在中国的语境中，恐怕"有为"不仅是正确的作为，不仅是不乱为，它还意味着国家有主动性，有战略前瞻性。但是在这样的语境下，"有为"政府的界限就不容易厘清，政府的力量就容易发生偏差,就容易出现不当的介入。

有的学者认为,政府的有为,关键就在于政府的战略规划是以市场规律为前提。经济发展的实际过程,也是市场从无到有、从小到大、由简单到复杂的过程。未来加快完善现代化经济体制,必须创新和完善宏观调控,发挥国家发展规划的战略导向作用;国家发展规划的设计与实施,也必须科学把握市场规律,顺应经济发展大势。这个说法我是很赞同的。有的地方政府总是积极作为,其初衷是好的,但是对于市场的运作机制不够尊重(当然并非主观上如此),也不够熟悉,因此很多政府干预往往从良好的愿望出发,却产生了消极的后果。十八大提出"使市场在资源配置中起决定性作用和更好发挥政府作用",这个说法具有原则性,也很巧妙,尤其是"更好"这两个字,值得我们仔细研究。

政府如何在资源配置中发挥更好的作用?我认为还是要在政府发挥正当作用的时候多利用市场机制,要在把握市场规律的基础上进行宏观的经济规划和经济调控。也就是说,有为政府的各种正确的作为,要充分利用市场机制、依靠市场机制来达成,这样的"有为"就比较有效率,比较节省成本,比较具有可持续性。比如说区域产业的调整。政府看到区域产业结构中的问题,就要想办法进行解决,而解决的过程中就要考虑市场的机制,考虑市场的可行性,要利用市场机制,而不要单纯依赖政府行政手段。这方面我们的教训很多,尤其是在产业政策和宏观调控方面。

建立现代化经济体系,要更加重视市场机制的基础性和决定性作用。未来应该继续加大市场化的力度,开放市场,让更多的民间资本进来,提高市场竞争度,降低准入门槛。但是另一方面,也存在另外一个极端,就是在有些领域出现市场化过度,政府该承担的使命没有承担,又存在着政府缺位的问题,尤其在养老、健康、医疗、教育、公共文化建设等公共品领域。"有为政府"既不能乱为，当然也不能缺位，不能不为。

二、现代化经济体系是一种尊重市场竞争的经济体系，要鼓励竞争，尊重企业的市场竞争主体地位，防止垄断

现代化经济体系的目标既然是建立和完善社会主义市场经济，那就必然是一种尊重市场竞争的经济体系，因为市场经济的题中应有之义就是"竞争"。只有通过各种微观经济主体的比较充分的竞争，才能提高经济发展的效率和资源配置的效率，从而以最小的成本和投入，获得最大限度的产出和发展。

回顾这四十年的改革进程，就会发现，凡是遵循经济发展的基本规律、尊重微观经济行为主体的选择权利、坚持改革的市场经济取向、尊重保护并鼓励竞争的时期，我们的改革事业就会顺利地进行，反之就会出现改革徘徊不前以致倒退的局面。我们还发现，凡是在那些尊重微观主体的自主选择权利、尊重微观主体的竞争权利、鼓励和保护微观主体制度创新的热情、始终坚持市场经济的基本取向的经济领域，我们的改革就会取得巨大的成效。改革开放初期的农村生产经营体制的成功改革和乡镇企业的迅猛崛起，都是这个结论的最为有力的佐证。放开各种不合理的管制和约束，让市场主体在公平的规则下展开平等的竞争，是我们改革开放取得成功的主要经验之一。中国将社会主义市场经济和竞争性的市场机制作为改革的目标模式，是经过风风雨雨坎坎坷坷之后做出的正确选择，我们终于认识到，只有将市场调节作为资源配置的基本手段，只有鼓励和保护竞争，才能最大限度地激发

微观主体的创新热情，才能实现物质和人力资源的最优配置，才能促进生产力持续稳定的发展。可以说，始终不渝地坚持改革的市场经济取向，始终不渝地保护和鼓励竞争，是中国改革最为宝贵的经验。

一个竞争性的有效率的市场经济体系包含三个基本要素：一是必须有自主经营、自负盈亏、产权明晰、权责明确的并有自主的市场选择权利的微观经济行为主体；二是必须有以竞争性的市场价格为导向的包含各种要素的完善的市场体系；三是必须有主要通过市场手段进行调节的规范而有效的宏观管理体系。这三个要素互为条件且互相制约，共同构建成一个完整的市场经济体制。经过四十年的改革，我们完全可以说，我们已经初步建立起社会主义市场经济体系，在重塑充满活力的市场主体、构建竞争性的市场机制和完善政府宏观调控体系三个方面都取得了突破性的进展。但是，这并不意味着我们的市场经济体系已经完美无缺，恰恰相反，以上述三个标准来衡量中国的市场化改革，我们还有很长一段路要走。在重塑充满活力的市场主体方面，中国的国有企业改革还要按照市场化的要求继续深化，国有企业一方面要建立产权明晰的现代企业制度，使得国有企业真正成为摆脱带有行政依附色彩的独立的市场主体；另一方面要在一切竞争性的产业中实现国有企业和非国有经济的公平竞争。在构建竞争性的市场机制方面，中国要切实营造一种鼓励竞争的社会氛围，鼓励和允许民间资本在一切竞争性的领域平等参与市场竞争，消除在某些行业中仍旧残存的不符合市场经济规律的管制。在完善政府宏观管理体系方面，政府要转变传统的强力行政干预的观念，主要运用市场化的手段对经济进行规范的宏观调控，减少对经济运行的直接介入。

反垄断是我国现代化经济体系建设中的重要内容，是完善市场机制的核心部分。2007 年，备受各界瞩目的《中华人民共和国反垄断法》

(以下简称《反垄断法》)草案在十届全国人大常委会第二十九次会议上获得通过。这个法律的立法过程长达十三年。《反垄断法》的出台体现了社会主义市场经济的本质要求,有利于推动市场竞争,促进和优化资源配置,保护消费者的利益,在中国市场经济和市场法制的发展史上具有里程碑式的意义。《反垄断法》是市场经济重要的基本的法律制度。市场经济是竞争经济,竞争机制是市场经济的根本机制。但市场本身并不具备维护公平竞争的机制,相反,处于竞争优势的企业为了获得垄断利润,总是试图通过各种手段获得垄断地位。在寡头垄断的条件下,不仅不能实现社会资源的有效配置,还会导致社会福利的损失和经济运行效率的损失,导致资源配置的不合理,使一个国家在经济和技术上陷入长期落后。这部法律旨在对滥用市场支配地位垄断价格、掠夺性定价、强制交易、搭售和附加不合理交易条件,或相互之间达成价格联盟、划分市场、限制产量等各种形式的垄断协议,直接危害市场竞争,损害消费者和其他经营者的合法权益的行为,进行惩罚,从而给企业创造一个公平和自由竞争的市场环境,保证我国的社会主义市场经济健康有序地向前发展。同时,《反垄断法》的出台,有利于抑制跨国垄断势力,打击跨国企业操纵市场价格、产品质量和滥用市场支配地位等限制竞争的行为,有利于防范外资并购带来的垄断,促进内外资的平等竞争。十几年来,对于这部法律在实践中的巨大作用,学术界都给予高度评价。2018年2月中美第四次反垄断高层对话中,中方明确表示,十九大报告中强调,加强产权保护,促进公平竞争,打破行政垄断,防止市场垄断,这再次表明中国对建立统一开放、竞争有序的现代市场体系的坚定决心。公平竞争审查制度是中国继2007年颁布《反垄断法》后,就竞争政策做出的又一项制度安排,是处理好政府与市场关系的重要举措。

三、现代化经济体系是一个产权多元化的体系，要鼓励国企和民企共存共赢

现代化经济体系是一个多元化产权的经济体系。我们讨论的混合所有制问题，实际上就是产权的多元化，这就意味着在社会主义市场经济体系中，既要有国有企业，又要有民营企业，要形成两种产权并存、融合和平等竞争的局面，才能最大限度激发经济发展的活力。这是我们改革开放四十年的一个宝贵经验。单一所有制，不利于经济发展的活力和效率的提升；事实证明，坚持在所有制方面的多元并存局面，是符合社会主义初级阶段长远经济发展的战略选择，是务实的、明智的选择。

在这个基础上，我们应该认识到，国有经济和民营经济是我国社会主义市场经济中平等的重要组成部分，都应该得到发展，其产权都应该得到保护，这是社会主义市场经济和社会主义法治的题中应有之义，不言而自明。最近中央深化改革领导小组出台了保护产权的若干举措，受到民营企业家的极大关注和欢迎，这是极其有利于经济发展的一项带有根本性的举措，是关系到我国社会主义市场经济健康发展的战略性举措，十分及时而且必要。

为什么现在要强调保护民营经济产权？其原因在于，在实践中很多人对民营经济发展持有误解，因此政府在保护民营经济产权中就会出现各种偏差，甚至出现损害和践踏民营企业产权的事情，严重破坏了社会主义法治。只有民营经济产权得到与国有经济产权同等的保护，我国民营企业家才会持续投资、放心发展，才会营造我国经济增长的良好局面；如果民营经济的产权得不到有效保护，我国经济增长就会

受到严重的阻碍，企业家投资动力和创新动力就会大打折扣，必将给经济发展带来巨大的消极影响。

近年来学术界出现了一个词，叫作"国进民退"。这个概念用得不准确，而且有很大的误导性。这几年国有企业发展很快，通过产权改革、体制改革，不断并购重组，做强做大，中央密集地出台关于国有企业改革和国有资产管理创新的各项措施，国家对国有企业的重视空前地增强，这是一个明显的事实。但是我们也不要忽视另外一个事实，就是近几年民营企业也在飞速发展，民营企业在整个经济中所占的份额、在就业中所占的份额均不断上升，民营企业在很多原来的国企垄断领域有了更多的平等竞争的机会，民营企业的重要性正在与日俱增。

比如近几年，民间资本开始进入银行业，银保监会批准建立了十几家民资银行，这在几年前是难以想象的。这是金融领域混合所有制改革的重要成果，说明民营经济在很多领域的准入门槛在降低，国有企业和民营企业实际上是同步发展的。当然现在还要革除很多妨碍平等竞争的政策，还要进一步为国企和民企平等竞争创造法律环境和市场环境。

我认为将来最好的状态就是"国进民进"，就是国有企业和民营企业同时得到规模的扩张和质量的提升。"国进"不意味着"民"要退，国有企业发展了，民营企业也要发展，要共同发展，这才是一个双赢的局面。假如哪一天中国的国有企业发展了，民营企业落后了，甚至被挤垮了，我认为这是国家之灾，而不是国家之幸。国有企业和民营企业在整个国家中是互相依存的，是互为唇齿的，不是此消彼长和互相替代的关系。而且在现实的经济运行中，国有企业和民营企业已经形成互相依存的产业链上下游关系，国有企业和民营企业在产业层面上已经互相融合、互相联结在一起，一方弱了、萧条了，另外一方也会变弱、变萧条，所谓一损俱损，一荣俱荣。

民营企业就业占全部就业数的70%～80%，民营企业所创造的国内生产产值占到全部产值的70%左右。因此，无论从它创造的价值还是就业机会来讲，民营企业要是不发展，中国就不会发展，这是当前中国最大的现实，我们必须清醒认识到这个事实。如果民营企业得不到国家的鼓励、保护与支持，那这个国家就丧失了发展的基础，因为今天中国的经济结构和所有制结构已经发生了深刻的变化。

为什么国有企业这几年发展迅猛？我认为恰恰是因为中国民营企业发展了，才有了国有企业的迅猛发展，因为民营企业吸纳了大量的就业人口，化解了国有企业下岗、倒闭、破产、重组带来的成本，这些成本都由蓬勃发展的民营企业承担了，才使得这个国家在国企发生深刻变革的同时防止了经济社会的不平衡和严重动荡，避免了大量失业带来的危机，没有形成一种严重的社会震荡，没有导致国民总体福利的下降。所以民营企业作为增量式改革的重要成果，是中国改革成功的基础之一。现在我们在发展国有企业的过程中，不要忘了民营企业的功劳和作用，要给予客观评价。

近年来，尤其是2016年以来，中共中央和国务院连续推出了保护产权、保护和激发企业家精神、反对垄断的相关法律文件和意见措施，实际上都指向一个目标，就是要鼓励和保护民营企业的发展，要在理直气壮发展壮大国有经济的同时，毫不动摇地发展壮大民营经济，促进不同所有制经济的共同发展。

四、现代化经济体系是一个法治经济体系，要尊重企业独立地位，依法管理，尊重和保护产权

现代化经济体系必然是一个基于法治的经济体系。社会主义市场经济就是法治经济，要以法治为基础，法治是保障市场经济有序、稳健和可持续发展的必要制度前提。为建立社会主义的法治的市场经济，就要严格保护产权，尊重各类企业的独立法人地位，政府必须依法施政，依法对国民经济进行调控和管理，要把政府的权力关进法治的笼子里，使其受到法律的约束。

近年来关于市场经济的法治建设，国家有很多重要举措。其中三个举措对于建设法治经济最为关键：

第一个关键举措是中央强调要保护各类产权。2016年11月4日，中共中央、国务院发布了《关于完善产权保护制度依法保护产权的意见》（以下简称《意见》）。《意见》中说，产权制度是社会主义市场经济的基石，保护产权是坚持社会主义基本经济制度的必然要求。有恒产者有恒心，经济主体财产权的有效保障和实现是经济社会持续健康发展的基础。改革开放以来，通过大力推进产权制度改革，我国基本形成了归属清晰、权责明确、保护严格、流转顺畅的现代产权制度和产权保护法律框架，全社会产权保护意识不断增强，保护力度不断加大。同时也要看到，我国产权保护仍然存在一些薄弱环节和问题：国有产权由于所有者和代理人关系不够清晰，存在内部人控制、关联交易等导致国有资产流失的问题；利用公权力侵害私有产权，违法查封、扣押、冻结民营企业财产等现象时有发生；知识产权保护不力，侵权易发多发。要解决这些问题，必须加快完善产权保护制度，依法有效保

护各种所有制经济组织和公民财产权,增强人民群众财产财富安全感,增强社会信心,形成良好预期,增强各类经济主体创业创新动力,维护社会公平正义,保持经济社会持续健康发展和国家长治久安。《意见》中强调保护产权要坚持以下原则:第一,坚持平等保护。健全以公平为核心原则的产权保护制度,毫不动摇地巩固和发展公有制经济,毫不动摇地鼓励、支持、引导非公有制经济发展,公有制经济财产权不可侵犯,非公有制经济财产权同样不可侵犯。第二,坚持全面保护。保护产权不仅包括保护物权、债权、股权,也包括保护知识产权及其他各种无形财产权。第三,坚持依法保护。不断完善社会主义市场经济法律制度,强化法律实施,确保有法可依、有法必依。《意见》还强调,坚持权利平等、机会平等、规则平等,废除对非公有制经济的各种形式的不合理规定,消除各种隐性壁垒,保证各种所有制经济依法平等使用生产要素、公开公平公正参与市场竞争、同等受到法律保护、共同履行社会责任。这给民营经济发展提供了保障。

第二个关键举措是中央强调要消除垄断。2016年国务院发布了《关于在市场体系建设中建立公平竞争审查制度的意见》(国发〔2016〕34号)(以下简称《意见》),《意见》指出:公平竞争是市场经济的基本原则,是市场机制高效运行的重要基础。随着经济体制改革不断深化,全国统一市场基本形成,公平竞争环境逐步形成。但同时也要看到,地方保护、区域封锁、行业壁垒、企业垄断,违法给予优惠政策或减损市场主体利益等不符合建设全国统一市场和公平竞争的现象仍然存在。为规范政府行为,防止出台排除、限制竞争的政策措施,逐步清理废除妨碍全国统一市场和公平竞争的规定和做法,国务院决定建立公平竞争审查制度。《意见》认为,推出公平竞争审查制度,一是深入推进经济体制改革的客观需要。经济体制改革的核心是使市场在资源配置中起决定性作用和更好地发挥政府作用。统一开放、竞争有序的市场体系，是市场在资源配置中起决定性作用的基础。建立公平竞争审查制度，防止政府过度和不当干预市场，有利于保障资源配置依据市场规则、市场价格、市场竞争实现效益最大化和效率最优化。二是全面推进依法治国的有力保障。全面推进依法治国，就要求政府依法全面正确履行职能。《中华人民共和国反垄断法》明确禁止行政机关滥用行政权力，排除、限制市场竞争。建立公平竞争审查制度，健全行政机关内部决策合法性审查机制，有利于保证政府行为符合相关法律法规要求，确保政府依法行政。三是实现创新、驱动发展的必然选择。企业是创新的主体，公平竞争是创新的重要动力。建立公平竞争审查制度，大力消除影响公平竞争、妨碍创新的各种制度束缚，有利于为大众创业、万众创新营造公平竞争的市场环境。四是释放市场主体活力的有效举措。我国经济发展正处于动力转换的关键时期，大力培育新动能，改造提升传统动能，都需要充分激发市场主体活力。建立公平竞争审查制度，降低制度性交易成本，克服市场价格和行为扭曲，有利于调动各类市场主体的积极性和创造性，培育和催生经济发展新动能。《意见》指出，建立公平竞争审查制度的总体要求和基本原则是：建立公平竞争审查制度，要按照加快建设统一开放、竞争有序市场体系的要求，确保政府相关行为符合公平竞争要求和相关法律法规，维护公平竞争秩序，保障各类市场主体平等使用生产要素、公平参与市场竞争、同等受到法律保护，激发市场活力，提高资源配置效率，推动大众创业、万众创新，促进实现创新驱动发展和经济持续健康发展。要尊重市场，竞争优先。尊重市场经济规律，处理好政府与市场的关系，着力转变政府职能，最大限度地减少对微观经济的干预，促进和保护市场主体公平竞争，保障市场配置资源的决定性作用得到充分发挥。

公平竞争审查举措的提出，是中共中央、国务院深化改革领导小组亲自抓的一件大事。其目标是消除一切竞争性领域的垄断，放低门槛，民营企业要跟国有企业一样享有同等的国民待遇，让民营企业能够同等参与竞争，尤其是原来封闭比较严重的像金融业、通信产业、能源产业等，要向民企开放，这是中国未来发展极其重要的问题。

第三个关键举措是，2017年4月召开的中央全面深化改革领导小组第三十四次会议通过了《关于进一步激发和保护企业家精神的意见》。习近平指出："我们全面深化改革，就要激发市场蕴藏的活力。市场活力来自于人，特别是来自于企业家，来自于企业家精神。"2017年9月8日中共中央和国务院共同发布了《中共中央国务院关于营造企业家健康成长环境弘扬优秀企业家精神更好发挥企业家作用的意见》（以下简称《意见》），这个文件的核心就是保护和鼓励民营企业的发展。《意见》指出，企业家是经济活动的重要主体。改革开放以来，一大批优秀企业家在市场竞争中迅速成长，一大批具有核心竞争力的企业不断涌现，为积累社会财富、创造就业岗位、促进经济社会发展、增强综合国力做出了重要贡献。营造企业家健康成长环境，弘扬优秀企业家精神，更好发挥企业家作用，对深化供给侧结构性改革、激发市场活力、实现经济社会持续健康发展具有重要意义。《意见》的宗旨是着力营造依法保护企业家合法权益的法治环境、促进企业家公平竞争诚信经营的市场环境、尊重和激励企业家干事创业的社会氛围，引导企业家爱国敬业、遵纪守法、创业创新、服务社会，调动广大企业家的积极性、主动性、创造性，发挥企业家作用，为促进经济持续健康发展和社会和谐稳定、实现全面建成小康社会奋斗目标而奋斗。《意见》着重强调，要依法保护企业家财产权。全面落实党中央、国务院《关于完善产权保护制度依法保护产权的意见》，认真解决产权保护方面的突出问题，在立法、执法、司法、守法等各方面各环节,加快建立依法平等保护各种所有制经济产权的长效机制。研究建立因政府规划调整、政策变化造成企业合法权益受损的依法依规补偿救济机制。《意见》强调要依法保护企业家自主经营权。企业家依法进行自主经营活动,各级政府、部门及其工作人员不得干预。要减少政府管理部门的自由裁量权,尊重企业和企业家合法的自主经营权。这是建设法治经济的客观要求,也是建设法治经济的有力保障。

五、现代化经济体系是契约经济体系,要强调市场伦理与市场秩序

现代化经济体系必然是一个契约经济,这种契约经济的运行,是建立在所有主体对契约的尊重和有效执行基础之上的。这就需要所有交易主体都要具备契约精神。契约精神要求在市场经济的运行中,所有主体都要遵守市场伦理。我曾经写过一篇文章《市场经济的伦理奠基与信任拓展》,认为市场经济的基础是市场伦理,一个丧失市场伦理、不尊重和不遵守市场伦理的经济体系,是不可能有效运转的,必然是一个脆弱的,成本极高、危险极大的经济。[1]

市场经济的伦理奠基,我把它概括为"三信"。第一个"信"是"信用"。市场经济人格奠基必须以信用作为第一个奠基石。市场经济是一个信用的经济,信用经济实际上是契约精神的一种表现,没有信用,何

---

[1] 王曙光:《市场经济的伦理奠基与信任拓展:超越主流经济学分析框架》,载《北京大学学报(哲学社会科学版)》2006 年第 5 期。

来契约？又怎么遵守契约、执行契约呢？没有信用，则契约的签订成本、执行成本、契约不能遵守之后的惩罚成本，乃至契约完全被打破之后整个社会的震荡成本，都会特别高。这样的社会将不可维系。春秋战国时叫"礼坏乐崩"，一旦这个社会礼坏乐崩了，整个经济、社会就没办法维系了，就崩溃了。一旦社会的诚信缺失，整个经济社会的运转成本极高，甚至社会常常突破道德底线，出现集体的道德缺失，这样的市场经济是没有希望的，也是没有力量的。什么叫市场经济？市场经济首先是一种信用经济，要遵守契约，要有高度负责的精神；而一个人一旦对自己不负责，一旦丧失诚信，就要为此付出非常巨大的代价，他在市场上就难以立足。这就逼迫每一个人都必须守信用，尊重契约，有规矩，不乱来。

第二个"信"是信任。人们都有契约精神，遵守市场经济的基本规则，遵守合约，长久而言，人与人之间会产生一种信任关系。在这种信任关系下，大家就会产生一种默契，产生一种"默会的知识"，即大家不必相互防备，而是绝对信任对方。这样的话，所有的交易都很容易达成，在这样的社会中法律的执行成本就会很低，甚至很多法律根本存而不用。有了这种高度信任，有了对自己的信誉的高度重视和珍惜，人们之间的交易关系将无比牢固，违约的可能性极小，交易效率大为提高。

第三个"信"是信仰。信仰特别重要。我说的这个信仰，不是指信仰某一个宗教的单一神，而是广义上的具有超越性的信仰。宗教的信仰以及对于所有不可知、不可控的生命的信仰，乃至对日常伦理道德的高度信仰，都是信仰。中国古话说"不能伤天害理""头上三尺有神明"，这也是一种信仰。中国传统社会中，这种信仰是根深蒂固的，即使从来没读过书，他也知道什么是伤天害理，什么是做人的基本道德准则。中国人读书并不是简单地读《论语》《孟子》，中国传统的伦理是渗透到每个人的实践当中；因此在传统社会中，即使是文盲也具有高度的文明，这种文明不以识字与否为标准，而是指他心里有一整套的道德信仰，这套信仰是使他在传统的社会中能够安身立命的所有支撑物。有了道德信仰，一个人就有规矩、有底线、有良知、有道德基础，在这种基础上形成的市场经济，必然是一种"好的市场经济"。

这就是"三信"。信用经济使人们相互信任，有契约精神，同时，还需要更高的价值信仰作为支撑，这是市场经济的三大支柱。没有这"三信"作为支柱，这个经济没办法维系。因此，我们要重新反思在经济转型中的伦理失序问题，要重建整个国家的伦理基础，使这个国家重新树立信用、信任和信仰，使全体人民都知道市场经济要有它的人格奠基，否则，再多的产值也是脆弱的。

从计划经济到市场经济转型的初期，人们往往有一个误区，认为一旦进入市场经济，则一切计划经济时代的约束，包括经济规则约束、意识形态约束和政治压力都没有了，这样就可以"无所不为"了。因此，很多人在转型初期，误把市场经济当作"什么都可以做的经济"，是"为了赚钱，什么都可以做"的经济形态。从成熟的现代经济体系的视角来看，这是一种极端错误的观点。这种观点导致中国在转型过程中出现了大量的道德"真空"，出现了严重的信仰缺失和信任缺失的现象。转型初期很多企业家把西方经济学中的利润最大化的假设理解为是一个没有任何约束的、没有任何前提的理想化的行为，这个假设引起了很多人的误解。实际上，一个成熟的市场经济和现代化经济体系，应该有它的人格奠基，而不是简单地把那个抽离了伦理前提的"利润最大化"作为信条。

我们现在的伦理失序问题的另一个根源，在于乡土社会向现代契约社会的转型。在传统的乡土社会向以契约为基础的契约社会过渡的过程中，道德的断裂和失序也是常见的。道德规范在乡土社会中是无形的，人与人之间有着天然的，缘于地域、血缘和宗族关系的信任感，他们互相熟悉，因而互相欺骗的概率极低，而互相欺骗的成本极高。在乡土社会中一旦发生了欺骗的行为，则欺骗者就会给整个家族带来恶名，从而使整个家族世代积累起来的美誉面临毁于一旦的危险。但是在向现代的契约社会过渡的过程中，人们由于社会关系的扩展，而不得不将交易扩大到陌生人的范围；然而一个来自乡土社会并熟悉乡土社会游戏规则的人还没有学会如何适应这个陌生人的世界，还不知道如何以契约社会的方式来进行交易，也不知道在受到其他陌生人欺骗的时候如何以契约来维护自己的利益与尊严，而更严重的是整个社会还没有为契约社会的到来准备必要的法律环境和惩罚激励机制。这个时候，普遍的不信任感就产生了，欺骗成为交易者的最优选择。

所以今天，当我们面临着两大转型——计划经济向市场经济和传统乡土社会向现代契约社会的转型——的时候，必须认识到一个"好的市场经济"跟一个"坏的市场经济"之间的重大区别。这个重大区别就是：好的市场经济是以伦理和秩序为前提的，好的市场经济必须具备它的人格基础，其中主要是诚信，是对契约的尊重，这是保障整个市场经济秩序的重要前提。未来怎么做呢？一方面，我们要利用好传统道德资源，义利合一、诚实守信的精神，传统的人格操守，应该得到继承和发扬；另一方面，我们还要塑造现代契约精神。契约精神就是在一个陌生人社会中也要遵守契约，这是市场经济的题中应有之义。每个人都要履行契约，有契约精神，要建立整个社会普遍的信任关系，这样才能解决当下伦理失序、经济发展成本高的问题。

六、现代化经济体系是一个开放的经济体系，应以更大格局促进开放，提升中国的国际竞争力

现代化经济体系必然是一个开放经济，而不是封闭经济。中国经济在最近四十年取得了世界瞩目的高速增长，这个成就，既来自对国内经济体制的创新和变革，同时也来自对外开放；而且中国往往以开放促改革，以开放来推动国内经济体制的创新，这是四十年经济发展与变革的重要"诀窍"之一。

对外开放是一个过程，而不是一个一步到位的事情。我们一直坚持循序渐进推进开放的策略。我们的对外开放，是伴随着中国经济体制改革的不断深入，而逐渐得到深化的。开放从局部领域、部分地区开始，由浅入深，由点到面，逐步展开。从区域来看，我们先以经济特区和沿海开放城市为重点开始，逐步向中、西部内陆地区推进，这种渐进开放的战略基本符合中国的实际情况。开放的领域也在不断拓展，从最容易的扩大对外贸易，到直接引进外资；而引进外资方面，又从比较容易、比较保险的引进外国直接投资，吸引外资到中国办企业，再到逐步开放我们的资本市场。这个过程是可控的，是渐进的，不是盲目地一下子推开的，从而保证了开放有序、稳健地推进。这种稳健的、渐进的、有序的开放，还给了不同领域、不同地区的人们一个学习过程，使对外开放的知识外溢效应不断扩散到更多的领域和地区。

对外开放是全方位的，但是开放方式和重点在不同阶段具有差异。开放初期，我们更强调对外贸易的扩大，尤其强调促进出口，换取更多的外汇。在对外贸易有了一定的进步之后，我们又逐渐在直接投资、金融业等领域进行开放，使得开放战略进入了深化阶段。而今天，开

放进入了一个更高的阶段，我们在"一带一路"倡议的指引下，鼓励中国企业"走出去"，中国参与国际经济活动的深度和广度大为拓展。我们在国际经济舞台上的话语权也在不断增加。近年来，我国在国际货币基金组织和世界银行的话语权在增大，我国的人民币国际化战略在稳步推进，我国发起和倡导的亚投行等机构获得了国际人士的认同。在经济开放的同时，我们也在积极发展同其他各国在科学、技术、文化、教育等方面的交流与合作。

我们要构建现代经济体系，就要进一步扩大开放，进一步在新时代推进开放向更深、更广的层面拓展。未来对外开放，我们要注意几个方面的问题：

第一，对外开放要培养全球格局。我们要进一步放眼全球，熟悉全球经济和文化动态。要有文化自信和制度自信，但不要自以为是孤芳自赏，要对全球事务加深理解，从而为扩大开放提供更好、更理性的判断，否则很容易走进误区，做出误判。不要急躁冒进，要在对全球局势做出清醒判断的基础上稳步进行开放，而不是盲目开放，盲目决断。尤其是在中国企业"走出去"的过程中，要保持清醒，要稳步前进，要针对别的国家的政治经济文化形势做好全方位的"功课"，不要盲目进行大规模投资和并购活动。前车之鉴很多，不可不慎。

第二，对外开放不是"空心化"。我们在强调扩大开放的同时，还要以练好内功为主，要把国内的事情先干好。要把国内的产业做大做强做扎实，扩大内需，不断提升国内企业的竞争力，搞好国内企业的改制创新，搞好国内的供给侧结构性改革，把经济发展的质量提上去。不能以"空心化"为代价，把国内的产业掏空了去搞"走出去"，不能舍本逐末。

第三，对外开放的底线是要保障国家安全。保障国家安全，就是要把保护国家战略利益放在第一位，无论是金融业开放，还是各种技术贸易等，都要以国家安全为前提。放弃国家安全去搞金融开放和其他领域的开放，无异于饮鸩止渴。在一些国家战略领域，对外开放的方式和力度都要极为谨慎，有些领域则要采取严格的准入政策，确保国家安全。在这方面，西方国家是很重视的，我们也要绷紧这根弦。

第四，我们不仅要对外开放，还要对内开放。在很多领域，我们开放给外资，但同时也要开放给国内企业，要给国民以国民待遇。不要出现这样的情况：我们给外国资本以国民待遇了，可是本国的企业却在这些领域没有资格进入，这是荒谬的。

第五，要处理好独立自主和对外开放的关系，独立自主是目的，对外开放是手段。我国对外开放一直强调独立自主、自力更生，在这个前提下，积极发展与世界各国的经济和各领域交往。我们不要光强调对外开放，而忘了独立自主、自力更生。尤其在技术贸易方面，我们曾在一段时间里特别强调引进西方"先进"技术，但是忘记了两个最关键的事实：一是西方国家断然不会把最先进的技术转让给中国，他们一定会以各种方式对中国的高技术引进采取限制措施；二是任何高技术，一定要在自主创新的基础上获得，而不可能依赖于从别国购买。在一个比较长的历史时期，我们放松了科学技术的自主创新，在大飞机、芯片等领域，原本的竞争优势反而丧失了，教训很大。反而西方一直对我们封锁的、我们一直坚持自主创新的领域，还保持着比较优势，比如航天科技。所以，在未来的对外开放中，我们还要继续坚持自主创新，继续鼓励自主创新，要处理好独立自主和对外开放的关系。

第六，我们的对外开放还要注重软实力的建设，其中主要是以文化和科技的软实力作为后盾。只有文化软实力和科技软实力上去了，我们的对外开放才有长久的发展潜力，我们的对外贸易、对外投资以及其他领域的全方位对外交往才有真正的比较优势。

七、现代化经济体系的构建，要求建立具有中国特色的现代企业制度与法人治理结构

建立现代化经济体系要求有相应的微观经济基础与之相配套，这个微观经济基础就是要建立现代意义上的企业制度。企业制度是什么？世界上有没有一统天下、放之四海而皆准的现代企业制度？这个问题，并不是一个幼稚的"伪问题"，而是一个十分重要的问题，是造成很多理解误区的问题。很多人热衷于倡导现代企业制度，并把西方的所谓现代企业制度作为唯一的标杆和模板来推行，殊不知西方世界的企业制度也是五花八门。因此对现代企业制度的内涵，对企业制度本身的性质，对企业制度在空间和时间上的适用性、差异性和演进性，还有进一步阐述和澄清的必要。

企业制度无外乎是关于企业组织形式和起到激励约束功能的一整套制度的总称。从空间上来看，企业制度在不同文化和历史传统的国家呈现出很大的差异性和多元性；从时间上来看，企业制度在漫长的历史中经历了复杂的演变过程，直到现在，企业制度也在不断的演变与创新之中，因此企业制度如同人类的一切制度一样，均有一个不断演化的过程，这是一个永不停止的历史过程。建立一种企业制度，其根本目的，是为了企业更好、更持久地发展，因此只要是在一个历史阶段能够达到这一目的的企业制度，就是好的企业制度；而这种好的企业制度，必然也要经历一个演变的过程，不可能永远适用，更不可能永远包打天下、在任何区域都适用。以上所说的"企业制度在空间上的差异性和多元性以及在时间上的演进性"，是我们理解现代企业制度（乃至一切企业制度）的前提。

现代企业制度的核心是产权清晰和治理有效。产权清晰不用解释，只有产权清晰，才能权责明确。治理有效，就是要建立一个功能完善而有效率的内部公司治理制度，也叫法人治理结构。现代企业制度的法人治理结构，其根本功能，就是实现有效的制衡、激励和约束。这是现代公司治理的三个关键词，也是现代企业制度的最核心的三个目标。先讲制衡。公司治理的制衡中包含了多方面的制衡，第一个是董事会和股东大会的制衡。股东大会在法律上是最高权力机构，它要产生董事会。第二个是独立董事和其他内部董事的制衡。作为独立董事，担子很重，现在好多学者、律师、会计师做独立董事，对内部董事进行制衡。第三个是监事会对于其他力量的制衡。第四个是公司内部跟外部（客户、消费者、投资人等）的制衡。第五个是最核心的制衡，即投资人跟经理人的制衡。再说激励。公司治理不光是要防止代理人出问题，其最关键的功能是要鼓励经理人兢兢业业地工作。山西票号发明了"顶身股"这个制度，这是世界上最早的员工持股计划之一，对员工和经理层进行股权激励（而且是期权激励）。公司内部的激励方式不一样，效率也不一样。最后一个关键词是约束，即如何约束经理人的道德风险。近代以来，管理层跟投资者不断分离，投资者的着重点在怎么控制经理人，经理人的着重点在怎么得到更多收益，得到更多闲暇。以上这三大关键词，实际上就是现代公司治理的三大要素，也是现代企业制度必须具备的三大功能。这三个制度，在历史上都经历了漫长的演变过程。

对于现代企业制度和现代公司治理，很多人有一个认识误区，总以为把西方所有规范的公司法人治理制度移植过来，就可以一劳永逸地解决法人治理问题。这是一个严重的认识误区。首先，世界上根本不存在一个"绝对规范"的公司治理制度，西方国家中，日德是一个模式（关系控制型），英美是一个模式（市场控制型），意大利这些传统的欧洲国家又是一个模式（家族控制型），它们之间差异很大，没有一个所谓"绝对的""规范的"东西。从时间来看，企业制度尤其是公司内部的法人治理结构，实际上代表了一个不断演化的过程，它是各种力量，包括内部的、外部的，经理人的、出资人的，种种力量不断讨价还价和博弈的过程。历史上公司治理一直处在一个动态的演变过程中。所以我们要打破这个偏见——以为公司治理是一个绝对标准框架，把这个标准弄一下就行了。建立现代企业制度，要因地制宜，因时制宜，根据企业的具体情况，来选择合适的企业制度和公司治理结构。同时，我们一定要意识到，公司法人治理制度受制于很多约束条件，比如说一个国家的商业传统、法律体系、交易环境、历史习惯等，这些国情都会影响到今天的法人治理。需要注意的是，即使有些国家法人治理结构看起来很好，但是如果移植成本太高，我们也不能把它简单移植过来，因为不划算。法人治理结构的建设，是要算成本收益的。

总之，看待公司治理既要有与时俱进的理念，也要因地制宜，这是一个具有适应性和演进性的制度安排。天下从来没有一个"唯一规范的公司治理结构"，不同的国家，不同的公司，要根据自己的企业文化、商业传统、行为习惯、制度传统来寻找最为有效、最为划算、最为现实、最具可操作性的公司治理结构。我们一定要把公司治理的机制理解成为一个不断演化的过程，不可能一劳永逸。因此，在构建现代企业制度和现代公司治理结构方面，我们要相信时间，也要敬畏现实。现在国有企业的制度变革如火如荼，混合所有制改革使得国有企业的产权结构不断多元化，同时国有企业也在不断深化内部治理结构的变革，加快建立现代企业制度。在这个过程中，我们既要放眼世界，借鉴西方国家的现代企业制度和公司治理机制方面的宝贵经验，也要根据我们的国情，尊重我们的历史，探索一套适合中国国有企业发展的、具有中国特色的现代企业制度和法人治理结构。各国文化传统和历史条件不同，企业制度和法人治理结构也不具有完全的可复制性，一定要因地制宜，要有自己的创新，不可一味照搬，更不可从国家层面硬性规定，一窝蜂执行。对于我国的国有企业而言，如何在公司治理中有效地、有机地融入党组织的作用，如何在企业的所有制结构中合理地、适度地引入社会资本，如何在所有制结构多元化的同时实现公司内部治理结构的有效性，尤其是发挥社会资本的更大作用，如何建立有效的内部和外部监督机制以保障国有企业和国有资产持久发展壮大，这是需要历史智慧的大课题。

八、现代化经济体系是创新经济体系，要鼓励技术创新、文化创新和制度创新

创新是经济发展和社会进步的基石，就广泛的意义上来说，任何时代的经济都必须在创新中前进，不创新就意味着停滞。现代化经济体系更是一个创新性的经济体系，它内在地要求创新，在创新中不断改善各种要素的配置效率，不断提升经济竞争力和人民的幸福感。实际上，我们在新中国的前三十年，就是在大规模制度创新的基础上，建立了一个崭新的中国，建立了社会主义制度，从而为中国的工业化和经济赶超奠定了制度基础。在此期间我们还进行了大规模的技术创新，这些技术创新是在西方对新中国实施全面封锁的条件下取得的；在极为艰苦的条件下，中国人在航空航天科技、核技术、医学科学、计算机

科学等诸多领域取得了令全世界瞩目的成就,甚至一些技术达到了世界领先水平。这些自主开发的技术支撑了中国的工业化,也保障了中国的国家安全。改革开放后,科学进步获得了巨大的成就,大学、科研机构、企业都成为技术创新的主体,中国的专利数量猛增,中国在很多领域已经成为创新大国;尤其是在制造业方面,我国的很多技术居于世界先进水平,近年来开始了大规模的技术输出。这些事实,充分说明我国已经迈进了创新经济的门槛。

党的十八大以来,中央提出了五大发展理念:创新、协调、绿色、开放、共享,其中创新排在第一位。创新成为引领中国未来发展的第一动力。为什么这么强调创新?是因为创新不仅是推动经济增长的重要动力,而且是国家竞争力的重要源泉和保障。十八届五中全会对创新问题进行了全面论述。全会提出,坚持创新发展,必须把创新摆在国家发展全局的核心位置,不断推进理论创新、制度创新、科技创新等各方面创新,让创新贯穿党和国家的一切工作,让创新在全社会蔚然成风。必须把发展基点放在创新上,形成促进创新的体制架构,塑造更多依靠创新驱动、更多发挥先发优势的引领型发展。培育发展新动力,优化劳动力、资本、土地、技术、管理等要素配置,激发创新创业活力,推动大众创业、万众创新,释放新需求,创造新供给,推动新技术、新产业、新业态蓬勃发展。

有些人认为"万众创新"这个词不够准确,怎么能够老百姓都去创新呢?我认为这种认识是有偏差的。很多人认为,只有科学家和科技人员才谈得上创新,老百姓哪里能够创新?实际上,在任何岗位上,任何职业中,都有创新的问题。每个人在现代化经济体系中都应该是创新的主体,每一个人在自己的职业中都应该成为创新者。每一个企业家都应该成为创新者,他(她)要在企业的组织制度、激励机制、经营管理等方面进行不断的创新,才能保障企业的竞争力。科学家和科技人员就不用说了,社会科学工作者也应该极为重视理论创新,社会科学中的理论创新对经济社会发展的贡献极大,但往往被人们所忽视。每一个创业者和微型企业的从业者也应该时时刻刻注重创新,在自己的产品和服务方面力争有更多的创新点,从而获得市场先机,获得更多的市场份额。政府工作人员也要不断创新,不断改进政府管理机制,不断创新工作方法,使政府的运作效率更高。应该说,每一个人都离不开创新,创新是每一个老百姓的事,不要觉得创新"高大上",与老百姓无关。在现代经济体系中,每一个人都应该有创新精神,创新精神不是某些职业的专利。要在全社会培育和塑造一种创新型的文化,鼓励一种创新的氛围,形成一种激发创新的体制机制,使每一个人敢于创新。这个大氛围一旦形成,这个国家必将所向无敌。

创新是多方面的,包含着理论创新、技术创新和制度创新等不同层面。我们现在提倡建立新时代中国特色社会主义理论体系,就是一个重大的带有时代意义的理论创新。当然这个新时代中国特色社会主义理论体系是一个包含着多学科、多领域、多层次的理论体系,包含着经济学、政治学、社会学、法学、国际关系学、生态学等不同学科的内容。要创建这样一个创新性的理论体系,就需要社会科学工作者和自然科学工作者的共同努力,需要跨学科的艰苦的理论探索和创新。如果全社会没有形成重视理论创新的氛围,那么新时代中国特色社会主义理论体系就难以建成。因此,全社会形成鼓励理论创新、重视理论创新的氛围,是非常重要的。我们不但要有理论自信,还要有激励理论创新的机制,从而形成百花齐放、百家争鸣的理论创新氛围。中华民族的伟大复兴,如果没有一个伟大的理论作为支撑,是很难达到的。

我们还要鼓励自主的技术创新。改革开放初期的一段时间，我们比较重视技术的引进，这是正确的选择；但是对于自主技术的开发和创新，却在一段时间内有所忽视，这方面也有教训。最近十几年以来，我国在自主技术创新方面又开始奋起直追，很多技术开始领先世界。十八大以来，我国实施网络强国战略，实施"互联网+"行动计划，发展分享经济，实施国家大数据战略；深入实施创新驱动发展战略，发挥科技创新在全面创新中的引领作用，实施了一批国家重大科技项目，积极提出并牵头组织国际大科学计划和大科学工程；大力推进农业现代化，加快转变农业发展方式，走产出高效、产品安全、资源节约、环境友好的农业现代化道路；构建产业新体系，加快建设制造强国，实施《中国制造2025》战略和工业强基工程，培育一批战略性产业。2015年国务院印发《中国制造2025》，这是中国技术创新的一个总纲领，也是新时代我国制造业领先世界的顶层制度设计。该规划提出，要坚持"创新驱动、质量为先、绿色发展、结构优化、人才为本"的基本方针，坚持"市场主导、政府引导，立足当前、着眼长远，整体推进、重点突破，自主发展、开放合作"的基本原则，通过"三步走"实现制造强国的战略目标：第一步，到2025年迈入制造强国行列；第二步，到2035年中国制造业整体达到世界制造强国阵营中等水平；第三步，到新中国成立一百年时，综合实力进入世界制造强国前列。这个规划是很振奋人心的。要实现这个规划，就要在大学、企业、科研机构、政府之间搭建一个相互融合的大平台，从而建立鼓励技术创新的可持续机制。

我们还要高度重视制度创新。技术创新的背后是制度创新，尤其是国家治理制度的创新。发达国家的技术创新能力之所以比较旺盛，主要源于其体制机制的创新。没有制度作为后盾，技术创新是难以实现的。因此十八大之后，国家一直致力于构建创新发展的新体制，加快形成有利于创新发展的市场环境、产权制度、投融资体制、分配制度、人才培养引进使用机制，深化行政管理体制改革，进一步转变政府职能，持续推进简政放权、放管结合、优化服务，提高政府效能，从而极大地激发市场活力和社会创造力。体制机制改革的红利释放得越多，创新型国家就越有保障，整个国家的创新文化就能够逐渐建立起来。

九、现代化经济体系的构建，要求必须具备现代化监管体系与现代化国家治理体系

现代化经济体系既强调市场的作用，同时也强调建立现代化监管体系的重要性，其原因在于市场机制本身也会因为不完全竞争、不完全信息、外部性和公共物品等原因的存在而产生失灵；而要克服市场失灵，实现市场经济有效、有序、有活力地运转，就必须建立一整套现代化监管体系。现实世界中，一个经济体的市场化程度越高，越需要强大的、有效的市场监管体系与之相配套。我国把社会主义市场经济作为基本经济制度，而市场经济本身就必定存在着各种市场失灵以及市场竞争不规范的行为。这些行为既会影响市场经济的活力和创新能力，也会影响市场经济的秩序和稳定性。现阶段，我国在市场秩序和经济运行方面还存在很多问题：社会信用意识差，经济主体之间信任程度不足；市场秩序混乱，消费者权益得不到有效保护；市场准入门槛高，公民创业成本高；市场竞争不充分与过度竞争并存，地方保

护主义和市场分割严重；政府相关监管部门繁文缛节多、行政效率低，影响市场主体的创新发展。因此，加强市场监管，建立现代化的市场监管体系，是建立社会主义市场经济的题中应有之义，也是转变政府职能、实现国家治理体系和治理能力现代化的重要体现。更重要的是，在新的历史时期，经济运行呈现出完全不同的形态，大数据、云计算等新技术不断涌现，互联网革命使很多传统的生产组织方式和经济运行方式实现了颠覆性的变化，这对传统的市场监管体系提出了新的要求和挑战。如果不能实现市场监管体系的与时俱进，就会扼杀经济的活力，同时损害经济发展的效率和秩序。

2017年1月，国务院发布了《"十三五"市场监管规划》，这个规划把激发市场活力和创造力作为市场监管的重要方向，把规范市场秩序、维护公平竞争作为市场监管的重要着力点，把维护消费者权益、提高人民群众幸福感和获得感放在市场监管的核心位置，把提高监管效率作为市场监管的基本要求，把改善市场准入环境、市场竞争环境和市场消费环境作为市场监管的重点，构建了比较完善的现代化的市场监管体系。《"十三五"市场监管规划》中特别强调放宽市场准入，提出：要改革各种审批限制，建立统一公开透明的市场准入制度，为投资创业创造公平的准入环境；凡是法律法规未明确禁入的行业和领域，都允许各类市场主体进入；凡是已向外资开放或承诺开放的领域，都向国内民间资本放开；凡是影响民间资本公平进入和竞争的不合理障碍，都予以取消；破除民间投资进入电力、电信、交通、油气、市政公用、养老、医疗、教育等领域的不合理限制和隐性壁垒，取消对民间资本单独设置的附加条件和歧视性条款，保障民间资本的合法权益；建立完善市场准入负面清单制度。这些措施的出台，力度是很大的，极大地降低了市场准入门槛，为民间资本创造了很好的投资环境，为大众创新提供了很好的市场环境。同时，该规划还强调要加大反垄断法、反不正当竞争法、价格法等的执法力度，严肃查处达成实施垄断协议、滥用市场支配地位行为，保障市场公平竞争，维护消费者权益。这些举措，实际上已经在切实实施，近年来政府相关监管部门已经查处了若干利用市场支配地位暗中签订垄断价格协议的行为，对于净化市场竞争环境起到重要作用。该规划还强调要健全信用约束和失信联合惩戒机制，建立严重违法失信企业名单制度，将信用信息作为惩戒失信市场主体的重要依据，实行跨部门信用联合惩戒，加大对失信企业惩治力度。这对于强化全社会的信用意识，建立一个信用社会和信任社会，是非常重要的。

建立现代化市场监管体系，是国家治理体系和治理能力现代化的标志和体现。要克服以前传统监管机制中僵化、缺乏法治、部门联动性不强、区域协调性不强的弊端，去除传统监管体制中规定繁苛、监管者胡乱作为和不作为的痼疾，建立一支高效、廉洁、法治、科技含量高的市场监管队伍，以期最大限度地消除市场失灵和市场失序，提高国家治理能力，实现国家治理体系的现代化，为社会主义市场经济保驾护航。

十、现代化经济体系是一个高度复杂的经济体系，要在经济发展和开放中高度重视国家安全

现代化经济体系既强调市场、竞争、开放、创新，同时又强调法治、监管、秩序与安全。这两组不同的词语，正好说明了现代化经济

体系的两面：一方面，现代化经济体系强调在各种资源禀赋的约束下实现最大的经济效益和最优的要素配置结构，因此必须强调市场机制与竞争体系的作用，必须实现整个经济体系的开放与各微观经济主体的最大限度的创新，并为此建立一套鼓励自由竞争与多元发展的制度结构。另一方面，由于现代化经济体系是一个极为复杂、高度综合的经济体系，因此在面向更为开放和更加多元化发展的格局中，其对运行的安全与秩序的重要性的强调比封闭单一的经济体系更甚，而国家安全这一考量因素，在现代化经济体系中更加受到各国重视。对于中国这样一个正在走向国际政治经济舞台中心的发展中大国，其国家安全更应得到重视，国家安全这根弦应该绷得更紧。

国家安全是安邦定国的重要基石，这已经成为全球各国的政治共识，各国（尤其是政治经济大国）对国家安全均高度重视。中共中央政治局 2015 年 1 月 23 日召开会议，审议通过《国家安全战略纲要》。这一举动，表明中国改革开放的顶层设计者已经敏锐地洞察到国家安全在新时代的重要性，洞察到在高度复杂、高度开放、各国经济联系高度紧密、大国关系高度敏感、全球治理体系面临重大挑战的今天，把国家安全作为基本国策的极端必要性。在审议通过《国家安全战略纲要》的会议简报中强调："当前国际形势风云变幻，我国经济社会发生深刻变化，改革进入攻坚期和深水区，社会矛盾多发叠加，各种可以预见和难以预见的安全风险挑战前所未有，必须始终增强忧患意识，做到居安思危。制定和实施《国家安全战略纲要》，是有效维护国家安全的迫切需要，是完善中国特色社会主义制度、推进国家治理体系和治理能力现代化的必然要求。在新形势下维护国家安全，必须坚持以总体国家安全观为指导，坚决维护国家核心和重大利益，以人民安全为宗旨，在发展和改革开放中促安全，走中国特色国家安全道路。要做好各领域国家安全工作,大力推进国家安全各种保障能力建设,把法治贯穿于维护国家安全的全过程。"会议提出:"坚持正确义利观,实现全面、共同、合作、可持续安全,在积极维护我国利益的同时,促进世界各国共同繁荣。运筹好大国关系,塑造周边安全环境,加强同发展中国家的团结合作,积极参与地区和全球治理,为世界和平与发展做出应有贡献。"十八大以来,以习近平为核心的中央领导集体站在时代和全球的高度,深刻把握我国国家安全所面临的新形势、新特点、新变化,在全球化、信息化的时代背景下,提出了"以人民安全为宗旨,以政治安全为根本,以经济安全为基础,以军事、文化、社会安全为保障,以促进国际安全为依托"的新型总体国家安全观,新时代中国特色国家安全思想初步形成,这对于我国未来构建新型国家安全战略具有重要指导意义。

要全面理解国家安全的含义,它包含国家军事安全(国防安全)、政治安全、文化安全、经济安全和生态安全等几个维度。其中经济安全(包含金融安全)是国家安全中最基础的部分。经济安全既包括开放经济条件下的国际贸易安全、国际引资安全(吸引外国投资所涉及的国家安全)、国际投资安全(本国企业到国际上投资所涉及的国家安全)、国际经济交往中的信息安全、国际金融安全等涉及国际交往的方面,也包括国内的国有经济安全、国家财政体系安全、国家金融体系安全、国内竞争安全、国内资源和能源安全与国家科技安全等方面。在当前条件下,要特别注意国际交往中的金融安全和投资安全,尤其是在人民币国际化过程中的货币主权和货币安全,避免大规模币值波动带来的风险,避免中国企业在"走出去"过程中的各类投资风险和法律风险,避免大国之间在国际贸易斗争和博弈过程中所产生的国际竞争风险和贸易纠纷风险。目前,我国金融安全问题尤为突出,金融安全既包含国内金融体系的总体性和结构性风险,也包含国家金融体系进一步开放所引发的金融开放风险,更包含中国参与国际金融事务和国际金融竞争所带来的全球化条件下的金融风险与货币风险。对于这些关乎中国长远发展大局的国家安全问题,都要通过建立强有力的权威的国家安全领导组织体系,通过全国协调一致的国家安全战略执行体系,通过高度适应信息化和全球化时代挑战的国家治理体系的有效运作,才能在国际和国内两个战线、在传统国家安全和新型国家安全两个层面上,开展实施有效的国家安全战略。

修订版跋

《中国经济》一书，是我在北京大学开设研究生课程《当代中国经济发展》和本科生通识课程《中国经济导论》所用的基本教材和参考书。本书2020年初版以来，蒙读者厚爱，在学术界同人和经济学相关专业的学生中引起一定的反响。2024年年初，初版售罄，因与北大出版社同人商定再出修订版。

修订版对近年来经济社会发展的崭新动向与制度体系进行了系统的补充，第五讲增订了"中国式现代化"部分，第七讲增订了"建设现代化农业强国"部分，第十讲增订了"新质生产力"部分，第十三讲增订了"人民主权金融"和"中国特色金融文化"部分，同时增加了一讲"科技进步的举国体制及其转型"，使全书扩展为十六讲。

本书以学术专题为经，以时间脉络为纬，将广阔的专题研究与纵深的历史解析结合起来，构建了一个观照中国长期经济体制演变的基本框架，并试图构建一个在话语上独特的、在逻辑上自洽的关于"中国故事"的阐释体系。希望这一学术努力与学术企图，通过教材的形式，通过一种更为活泼平易的方式，能够更好地传达给年青一代的学子。新一代的学子，受时代所浸染，更具备学术上和文化上的自信，当然也具备更为辽阔、更为冷静的全球眼光，这些属于新一代学子的特殊气质，使我备受鼓舞和感染，启发我以更符合时代要求的思考方式和话语方式，来凝视历史与当下所发生的一切。要理解中国逻辑、呈现中国模式、擘画中国道路，这种"特殊气质"不可或缺。

王曙光

2024年6月9日端午前夕于北京大学经济学院